음양오행론의
역사와 원리

철학적 사고와 과학적 원리로 풀어낸 〈과학명리 시리즈〉

음양오행론의 역사와 원리

김기승 · 이상천 지음

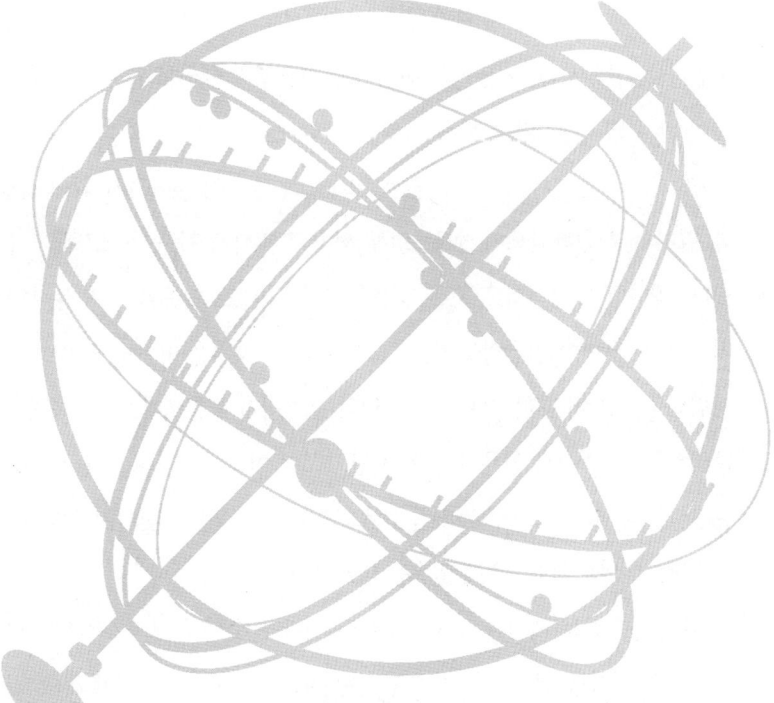

다산글방

〈음양오행론의 역사와 원리〉를 펴내며

　우주의 에너지가 인류의 삶터 지구에 만들어 놓은 음양오행은 그 자체가 존재이자 실체로서 수억 년이 흐른다 해도 변화할 수 없는 불변의 진리이다. 다만 그것을 바라본 인간의 시각과 이해도는 문명의 발전과 함께 해오며 음양오행을 이해하고 응용해 왔기에 음양오행설은 유구하고도 빛나는 역사가 존재한다. 인류의 지혜가 불변의 진리인 음양오행의 원리를 응용한 가장 위대한 것이 바로 명리학이다.
　즉, 명리학은 인류가 알 수 없는 미래를 현명하게 살아가기 위해 음양오행을 원리로 활용하였으며, 이는 인류 최초의 과학적 작품이라고 해도 틀리지 않다. 왜냐하면 명리학은 모든 것을 수학적 잣대로 입증할 수 있는 과학이라기보다는, 과학이 활용하고 있는 연역적演繹的 방법을 따르고 있으며, 태어난 시점의 시공간에 대한 천체 중력배열의 부호이기 때문이다. 또한 규칙적인 우주의 사이클 속에서 인류가 수천 년간 지속적이고 반복적으로 활용하고 있다는 것과, 출생의 팩트에 따라 공통분모의 분석시스템이 갖춰져 있다는 것 등은 명리학이 과학적 범주에 있음을 말해준다.
　이에 공부하는 사람들은 동양문화의 제반 술수학과 명리학을 탄생시킨 음양오행의 역사와 원리에 대하여 충분한 자료를 접할 수 있어야 하고 깊은 이해가 필요하다.

그동안 음양오행설 및 십간십이지를 주제로 붙인 서적은 많이 출간되었으나 실상 내용은 사주명리의 기초이론 내용으로 구성되었거나, 또는 음양오행과 십간십이지의 활용 및 규칙, 기능 등을 주관적으로 해석하는 등 음양오행론과 십간십이지의 원형적 학설을 온전히 담아낸 학습교재는 보기 드물었다.

본 책을 저술하는 주된 목적은 동양문화에 광범위하게 분포되어 있는 음양오행론의 역사와 원리에 대한 제반 학설學說을 한 곳에 정리해 놓음으로써 공부하는 사람들은 누구나 자료를 쉽게 접할 수 있도록 하는 것이다.

특히 사주명리학적 입장에서 십간십이지 학설과 원리 또한 체계적으로 정리하여 놓았다. 술수에만 치중하다 보면, 일반화에 절대적으로 영향을 미칠 수 있는 집단지성의 수준이 상향될 수 없으니 누구나 쉽게 읽어서 명리학의 뿌리에 대한 철학적, 과학적 사고를 통하여 원론적인 이해를 돕고자 한다.

본 저술서의 핵심구성은 1부에서는 음양오행의 원리에 대한 물리법칙, 2부에서는 음양오행설의 문헌연구의 전개, 3부에서는 십간십이지의 탄생배경과 음양오행과의 결합 등과 함께 사주명리에 적용되는 과정까지로 한정하였다. 중국원서, 번역서, 학위논문, 단행본 등의 제반 학설사에 대한 이론적 문헌을 기록하고 고증하는 차원으로 정리하였으며, 이론 정리과정 중에 비교분석, 과학적 설명이 필요한 부분에 대해서는 원리에 입각하여 논증하였다.

다만, 음양오행론의 연구범위가 방대하고 폭넓은 점을 감안하더라도 자료가 매우 한정적임을 느꼈으며 십간십이지 역시 마찬가지였다. 그러한 과정에서 최대한 명리학의 입장에서 정리하였음을 밝히고 더 좋은 새로운 자료가 발견될 경우 추후 보충하기로 마음먹었다.

우리 인간들의 영혼이 맑다는 것은 매우 중요하고 흥미진진한 일이다. 왜냐하면 우주 내 가장 신성한 에너지가 정수리로 들어올 경우 미리가 밝아지며 아울리 양심이 밝아지게 된다. 그렇게 밝아진 양심은 결국 자신의 모든 일을 긍정적으로 이끌게 되고 행복지수를 극대화시키기 때문이다. 그리고 우리가 수양修養을 하는 과정도 자신의 영육에 깃들어 있는 스스로 불만족스러운 에너지를 몸과 마음의 수양을 통해서 내보내고 좋은 에너지[氣運]를 받아들여 정화시키는 과정이다.

이와 같이 에너지의 원형인 음양오행의 차원 높은 긍정적 활용은 한 인간의 지성과 양심을 아름답게 성장시키므로 행복한 성공자가 되어 개인은 물론 가족과 단체를 넘어 국가를 이롭게 한다. 즉 음양오행이란 소프트웨어가 십간십이지의 하드웨어와 결합하여 개인의 재능과 능력, 정서를 초월적으로 경영

할 수 있다.

 끝으로 본 저술서의 부족한 부분에 대해서는 독자여러분들의 아낌없는 충언을 바라며, 동양문화의 술수학, 명리학, 기와 에너지 차원을 공부하는 모든 사람들에게 '음양오행론의 역사와 원리'에 관한 한 이 책이 도움이 되기를 바란다.

2017년 秋

김기승 · 이상천

차례

제1부 음양오행의 원리

1장 음양원리와 물리법칙　　　17

1. 음양원리의 기초 · 17
2. 고대 중국인들의 천문사상 · 21
3. 음양의 물리법칙 · 25

2장 오행원리와 물상이론　　　54

1. 고대 중국인의 만물생성 오행 · 54
2. 고대 그리스의 물질의 근원 · 65
3. 오행의 물상이론과 행성 · 78

3장 음양오행의 운동성　　　91

1. 지구의 태양계 운동과 계절의 변화 · 91
2. 음양사상과 태극의 원리 · 108
3. 음양오행과 오방정색 · 111
4. 오행의 주기 운동성 · 126

제2부 음양오행설의 전개

1장 음양의 기원설 및 오행 탄생의 배경　　147

1. 음양의 기원설 · 147
2. 오행 탄생의 배경 · 150

2장 하도·낙서의 음양오행설　　159

1. 사상四象과 오행五行의 생성원리 · 159
2. 용마하도龍馬河圖·신구낙서神龜洛書의 생성 · 162
3. 하도·낙서의 상수象數원리 · 166
4. 하도·낙서의 수리오행도 · 170
5. 하도·낙서의 수리논쟁 · 174

3장 추연의 음양오행설　　180

1. 추연의 음양오행 구조 · 180
2. 추연의 음양오행 사상 · 186
3. 추연 사상의 도덕적 이해 · 192
4. 추연 사상의 사회역사적 이해 · 197
5. 추연 사상의 정치적 이해 · 202

4장　동중서, 『춘추번로』의 음양오행설　　207

1. 동중서의 사상적 배경 · 207
2. 동중서의 음양오행 사상 · 213
3. 『춘추번로』의 사상적 융합 · 219
4. 고대 천인사상의 다양한 전개 · 223
5. 동중서의 천인상감사상 · 228
6. 동중서의 재이 · 상서설 · 237

5장　유안, 『회남자』의 음양오행설　　244

1. 『회남자』의 음양오행 사상 · 244
2. 월령月令에서의 오행수 · 251
3. 오장五臟의 오행 배속 · 253
4. 오행순서의 변천 · 257

제3부 음양오행과 십간십이지

1장 간지干支의 기원설 263

1. 간지干支의 천황씨 창제설〈신화적 기원〉· 264
2. 간지干支의 황제 기원설 · 266
3. 간지干支의 역사적 기원 · 270
4. 세계 여러 나라의 십이지신十二支神 · 278

2장 십간십이지의 형성과 전개 281

1. 십간十干의 형성과 전개 · 282
2. 십이지지十二地支의 형성과 전개 · 291
3. 육십갑자의 역사적歷史的 관점 · 298
4. 육십갑자의 역원적曆元的 의의 · 301
5. 육십갑자의 순환적循環的 의의 · 304
6. 육십갑자의 역수적曆數的 의의 · 307
7. 육십갑자의 사주구성 원리 · 309

3장 음양오행과 간지의 배합의 원리   316

1. 음양오행과 십간십이지 배합의 연관성 · 316
2. 천간지지와 음양오행의 배속 · 319
3. 토土의 배속과 지장간의 관계 · 326
4. 천간의 음양오행과 성정 · 339
5. 천간의 합 · 충과 음양오행 · 357
6. 지지의 음양오행과 성정 · 366
7. 육임학에서의 간지와 음양오행 · 377
8. 운기학에서의 간지와 음양오행 · 381

4장 동서양 12지지와 12사인의 비교   392

1. 지지의 합작용의 비교 · 392
2. 지지의 형 · 충 · 파 · 해 작용의 비교 · 403
3. 서양점성학과 명리학의 기타 유사성 · 409
4. 서양점성학과 명리학의 차이점 · 416

| 참고문헌 | · 418
| 단어색인 | · 424

제1부

음양오행의 원리

1장 음양원리와 물리법칙
2장 오행원리와 물상이론
3장 음양오행의 운동성

| 음양론을 시작하며 |

태초의 음양탄생 시원에 대하여 애써 설득하지 않으려고 한다. 왜냐하면 물리법칙의 과학적 설명이 상당한 설득력을 주더라도 연역적 추론을 벗어날 수 없고, 문헌에 기록된 음양오행의 배경은 대부분 학설인 경우가 많기 때문이다. 즉 광의의 우주 속에서 음양오행의 탄생 배경을 단편적으로 논하기보다는 차라리 이 책을 읽어 내려가는 동안 음양과 오행, 간지干支의 탄생배경과 발전과정 등에 대한 폭넓은 문헌고찰과 논리적 설명을 통하여 철학적 깨달음이 다가갈 것이기 때문이다.

제1장

음양원리와 물리법칙

1. 음양원리의 기초

고대 서양에서는 원자原子에 대한 연구가 시작되었고, 현대에 이르러서는 양자역학量子力學으로까지 발전하여, 물질物質의 가장 작은 단위인 쿼크quark를 측정할 수 있는 시대가 되었다. 그리고 이러한 양자역학의 시초가 되는 닐스 보어의 원자 모형은 동양의 음양론陰陽論을 참고로 한 것이었다.

원자의 구성 요소인 양성자陽性子와 중성자中性子는 질량質量이 같으며 핵核 속에 존재하고 있고, 전자電子라는 것은 핵 주변을 일정 궤도를 유지하면서 움직이고 있다. 닐스 보어는 이러한 전자와 핵간核間의 활동을 음양론으로 보았다.[1] 이에 대해 중국의 주희朱熹[2]는 음양을 아래와 같이 말하였다.

하늘과 땅 사이에 그 밖에 다른 무엇이 있는가? 단지 '陰'과 '陽' 두 글

---

1) 이성환 · 김기현, 『주역의 과학과 道』, 정신세계사, 2002, p.43 참조.
2) 주희(朱熹)는 성리학(주자학)을 창시하여 완성한 인물로 〈논어〉와 〈맹자〉에 관한 집주(集注)를 저술하면서 자신의 철학적 사상을 나타냈는데, 중국 · 한국 · 일본 등의 지식인 사회에 영향을 미쳤다.

자일 뿐이다. 어떤 사물을 보아도 음양과 분리할 수 없으며 몸 위에서만 보아도, 눈을 뜨면 바로 陰이 아니면 陽이다.[3]

주희의 말에 따르면 세상에 존재하는 모든 물질은 음양으로만 구성되어져 있다는 것이고 이러한 음양에 대하여 상호 관계성을 네 가지로 정의하였는데, 이 음양의 성질을 대립제약大立制約, 상호호근相互互根, 소장평형消長平衡, 상호전화相互轉化라 불렀다.

1) 대립제약大立制約

음양陰陽을 동시에 하나의 구성체로 보고 있다는 것인데 하늘과 땅, 동과 서, 남과 여 등이 같이 존재하는 것처럼 음양은 항상 서로 대립하면서 공존하고 있다는 개념이다. 이에 대하여 주희는 아래와 같이 정의하고 있다.

음양에는 흘러가고 움직이는 것이 있고 위치가 정해진 것이 있다. 흘러가고 움직이는 것은 더위와 추위가 오고가는 현상이고 陰과 陽을 나누어 양의兩儀가 세워진다는 말은 위치가 정해진 것이니 천지, 상하, 사방이 이것이다.[4]

즉, 음양이란 것은 정해져 있는 위치에 존재하고 있으며 그것이 서로 대

---

3) 『語類』 65. 4b2, "天地之間, 別有什事, 只是陰與陽兩個字, 着是什物事, 都難不得只就身上體看, 總開眼, 不是陰便是陽."

4) 『語類』 65. 1a6-1b0, "陰陽有箇流行底, 有箇定位底, 一動一靜互其根, 便是流行底, 寒暑往來是也, 分陰分陽兩儀位焉, 便是定位底, 天地上下四方, 是也."

립되어 있다는 것을 의미한다. 이 상호 대립관계 속에 양립하는 음양은 서로 상호작용할 수 있다. 상호 대립하고 있으면서 또한 작용하게 되는 현상은 형평성을 유지하는 데 중요하다. 서로 반대의 위치에서 상호 대립하면서 작용하는 것은 배척하는 관계가 아니라 서로 대립함으로 해서 오히려 상호 성취의 관계가 된다. 즉, 음양이란 이렇게 대립하면서 동적 평형을 이루게 되는 것이다.

2) 상호호근相互互根

음양은 상호 대립적이면서 또한 일정한 상태를 유지하고 있는데 이런 둘 사이는 상호 대립하고 있지만 반면에 의존하고 있기 때문에 어느 하나라도 다른 하나를 떠나 혼자서는 존재할 수 없다는 것이다. 음양의 관계는 서로 독립적인 개체로는 존재할 수 없고, 동시에 존재하는 것이다. 이러한 陰과 陽의 상호 존립관계는 음양 전화의 내적인 근거가 된다. 상호호근相互互根이란 것은 오른쪽이 없이 왼쪽이 있을 수 없고, 왼쪽이 없이 오른쪽이 있을 수 없는 것처럼, 반대성향을 가진 상대를 전제로 동시에 존재하는 것을 말한다. 위-아래, 선-후 등도 같은 개념이다.

3) 소장평형消長平衡

음양에 있어서 평형平衡상태라는 것은 정지된 상태에서 만들어지는 절대적인 평형이 아닌, 일정 한도와 시간에 따라 음소양장과 양소음장이 유지되는 상대적 평형을 의미한다. 이에 대하여 주희는 아래와 같이 말하고 있다.

> 하늘과 땅 사이에 '양립'하는 것은 없다. 陰이 陽을 이기지 않으면 陽이 陰을 이기는 것이다. 이와 같지 않은 것이 없고 이와 같지 않은 때가 없다.[5]

즉, 음양이란 것은 절대적인 평형이 아닌 상대적 평형으로 동적인 상태를 유지하고 있다는 것을 의미한다. 陰과 陽 사이에는 불균형이 존재하지만 이런 불균형이 지속되면서 동적 평형을 이룬다는 것이다. 동양학에서 말하는 물질의 개념은 절대적 운동이 이루어지면서도 상대적 정지의 개념을 갖고 있다는 것이다. 이것은 동적이면서 또한 상대적인 평형을 갖는다는 뜻이다.

4) 상호전화相互轉化

음양 간의 있어서 가장 중요한 상호관계가 음양 간의 전화轉化 관계라고 볼 수 있다. 우주 안에서 벌이지는 자연 현상을 음양의 의미로 표현하면 '한 번은 陽이 되고 한 번은 陰으로 변하면서 서로 전화되어 운동하는 것이다.'라는 의미인데 이는 음양 주기의 변화가 곧 우주의 자연법칙이란 것이다. 여기에서 한 번은 陰하고 한 번은 陽이 되는 것이라는 말은 陰과 陽의 존립 관계에서 영원하게 한쪽으로만 유지되는 것은 없고, 시간의 흘러감에 따라서 陽이 陰으로, 陰이 陽으로 바뀌어 간다는 것이다. 이러한 陰과 陽의 변화 變化를 중국의 주희朱熹는 아래와 같이 말하였다.

---

[5] 『語類』 65. 2b1, "天地間無陽立之理, 非陰勝陽, 卽陽勝陰無物不然, 無時不然".

추위가 지난 후 더위가 오고 더위가 지난 후 추위가 온다. 해가 가고 달이 온다. 봄, 여름은 陽이고 가을, 겨울은 陰이다. 한 번은 陰이고 한 번은 陽, 이렇게 계속해서 서로 바뀌는 것이다.[6]

즉, 지속적으로 陰과 陽이 교체되면서 반복하는 자연의 현상을 설명한 것이다. 이러한 陰과 陽의 교체 반복은 모든 만물과 이에 따른 현상이 고정되거나 정체하지 않고 끊임없이 흐르고 바뀐다는 것이다. 음양론이란 지금까지 설명한 네 가지 상호관계에 의해 동적인 평형을 이루며 끊임없이 지속적으로 변화하는 원리이다. 이러한 원리를 도道라고 말하고 도를 기반으로 음양은 우주 자연과 인간 생활을 구성한다.[7]

2. 고대 중국인들의 천문사상天文思想

고대부터 사람들이 생각하는 자연自然이란 몸을 의탁하고 살아가는 생존의 터전인 동시에 항상 언제 어디서 무슨 일이 벌어질지 모르고 예측하지 못하는 위협이 공존하고 있는 불가해不可解한 대상이었다. 이런 자연 속에서 일어나고 있는 규칙規則 또는 불규칙不規則하게 벌어지는 현상現像들은 이를 보는 사람들에게 주요한 관심의 대상이 되었고, 그 현상에 대한 근원을 해석하여 자연을 이해하려고 노력하였다.

이러한 현상들을 거치며 중국인들은 오랜 시간 동안 자연 속에서 발생하

---

6) 김영식, 『주희의 자연철학』, 예문서원, 2005, p.257 참조.
7) 한동석, 『宇宙變化의 原理』, 대원출판, 1966, pp.146-164 참조.

는 현상에 대한 여러 변화를 관찰하면서 변화무쌍한 천문현상天文現像으로부터 음양의 근원을 발견하게 된다. 陰과 陽이라는 것이 서로 상대적이고 보완적이라는 관계임을 알기 이전에는 자연 속에 큰 의미 없이 존재하는 일단의 현상 그 자체일 뿐이었다. 그러나 지속적인 관찰觀察과 탐구探究를 통해 陰과 陽의 변화를 자연 속에서 이뤄진 순환循環원리로서 이해하게 되었고, 궁극적으로는 우주자연의 생성生成과 변화變化를 이끈 가장 근원적인 이치로 인식하게 되었다.

'陰'의 어원에 대하여 살펴보면, '陰'에 들어 있는 '운云'자는 옛날의 운雲'자로 구름이 해를 가리는 것이며, 가려지면 어두워지므로 '어둡다'는 뜻으로 확대되었다. '陽'은 '일日'과 '일一'자를 합하여 해가 땅 위에 있는 모습이므로 일출을 뜻한다.

『설문해자說文解字』에서는 "물勿은 마을에서 내거는 깃발의 모습"이라고 하였는데, 의미가 확대되어 해의 광채를 나타내게 되었다.[8] 해가 땅위로 솟아올라 빛을 드리우는 것이 '陽'이며, 해가 빛을 드리우면 밝으므로 '陽'은 높고 밝다는 의미이다.[9] 이와 같이 '음양陰陽' 두 글자는 '日'이라는 글자와 밀접한 연관을 가지고 있으며, 원레 햇빛이 없기나 있는 두 가지 날씨를 의미했다고 할 수 있다.[10]

『시경詩經』에 나오는 음양陰陽의 의미를 살펴보면, '陰'은 '어둑어둑한 날씨'를 의미하거나, '덮는다'로 의미를 확대하여 사용하고 있다. '陽'은 '햇빛'이나 '따뜻하다'의 의미로 쓰이거나, '밝게 빛나다'의 의미로 확대되어

---

8) 양계초, 「음양오행설의 역사」, (김홍경 역, 『음양오행설의 연구』), p.30 참조.
9) 서복관, 「음양오행설과 관련 문헌의 연구」, (김홍경 역, 『음양오행설의 연구』), pp.57-58 참조.
10) 서복관, 앞의 책, pp.57-58 참조.

사용하고 있다.[11] 이와 같이 『시경詩經』에 나타나는 음양의 의미도 어둠과 빛 등과 같이 陰과 陽의 본래의 어원적 의미와 크게 다르지 않음을 알 수 있다.

『국어國語』나 『춘추좌씨전春秋左氏傳』에는 육기六氣를 위주로 한 음양이 나타나고 있다. 음양陰陽에 대하여 음陰·양陽·풍風·우雨·회晦·명明의 육기 중에서 이기二氣로 설명하고 있다. 날씨에서 발전하여 '氣'로 자리 잡기 시작하였고, 점차 음양의 이기二氣가 보다 부각되기 시작하였다. 그러나 이 시기의 음양의 추상적인 수준은 매우 낮아서 춥다거나 덥다는 감각을 음양의 기氣로 추상화한 수준에 머물렀다.[12]

음양의 본래 의미가 태양과 관련이 있으므로 춘추시대에는 이미 태양을 陽으로 생각하였고, 『시경詩經』에서 날씨의 한난寒暖을 통해 음양을 말한 것은 곧 사시四時의 발생과 연계되었다. 그리고 태양과 사시에 관련한 문제는 모두 사관史官이 주관하였기에, 음양 관념은 천문天文·역상易象을 주관하는 이들 사관史觀에 의해서 발전되어 온 것으로 볼 수 있다.[13]

어떤 대상에 대한 인식의 발전과정은 구체적인 사물로부터 추상적인 의미들을 찾아내는 과정이다. 『회남자淮南子』의 「天文」편에서는 "해[日]는 陽을 주관한다. 달[月]은 陰의 종주다."[14]라는 내용에서 해와 달로부터 이미 추상적 의미를 찾아내어 음양을 개념화하고 있다.

음양이 결정적인 변화·발전을 보이는 것은 『역전易典』이라 할 수 있다. 육기六氣 중에서 음양이 '-'과 '--'의 부호와 결합하였고, 음양이기陰陽二氣

---

11) 서복관, 앞의 책, pp.59-61 참조.
12) 서복관, 앞의 책, pp.61-69 참조.
13) 서복관, 앞의 책, p.120 참조.
14) 유안, 『회남자』, 「천문」, p.168 참조 ; "日者, 陽之主也, 是故春夏則群獸除, 日至而麋鹿解. 月者, 陰之宗也, 是以月虛而魚腦減, 月死而螺蚌膲. 火上蕁, 水下流. 故鳥飛而高, 魚動而下."

를 만물을 구성하는 두 가지 원소로 삼게 되었다. 음양 관념을 통해서 『주역周易』을 해석함으로써 비로소 『주역周易』은 복서卜筮적 미신관을 완전히 털어버리고 철학적인 사유思惟 구조를 갖게 되었다. 강유剛柔는 사물의 속성이 음양의 개념으로 승화되었고, 하나의 체계로 조직되었다. 천지자연과 인간 사회 속에 존재하는 대상들도 새롭게 분류되어 음양 관념 속에 편입되었다.[15]

물질物質의 기본인 원자原子의 구조를 살펴보면서 음양이론과 원자의 구조와 연관성이 있음을 발견할 수 있었으며 많은 공감 또한 가지게 되었다. 그러한 현대물리학의 이론과 음양오행사상의 개념을 서로 비교하여 연관성을 살펴보면 다음과 같다.

음양陰陽이론은 陰과 陽의 결합으로 새로운 에너지의 발생을 의미하는 것이라고 볼 수 있다면, 오행五行이란 음양의 결합에 의해 생성된 에너지가 오행의 특성을 가지게 된 것이라고 볼 수 있을 것이다. 이렇게 음양오행의 에너지에 대해서 정의할 경우, 우리는 오행의 분류에 따른 체질, 성격, 생리生理 등 많은 현상에 대해 연역적演繹的인 이론 전개와 응용이 이루어질 수 있을 것이라고 본다.

서양과학 이론 전개에 필요한 중요한 변수가 무엇인지를 탐구하는 자세로 동양의 자연사상을 바라본다면, 이는 동양의 자연사상이 허구나 공리공론空理空論을 떠나 뉴턴의 역학力學이론 이상의 과학적 모델임을 발견할 수 있을 것이다. 그리고 그것에 따른 실용적인 응용의 결과는 개인의 건강은 물론이고 새로운 패러다임에 의한 창의적인 삶을 영위할 수 있다. 동양철학의 자연사상은 역학易學이나 한의학과 같은 실용성의 바탕 위에서 활용되

---

15) 서복관, 앞의 책, pp.128-129 참조.

고 있으나 서양과학의 정교하고 일반적인 수학적 논리에 맞게 이를 증명할 수는 없다. 그러므로 정신문화적인 배경에 작용되는 과학성을 날카롭게 통찰하고 논증하면서도, 동양의 자연사상은 기氣나 도道의 영역을 포함하기에 이에 얽매이지 않는 자세 또한 견지할 필요가 있다.

3. 음양의 물리법칙

1) 원자原子의 구조

물질物質의 기본 단위는 원자原子이며 이는 핵核과 전자電子로 이루어져 있다. 핵은 다시 양성자陽性子와 중성자中性子로 구성되어 있고 이들의 크기는 1fm(페르미 · 1fm은 100조분의 1m)로 너무 작아 얼마나 작은지 감을 잡지 못할 정도다. 그러나 과학의 발전으로 인해 양성자와 중성자는 또다시 쿼크(quark)[16]와 글루온(Gluon)[17]으로 분리됨을 알아냈다. 원자가 물질을 이루는 물질의 기본 입자粒子라면 쿼크와 글루온은 소립자素粒子이다. 원자는 물질의 기본 단위, 즉 하나의 존재적인 가치 물질로서, 음양陰陽이 만나서 만들어진 최초의 개념적인 물질物質이라고 할 수 있다. 앞에서 설명한 원자의 구조를 이해하게 되면, 원자原子의 구조자체가 음양陰陽의 사상思想을 그대로 담고

---

16) 쿼크란 소립자를 구성하고 있다고 생각되는 기본적인 입자의 한 종류다. 1964년 미국 물리학자 머레이 겔만(Murray Gell Mann)이 물리적 기초입자로 쿼크를 처음 도입했다.
17) 글루온(gluon), 접착자接着子, 강한 상호작용을 매개하는 기본입자다. 쿼크 상호작용의 기본적인 표현이며 원자핵에서 양성자와 중성자를 묶는데 간접적으로 관여한다.

있음을 알 수 있다.

　음양사상에서 말하는 우주탄생 과정의 태극 상태는 물리학에서는 최소입자(양성자, 중성자, 전자)의 영역이 된다. 혼륜混淪의 상태로 최소의 입자는 형성되었으나 물질로서 완성되지 못한 상태이며, 물질이 핵과 전자를 만드는 과정이 바로 양의兩儀가 발생되는 시점이다. 陽의 운동이 시작됨으로써 양성자, 중성자, 전자가 만나서 하나의 원자가 탄생하게 된다.

　원자의 핵은 음양사상의 陽이 되고 전자는 음양사상의 陰이 된다. 이 두 가지의 물질이 만나 하나의 물질이 탄생하는데, 그것이 바로 물리학에서는 원자이고 음양오행사상陰陽五行思想에서의 사상四象의 과정이다. 이것은 음양사상의 본질과 바로 일치함을 알 수 있다. 음양사상이 자연만물의 이치를 담고 있음을 알게 해주는 부분이다. 음양사상은 철학이 아닌 자연과학의 이치이며 우주만물생성의 가장 핵심이다.

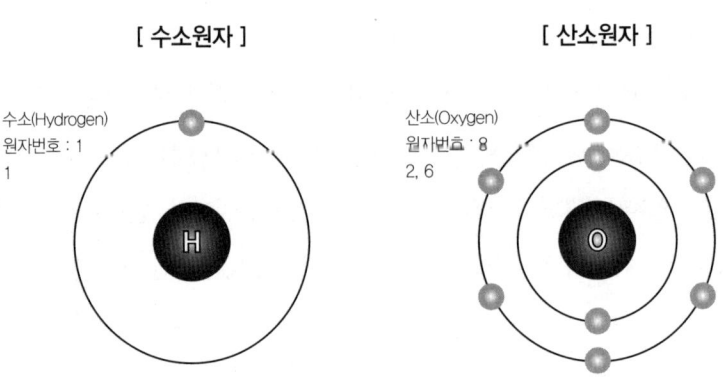

　다음은 물리학에서 물질의 생성生成에 대해 알아보기로 하겠다. 물리학에서 최초의 물질은 수소(水素, Hydrogen)이다. 수소 원자는 원자의 핵에 하나의 양성자를, 그리고 주위에 한 개의 전자(1s 전자)를 갖고 있다. 물질物質 중에서 최초로 만들어지는 물질이다. 수소는 주기율표의 첫 번째로 원자번호 1번 원소이며, 가장 가벼운 원소이고 우주에서 가장 풍부한 원소(관측되는 우주 구성 물질 질량의 약 75%를 차지)이며, 별, 물, 유기화합물 등에 많이 들어있다. 어원은 '물(그리스어 hydro)을 생성하는 것(gene)' 이다.

수소가 만들어지는 과정은 음양사상陰陽思想의 사상四象으로 표현되어지고, 수소가 산소와 반응하여 물이 생성되는 과정은 팔괘八卦의 원리와 같다. 팔괘는 물질의 생성이며 물리학에서는 분자의 생성을 의미한다. 분자가 생성됨으로써 자연에 물질의 존재가 드러나게 된다. 수소를 만드는 과정을 물리학 입장에서 쉽게 수소원자로 살펴보자. 수소는 양성자 한 개와 전자 한 개로 이루어져 있으며, 양성자와 전자의 관계를 유지시키는 매개물질이 있는데 광자光子[18]가 그 역할을 한다.

우리가 흔히 알고 있는 산소(Oxygen, 원소기호 O, 원자번호 8)는 지구 표면에 있는 원소 중 무게의 양이 가장 많은 원소이다. 양성자 8개, 전자 8개가 필요한데 양성자 8개를 뭉치려면 글루온[19]이라는 물질이 필요하다.

이 글루온이라는 물질이 양성자를 합치게 하는 접착제 역할을 한다. 양성자 8개와 중성자 8개를 글루온이라는 물질이 한 덩어리로 만들어주고, 광자라는 물질이 전자 8개를 연결시켜준다고 보면 된다. 이렇게 구성된 원자 구조를 우리는 산소라고 부른다.

이런 식으로 원자 구조의 변경만으로도 우주만물의 모든 구성 요소를 만

---

18) 양자론에서 빛을 특정 에너지와 운동을 가지는 일종의 입자적인 것으로 취급할 경우에 생각하는 빛의 입자.
19) 원자는 원자핵과 전자로 이루어져 있고, 원자핵은 양성자와 중성자로 이루어져 있다. 양성자와 중성자는 6종류의 쿼크(quark) 중에서 3개의 쿼크가 모여 만들어지는데, 글루온은 바로 이 쿼크들을 엮어 놓는 힘인 강한 상호작용을 전달하는 소립자(素粒子)이다. ※강한 상호작용[stronginteraction, 强―相互作用] : 2개의 소립자가 약 10^{-15}m 이하의 거리에 있을 때 작용하는 힘. 자연계에서 발견되는 입자간의 상호 작용은 그 세기에 따라서 강한 상호작용 · 전자기 상호작용 · 약한 상호작용 · 중력 상호작용의 4가지로 분류할 수 있다.

들 수도 있다. 그러나 우리는 여기서 생각해 봐야 할 문제가 있다. 원자의 핵과 전자만으로 우주자연의 모든 물질이 만들어지기 때문이다. 기존에 사용되는 원자의 핵이나 전자가 달라지는 것이 아닌 양성자와 전자의 개수를 달리해서 완전히 다른 물질이 탄생될 수 있다.

원소 1번 수소와 2번 헬륨은 단지 원자 핵의 숫자 하나만 바뀐 물질이지만 완전히 다른 물질이다. 수소와 어떠한 연관성도 없는 물질이다. 그러나 현대물리학에서는 기본이 되는 수소 원자핵을 조합하여 우주만물이 생성되고 있다고 본다. 소강절邵康節[20]은 물질에 대하여 '하나가 둘로 나누어지고 둘은 넷으로'[21] 이런 식으로 나누어지고 늘리면 만 가지나 된다고 하였다.

하나가 둘로 나누어진다고 표현하고 있으나 이것은 만물의 다양한 생성을 의미하는 것이다. 원초적인 기본의 하나에서 두 개로 나누어지는데 그것은 나누어진 것이 아니라, 다시 둘이 조합되어 넷으로 변한다는 의미이다. 물질의 생성에 대한 아주 구체적인 의미를 내포하고 있는 글이다. 현대물리학에서 원자핵의 결합으로 인해 여러 종류의 원자와 분자가 생성되는 이치와 뜻이 통하고 있다.

2) 반물질反物質 이론

반물질은 간단히 말하자면 물질에 반反하는 성질性質을 가진 물질이다.

---

20) 소옹(邵雍, 1011~1077). 중국 송나라의 사상가이다. 소강절(邵康節), 소요부(邵堯夫)라고도 한다. 수(數)에 대한 그의 생각은 18세기 유럽의 철학자 라이프니츠의, 2진법에도 영향을 주었다. 〈역경(易經)〉을 공부하다 유교에 관심을 가지게 되었으며, 또 〈역경〉을 연구하며 모든 존재의 기본이라는 상수학을 만들었다.

21) 하재춘, "동양철학과 현대물리학의 연관성 고찰", 경기대학교 문화예술대학원 동양철학과 석사논문, p.14

최초의 반물질은 입자물리학 분야에서 '폴 디랙(PaulAdrien MauriceDirac)'에 의해 1928년 발표되었다.

보통의 물질이 전자, 양성자, 중성자로 구성되어 있다면, 반물질은 그 반대인 양전자, 반양성자, 반중성자로 구성되어 있다. 반물질은 137억년 전 우주의 대폭발과 함께 우주가 탄생하면서 생겨진 물질로 추측되고 있다. 대폭발할 때 물질과 반물질이 같은 비율로 생성되었다고 하는데, 어떤 이유인지는 몰라도 반물질은 없어지고 물질만 남아 우주가 탄생했다고 한다.

표준 모형에서 말하는 자연의 기본 입자들은 실제 입자인 쿼크(quark)와 렙톤(lepton), 힘을 매개해주는 광자(photon), 글루온(gluon)과 같은 게이지입자(gauge particle), 질량을 부여하는 신의 입자라 불리는 힉스 입자(Higgs boson) 등이 있다. 쿼크(quark)가 모여 원자의 핵 구성 입자인 양성자, 중성자가 만들어지고 전자와 같은 가벼운 입자는 렙톤(lepton)[22]에 속한다. 그런데 이 모든 기본 입자들은 놀랍게도 반입자쌍[23]이 존재한다는 사실이다.

LHC실험[24]에서 충돌의 주인공인 양성자는 반입자로 반양성자, 중성자는 반중성자, 전자는 반전자에 해당하는 양전자, 그리고 모든 쿼크들은 반쿼크들이 존재하고, 게이지입자들인 광자 등도 반입자들이 존재한다고 한다. 우주 초기에는 언제나 입자와 반입자가 쌍으로 존재했던 것으로 밝혀졌는데

---

22) 렙톤(lepton) 또는 경입자(輕粒子)는 물리학에서 스핀이 ½이고(페르미온) 강하게 상호작용하지 않는 기본 입자이다. 전자, 뮤온, 타우온과 각각에 해당하는 중성미자로, 현재까지 총 6종이 알려져 있다. 강하게 상호작용하는 기본 페르미온은 쿼크로 분류한다.

23) 반입자(反粒子, antiparticle)는 어떤 주어진 입자에 대하여 그 질량과 스핀이 같고 전하가 반대인 입자를 말한다. 모든 입자는 그 반입자를 가진다. 예를 들어 전자의 반입자는 양전자, 양성자의 반입자는 반양성자, 중성자의 반입자는 반중성자, W+의 반입자는 W−이다. 전기적으로 중성인 입자의 경우, 입자가 스스로의 반입자인 경우도 있는데, 예를 들어 광자와 '반광자'는 같은 입자다.

24) 유럽입자물리연구소(CERN)에서 인간이 만든 커다란 기계인 거대강입자충돌기(LHC, Large Hadron Collider)의 가동실험을 일컫는다.

이를 입자의 대칭성이라 부른다.

유럽원자핵공동연구소(CERN)에서 2011년 6월 5일에 반물질인 반수소를 1,000초(16분) 동안 포착해냈다. CERN은 가장 작은 입자라고 알려진 힉스입자를 찾기 위해, 둘레가 27km인 세계에서 가장 크고 가장 높은 에너지 입자 충돌기인 강입자충돌기(Large Hadron Collider, LHC)를 보유하고 있는 연구소다. 반물질을 포착해낸 연구팀은 알파 연구팀으로 반수소를 포착해냈다. 이전에도 반수소를 포착하긴 했었지만 반수소가 유지되는 시간이 0.172초로 너무 짧아 연구가 불가능했었는데, 1,000초 동안 붙잡아 두는 것에 성공하였다.

[물질과 반물질 원자구조]

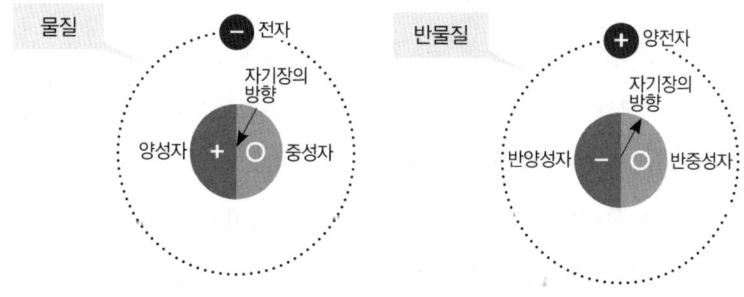

[수소와 반수소 비교]

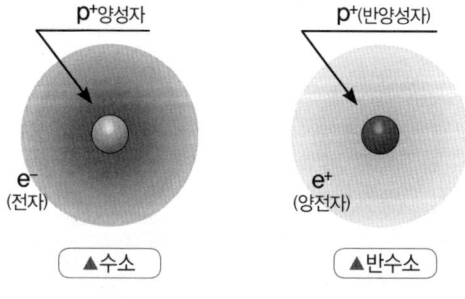

현재 우리 우주에는 양성자, 전자 같은 입자로 구성되어 있는 물질로 가득 차있는 반면 반물질은 찾아보기 힘들다. 결국 우주 초기에 존재했던 물질, 반물질의 대칭성이 깨졌다는 결론이다. 잘 알려지지 않는 이유로 인해 입자와 반입자 사이의 대칭이 힘의 분화 이전에 '붕괴' 되어 입자가 반입자보다 조금 더 많아지게 되었다. 이러한 비대칭은 아주 작은 것이었지만 지금의 우주는 중요한 의미를 가지게 되고, 입자와 반입자 사이의 비대칭은 아주 작아 10억 개의 반입자가 만들어질 때마다 10억 1개의 입자가 만들어지는 정도다. 광자의 에너지가 작아짐에 따라 광자들로부터 입자와 반입자가 만들어지는 일이 불가능하게 되었다. 따라서 모든 입자와 반입자 쌍들은 소멸하였으며, 우주에는 10억 개의 광자마다 한 개 비율의 보통 입자들만 남게 되었다. 이제 우주에는 더 이상 반입자는 남아있지 않게 되었다.

'입자와 반입자의 비대칭'. 이것이 없었더라면 팽창하는 우주에는 빛밖에 없었을 것이고(물질과 반물질이 서로 만나면 빛으로 변하면서 질량이 모두 에너지로 변하는 특성을 가진다), 이후 우주에는 어떠한 물질도 생성되지 못했을 것이다. 그러나 아직 그 이유에 대해 정확히 알지 못한다.

동양의 음양사상은 천지만물 자연의 존재 유무와 시간과 공간을 초월해서, 항상 음양의 두 가지 대립적인 성질이 존재한다. 하나 속에 상반되는 다른 하나의 존재성이 나의 존재를 인식하게 한다. 시간과 공간의 상대성, 물질과 반물질, 중력과 반중력과 같은 물리학의 개념도 음양사상의 맥락과 같다고 볼 수 있겠다. 반물질의 존재를 인식함으로써 우주만물의 모든 것은 陰과 陽이 조화를 이루어서 상호의존적이고 보완적으로 하나가 되는 것임을 알 수 있다. 그것으로 인해 우주만물이 균형 있게 돌아간다는 것을 인식하면 과학에서도 陰과 陽의 개념이 적용됨을 알 수 있다.

3) 상보성 원리

서양에서도 융Jung을 비롯하여 많은 학자들이 동양의 주역을 연구하였다. 특히 물리학자 중 주역을 학문에 적용하여 1922년 노벨물리학상을 받은 학자가 바로 '원자原子의 아버지'로 불리는 덴마크의 물리학자 닐스 보어(1885~1962)다.

[기사 작위를 받은 닐스 보어의 문장]

보어(Niels Bohr)가 직접 디자인했으며,
상보성의 원리를 태극으로 표현하였다.

보어는 1937년 중국을 방문하였고 이때 음양사상陰陽思想에 감명을 받았으며, 동양문화에 관심을 갖게 되었다. 사실 상보성相補性의 개념은 음양사상의 물리학적 적용이라 할 수 있다. 거꾸로 말하면 음양사상은 상보성 원리를 통해 모든 자연현상, 나아가 인간 생활문화의 본질을 파악할 수 있게 된다.

서로 모순되고 대립되어 보이는 두 요소가 역동적으로 상호작용하면서, 균형과 조화를 이룬다고 보는 음양사상이 물리학에서도 여전히 적용된다. 보어는 가문家門의 문장紋章에 주역을 상징하는 태극도太極圖를 그려 넣었고, 노벨상 수상식장에 참석할 때에도 주최측의 승낙을 얻어 주역周易의 팔괘도가 그려진 옷을 입고 참석했다. 덴마크 정부는 보어의 업적을 기리기 위해 500크로네 화폐에 태극도를 배경으로 한 그의 초상화를 새겨 넣기도 했다.

[덴마크 지폐 500크로네]

1922년 노벨 물리학상을 탄 닐스 보어의 인물 배경에 태극문양이 있다.
오른쪽은 지폐를 확대한 모습.

주역의 핵심이론은 태극太極과 음양陰陽이론이다. 보어는 주역 이론들을 응용하여 가설을 세운 후 실험에 몰두한 결과 '원자의 구성요소인 양성자와 전자가 입자와 파동의 이중성을 갖는다'는 실험 결과를 얻어 '상보성 이론(complementarity principle)'을 정립했다. 이는 이전 물리학에서 크게 진전된 새로운 이론이었다. 그의 연구는 양자역학(量子力學, quantum mechanics) 발전에 이정표가 되었으며 아인슈타인의 연구에도 큰 영향을 주었다.

닐스 보어는 '대립적인 것은 상보적(Contraria SuntComplementa)'이란 문장을 남겼는데, 이는 주역의 음양이론과 일맥상통한다. 주역에는 '우주만물은 태극에서 나와 음양陰陽이 되고 음양이 또 陰과 陽을 낳는다. 陰과 陽은 서로 상보적으로 존재하며 陰에서 陽으로 陽에서 陰으로 변화한다'고 되어 있다.

보어의 상보성 원리(Complementarity)에 대해 알아보면 상보성이란 뜻의 영어 Complementarity는 라틴어인 Completum에서 유래한다. 콤플레툼이란 우리의 내부를 온전히 채우는 전체를 의미한다. 보어는 모든 자연현상에서 겉보기에는 서로 모순되어 보이는 것들도 하나로 묶을 수 있다고 생각했다.

빛은 파동波動과 입자粒子로 이루어져 있다. 하지만 빛이 가지고 있는 이 두 가지 속성은 실험실에서 동시에 관찰이 될 수 없고 한 가지만 관찰된다. 빛을 파동으로 인식한다면 파장을 측정할 수 있고, 입자로 인식한다면 입자를 확인할 수 있다. 따라서 상보성 원리를 끌어들여야 빛에 대한 설명이 가능해진다. 빛뿐만 아니라 물질도 역시 이와 같은 이중적 형태를 보인다. 어떤 때는 입자로, 어떤 때는 파장으로 파악하게 된다. 상보성 개념은 현실에 대한 설명이 언제나 두 가지로 존재한다고 말한다. 우리에게는 항상 두 가지 가능성이 주어져 있으며, 현실은 오로지 상보적인 설명에 의해 포괄적으로 이해할 수 있다는 것과, 또 다른 하나는 언제나 다른 하나에 대립하지만 둘은 동일한 가치를 가지고 있다는 것이다.

결과적으로 이 세상은 대립하면서 서로 돕는 불가분不可分의 구성요소에 의해 성립된다고 할 수 있다. 이에 닐스 보어는 동양철학에 근거한 이론임을 말하였으며, 이와 같이 풀리지 않는 과학의 난제에 대한 해답은 동양철학의 형이상학적形而上學的 논리와 자연철학으로부터 많은 근거와 해답을 찾을 수 있다고 생각한다.

4) 양자量子 역학

서양에서 말하는 고전역학古典力學은 현재의 상태를 확실하게 알고 있다면 미래 어느 순간에 어떤 사건이 발생할지를 정확하게 예측할 수 있다는 결정론적 입장이다.

고전역학은 항상 원인原因과 법칙法則을 따르고, 우연성偶然性을 배제하게 되는데 이러한 물리학을 일반적으로 뉴턴 물리학이라고 하며, (일부에서는 이러한 뉴턴 물리학과 아인슈타인의 상대성이론을 합쳐서) 고전역학古典力學[25]이라고 한다. 하지만 고전역학은 19세기에 들어서 심각한 문제점들이 발생했다.

그 이유는 고전 전자기학이 고전 열역학과 모순되는 문제점들이 많이 발생했기 때문인데, 특히, 고전 비상대론의 전기역학은 빛의 속도가 매질媒質에 대해 일정할 것이라고 예측되었지만 고전역학과는 일치하지 않았다.

고전역학에서는 공간空間의 상대성으로 속도도 관찰자에 따라 변하는 것으로 계산되었기 때문이다. 이러한 사실 때문에 아인슈타인의 특수상대성이론이 등장하게 되기도 하였다. 또한 고전역학에서는 엔트로피나 흑체복사열이 무한대가 되는 오류가 있었다. 따라서 무한대의 오류를 해결하기 위해 양자역학量子力學이 발전하게 되었다.[26]

1913년 닐스 보어가 수소의 양자 모형을 제시한 이후 양자역학이 시작되

---

25) 『고전역학classicalmechanics』은 물체에 작용하는 힘과 운동의 관계를 설명하는 물리학이다. 뉴턴의 운동법칙을 만든 뉴턴의 이름을 따 "뉴턴 역학"이라고 부르기도 한다. 고전역학은 다시 크게 두 분야로 나뉜다. 하나는 힘이 균형을 이루어 움직이지 않는 물체들을 다루는 정역학이며 다른 하나는 운동하는 물체를 다루는 동역학이다. 문희태, 『고전역학』, 개정판, 서울대학교출판부, 2006.

26) Kleppner, D., R. J. Kolenkow, R. J.(1973년). 『AnIntroductiontMechanics』. McGraw-Hill.

었다.[27] 에너지는 질량을 가진 단위로 존재하고 또한 그것이 전자가 궤도에서 벗어날 때 정수배의 에너지가 발생한다는 것을 증명한 이후로 본다. 하지만 보어의 원자모형은 1920년대에 들어서면서 타당성을 잃었다. 그것은 원자모델로 수소 모델밖에 적용되지 않았고, 전자가 궤도에서 벗어날 때 정수배의 에너지만 발생된 것이 아니기 때문이었다.

그리하여 원자모형에 대해 완전히 새로운 모델들이 제시되었다. 드브로이, 슈뢰딩거, 하이젠베르크 등의 과학자들은 파동역학에 대한 개념을 도입해서 원자모형을 이해하고자 하였다. 드브로이[28]는 전자가 입자와 파동의 성질을 모두 가졌다고 주장하며, 물질파라는 이론을 개념화하였다. 오스트리아의 물리학자인 슈뢰딩거[29]는 원자의 구조를 해석하기 위해 전자가 파동의 성질을 가졌다는 것을 이야기하였다. 슈뢰딩거와 드브로이는 전자가 핵을 중심으로 운동할 시 정류파와 비슷하게 운동하는 것을 알고 원자를 파동역학으로 기술했다.

슈뢰딩거는 수소와 다른 원자들을 실험한 결과, 자신이 주장하고 있는 원자모양으로도 수학적 계산이 가능함을 증명했다. 파동함수(orbital, 오비탈)[30]

---

27) 1913년, 덴마크의 물리학자 보어는 수소의 선스펙트럼 실험을 통해 수소 원자 내의 전자는 특정한 파장의 에너지만을 방출, 흡수한다는 사실을 알아내었고 양자모형을 주장하였다. 보어는 전자가 허용된 궤도만을 돈다고 가정하였고 고전물리학 이론을 이용하여 전자의 궤도를 계산하였다. 보어는 러더퍼드의 새로운 원자모형과 플랑크, 아인슈타인의 광양자 가설, 그리고 선스펙트럼에 관한 발머계열식 등을 이용하여 자신의 원자모형을 제안하게 됐다.

28) 제7대 브로이 공작(프랑스어 : Louis Victor Pierre Raymond deBroglie, 7th ducdeBroglie, FRS, 1892년 8월 15일~1987년 3월 19일)은 프랑스의 물리학자다. 1929년 노벨 물리학상을 수상하였다. 1920년대 양자 역학의 개척시대에 '드브로이 물질파'(파장=플랑크상수/입자운동량)의 개념을 주창하였고, 양자 역학의 입자-파동 이중성 개념에 결정적인 영향을 준다.

29) 에르빈 슈뢰딩거(독일어 : Erwin Schrödinger,1887년 8월 12일~1961년 1월 4일)는 슈뢰딩거 방정식을 비롯한 양자 역학에 대한 기여로 유명한 오스트리아의 물리학자이다. 슈뢰딩거 방정식으로 1933년 노벨 물리학상을 수상했다. 그는 또한 슈뢰딩거의 고양이라는 유명한 사고 실험을 제안하였다.

30) 오비탈은 전자구름을 뜻하는데 전자가 확률적으로 핵 주위를 운동하는 궤적으로 모양으로 나타낸 것이다. 즉, 전자는 정확한 궤도를 따라 움직이는 것이 아니라 확률로서 구름모양의 궤적 안에서 운동한다. 즉, 전자발견 확률을 점

에는 보어의 원자 모형에서와 같이 궤도함수가 존재했지만 보어의 궤도함수와는 전혀 달랐다. 파동함수는 전자의 위치나 운동에 대한 정확한 계산이 불가능한데 전자는 오비탈 내에서의 확률적인 위치와 운동은 계산이 가능하다.

양자역학 발전의 대표적인 과학자 중 한 명인 하이젠베르크[31]는 양자역학의 본질을 수학적으로 밝혀내었다. 그는 수학적 분석을 통해 '불확정성 원리'를 정리하였다. '불확정성 원리'란 입자의 위치와 운동량을 특정 순간에 동시 측정하는 것은 불가능하다는 원리이다. 이는 슈뢰딩거(Erwin Schrödinger)[32]의 파동함수와도 같은 원리이다. 즉, '불확정성 원리'에 의하면, 위치에 대한 정확한 측정은 운동량의 부정확성 결과를 낳게 된다. 이는 핵 주위를 운동하는 전자의 운동량과 위치는 절대 동시에 정확하게 측정할 수 없다는 것이다. 따라서 보어의 가설처럼 전자가 정해진 궤도에 따라 움직인다는 고전적인 개념은 이제 양자역학에서는 존재하지 않는다는 것을 의미한다.

1969년 캘리포니아의 스탠포드 대학교 실험실의 대형 가속기에서 쿼크를 발견하였는데 양성자를 전자로 충격을 준 결과 양성자 내부에 작은 점 같은 입자들이 있는 것으로 예측되었다. 이를 겔만[33]이 "쿼크"라는 이름을 붙이고 양성자나 중성자는 세 가지의 쿼크가 있다는 이론을 주장했다.

으로 표시해 높은 것이 오비탈이다.

31) 베르너 카를 하이젠베르크(독일어: Werner Karl Heisenberg, 1901년 12월 5일~1976년 2월 1일)는 독일의 물리학자이다. 불확정성 원리로 유명하며, 행렬역학과 불확정성 원리를 발견하여 20세기 초 양자역학의 발전에 절대적인 공헌을 했다. 그는 1932년에 '양자역학을 창시한' 공로로 노벨 물리학상을 수상했다.
32) 오스트리아의 이론 물리학자로 물질의 파동이론과 양자역학의 다른 기초들을 세우는 데 기여했다. 영국의 물리학자 P. A. M. 디랙과 공동으로 1933년 노벨 물리학상을 받았다(원자).
33) 머리 겔만(Murray Gell-Mann)은 미국의 물리학자로 1969년 노벨 물리학상 수상자이다. 기묘도, 팔정도, 쿼크 등의 발견에 공헌했다.

1928년 영국의 물리학자 폴 디랙[34]은 우주에 있는 각 입자 유형마다 이에 대한 반입자가 있으며 입자와 반입자가 만나면 에너지를 방출하면서 서로를 소멸시킨다고 기술했다. 즉, 쿼크나 렙톤[35]은 반쿼크와 반렙톤이 항상 같이 존재한다는 것이다. 또한 물질의 최소 입자 단위인 쿼크나 렙톤 입자를 발견한 것만 아니라 두 입자들이 결합되어 핵이나 원자 그리고 우주를 구성하고 별을 구성하는 결합력에 대한 연구 역시 지속적으로 이루어져 왔다. 이런 소립자들이 어떠한 방식으로 핵을 이루고 있으며 또한 원자를 이룰 수 있었고 더 나아가 우주를 구성하고 있는지를 이해하게 되면 우주의 시작에 대한 의문점을 밝힐 수 있으며 우주를 구성하고 있는 물질들에 대해서도 이해할 수 있게 되기 때문이다. 이런 입자들을 결합시키는 힘은 모두 아래 네 가지 힘으로 정의할 수 있다.

① 지구상에 존재하는 우리가 가장 잘 알고 있는 **중력**이다.
② 전자와 핵을 결합시켜 원자를 이루게 하는 **전자기력**이다.
③ 핵 내의 중성자와 양성자를 결합시키는 **강한 핵력**이다.
④ 전자나 양성자가 방출될 때 나오는 방사성 붕괴로 알 수 있는 **약한 핵력**이다.

서양과학에서 우주와 시공간에 대한 연구를 살펴보면, 초기에는 하늘에

---

34) 폴 디랙(Paul Dirac, OM, 1902년 8월 8일~1984년 10월 20일)은 영국의 이론 물리학자이다. 양자 역학을 탄생시킨 사람 중 하나이다. 1933년 에르빈 슈뢰딩거와 함께 "원자 이론의 새로운 형식의 발견"으로 노벨 물리학상을 수상했다.
35) 렙톤(lepton) 또는 경입자(輕粒子)는 물리학에서 스핀이 ½이고 페르미온 강하게 상호작용하지 않는 기본 입자이다. 전자, 뮤온, 타우온과 각각에 해당하는 중성미자로, 현재까지 총 6종이 알려져 있다. 강하게 상호작용하는 기본 페르미온은 쿼크로 분류한다.

떠 있는 별과 달과 해의 변화를 살펴보며 지구의 모양, 크기를 예측하고 지구가 태양을 중심으로 운동하고 있다는 것을 발견할 수 있었다.

이를 시작으로 해서 뉴턴(Sir Isaac Newton)은 지구와 태양, 행성들 간의 운동을 만유인력萬有引力이라는 법칙을 세워 정의하였고 지구의 중력重力에 대한 정의를 시작으로 하였다. 이에 뉴턴에서부터 본격적인 고전 물리학이 시작되었다고 본다.

이후 아인슈타인은 뉴턴의 중력의 법칙을 지키면서 시공간時空間의 상대성에 대해 입증하기 위하여 시공간이 중력에 의해 휘어져 있고 휘어진 4차원의 상대 시공간에서 우리가 살고 있다는 일반 상대성 이론을 정립하면서 고전 물리학의 정점을 이루었다. 이때까지 고전물리학의 주요 핵심내용은 어떤 법칙이 만들어지면 그 법칙 속에 모든 현상이 적용될 수 있고 그것을 통해 미래도 예측할 수 있다는 것이다. 그 법칙은 계산적이고 정확한 것이고 오차가 없어야 하는 것이 정설이다.

이러한 사고방식은 그 시대의 아인슈타인을 비롯한 과학자들의 뜻이었다. 또한 이러한 사고방식은 거시적 관점에서 우주와 행성들의 움직임을 파악하고 예측하는 데 당연한 것이었다. 그러나 원자에 대한 연구가 심화되고 그 원자를 쪼개어 더 작은 입자를 연구하면서부터 이러한 모든 것이 불확실해졌다. 아무리 어떤 법칙을 만든다 해도 이것 역시 불확정성의 원리에 의해 미래에도 똑같이 적용될 수 있다는 보장이 없고 모든 미시적微視的 관점의 현상들은 확률로서만 운동을 한다.

아인슈타인은 끝까지 이러한 사실을 인정하지 않았지만 이러한 양자역학은 현대 과학 발전의 기하급수적 상승을 도운 것 역시 사실이다. 한 가지 아이러니한 것은 이 양자역학이 아인슈타인의 중력이론과 서로 합할 수 없어 거시적 관점에서는 중력이론을, 미시적 관점에서는 양자역학을 적용해 우주 내의 현상들을 연구한다.

이를 통합하려는 움직임은 대통합 이론, 초 대칭 이론, 초 중력 등으로 나타났으며 결국에는 10차원의 끈으로 이루어진 초끈이론으로 귀결되었다. 그러나 초끈이론도 아직은 이론만으로 존재하고 증명된 바가 없다. 우리는 매우 활발하게 발전하고 있는 서양과학의 이론을 배우고 의지하고 있지만 아직 없애고 수정되어져야 할 이론들은 매우 많다. 초끈이론에 대해서는 다음 챕터에서 알아보기로 한다.

서양과학사를 통해 알아본 바와 같이 고전물리학에서 풀 수 없었던 미시적 세계의 현상들을 양자역학이 발전함에 따라 설명할 수 있었다. 초기의 양자역학은 반도체나 핵개발의 이론적 배경을 제공하였고, 후기 양자역학은 불확정성 원리에 따라 물질이나 과학에 대한 인식의 큰 변화를 주었다는 데 의미가 있다.[36]

양자역학의 불확정성 원리를 다시 말하면 미래를 예측할 수 있는 과학법칙은 없다는 것으로 해석할 수 있다. 이것은 과학자들만 아니라 철학에도 영향을 주었으며 20세기 초반까지 실험 가능한 물리학 발전에서 21세기에는 실험이 불가능한 한계에 이르렀다는 것을 의미하기도 한다.[37] 즉, 양자역학의 발전이 점차 지속될수록 이론적이고 철학적인 소지를 많이 포함하고 있는 것이다. 이와 같이 장황하게 서양의 양자역학量子力學을 고찰해 보는 이유는 동양의 음양론과 매우 유사하기 때문이다.

즉, 닐스 보어의 원자모형이 음양론과 많은 부분이 일치하고 있다는 것으로, 원자 모델에서 전자와 핵이 일정한 궤도를 유지하면서 빛의 속도로 움직이는 것은 바로 음양의 동적 평형 상태 때문이다.

---

36) 최준곤, 『양자역학』, 2판, 서울:범한서적주식회사, 2010.
37) ArthurBeiser, 『현대물리학』, 희중당, 1991.

전자는 음전하陰電荷를 가지고 있지만 움직이는 속도가 매우 크고 원자와 원자를 자유롭게 이동할 수 있다. 이것은 陽의 성질이고 전자의 이면성이다. 핵도 역시 양전하陽電荷를 가지고 있지만 핵은 정지된 상태에서 전자를 일정하게 운동하게 하고 있다. 이것은 陰의 성질이고 핵의 이면성이다.

즉, 대립제약大立制約과 상호호근相互互根이 적절히 원자 내에서 이루어지고 있다. 또한 전자는 적절하게 궤도를 유지하며 지속적으로 빛의 속도로 이동하고 있고 중성자와 양성자가 그것을 조절한다. 이것은 음양의 소장평형消長平衡이다.

또한 전자가 움직임으로써 원자는 양전하가 강한 원자가 될 수도 있고 전자를 뺏어옴으로써 음전하가 우세한 원자가 될 수 있다. 이것은 음양의 상호전화相互轉化 법칙으로 설명할 수 있다. 즉, 원자의 운동은 완벽하게 음양 운동으로 설명할 수 있으며 노벨상을 받은 닐스 보어는 태극무늬가 그려진 휘장을 달고 수상을 했는데, 그 이유가 바로 이러한 것이 아닌가 생각될 정도로 음양론은 원자 모형과 대비하여 설명하는 데 매우 적절하다고 본다.

그렇다면 여기서 음양의 동적평형動的平衡 상태를 조절하는 기본적인 에너지는 무엇일까에 대한 호기심이 일어난다. 전자가 일정하게 핵 주위를 운동하는 것은 전자기력 때문이고 이런 전자기력은 에너지로 보면 매우 작지만 빛의 속도로 움직이는 전자를 궤도에 벗어나지 않게 유지시켜 주는 역할을 한다.

즉, 전자기력은 음전하와 양전하가 서로 끌어당기는 인력引力이고, 양전하와 양전하는 서로 밀어내는 척력斥力이다. 전자를 일정 궤도에서 벗어나지 않게 양전하의 핵을 유지시켜주는 것은 바로 중성자 때문이다. 중성자는 전하는 없고 양성자와 같은 질량을 가진다. 따라서 양성자끼리의 밀어내는 척력을 중재시키고 핵 안에 묶어두어 핵을 유지시키며 전자가 궤도를 벗어나지 않게 하는 것이 중성자中性子의 역할이다. 또한 중성자는 수소水素에 더하여 핵융합을 일으키거나, 핵분열을 일으키기도 한다.

[원자내부의 土의 역할]

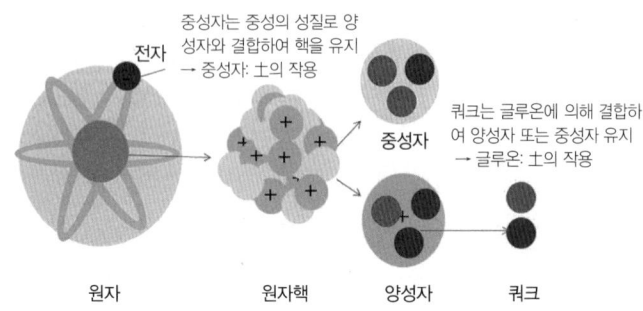

출처 : 五運六氣의 世界觀에 관한 硏究, 경북대학교 교육학 박사학위 논문. p.97

[핵분열 및 핵융합과 土化작용]

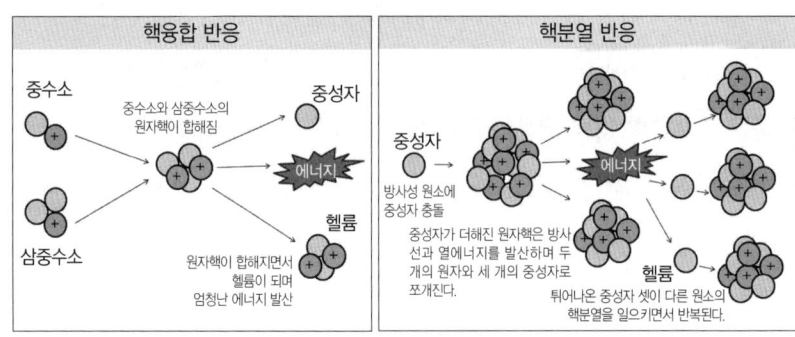

출처 : 五運六氣의 世界觀에 관한 硏究, 경북대학교 교육학 박사학위 논문. p.98

그림에서 보듯이 핵융합은 이중수소와 삼중수소가 결합하였을 때 엄청난 에너지를 발생하면서 중성자 하나와 헬륨을 얻을 수 있다. 이것 또한 중성자의 역할이다. 그리고 핵분열 시 방사성 원소에 중성자를 더하면 원자핵이 두 개 생성되고 중성자가 세 개 생성되면서 엄청난 에너지를 발생시킨다. 이 세 개의 중성자는 또 다른 원소에 가해져서 연속적으로 폭발력을 증가시킨다. 이러한 힘은 강한 핵력인데 이것의 중심에 역시 중성자가 있다. 동양학에서는 중성자를 土의 성질로 정의한다. 土의 작용에 대해 한동석 선생은 다음과 같이 설명하였다.

> 중성자란 것은 바로 土인데 그것도 양토陽土, 즉 축토丑土나 진토辰土와 같은 작용을 하는 것으로 사료되는 것이다. 그것이 土라는 중화성을 가진 것이기 때문에 수소원자에 들어가게 되면 다른 입자와 동화하면서 충돌하는 것일 것이다. 그러므로 에너지의 운동을 일으키는 작용이 생기게 되나 거기에서 중성자의 과학적 반응을 발견할 수 없다는 것은 중성자에는 전자나 양자와 같은 편파적인 성질이 없다는 것을 의미하는 것이다.[38]

丑土나 辰土는 음양의 충돌을 중재하고 중성의 성질로 未土로까지 분열을 유도하는 土이다. 한동석 선생은 土를 우주변화 작용의 주체라고 주장하면서 분화와 수렴운동의 근본적인 계기를 만드는 것이 土化작용이라 정의하였다.

> 土化작용이라는 것은 물질이 극도로 분화하여서 물 자체의 형태를 무형의 상태로 전환하는 계기를 만드는 작용을 말하는 것이다.[39]

---

38) 한동석, 『宇宙變化의 原理』, 대원출판, 1966, p.233.
39) 앞의 책, p.229.

土는 질량을 가지고 있는데 그것은 중성자의 성질을 가지고 있다. 중성자와 양성자를 최대로 나눠 보면 쿼크라는 더 이상 나눌 수 없는 입자가 나온다. 이 쿼크는 중성자와 양성자 각각에 3개씩 분포되어 있다. 이에 동양학에서 의미하는 3이라는 숫자를 살펴보기로 한다. 원자의 구조도 양성자, 중성자, 전자 즉, 3개로 구성되어 있고 그 안에 존재하는 쿼크도 3개로 이루어져 있다. 3이라는 숫자에 대한 의미를 노자老子는 다음과 같이 정의하였다.

一生二, 二生三, 三生萬物[40]
하나가 둘을 낳고, 둘이 셋을 낳고, 셋이 만물을 낳았다.

이러한 것은 3이라는 숫자 역시 동양학에서도 매우 중요한 의미로 보는 것인데 만물은 모두 3의 배수로 움직인다는 것이다. 둥근 원은 360도, 1년은 12개월, 한 달은 30일, 1일은 24시간, 1시간은 60분처럼 모두가 3의 배수로 연결되는 것이다. 3은 홀수이면서 陽의 숫자이고 새벽의 숫자이다. 또한 3이라는 숫자는 통일, 조화, 생, 동쪽, 봄을 뜻하며 동적動的인 시작이다.

양성자나 중성자 안에 더 이상 쪼개어질 수 없는 물질인 쿼크가 3개씩 존재한다는 것은 놀라운 사실이다. 이러한 쿼크는 업 쿼크와 다운 쿼크가 있는데 양성자에는 업 쿼크 두 개, 다운 쿼크 하나로 구성되어 있고 중성자는 업 쿼크 하나, 다운 쿼크 둘로 구성되어 있다. 이런 쿼크들은 글루온이라는 입자로 강하게 연결되어 양성자 또는 중성자를 유지하고 있다.

글루온은 쿼크들이 근접해 있을 때에는 그 힘이 약하나 쿼크들을 양성자에서 분리하려고 하면 굉장히 강한 힘을 생성시켜 결합시킨다. 분리하기 위

---

[40] 『文集』 72.3a, "土居中而應四方".

해 에너지를 가하면 가할수록 글루온을 더 많이 생성시켜 결합력이 강해지는 것이다. 핵과 전자가 결합하는 힘인 전자기력은 서로간의 거리가 멀어질수록 약해지지만 쿼크는 그 반대 작용을 하는 것이다(점근자유성漸近自由性, Asymptotic Freedom). 동양학적 관점에서는 핵과 전자가 떨어지는 것은 그만큼 전자는 전자대로의 역할이 있고 전자가 핵을 벗어나 다른 원자로 이동 시 충분히 그 의미를 가지기 때문에 서로간의 거리가 멀어질수록 힘이 약해지도록 조절이 된다. 그러나 쿼크는 더 이상 쪼개질 수도 없고 쿼크와 쿼크가 서로 멀어지게 되면 원자 자체가 분열되는 것이므로 절대 멀어져서는 안 된다는 것으로 글루온에 의해 떼어내려고 할수록 강력히 결합된다.

이러한 원리가 바로 土의 성질이다. 土는 힘을 조절하고 적재적소에서 발휘하게 하는 중재 작용을 한다. 글루온과 전자기력이 바로 그러한 土의 성질이다.

태극도설太極圖說은 무극無極이 힘을 받아 끊임없이 음양陰陽으로 반복하는 태극太極의 양상을 나타낸 그림이다. 이 태극의 양상 내부에는 오행의 운동이 土를 중심으로 이루어져 있으며 무극 또한 土의 성질이다. 동양학에서 말하는 이러한 우주변화의 원리를 초끈이론과 상관지어 보면 상당히 닮은 점이 있다. 무극이 태극으로 되고 태극이 무극으로 바뀌는 끊임없는 반복 운동은 미시적 관점에서는 진동振動으로 표현할 수 있다. 이에 주자朱子는 다음과 같이 표현하였다.

> 천지 사이에 두 기가 단지 끊임없이 움직이고 돌다가 알지 못하는 사이에 한 사람을 생하고 알지 못하는 사이에 또한 한 사물을 생한다.[41]

---

41) 『語類』, 98.3a1., "天地之間二氣只答運轉不知不覺生出一箇人, 不和不覺又生出一箇物", p.321 참조.

일원의 기가 움직이고 돌고 흐르고 통하여 잠시도 정지되는 순간이 없다. 이렇게 여러 가지 만물을 만들어낼 뿐이다.[42]

이는 쿼크와 렙톤이 존재하고 있는 우주의 시작점에서 중성자, 양성자가 생성되고, 원자를 형성하고, 또한 이것들이 모여 커다란 행성을 만든다는 우주 역사의 발견과 매우 닮았다. 그렇다면 이렇게 보이는 현상적인 것을 매개하는 모든 힘의 바탕은 무엇일까? 그것이 바로 土이다. 태극도설의 힘의 바탕은 아래쪽에 위치한 흰 원으로 무극인데 이 무극의 성질이 土인 것이다. 즉, 土는 매우 근원적인 힘의 성질로 볼 수 있다. 주자朱子가 오행 중 土의 중요성에 대해 생각한 것처럼 주체적인 힘의 작용을 한다.

현대의 서양 물리학에서는 초이론(supertheory)이라 하여 초힘(superforce)을 밝히는 데 주력하고 있다. 그리고 이 초힘이라는 것은 우주에 존재하는 4개의 힘인 중력, 강한 핵력, 약한 핵력, 전자기력을 통합할 수 있는 근원적인 힘이다. 동양학과 서양과학의 시공간에 대한 비교를 한 결과, 우리는 결국 이론적, 철학적으로는 그것이 유사한 뜻을 가지고 있고 근원적인 힘의 원리는 동일하다는 것을 알 수 있다. 따라서 土의 작용이 우주의 힘을 중개하는 역할을 하고 있고, 이것이 앞으로 초이론 또는 초힘을 밝혀내는 데에도 활용될 수 있을 것으로 생각한다.

---

42) 『語類』, 1,3b1., "一元之氣,運轉流通,略無停間, 只是生出許多萬物而已", p.321 참조.

5) 초끈 이론

초끈이론(Superstring Theory)[43]에 따르면, 모든 소립자를 확대하다 보면 같은 종류의 '끈'이 나타난다고 한다. 끈은 크기는 '0'인데 길이는 존재한다는 것이다. 그런데 소립자의 종류에 따라 끈의 진동방식이 다른 것으로 보고 있다. 우주를 구성하고 있는 최소 단위를 지속적으로 진동하고 있는 끈으로 보고 우주 그리고 자연의 근원적인 원리를 밝히려는 이론이다.

초끈이론에서는 빅뱅이론과 달리 끈들이 진동하는 형태에 의해 입자마다 각기 고유한 성질이 생기고, 영원히 지속적으로 성장과 수축을 반복하는 존재로 본다. 또한 우리들이 살고 있는 이 우주 외에도 수많은 우주들이 각각의 물리법칙에 따라서 존재한다고 가정하고 있다.

초끈이론이 나오기 이전에 물리학자들은 '표준모델'에 의해 우주를 구성하는 최소단위인 입자는, 더 이상의 내부구조를 가지고 있지 않은 '점'의 형태를 취하고 있다고 생각하고 있었다. 중력을 양자역학의 관점에서 이해하려다가 실패한 이후, 플랑크 길이[44] 이하의 초미세영역에서 일어나는 양자적 요동을 이해하기 위해서 상대론과 양자역학의 결합에 관한 문제점을 해결할 가능성이 있는 '초끈이론'이 1984년 마이클 그린과 존 슈바르츠에 의해 발견되었다.

기존의 표준모델에서는 물질의 최소 단위는 점이라는 생각을 가지고 있

---

43) 우주를 구성하는 최소 단위를 연속해서 진동하는 끈으로 보고 우주와 자연의 원리를 밝히려는 이론. 1970~80년대 이후 미국 칼텍의 이론물리학자 존 슈바르츠와 영국 퀸 메리 대학의 마이클 그린 등이 발전시킨 이론이다.

44) 플랑크 길이(Plancklength,): 플랑크 단위로 알려진 기본 단위의 하나로, 우리가 보통 알고 있는 공간이 더이상 존재하지 않게 되는 크기를 말한다. 1.616199×10^{-35}m

었지만, 두 명의 과학자가 발견해낸 것은 물질의 최소단위는 점 형태가 아닌 일종의 끈(String)과 같은 형태를 가지고 있을 것이라고 추측하였다. 하지만 이 끈은 플랑크 길이 단위 정도의 아주 작은 길이를 가지고 있어서 최첨단 장비를 이용한 관측으로도 점입자처럼 보이기만 할 뿐, 그 이상의 세부구조를 찾기에는 불가능하다. 사실 이것은 점입자를 끈 형태로 모양만 대치한 것뿐이지만, 양자역학과 상대론의 수학적 체계에서 발생하던 충돌을 무마시킬 수 있었다. 점입자와는 달리 끈이기 때문에 공간상에서 특정 길이를 가질 수 있었던 이 사실이 상대론, 양자역학量子力學 두 이론을 수학적으로 통합하는 데 결정적인 역할을 하게 된다.

초끈이론을 연구하던 학자들이 중력자(중력을 매개시키는 입자)로 간주되는 끈을 연구하던 중에 그 끈에 의해 전달되는 힘의 크기가 끈의 장력에 반비례한다는 결론을 얻어내게 되었다. 이러한 장력을 '플랑크 장력'이라고 명하였으며 그 크기는 대략 10의 39승 톤(ton) 정도로 아주 큰 값이었다. 이 정도의 엄청난 장력을 가지는 끈이라면 아주 짧은 길이일 수밖에 없다. 팽팽한 끈을 손으로 튕긴다고 보면 끈의 길이가 길면 비교적 손으로 튕기기가 쉽지만 끈의 길이가 점점 짧아질수록 손으로 튕기기 점점 더 힘들어지며, 플랑크 길이 단위까지 끈의 길이가 줄어들 경우에는 실로 엄청난(플랑크 장력) 힘이 필요하게 된다.

중력자에 관한 이러한 사실은 후에 중력자의 정체가 밝혀진다면 초끈이론의 옳고 그름을 증명할 수 있는 하나의 커다란 증거로 생각된다. 그러나 지금까지의 실험장비로는 중력자의 존재를 증명할 수 없기 때문에 이 문제는 후대에 맡겨야 할 것 같다.

끈의 장력이 엄청나게 크다는 것은 바로 고리형 초끈이 진동하는 것을 말하는데 입자의 성질을 규정하기 위해서는 엄청난 에너지가 필요하다는 것이다. 이로 미루어 볼 때, 끈의 에너지는 끈의 진동방식(진동이 격렬할수록 에너지 커진다.)과 끈의 장력(장력이 클수록 에너지 커진다.)에 의해 결정된다는 사실을 알 수 있다. 앞에서 말했듯이 끈이 보유할 수 있는 진동 형식은 엄청나게 많은 가능성을 내포하고 있다. 끈의 진동 패턴은 마루와 골의 수에 따라 얼마든지 나열할 수 있기 때문이다.

이런 사실로 미루어 볼 때, 진동 형식이 무수히 많기 때문에 초끈이론에 의해 진동형식 1개당 1개의 입자를 대응하게 되고, 그렇게 따지면 이 세상에는 무한히 많은 입자들이 존재하게 될 것이다. 그러나 한 가지 중요한 사실은 끈의 장력이 너무나 크기 때문에 대부분의 진동형식들이 현재 우리가 밝혀낸 입자들의 질량에 비해 수천 배의 에너지를 내는 엄청 무거운 입자들에 대응된다는 것이다.

혹시나 이런 정도의 무거운 입자들이 존재한다고 하더라도, 현재의 관측 장비로는 그 입자들을 실험하고 확인하는 것이 불가능하다. 그러나 이것은 앞으로 관측 장비의 발달로 증명이 가능해질 수도 있고, 초끈이론의 존재를 증명할 수 있는 또 하나의 가능성으로 남아있다.

이와 같은 초끈이론과 음양오행사상의 연관성에 대해 알아보기로 하자. 원자와 전자가 만나 물질이 생성되는데 이상하게도 근본적인 물질, 즉 양성자, 중성자, 전자가 만나 완전히 다른 물질이 태어난다는 점이다. 즉 양성자 1개가 만들어내는 수소, 2개가 만들어 내는 헬륨, 8개가 만들어 내는 산소 등 근본적인 물질(양성자,중성자,전자)은 똑같이 출발하는데, 근본적인 물질이 모여서 만들어지는 물질은 완전히 다른 개념의 변화된 물질이 생성된다. 그리고 이 문제를 해결할 수 있는 논리가 초끈이론이다.

【물질의 입자 계층도】

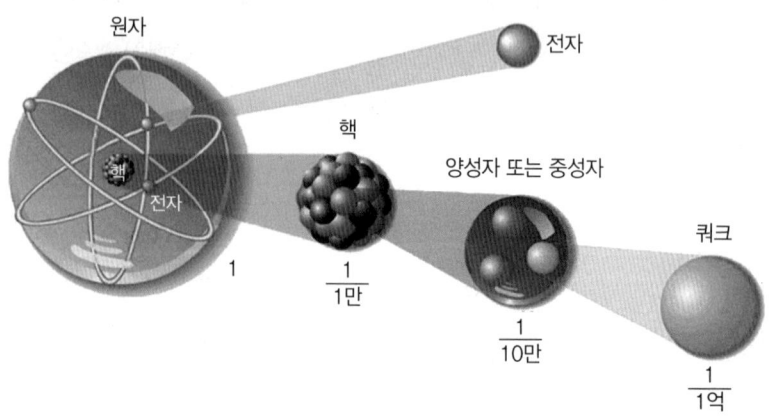

　근원적인 물질은 동일하나 만들어지는 물질의 진동이 달라 새로운 물질이 탄생되어진다. 쉽게 말해서 물이라는 물질이 에너지의 흡수와 방출에 따라 기체가 되거나 액체가 되거나 고체가 되는 현상처럼 어떤 한 물질이 진동 방식에 따라 각기 다른 물질의 특성을 가진다고 보면 된다. 근본적인 물질의 생성부터 음양오행사상과 연관성을 가지면서 변화하는 내용을 찾아보면, 중국 전국시대 말기 초나라에서 쓰여진 『곽점초묘죽간郭店楚墓竹簡』에 다음과 같은 내용이 있다.

　〈一簡〉태일太一은 물을 낳고, 물은 반대로 태일을 도와서 하늘을 이룬다. 하늘이 반대로 태일을 도와서 땅을 이룬다. 천지(天地:하늘과 땅)는 [다시 서로 도와서]〈二簡〉신명(神明(변화變化))을 이룬다. 신명은 다시 서로 도와서 음양을 이룬다. 음양이 다시 서로 도와서 사시(四時:사계절)를 이룬다. 사시는〈三簡〉다시 [서로]도와서 창연(滄然:춥고 더움)을 이룬다. 창연은 다시 서로 도와서 습조(濕燥:습함과 건조함)를 이룬다. 습조는 서로 도와서 일년

〔歲〕을 이루고 〈四簡〉 멈춘다. 그러므로 일년〔歲〕은 습조에서 생겨났으며, 습조는 창연滄然에서 생겨났으며, 창연은 사시(四時:사계절)에서 생겨났으며, 사시는 〈五簡〉음양에서 생겨났으며, 음양은 신명神明에서 생겨났으며, 신명은 천지天地에서 생겨났으며, 천지는 〈六簡〉태일太一에서 생겨난 것이다. 그러므로 태일은 물속에 저장되었다가 시기에 의하여 운행되며, 〈七簡〉두루 미치기도 하며 또한 시작되니 자신을 만물의 근원〔母〕으로 삼게 된다. 한 번은 비워지고 한 번은 채워지니 만물의 법〔經〕으로 삼는다.[45]

이 글의 내용은 우주생성론을 표현하고 있지만, 우주생성론의 한 부분에는 물질物質도 포함되기 때문에 물질의 개념으로 고찰해보겠다. 태일太一은 물을 낳고 천지天地를 이룬다. 천지는 서로 도와 신명神明을 이루고 신명은 음양陰陽을 이룬다. 음양은 다시 사시四時를 이루고 사시는 다시 창연滄然을 이루고 창연은 다시 습조濕燥를 이룬다. 습조는 일 년을 이룬다. 태일은 만물의 근원이라고 밝히고 있는데, 그것은 태일은 물을 낳고 물은 하늘과 땅을 낳는 게 아니라, 태일이 물의 도움으로 하늘을 이루고 태일이 하늘의 도움으로 땅을 이룬다고 표현하고 있다. 한 단계가 더 추가된 방식으로 생성론을 다시 원점으로 돌아가서 천지는 음양을 생겨나게 하고 신명(神明:음양의 변화)은 사시(사계절)를 이룬다. 그리고 마지막 글귀엔 "태일은 물속에 저장되

---

45) 곽점초묘죽간(郭店楚墓竹簡), 「太一生水」.
【一簡】太一生水…, 水…反輔太一, 是以成天 天反輔太一, 是以成地. 天地〔復相輔〕
【二簡】也, 是以成神明. 神明復相輔也, 是以成陰陽. 陰陽復相輔也, 是以成四時. 四時
【三簡】復〔相輔〕也, 是以成倉然 倉然復相輔也 是以成濕燥. 濕燥復相輔也, 成歲
【四簡】而止. 故歲者, 濕燥之所生也. 濕燥者, 滄然之所生也. 滄然者, 〔四時之所生也〕. 四時
【五簡】者, 陰陽之所生〔也〕. 陰陽者, 神明之所生也. 神明者, 天地之所生也. 天地
【六簡】者, 太一之所生也. 是故太一藏於水…, 行於時. 周而或〔又〕〔始, 以己爲〕
【七簡】萬物母. 一缺一盈, 以己爲萬物經. 此天之所不能殺, 地之所

었다가 시기에 의하여 운행되며, 두루 미치기도 하며 또한 시작되니 자신을 만물의 근원[母]으로 삼게 된다."라고 표현하고 있는데, 이것은 모든 물질변화에 시기에 적절하게 관여를 하고 물질의 근원임을 말하고 있다.

다음 중국 북송시대 왕안석王安石의 『홍범전洪範傳』에 오행五行을 설명하는 글이 있는데 이 속에서 초끈이론과의 연관성을 찾아 볼 수 있다.

> 만물은 하나의 기氣다. 물질을 낳는 것은 기다. 기는 오행五行을 낳고, 오행이라는 것은 귀신과 같이 행하고, 변화를 이루는데, 천지 사이를 왕래하여도 막힘이 없으니, 이것을 행行이라고 한다.[46]

이 글에서는 만물은 기氣로 표현했고 기는 오행五行을 낳았다고 한다. 즉 물질을 만들었는데 그 속에 오행의 기를 불어 넣었다는 말이다. 형체와 질을 가진 물질을 만든 것이다. 그런데 중요한 것은 오행은 귀신과 같이 천지 사이를 왕래하여도 막힘이 없다. 천지공간을 마음대로 왕래와 소통을 한다는 것은 모든 공간이 연결되어 있다는 의미가 내포되어 있다. 초끈이론에서는 끈들이 진동하는 형태에 따라 입자마다 고유한 성질이 생긴다고 하였다. 오행五行의 유형에 따라 고유한 성질이 생긴다는 설명이 초끈이론과 비슷한 의미를 가진다고 할 수 있다.

원자原子의 생성 자체가 음양오행사상에서 말하는 원리와 밀접한 연관성이 있음을 앞서 살펴보았는데, 초끈이론의 개념도 바로 음양오행사상의 한 부분이라 할 수 있다. 물질세계에서 오행의 존재를 인지한다면 그것은 오

---

[46] 『洪範傳』, "萬物一氣也, 生物者氣也, 氣(陰陽)生成五行, 五行也者成變化而行鬼神, 往來乎天地之間而不窮者也, 是故謂之行."

행의 성질을 내포한 물질일 것이고 그 물질은 바로 초끈이론의 한 형태이기 때문이다. 그것은 우주와 자연의 모든 원리를 통합하고 설명하는 만물의 이론이 될 수도 있다. 왜냐하면 초끈이론으로 아주 작은 물질 입자에서부터 우주공간에 존재하는 커다란 천체에 이르기까지, 자연계의 모든 것을 설명할 수 있을 것이며, 우주와 자연의 궁극적인 원리를 밝혀낼 가능성이 있기 때문이다. 그리고 가장 근본적인 것은 끈이라는 하나의 근원에서 시작한다는 의미가 크다. 그 근원은 동양철학에서 말하는 무극無極이나 태역太易의 시점이 될 것이며, 그것의 발현은 오행의 물질로 나타날 것이다.

무극에서 시작된 그 기氣가 형形과 질質을 가지면서 물질을 이루는 과정에서 그 근본은 氣라는 하나의 통일성을 가질 것이며, 그 근본은 초끈이론의 끈과 연관성을 가질 것이다. 초끈이론은 앞에서 연구된 오행의 물질을 이루는 과정과 많은 관련이 있음을 확인할 수 있다. 그러므로 현대물리학에서 초끈이론의 문제점이나 그에 대한 해결방안 역시 동양철학에서 해답을 찾을 수 있다고 생각한다.

제2장

오행원리와 물상이론

1. 고대 중국인의 만물생성 오행五行

1) 오행五行의 의미

고대 중국에서 오행五行은 음양陰陽과 함께 우주만물과 인사를 해석하는 핵심 개념으로 활용되었다. 이러한 경향은 이전부터 존재했던 오행五行 개념을 추연鄒衍이 다듬어 체계화함으로써 정리되기 시작했다.

고대 문헌에서 '오행五行'이라는 단어를 찾아보면, 『서경書經』의 「대우모大禹謨」·「감서甘誓」·「홍범洪範」 등에서 찾아볼 수 있다.

형식상 五行 개념이 가장 먼저 등장한 것은 『서경』이라고 볼 수 있다. 「대우모」에는 "덕은 오로지 정치를 잘 하는 데서 이루어지며, 정치의 관건은 백성을 잘 기르는 데 있습니다. 그러자면 水·火·木·金·土·穀(곡)을 잘 다스리십시오."[47]라는 글이 있다. 이 글의 의미를 따져 보면 분명 오행五

---

47) 『書經』, 「大禹謨」: 德惟善政, 政在養民, 水火金木土穀, 惟修.

行 개념이 존재하고 있다는 것이다.

「감서」는 하대夏代부터 구전으로 내려오던 선조들의 유훈을 은대殷代에 와서 기록을 하고 주대周代에 재정리하였다. 여기에 "유호씨有扈氏는 오행五行을 업신여기고 삼정三正을 문란하게 했다."⁴⁸⁾는 말이 있다. 그러나 양계초梁啓超가 말하길 여기서의 오행五行은 水·火·木·金·土가 아니라, 인간이 행해야 할 다섯 가지의 윤리라고 했다. 또한 굴만리屈萬里가 말하길 「감서」는 전국시대의 인물인 추연鄒衍의 영향을 받아 진秦 이전 무렵에 지어졌다고 본다고 했고, 사송령謝松齡은 「감서」에서 오행五行과 삼정三正이 병렬된 것은 한대漢代 때의 일이므로, 이것은 漢의 학자들이 옛 자료를 정리하는 중에 삽입된 글일 가능성이 높다고 했다. 이상으로 생각해 볼 때, 「대우모」·「감서」에서 오행 개념의 근원을 찾으려고 하는 것은 의미 없는 시도다.

오행五行의 의미에 대해서는 「홍범」에 몇 가지 언급되어 있다. 여기서는 水를 '적시고 내려감[潤下(윤하)]'이라 하고, 火를 '타고 오름[炎上(염상)]'이라 하고, 木을 '굽고 폄[曲直(곡직)]'이라 하고, 金을 '따르고 바꿈[從革(종혁)]'이라 하고, 土를 '심고 거둠[稼穡(가색)]'이라 한다.⁴⁹⁾ 이러한 것은 오행을 단순한 물질의 의미가 아닌, 움직이고 있는 기氣로 알고 있음을 의미하고 오행 개념이 철학화되어 오행설로 발전했음을 의미하는 것이기도 하다. 오행 개념은 진한시대의 저작인 『여씨춘추呂氏春秋』·『회남자淮南子』·『춘추번로春秋繁露』·『황제내경黃帝內經』·『백호통白虎通』 등을 거치면서 한층 그 의미가 깊어지고 있다.

그리고 오행 개념은 남송에 이르러 주희朱熹의 제자인 진순陳淳에 의해 정리되었는데, 그는 『북계자의北溪字義』에서 火의 속성은 '건조함[燥(조)]', 水

---

48) 『書經』, 「甘誓」: 有扈氏, 威侮五行, 怠棄三正.
49) 『書經』, 「洪範」: 水曰潤下, 火曰炎上, 木曰曲直, 金曰從革, 土爰稼穡.

의 속성은 '젖음[潤(윤)]', 金의 속성은 '차가움[寒(한)]', 木의 속성은 '따뜻함[溫(온)]', 土의 속성은 '중후함[重厚(중후)]'으로 각각 정의를 내리고 있다.[50] 한편, 영국의 생화학자 조셉 니덤Joseph Needham은 오행 중의 水는 액체성液體性, 火는 열, 木은 세공 가능한 개체성固體性, 金은 응고凝固와 재응고再凝固를 포함한 고체성固體性, 土는 영양성營養性을 지니고 있는 물질로 각각 해석했다.[51] 이러한 관점에 근거해서 본다면, 현대과학에서 발견된 118개의 화학원소들도 각각 그 성질에 따라 오행에 배합시킬 수도 있다.

오행에 대한 조셉 니덤의 이러한 생각은 화학적인 관점의 해석으로 추연이 고대 중국의 화학化學이라 할 수 있는 연단술에 관심을 가지고 있었다는 사실을 추론케 한다.

원초적인 의미로 볼 때 五行은 '자연계의 다섯 가지 물질'을 지칭한다. 그러나 추연에 의해 五行은 서로 유기적으로 얽혀진 관계 속에서 파악되기 시작했고 이 입장에서 五行은 '자연계의 다섯 기운의 움직임'으로 해석이 된다. 그리고 추연이 연단술을 연구했다는 데서 살펴보면, 그에게 있어 五行은 화학적 물질로서의 융합된 의미를 갖고 있다.

2) 음양陰陽·오행五行의 철학화

음양陰陽이 뜻하는 바가 단순하게 자연현상을 말하는 차원을 넘어 우주 전체적인 개념으로 변하게 된 것은 『노자老子』의 "만물은 음을 등에 지고 양

---

50) 『北溪字義』, 卷上 : 火性燥, 水性潤, 金性寒, 木性溫, 土性重厚.

51) 조셉 니덤(Joseph Needham, 1900~1995 - 영국의 생화학자), 이석호·이철주·임정대 역, 『중국의 과학과 문명Ⅱ』, 을유(1994), p.343 참조.

을 끌어안아 합해진 기운으로 조화를 이룬다."는 구절에서 그 예를 찾을 수 있다.[52]

음양陰陽을 우주만물의 기본 원리로 설명하는 『노자』의 생각은 『장자』에게로 이어졌다. 『장자』, 「대종사大宗師」에 "음양陰陽의 조화가 인간에게 미치는 영향은 부모의 명령보다 더 강하다. 음양陰陽이 내게 죽음을 요구하는데 내가 따르지 않으면 내가 반역자가 될 것이지만, 음양陰陽에게 어찌 허물이 있겠는가."[53]라는 말에서 본다면, 陰과 陽은 만물을 이루는 기본요소로 해석하였음을 알 수 있다.

또한 전국 말 초楚나라의 굴원屈原은 『초사楚辭』에서 "음양陰陽이 서로 화합하니, 어떤 것이 근본이며 어떤 것으로 변화할 것인가."[54], "하나인 陰과 하나의 陽이여, 사람들은 그대가 하는 바를 알지 못하네!"[55]라 하여, 음양陰陽의 기氣가 만물을 구성하고 있다는 사상을 가지고 있음을 알 것이다. 이런 음양陰陽은 전국시대를 지나오면서 자연계를 구성하는 기氣의 두 성분으로 간주하고, 우주탄생 원리의 중요한 의미로 자리 매김 하게 되었다.

또한 음양陰陽이 우주론적인 뜻으로 세밀하게 사용된 예는 전국 말기의 저작된 『태일생수太一生水』에서 볼 수 있는데 여기서는 "태일太一이 水를 낳았다. 수가 돌아가서 태일을 보좌하니 이로써 天을 이루었다. 천이 되돌아가 태일을 보좌하니 이로써 땅을 이루었다. 천지가 서로 다시 도우니 이로써 신명神明을 이루었다. 신명이 서로 다시 도우니 이로써 음양陰陽을 이루었다. 음양陰陽이 서로 도우니 이로써 사시四時를 이루었다. … 중략 … 이로

---

52) 鄺芷人, 「陰陽五行及其體系」, 문진출판자(民國81), p.10 참조.
53) 「莊子」, 「大宗師」: 陰陽於人, 不翅於父母. 彼近吾死而我不聽, 我則悍矣. 彼何罪焉.
54) 「楚辭」, 「天問」: 陰陽參合, 何本何化.
55) 「楚辭」, 「天問」: 一陰一陽兮, 衆莫知余所爲.

써 만물의 어머니가 된다."[56]라 했다. 이를 보면 음양陰陽은 신명神明에서 나와 사시四時 생성의 역할을 하는 개념으로 보았다.

그리고 『주역周易』에서도 음양陰陽이 바탕이 되는 철학이론이 나오는데 이는 「역전易傳」 속에서만 보이고 있다. 그래서 『주역』에서의 음양설陰陽說은 「역전」의 내용을 바탕으로 논해야 할 것이다. 「역전」에서의 음양설은 괘상과 효상 및 자연현상과 사회현상을 설명할 수 있는 이론적 근거를 확보하고 있다.[57]

여기서 「역전」의 음양설에 대한 전개 과정과 철학적인 특성을 알고자 한다면, 저자 문제를 살펴보아야 한다. 「역전」의 저자에 대한 주장은 두 종류가 있다. 하나는 공자 저작설著作說이고, 또 다른 하나는 전국시대 이후 여러 철학자들이 지었다는 주장이다. 여기서 공자 저작설이 맞는다면, 역易의 음양설陰陽說은 공자 재세在世 시기인 춘추시대 말기에 존재하였다는 의미이고, 또한 도가에서만 주장하는 것이 아니라는 의미도 가진다. 그렇더라도 음양陰陽의 철학화는 노자가 공자의 선배이므로 이는 노자에게서 비롯된 것으로 보아야 한다는 것이다. 하지만 현재는 「역전」에서의 음양陰陽 개념은 전국시대부터 음양오행설陰陽五行說이 퍼지기 시작하여 수용되기 시작했다는 주장이 더 설득력을 얻고 있다.

진고응陳鼓應은 「역전」의 대부분의 내용이 우주론과 변증사상에 관심을 가진 도학자들을 주축으로 전국 중기 이후부터 지어졌다고 말한다.[58] 다음으로는 오행 개념이 철학화 되는 과정을 살펴보자.

---

56) 『太一生水』: 太一生水, 水反輔太一, 是以成天. 天反輔太一, 是以成地. 天地相輔也, 是以成神明. 神明復相輔也, 是以成陰陽. 陰陽相輔也, 是以成四時. …중략… 以已爲萬物母.

57) 陳鼓應, 최진석 외 역, 『주역, 유가사상인가 도가사상인가』, 예문서원(1996), p.138 참조.

58) 앞의 책, p.181 참조.

오행이 가지고 있는 기본적인 뜻은 '자연계의 다섯 가지 물질'로 의미되어진다. 그러나 추연에 의해서 비로소 오행은 유기적으로 얽혀진 관계 속에서 해석되기 시작하였고 우주자연의 원리를 이해하는 철학적인 의미를 갖게 되었다.

이런 오행은 단순히 물질적 차원에서만 머물지 않았는데 『춘추번로春秋繁露』에서는 "'행行'은 움직이는 것이다."[59]라 했고, 『백호통白虎通』에서는 "오행五行은 무엇인가. 金·木·水·火·土이다. '행行'은 '하늘이 기를 운행한다.'는 뜻이다."[60]라고 했다. 이를 통해 본다면, 오행은 순환운동을 하는 다섯 개의 기본적인 힘으로 정의할 수 있다.

중국학 학자 벤자민 스워츠(Benjamin Schwartz ; 1916~1999)는 오행이라는 것은 물질적 요소뿐 아니라, 이 요소들과 이어진 자연적이고 인간적인 상관물들의 전체 증후군을 가리킨다고 하였다.[61] 즉, 오행은 물질과 자연, 인간 등 모든 우주 사물들의 운동을 포함하는 것이라 할 수 있다. 그러면서 그는 "'행行'이라는 것은 행동이나 운동을 의미한다."[62]라 하여, 오행의 운동에 대하여 의미를 더 부각시켰다. 이와 같이 오행은 단순히 다섯 가지 물질만을 의미할 뿐만 아니라, 상호 간에 일어나는 변화 작용도 포함하고 있다.

오행이 물질 차원을 넘어 철학적인 의미로 활용되어진 기원을 「홍범」에서 찾는 의견들도 있다. 「홍범」은 기존 학설에서는 주초周初에 기자箕子가 무왕武王에게 전수해 준 것으로 보고 있다. 그러나 유절劉節이 『홍범소증洪範疏證』에서 「홍범」이 만들어진 연대가 진시황秦始皇이 천하를 통일하기 직전

---

59) 『春秋繁露』, 「五行相生」: 行者, 行也.
60) 『白虎通』, 「五行」: 五行者, 何謂也. 謂金木水火土也. 言行者, 欲言爲天行氣之義也.
61) 벤자민 슈워츠, 나성 역, 『중국고대 사상의 세계』, 살림(2004), p.543 참조.
62) 앞의 책. p.543 참조.

인 전국시대 말기라는 주장을 펴면서부터 「홍범」의 진위에 대한 논란이 거론되었다.

유절의 주장에 동조하고 있는 학자들은 양계초와 굴만리 등이다. 그러나 서복관은 「홍범」이 기자箕子에게서 나왔다는 구설舊說을 지지한다. 서복관이 주장하고 있는 것 중에 특별한 부분은 「홍범」의 오행五行은 실용적인 생활 자료로서 오행이지 후세의 음양오행설陰陽五行說에서 주장하고 있는 오행과는 그 의미 자체가 다르다고 한 점이다. 이것은 음양오행설陰陽五行說이 전국시대 후에 번성하였기 때문에 「홍범」을 전국시대 이후의 작품으로 보고 있는 것을 염두에 둔 발언으로 보인다. 그러나 서복관의 주장하는 논리는 설득력이 부족하다고 본다. 「홍범」의 오행은 단순히 실용적인 생활 자료로의 오행이 아니다. 구체적인 표현으로 水는 '적심과 내려옴', 火는 '불탐과 올라감', 木은 '굽음과 펴짐', 金은 '따름과 바꿈', 土는 '심음과 거둠'으로 보았다. 이는 오행에 대해 기본적이기는 하지만 합리적인 해석이다. 그리고 「홍범」에서는 오행五行을 오미五味와도 서로 상응시켰다. 이는 이미 오행을 상응체계相應體系에 근거하여 해석하고 있음을 의미한다. 그래서 「홍범」에서의 오행은 결코 단순히 물질의 나열로만 볼 수 없는 전국시대 이후에 유행한 음양오행설陰陽五行說에서의 오행과 동종同種의 것으로 보아야 한다.

이런 점에서 본다면, 「홍범」의 오행은 서복관의 주장처럼 단순히 생활 속의 다섯 가지의 사물이 아닌, 오행을 매개로 존재를 해석하고자 하는 철학적 이론체계를 이루고 있음을 알 수 있다. 그렇다면 「홍범」을 주초周初에 만들어진 것으로 보는 것은 설득력이 떨어진다. 동시에 이것은 서주 초기西周 初期에 오행설五行說이 탄생한 것이 부당함을 의미한다. 조셉 니덤의 경우에는 「홍범」의 저작자는 기자箕子가 아닌 여러 시대에 나온 단편들을 모아 만든 것으로 보고 있으며, 제작 연대는 진대秦代로 보고 있으며 아무리 빨라

도 추연 이전은 아니라고 보았다.[63]

여기서 전국시대 이전부터 민간에 번지고 있던 오행 개념을 기준으로 오행설을 체계화시킨 것은 전국 후기의 추연으로 보는 것이 설득력이 있다.

조셉 니덤은 오행설五行說의 기원을 제齊의 옥검玉劍에 새겨진 '오행의 기氣가 가라앉으면 응축된다[행기입즉축:行氣立則畜]'는 명문銘文을 근거로 BC 4세기 초로 잡고 있다.[64] 그리고 그는 오행설을 체계화시킨 것은 추연이 제齊·연燕등 해변 지역에 산재해 있던 오행 관념을 수용하여 정돈함으로써 촉진된 것으로 본다.[65]

벤자민 스워츠 역시 추연 이전에도 오행 관념이 존재하고 있지만, 추연鄒衍에 이르러 비로소 인간과 우주자연의 모든 현상들을 포괄하고 느낄 수 있는 범주들의 방대하고 위압적인 특별한 체계가 수립되었다고 했다. 오행설五行說이 추연 이후부터 급격하게 발전을 이룬 것을 본다면, 이들이 주장하고 있는 의견들이 타당성이 있다고 할 수 있다.[66]

3) 음양陰陽과 오행五行의 융합

음양陰陽과 오행五行은 원래는 각기 다른 기원과 성질을 가지고 있었다. 지리적인 측면에서, 음양陰陽은 노자가 출생한 초나라 문화권인 남방에서 유행했고, 오행五行은 추연이 살던 제나라 문화권인 해안가에서 주도적인

---

63) 조셉 니덤, 이석호·이철주·임정대 역, 『중국의 과학과 문명Ⅱ』, 을유(1994), p.341 참조.
64) 앞의 책, p.341 참조.
65) 앞의 책, p.328 참조.
66) 벤자민 슈워츠, 나성 역, 『중국고대 사상의 세계』, 살림(2004), p.542 참조.

연구가 이뤄졌다. 그리고 음양陰陽의 개념은 우주발생의 기원을 설명할 때 쓰이고 있고 추상적인 성향을 가지고 있는 거라면, 오행五行은 물질에 대하여 구체적으로 지칭하고 있으므로 사실에 입각한 성격을 가진다.

노장老莊의 도가사상은 도道 및 음양陰陽 개념을 내세우며 우주론을 펼쳐 왔다. 노장의 도가에서는 천지자연의 탄생에 지대한 관심을 기울이고 있다면, 오행설五行說에서는 다섯 가지 원소를 가지고 자연과 인간의 흐름과 변화에 대한 현실적 구조를 해석하는 데 더 역점을 두었다. 이는 오행五行의 성향이 기氣로서 구성되어 있는 음양陰陽보다 더 구체적인 모습을 가지므로, 눈에 보이는 현실세계를 한층 더 용이하게 표현할 수 있기 때문이다.

본래 서로 다른 근원을 가진 별개의 개념인 음양陰陽과 오행五行은 추연에 이르러 음양陰陽과 오행五行이 함께 연구되기 시작했다. 『사기史記』「역서曆書」에서 언급한 추연 부분을 보면 "오행五行의 전이轉移에 밝으며 음양소식陰陽消息의 법을 전파하여 제후들 사이에서 유명해졌."[67]고 하여 그가 이미 음양陰陽과 오행五行 둘 다를 사유의 범주 속에 두고 있었음을 알게 된다.

둘의 융합은 추연이 후대 학자인 『관자管子』의 「유관幼官」·「사시四時」·「오행五行」 등의 편에서 볼 수 있다. 특히 「사시四時」에서는 '음양陰陽에서 사시四時가 나온다.'는 도식을 세우고, 다시 사시에 오행五行을 배합하는 형태를 취하고 있다. 즉, 이러한 것은 음양陰陽과 오행五行 둘이 상호 결합을 이루고 있음을 뜻한다.

「사시四時」에서는 "이런 때문에 음양은 천지의 대리大理요 사시四時는 음양의 대경大經이요 형덕刑德은 사시의 결합에서 나온다. … 중략 … 그 시절

---

67) 『史記』, 「曆書」: 明於五德之傳, 而散消息之分, 以顯諸侯.

은 춘春이요, 그 기운은 풍風이니, 풍風은 木과 골骨을 낳는다. … 중략 … 이런 때문에 봄 석 달은 甲乙의 날로써 오정五政을 편다."[68]라 했다. 즉, 陰陽-春-木-甲·乙의 상응구도가 형성되고 夏-火-丙·丁, 秋-金-庚·辛, 冬-水-壬·癸로 각각 상응시키고, 土는 중앙에서 사시四時에 출입하면서 보조하는 것으로 상정한다. 여기서 음양陰陽은 사시로 이어지고, 또 사시를 거쳐 오행五行과 결합이 되는 연결 구조를 가지고 있다는 인식이 있음을 알 수 있다.

여기서 알아둘 것은 戊와 己를 빼고 나머지 天干과 오행五行이 『관자』의 「사시」편에서 처음으로 배합되어 나타난다는 사실이다. 이후에 『여씨춘추』, 「십이기」에서는 戊와 己를 포함한 열 개의 천간 모두가 간접적인 형태로 오행五行에 배합되고, 『회남자』 「천문훈」에 이르러서는 열 개의 천간 모두 오행五行과 직접적인 방법으로 배합된다.

이렇게 본다면, 음양陰陽과 오행五行의 결합이 『여씨춘추』의 「십이기」에서 가장 먼저 이루어졌다는 기존의 주장은 타당성이 없게 된다. 물론 「십이기」는 월령체계를 언급하고 있는 자료로 월령체계에서는 음양陰陽과 오행五行이 밀접한 관련성을 가질 수밖에 없다. 즉, 음양陰陽의 성쇠에 따라 계절이 생기는데, 각 계절에는 오행五行이 배치되어 있다. 봄은 甲乙[木], 여름은 丙丁[火], 가을은 庚辛[金], 겨울은 壬癸[水] 등이다.

이것을 보면 음양陰陽과 오행五行이 사시四時를 매개로 삼아서 간접적으로 결합이 되고 있음을 알 수 있다. 「십이기」 이후의 자료인 『회남자』 「천문훈」에서는 '도道 → 우주宇宙 → 기氣 → 천지天地 → 음양陰陽 → 사시四時 → 만물萬物'로 이어지는 우주만물의 탄생 원리에 대한 흐름을 제시했다.

---

68) 『管子』, 「四時」: 是故, 陰陽者, 天地之大理也, 四時者, 陰陽之大經也, 刑德者, 四時之合也 … 중략 … 其時曰春, 其氣曰風, 風生木與骨 … 중략 … 是故春三月, 以甲乙日, 發五政.

음양陰陽과 오행五行의 관계에 대해서만 본다면, 『관자』·『여씨춘추』·『회남자』에서는 모두 음양陰陽에서 사시四時가 나온다고 보았고, 다시 사시四時에다 오행五行을 배합함으로써 음양陰陽과 오행五行을 간접적으로 결합시키려고 하였다. 그러나 동중서董仲舒의 『춘추번로』에서는 "천지天地의 기氣는 합해지면 일一이 되고, 나누어지면 음양陰陽이 되고, 다시 나누어지면 사시四時가 되고, 나열하면 오행五行이 된다."[69]는 흐름을 제시했다. 이러한 논리는 기존에 나와 있는 우주흐름을 총 정리하였다는 데 그 의의가 있다. 즉, '천지지기天地之氣 → 음양陰陽'으로 연결되는 생성구도를 이루고, 또 음양은 하늘에서는 사시四時, 땅에서는 오행五行이 된다는 말이다.

후한後漢의 『태평경太平經』「흥쇠유인결興衰由人訣」에서도 "하늘에는 본래 사시四時의 기氣가 있고 땅에는 본래 오행의 위位가 있다."[70]라고 했다. 즉 사시는 하늘의 기요, 오행은 땅에 존립하고 있는 기로 언급했다는 것이다. 여기서 사시라는 것은 기후를 나타내므로 물질의 의미가 없으며, 실제로 만물을 형성하는 것은 오행으로 '음양陰陽 → 오행五行'의 구도가 성립되는 것이다. 사시四時는 실체가 없는 것이기 때문에 우주만물의 생성흐름 속에 굳이 등장시킬 필요가 없었다. 그럼에도 불구하고 『춘추번로』나 『태평경』에 언급한 것은 이전시대의 고전적인 관념에서 영향을 받은 것으로 사료된다.

그러므로 『춘추번로』에서의 실질적인 우주생성 흐름은 바로 '천지지기天地之氣 → 음양陰陽 → 오행五行'의 구도로 재구성되었는데, 이러한 우주도식은 『노자』의 '도생일道生一, 일생이一生二'의 구도에 『노자』 이후 번성한 오행五行 개념이 재결합되어 이루어진 것이라 할 수 있다.

이러한 '천지지기天地之氣 → 음양陰陽 → 오행五行'의 기일원론적氣一元論

---

69) 『春秋繁露』, 「五行相生」: 天地之氣, 合而爲一, 分爲陰陽, 判爲四時, 列爲五行.
70) 『太平經』, 「興衰由人訣」: 今天乃自有四時之氣, 地自有五行之位.

的인 우주흐름은 북송北宋의 주돈이周敦頤에게 전승되었다. 주돈이는 이것을 '무극無極 → 태극太極 → 음양陰陽 → 오행五行 → 만물萬物'의 형식으로 정리하여 성리학적 우주론의 기초 이론으로 삼았다.

이상에서와 같이 음양과 오행은 본래 각각의 근원을 가진다. 음양은 체계적인 우주론을 세우는 데 힘을 기울인 노장의 도가가 중시한 개념이고, 오행은 구체적으로 물질세계를 의미하는 것으로 제나라를 중심으로 하는 해안문화권海岸文化圈에서 중시한 개념이다. 음양과 오행의 융합은 추연鄒衍 이후 그의 학설을 따르는 음양가들에 의해 발전되어, 우주만물을 총합적으로 해석하는 거시적 차원의 체계를 갖출 수 있게 했다.

2. 고대 그리스의 물질의 근원

1) 탈레스 - 1원소설(물)

탈레스(Tales of Miletus ; ca. BC 624-546)는 이오니아 지방의 그리스 식민도시 밀레토스에서 활동했던 인물로,[71] BC 585년 일식을 예언한 것으로 우리에게 알려져 있다. 이와 관련하여 아리스토텔레스는 탈레스를 일컬어 최초의 철학자이

---

71) 플라톤의 「프로타고스」에 탈레스는 그리스의 7현자 가운데 한 사람으로 나온다. 여기에 언급된 사람은 다음과 같다. 밀레토스의 Thales, 뮈틸레네의 Pittacos, 프리에네의 Bias, 아테네의 Solon, 린도스의 Cleoboulos, 케나이의 Myson, 스파르타의 Cheilon.(cf. 342e-343a)

며 자연 철학의 창시자라고 말하고 있다.[72] 그가 전해주는 선대 사상가들의 학설에 대한 보고에 의하면,[73] 탈레스는 만물의 아르케, 즉 최초의 원리를 물이라고 보았으며,[74] 대지 역시 물 위에 떠있다는 주장을 폈다고 한다. 그리고 만물은 신들로 가득 차 있다는 주장 또한 함께 내놓았다고 한다.

◎ 세계의 기원은 물이다

탈레스가 최초의 원리를 설명하기 위해서 대지의 여신 가이아나 하늘의 신 우라노스 같은 의인화된 신의 이름을 들지 않고 '물'이라는 기본적인 물질을 들었다는 점이 획기적이다. 만물에 대하여 신들이 아니라 물의 본성으로부터 설명하면 된다.

그러나 여기서 아르케[75]는, 흔히 해석하듯 만물이 근원으로 돌아갈 수 있는 근원적 원소라는 식의 환원주의에 대한 요구라기보다, 세상의 모든 것이 그것으로부터 비롯된 최초의 원리라고 하는 편이 더 가깝다. 그렇다면 탈레스의 생각은 상당히 신화적인 세계관으로부터 출발하는 것일 수 있다.

우리가 앞에서 보았듯이, 이런 그의 주장은 동향同鄕의 시인이었던 호메로스가 오케아노스[76]와 테튀스[77]를 태초의 존재이니 그를 토대로 그린 것과

---

72) 「형이상학」, 983 b21-22 참조.
73) 이러한 보고를 독소그라피(doxography= doxa+graphy)라고 한다. 초기 그리스 철학에 대해서는 아리스토텔레스가 대표적인 학설사(doxographer)이며, 고대 말기에 이르기까지 이런 전통이 이어진다.
74) 아르케(arche)란 희랍어로 시작, 기원/원리를 의미하는 말로, 탈레스 자신이 쓴 용어가 아니라 후대에 엠페도클레스(ca. 490~430)가 처음 쓴 말로 알려져 있다. 아리스토텔레스는 어떤 주제를 탐구할 때 먼저 앞선 사람들의 생각을 검토하는데, 탈레스 이하 모든 사상가들의 주장에 대해 "아르케"라는 용어를 사용한다.
75) 고대 그리스어로 '처음', '시초'를 의미.
76) 오케아노스(Ωκεανός)는 고대 그리스와 고대 로마에서 대지를 둘러싼 거대한 강을 말하며 이를 의인화한 신의 이름으로 티탄족의 일원인 바다의 신을 말하기도 한다.
77) 테튀스는 그리스 신화에서 우라노스와 가이아의 딸로 티탄족 여신 중의 하나이다. "바다"를 관장하는 여신.

유사한 생각으로, 세상의 처음과 기반을 '물'이라고 주장하고 있는 것이다. 또한 탈레스의 이러한 생각은 바빌로니아와 이집트의 사상에 부합하는 것인데, 후대의 나온 기록에는 이집트의 사제들이 호메로스와 탈레스가 이집트로부터 물을 만물의 원리로 배웠다는 사실에 자부심을 가졌다는 이야기도 있다[78]고 한다.

◎ 세계를 떠받치는 물

그럼에도 불구하고, 탈레스는 만물의 기원으로서의 물을 신화적이 아니라 자연적인 방식으로 설명하고 있다는 점에서 의의를 가진다. 지구는 물 위에 떠 있고, 이로 봤을 때 지진은 포세이돈이 분노한 것이 아니라 지구를 떠받치는 있는 물이 흔들리는 것으로 설명하고 있다. 지구에 관한 탈레스의 주장을 정리하면 다음과 같다.

① 지구는 구형이다.[79]
② 지구는 물 위에 떠 있다.
③ 지진은 지구를 떠받치는 물의 흔들림 때문에 일어난다.

탈레스는 이집트를 여행하면서 수학을 공부했고, 그리스에 처음으로 기하학을 도입한 사람으로 지금까지 인정되고 있다. 탈레스는 최초로 일식의 현상을 계산한 놀라운 천문학자였으며, 태양과 달의 지름을 측정하였다는

---

78) Ploutarchos(ca. 46~120), Isis et Osiris 34; H. Diels and W. Kranz, Die Fragmente der Vorsokratiker, 1964, A 11.

79) 현대에 와서는 탈레스가 평평한 지구를 상정했다는 해석들이 있지만, 정작 고대의 아리스토텔레스의 보고와 후대에 이어지는 독소그라피에 따르면, 탈레스는 지구가 구형임을 알고 있었다.

후대의 보고도 있으므로,[80] 분명히 신화라고 보기보다는 나름의 합리적인 셈에 의거한 우주와 천체들에 관한 생각이 있었을 것이다. 그러나 그가 그 이후로 더 이상의 구체적인 우주론에 관한 의견을 내놓았다는 기록은 남아 있지 않다.

◎ 만물은 신들로 차있다

다음으로, 탈레스가 "만물은 신들로 가득 차있다"(panta plêrê theôn)고 말한 것에 대해 이야기해보자.[81] 앞에서 언급하고 있는 것과 같이, 여기서 panta 는 모든 존재하는 것들, 즉, 우주(pan)를 가리킨다. 이 뜻은 '우주는 신들로 가득 차있다' 는 뜻이지만 여기서 주장하고 있는 "신들(theoi)"은 특정한 이름으로 불리는 의인화된 신들을 의미하는 것이 아니라 자연의 보편적인 법칙을 의미하는 것으로 보인다. 천체들이 질서 있게 운행하는 것과 계절의 순환 등 지금까지 관찰 결과가 그러한 법칙의 존재를 입증한다는 뜻으로 알 수 있다.

이런 결과로 볼 때 탈레스가 개별 신들이 차지하고 있는 공간과 각각의 부분으로 나뉘어 기능하는 세계가 아닌 총합으로 뭉친 존재가 단일한 우주를 상징한 것으로 알 수 있다. 다시 말해 탈레스야말로 처음으로 자연의 다양성을 가지고 자연 안에 존재하고 있는 어떤 것이 변해서 생기는 것으로 설명하려고 한 사람이다.[82] 이런 맥락으로 볼 때 탈레스를 비롯한 최초의 철학자들이 활동한 기원전 6세기경에 자연의 법칙에 의한 하나의 단일한 우주 개념이 형성된 것으로 보는 것이다.

---

80) Diogenes Laertios(fl. ca. 3c), Lives and Opinions of Eminent Philosophers, I, 24

81) 아리스토텔레스, 「영혼론」 I 5, 411a7-8: καὶ ἐν τῷ ὅλῳ δή τινες αὐτὴν μεμῖχθαί φασιν, ὅθεν ἴσως καὶ Θαλῆς ᾠήθη πάντα πλήρη θεῶν εἶναι. 어떤 사람들은 그것(영혼)이 우주 전체에 섞여 있다고 말하며, 아마도 이로부터 탈레스도 만물은 신들로 가득 차 있다고 생각했던 듯하다.

82) W.K.C. Guthrie(1962), A History of Greek Philosophy, vol. 1, p.68.

2) 엠페도클레스 - 4원소설(물, 불, 공기, 흙)

엠페도클레스(Empedokles; BC 490?~430?)는 원초적이고 영원하게 존재하는 물질 또는 원소들로 흙, 공기, 불, 물을 주장하고 있다. 이 네 종류의 물질은 변화하지 않는 근원적인 입자들로서 서로 섞여서 만들어지고, 서로 분리되면서 소멸되어 이 세계의 구체적인 대상들을 형성한다. 그러나 그 원소들 자체는 만들어지지도, 사라지지도 않고 영원히 불변한다. 그러므로 물질이란 것은 시작도 끝도 없고 파괴될 수 없고 스스로 변화를 일으키는 존재로 실재의 영속성을 확보하고 있다고 본다. 끊임없이 변화하는 속에서도 그 존재가 없어지거나 손상됨 없이 지속적으로 영원히 동일성을 유지할 수 있다고 보는 그의 생각은 근본적으로 아낙시만드로스[83]나 헤라클레이토스[84]의 사고와 맥락을 같이 하고 있다.

"그것들은 시간의 흐름 속에서 순서대로 우세한 힘을 발휘한다. 그리고 그러한 것들만이 생성한다. 왜냐하면 만일 그것들이 소멸하는 것이라면, 그것들은 더 이상 존재하지 않을 것이기 때문이다."[85] 결코 존재하지 않는 것으로부터 다른 것이 생성될 수 없으며, 존재한다는 것은 그것을 어디에 두

---

[83] 아낙시만드로스(기원전 610년 ~ 546년)는 탈레스, 아낙시메네스와 함께 밀레토스 학파의 철학자이다.
[84] 그리스의 철학자. Heraclitos라고도 씀. 불이 우주의 기본적인 물질적 원리라고 우주론을 주장.
[85] H. Diels, Fragment der Vorsokratiker, (Hamburg: Rowohlts, 1957) fragfrag 17.

더라도 언제나 있을 것이기 때문에 그것이 소멸한다는 것은 불가능하고 들어보지도 못했기 때문이다.[86]

그는 네 입자(흙·공기·불·물)의 활성적인 힘들을 생각할 필요가 있다는 것을 깨달았고 그것을 사랑과 미움이라고 했다. [사랑 또는 유혹]이란 것은 4원소의 입자들이 결합하고 그 어떤 대상들을 건설하지만 [투쟁 또는 미움]은 그 입자들을 분리하여 그 대상들이 더 이상 존재하지 못하게 한다.

시초에는 사랑의 영향으로 모든 사물들이 하나가 되기 위하여 모여들기 시작한다. 미움이 소용돌이에서 가장 낮은 밑부분에 도착하였을 때에 사랑은 소용돌이의 중앙을 차지하게 된다. 미움의 힘이 절정에 도달한 직후부터 사랑의 힘은 조금씩 커지기 시작한다. 미움이 완전히 빠져나가고 모든 만물의 요소가 혼합되어 완전히 이루어지면, 사랑의 지배는 완전하게 모습을 갖추게 된다. 이것은 균형이 잡힌 동질의 구체로서 여기서는 분열이 없으며, 일정 기간 동안에는 사랑의 지배는 계속된다. 즉, 노여움 속에서는 모두가 상이한 형태를 띠게 되고 분리되나, 사랑 속에서는 결합하며 서로를 그리워한다. 따라서 이러한 사랑과 미움에 의해서 우주는 질서와 혼돈이 지속적이고 주기적으로 순환하게 된다.

◎ 물

물은 틀이 없는 물질이다. 그래서 물은 주어진 현상에 따라 그 모습을 달리하며 우리에게 다양한 모습의 감성과 분위기를 전달한다. 예를 들어 고인 물과 폭포처럼 떨어지는 물은 전혀 다른 감성을 자극한다. 물은 무한한 특성을 가지고 있는 물질이며, 형태의 무정형으로 인해 모호하면서 이중적인

---

86) H. Diels, 앞의 책, frag 11.

이미지를 생산한다.

  물은 표면이나 내면으로부터 모든 것을 받아들인다. 물은 어떤 대상을 만나든지 거역하지 않고 품는 성격이 있는데, 이것은 물이라는 것이 심도를 가지고 있는 물질이기 때문이며, 이러한 자연적 속성으로 인해 그 표면 위에서 생성하고 소멸하는 모든 존재를 받아들이고 품는 내밀함을 갖고 있다.[87] 또한 물의 형상이 금방 사라지듯이 멀어지고 서서히 스러지는 허무함과 같은 인상을 전달한다.[88]

  바슐라르Bachelard[89]는 『물과 꿈』에서 물의 물질적 의미를 맑고 사랑스러운 물, 깊고 무거운 물, 그리스 신화 속에 나오는 죽음의 항해에 대한 카롱[90]의 콤플렉스와 여성적인 죽음의 상징인 오필리아[91]의 콤플렉스와 관련된 이미지, 젖과 같은 모성적인 형태로 넓고 거대하며 부드러운 이미지, 정화의 의미를 포함하는 순수함, 난폭한 분노의 의미 등으로 분류하였다. 이러한 물의 속성 분류는 대칭적이라는 독특한 특성을 가지고 있는데, 거울처럼 상을 반영하며 대립되는 형식은 물이 가진 이중성을 보여주기도 한다.[92]

---

87) 송종인·박치완, 「바슐라르와 물의 심상들 – 『물과 꿈』 1~3장을 중심으로」, 『상상력과 문화콘텐츠』, 한국외국어대학교 출판부, 2013, p.172 참조.

88) 앞의 책, p.176 참조.

89) 가스통 바슐라르(Gaston Bachelard, 1884.6.27.~1962.10.16)는 아카데미 프랑세즈에서 가장 저명한 위치에 오른 프랑스의 철학자이다. 그의 중요 작업들은 시와 과학철학 분야이다. 과학철학에서 바슐라르는 인식론적 장애와 인식론적 단절(obstacle épistémologique et rupture épistémologique)의 개념을 도입했다.

90) 카롱의 이미지는 카롱의 전설에서 비롯된 것이다. 카롱은 이승과 저승을 경계로 하는 강의 뱃사공으로, 죽은 혼을 나룻배에 태워 저승으로 가는 인물이다.

91) 오필리아는 윌리엄 셰익스피어의 희곡 〈햄릿〉의 등장인물이다.

92) 이지훈, 『예술과 연금술』, 창비, 2004, pp.65-66 참조.

◎ 불

바슐라르가 '불'에 대한 것을 연구의 첫 대상으로 삼았을 만큼 불은 특히 물질성이 강한 원소이다. 그는 『불의 정신분석』에서 촛불을 보고 있는 사람은 불을 바라보는 것이 아니라 촛불을 보며 명상에 잠기는 것이라고 표현하였는데, 우리가 보통 경건한 의식을 할 때 촛불을 사용하듯이 촛불은 단지 빛을 내는 불꽃뿐만이 아닌 내면으로 이끄는 신비로운 물질이라고 설명했다.[93]

일반적으로 불은 물과 대칭되는 이미지를 갖고 있다. 불은 자연 본연의 힘을 가장 잘 느낄 수 있는 물질로 활활 타오르는 불의 모습은 그 자체만으로도 강렬한 인상을 전달한다. 물이 모든 것을 품을 수 있는 힘을 갖고 있다면, 불은 모든 것을 내치거나 삼키는 힘을 갖고 있다.

바슐라르는 불에 대한 물질적 의미에 대해 부동不動하는 것이 아니라 항상 생동하고 있는 물질로서 강렬한 상과 이에 대립하는 온화한 이미지, 불에서 고귀한 죽음을 받아들이고 그 속에서 새로운 탄생을 보여주는 불새의 이미지, 죽음과 관련된 소멸의 미학인 '엠페도클레스 콤플렉스'의 이미지, 불을 만들고자 하는 마찰에 주목하고 있는 남성적 불의 이미지, 그리스 신화에서 불을 훔친 프로메테우스에서 유래된 금기로서 불의 이미지, 생명의 근원으로서 성적·생식적이며 성숙적이라는 개념의 성숙된 불의 이미지, 불 속에서 자신을 태우며 존재하는 알코올과 같은 불의 물로 나누어 불의 특성을 가지고 있다.

---

93) 홍명희, 『상상력과 가스통 바슐라르』, p.32 참조.

◎ 공기

공기는 가볍고 보이지 않는 존재로 4원소 중 가장 비물질적 속성을 띠고 있다. 모습이 없는 공기는 움직임이 자유로울 수 있으며, 어디든지 쉽게 떠돌 수 있기에 멀리 떨어져 있는 공간을 가볍게 이어주는 소통의 매개가 되기도 한다.

바슐라르는 공기의 물질적 이미지를 승화와 운동으로 보았다. 그는 『공기와 꿈』에서 공기와 가장 가까운 단어로 '자유로운'이란 형용사를 사용했다. 이러한 자유로움이란 다시 말하면 운동성을 의미한다. 바슐라르는 "공기로 말미암아 운동은 질료를 능가한다. 그리하여 운동이 있는 경우에만 질료가 있게 된다."[94]라고 말하였는데, 이는 공기가 운동함으로 해서 비로소 우리는 공기의 물질적 존재감을 느끼고 이를 바탕으로 다양한 상상력을 발휘할 수 있다는 것이다. 이처럼 자유로운 운동성의 의미는 고정적이고 안정적인 대지와는 이미지가 상반된다. 또한 공기는 생명을 유지시켜주고 있는 호흡과 관계있는 물질이다. 인간은 호흡(숨)을 통해 생명력을 얻을 수 있었고, 이를 통해 공기는 생기, 활기와 같은 생명과 이어진 기운, 감성과 연결된다.

◎ 흙

흙은 "생명의 잉태와 회귀의 과정을 담고 있는 자연 요소"[95]이다. 흙은 '땅' 또는 '대지'로도 표현되고 있는데, 인간이 태어나는 원초적인 근거이자 죽은 뒤 돌아가야 될 근원으로서의 땅, 인간들에게 생명을 준 어머니와 같은 대지의 심상心想을 갖는다. 자연의 모든 것들은 흙에서 뿌리 내리고 인

---

94) Gaston Bachelard, 정영란 역, 『공기와 꿈』, 민음사, 1993, p.26 참조.
95) 구선정, 「빌 비올라의 작품에서 나타나는 물・불・공기・흙」, p.40 참조.

간은 그러한 흙을 토대로 삶을 지속해 나간다. 따라서 흙은 생명의 근원이며, 자연의 성장, 변화, 소멸 등 일어나는 모든 것들의 기반이라는 근원적 심상을 가지고 있다.

흙은 물, 불, 공기와 달리 가장 안정감을 가지고 있는 물질이다. 이러한 안정성과 정착의 의미는 '휴식'과 연결된다. 바슐라르는 대지의 물질성에 대해 동굴로 표상되는 휴식의 이미지와 미궁으로 표상되는 방황의 이미지로 구분하여 병치하였다.[96]

3) 데모크리토스 – 원자

고대 그리스 최대의 자연철학자(Gelasinos)인 데모크리토스(Democritos; BC 460?~370?)는 소크라테스와 같은 시대 사람으로, 우주는 더 이상 쪼갤 수 없는 미립자인 원자(Atom)로 되어 있다고 주장하였다. 더 나아가 신이나 악마도 그 구성은 원자의 복합체라고 하였다.

원자란 여러 가지 기하학적 모양을 띠고 있는데, 크기, 모양, 무게가 모두 다르며, 낙하운동할 때의 속도가 각 원자마다 달라 원자끼리 부딪치고 이런 현상이 누적되면서 소용돌이 운동으로 변한다고 하였다.

데모크리토스가 "존재하지 않는 것도 존재하는 것 못지않게 존재한다"라

---

96) 구모니카, 「대지와 디지털 보헤미안의 상상력 – 바슐라르의 대지 이미지를 중심으로」, 『상상력과 문화콘텐츠』, 한국외국어대학교 출판부, 2013, pp.230-231 참조.

고 한 말은 원자가 운동하기 위한 장소인 '공허(Kenon)'가 존재하고 있다는 것을 강조한 것이다. 무한한 종류의 원자는 진공 속에서 특별한 목적 없이 계속해서 기계적으로 운동한다고 하였다.

데모크리토스는 사물이 변화하는 것은 원자의 재편성에 불과하다고 강조하였다. 이러한 고대의 원자론은 실험을 통한 연구나 수학적인 계산의 산물이 아닌 생각과 직관에 의한 것이므로 우리가 생각하는 현대적 의미의 과학적 이론이라고는 할 수 없다. 이러한 원자론은 19세기가 되어서야 영국의 과학자 돌턴[97]에 의해 실험적으로 확인되었다.

데모크리토스는 스승 레우키포스[98]와 함께 고대 원자론을 확립하였고 충만과 진공眞空을 구별하였다.

충만은 무수한 원자로 이루어지고, 이들 원자는 모양, 위치, 크기로만 기하학적으로 구별될 뿐이다. 진공 속에서 원자의 운동은 원자의 무게에 의해 발생되어 영원히 계속된다. 이러한 운동에는 측면운동, 원운동, 소용돌이운동이 있고, 이때 비교적 가벼운 원자는 바깥쪽으로, 무겁고 큰 원자는 안쪽으로 밀집한다. 이에 안으로 밀집한 것은 대지大地가 되고, 바깥쪽으로 향한 것은 공기, 불, 하늘이 된다. 무한한 수효의 우주가 동시에 존재하고 이들 세계는 영원하게 탄생과 소멸을 되풀이한다. 그리고 인간의 정신은 가장 정밀한 원자로 이루어졌다고 주장하였다. 이 원자론을 기반으로 한 그의 학설은 유물론의 출발점이며, 그 후 에피쿠로스[99], 루크레티우스[100]에 의해 계승되어 후세 과학사상에 영향을 끼쳤다.

---

97) 영국의 화학자·물리학자. 근대 원자론(原子論)을 제시해 근대 물리과학의 창시자 가운데 한 사람으로 알려져 있다.
98) 레우키포스(기원전 440년 무렵)는 고대 그리스의 철학자로 원자론자(原子論者)이다.
99) 에피쿠로스 (Epicurus, 기원전 341년 사모스 ~ 기원전 271년 아테네)는 고대 그리스의 철학자이자 에피쿠로스 학파(Epicurianism)이라 불리는 학파의 창시자이다.
100) 루크레티우스(Titus Lucretius Carus, 기원전 99년~기원전 55년)는 고대 로마의 시인·철학자이다.

그의 공헌은 수학에까지 영향을 미쳤는데, 무한無限에 관한 연구가 있으며, 또한 4면체와 원뿔의 부피는 같은 밑바닥과 높이를 가지는 각기둥과 원기둥 부피의 3분의 1임을 발견하였다. 이 밖에 천문학, 음악, 생물학, 시학, 윤리학 등에도 통하여 그러한 박식함 때문에 '지혜(Sophia)'라고도 불렸다. 그가 저작한 책이름은 많이 전해지고 있으나, 현존하는 것은 몇 가지 내용뿐이다.

【원자모형】

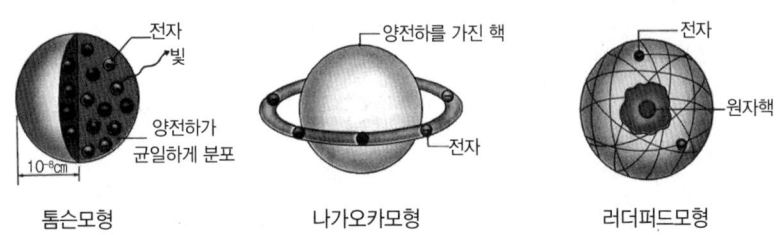

톰슨모형　　　나가오카모형　　　러더퍼드모형

원자(原子, Atom)란, 화학 원소로서의 만물이 특성을 가지고 있는 속에서 도달할 수 있는 물질의 가장 기본적인 최소입자로 현재 100종 남짓한 각 원소에 대하여 각각 대응하는 원자가 존재한다.

본래의 뜻을 말하면 물질의 궁극적 입자를 가리키는데, 원자를 뜻하는 atom이라는 단어도 그리스어의 비분할非分割을 의미하는 atomos에서 유래하고 있다. 따라서 원자가 단일하며 불가분不可分한 입자가 아니고 복잡하게 얽혀진 구조를 가진다는 것이 밝혀진 오늘날에는, 원자라는 단어가 지니고 있는 본래의 뜻은 사라지고, 소립자素粒子라는 입자의 무리가 물질의 근원적인 입자로 연구되고 있다. 그렇다고 이런 사실이 원자 단계에 있어서 물질구조 연구의 중요성이 소홀해진 것이 아니고 오히려 물리학의 주요 과제가 되었다.

4) 아리스토텔레스 - 4원소의 변화설

고대 그리스의 철학자 아리스토텔레스(Aristoteles; BC 384~322)는 엠페도클레스가 제안하고 플라톤이 채용한 4원소(흙, 물, 공기, 불)설을 받아들였다. 하지만 그는 감각적이고 경험적 세계의 실재를 인정했기 때문에 플라톤이 주장했던 '기하학적 원자론'을 있는 그대로 받아들인 것은 아니었다.

그는 뜨거움-차가움(hot-cold)과 습함-건조함(wet-dry)의 두 쌍의 성질을 기반으로 [흙 : 차가움과 건조함], [물 : 차가움과 습함], [공기 : 뜨거움과 습함], [불 : 뜨거움과 건조함] 등 4원소의 성질들을 결합시켰다. 이것으로 그는 물이 가열되면서 물의 차가운 성질이 뜨거운 성질에 굴복해서 물이 공기로 변화된다는 예를 들어 물질에 대한 변화를 설명했다. 이런 물질 변화의 원리는 이후 이슬람 연금술사들에게도 영향을 미치게 된다.

아리스토텔레스의 4원소는 무거움과 가벼움의 성질을 가지고 있다. 이 무거움과 가벼움은 근대 과학에서 인정하고 있는 상대적 개념이 아니라 물질의 본질적 개념인 절대적인 의미였다. 우선 이들 4원소들은 흙-물-공기-불-천상계 물질 순으로 우주 속에서 자리잡은 물체의 위치를 말해주고 있다. 즉 우주 속의 물질과 공간은 중립적인 속성을 지닌 것이 아닌, 각 물질들이 주로 차지하고 있는 위치를 말해주고 있는 것이다. 우주의 중심이 주로 흙으로 되어 있는 까닭도 바로 여기에 있다.

【아리스토텔레스의 4원소】

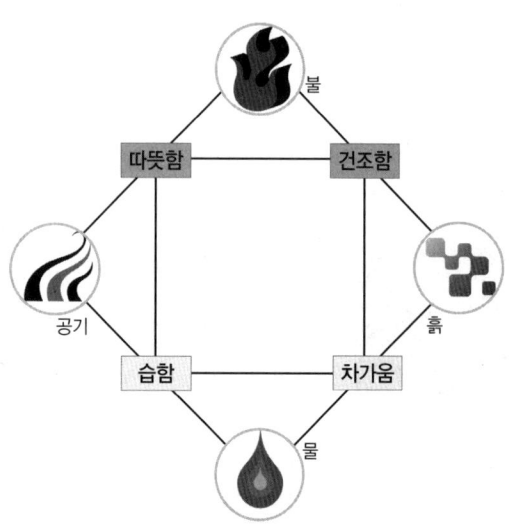

3. 오행의 물상이론과 행성

1) 水 - 수성水星

◎ 水의 물상

자연의 기본적인 요소 중 하나인 水는 모든 만물의 생명 발생의 근원이며 인간의 삶 속에 매우 밀접하게 관계를 유지하고 있는 원초적이며 보편적인 물질이다. 水는 끊임없이 생성 → 소멸 → 변화의 운동을 계속하고 있으며 생명의 탄생 → 죽음을 동시에 상징한다. 이러한 水의 상징은 순환성과 동시에 생명의 모체가 되며 지속적으로 변화하고 있는 水의 형상과 항상 새로움을 만들어 내는 그만의 생명력을 드러내고 있다.

水는 시간과 공간의 환경에 따라서 다양한 형상으로 존재하며 변화하고 있다. 유기적인 연결과 자유로운 형태를 가진 물의 형상은 생명력 있는 다양한 조형에 대한 그만의 의미를 가지고 있으며 또한 단순한 표현을 넘어서 인간 내면에 심상心象의 한 형태로도 표현되어질 수 있다. "水는 윤택하게 불려주고 아래로 내려간다."[101]고 했다. 이러한 것은 물의 습성에 따라 습한 데로 흐르고 더럽고 아래인 곳으로 내려가는 것이다.

북쪽 방향은 음한 곳으로 종묘에 제사 지내는 형상이고, 겨울은 陰이 마치는 곳이며 陽의 시작되는 곳이니 이곳은 충분한 뼈대가 되는 시기이다. 만약에 제왕이 제사를 없애고 귀신을 무시하여 하늘의 때를 거스르면 水가 그 근본을 잃을 것이다. 水는 물이며, 아래로 흘러가는 것이고, 행동하는 것이며, 스며드는 것으로, 天干으로는 壬과 癸가 地支로는 亥와 子가 이에 해당한다. 壬에 배속된 水의 물상은 바다, 강물, 저수지, 호수 등을 상징하고, 癸에 배속된 水의 물상은 물, 개울물, 비, 이슬, 서리, 눈 등을 상징한다.

이러한 인식에는 거시적이든 미시적 규모이든 간에 모두 확대된 시각을 필요로 한다. 거시적인 측면으로는 모든 부분들의 전체적 규모를 파악하고, 그다음에 미시적인 부분들을 이해하는 것이다. 이러한 것은 오행의 상생상극관을 이해하려는 시각이다.

오행의 기본 원리에서 상생상극의 순환적 관계로 나무는 햇빛이 있어야 꽃이 아름답고 열매가 튼실하며, 또한 햇빛을 많이 받은 땅은 단단하여 견고하여 땅속에 광물이 쌓이며, 광물은 물속에서 놀기를 좋아하고, 물은 나

---

101) 蕭吉, 『五行大義』, 「辨體性」: 水曰潤下.

무를 자라게 하는 근원이 된다. 이에 나무는 땅속에 뿌리를 내려야 하고, 흙은 물을 담아두는 제방이 되고, 물은 빛을 반사시키며 광석은 불로 녹여야 불순물이 제거되고, 나무는 다듬어야 알맞은 연장으로 사용할 수 있다.

◎ 수성水星, Mercury

수성에는 대기가 없어 기후의 변동이나 표면의 모습이 변하는 일이 없기 때문에 구덩이들이 처음 만들어졌을 때처럼 생생하게 남아있다. 수성에는 공기가 없으므로 바람이나 비도 또한 없다. 대기가 없으므로 낮에 태양의 타는 듯한 열기를 막아 줄 수가 없고, 밤에는 표면을 온기로 보호할 수도 없다. 낮과 밤이 몇 달씩 계속되기 때문에 낮에는 온도가 영상 350도 이상 올라가고 반대로 밤이 되면 영하 170도까지 내려간다.

고대 중국에서는 '진성辰星'이라고 불렀으며, 이는 오행과 관련이 있다. 인도 신화에서는 수성을 수요일을 관장하는 부다와 동일시했다. 북유럽 신화의 오딘 역시 수성 및 수요일과 밀접한 관련이 있다. 마야 문명에서는 수성을 저승과 이승을 오가는 전령의 의미로 올빼미라고 불렀다.[102]

참고

오행 중 陰기운을 상징하는 水토은 태양과 가까이 있어서 영상 350도 이상 올라가나 밤이 되면 영하 170도의 온도가 같이 존재하고 있다. 이는 음양의 공존성과 같다.

---
102) 위키백과 참조.

2) 火 - 화성火星

◎ 火의 물상

火는 남쪽이며 한여름에 빛이 발휘돼서 뜨거운 기운이 한 번에 올라가기 때문에 불타오른다고 했다. "火는 불타서 위로 오른다."[103] 옛날 왕들이 밝은 곳을 향해서 백성들을 다스리는 것은 대개 이러한 형상을 취한 것이니, 현명한 왕들은 북쪽에 앉아 남쪽을 쳐다보면서 정사를 하였다.

『주역』에서 火는 리괘☲로 이것을 밝음으로 삼는데 거듭 밝게 되면 왕과 신하가 모두 밝게 되는 것이다. 밝게 된다는 것은 火의 성질이 순하게 된 것이니, 불타서 위로 올라가 자기 역할을 다하게 되는 것이다. 오행 중 火는 이렇게 작용되는 것인데 만약 현명치 못한 왕이 있어 어진 이를 멀리하고 아첨하는 이를 곁에 두어 법을 위반하고 충성되게 말하는 자를 벌주고 죄인을 풀어주며 적자를 폐하고 서자를 세우며 첩을 정실로 삼는다면 火의 본질을 잃은 것이다. 그렇기 때문에 불을 피우지 않았는데도 불길이 일어나서 바람을 따라 퍼져나가 궁실과 민가를 태우게 한다.

火는 불꽃 또는 열기가 치솟는 현상, 밝히는 것, 확산하는 것을 말하며 이것은 또한 예술세계, 아름다움, 눈에 보이는 것, 정신세계, 종교 등이다. 그리고 천간으로는 丙과 丁이 이에 속하고 地支로는 巳, 午가 이에 해당한다. 丙은 현실세계이며, 태양, 우두머리, 국가권력이고, 丁은 이상세계이며, 달, 정신적인 지도자, 가로등, 불꽃 등을 상징한다.

---

103) 蕭吉,「辨體性」: 火曰炎上

◎ 화성火星, Mars

화성은 태양계의 네 번째 행성이다. 화성은 지구의 절반쯤 되는 크기로 행성의 표면을 볼 수 있어 항상 사람들의 관심을 끌었다. 이러한 이유로 화성에서 운하를 봤다고 주장하며 생명체가 살지도 모른다는 생각을 하기도 했다.

화성의 하루는 약 24시간으로 지구와 거의 비슷하게 나타난다. 그러나 지구보다 바깥쪽으로 궤도를 돌고 있기 때문에 화성은 1년이 지구의 약 2배나 된다. 또한 화성에는 많은 물이 흘렀던 흔적을 보여주고 있다. 이것으로 봤을 때 옛날에 화성에는 물이 흘렀으며, 대기가 현재보다 두툼하고 더 온화했던 것으로 여겨진다. 그러나 현재는 모두 말라 없어지고 흙 속에 약간의 물기가 언 채로 남아 있다. 화성에는 2개의 달이 있고, 화성의 표면온도는 영하 240도부터 영상 20도까지다.

붉은색을 띠기 때문에 동양권에서는 불을 뜻하는 火를 써서 화성 또는 형혹성熒惑星이라 부르고, 서양권에서는 로마 신화의 전쟁의 신 마르스의 이름을 따 Mars라 부른다.[104]

참고

오행 중 陽기운을 상징하는 火星에는 음양의 온도(-240도부터 +20도)를 모두 가지고 있다. 이는 음양의 공존성과 같다.

---

104) 위키백과 참조.

3) 木 - 목성木星

◎ 木의 물상

　木은 『상서尙書』의 「홍범洪範」에서 말하기를 "木은 굽고 곧으며 동쪽이다."[105] 주역에서는 "땅 위에 나무가 있는 것이 관괘觀卦가 된다."[106]고 했다. 이는 봄에 땅에서 나온 나무가 굽기도 하고 곧기도 해서 자라나 꽃과 나무를 볼 수 있는 것이 마치 사람의 위엄스러운 거동과 용모와 같은 것이다.

　"만약 임금이 위엄과 체통을 잃어서 술이나 좋아하고 여색에 빠져 방종하며, 부역을 과중하게 시키고 세금을 많이 걷으며, 사냥할 때도 절도가 없으면 木이 그 본성을 잃게 된 것이다."[107]라고 했는데 이는 봄인데도 나무가 자라지 못하여 백성들이 이용하지 못하게 되는 것과 다리나 대들보를 만들 큰 재목을 구하지 못하고 쟁기나 극쟁이 등의 농기구의 손잡이나 멍에와 같이 자질구레한 것 등의 재목을 구하지 못하게 된 것과 같다.

　곧게[直] 자란 나무는 다리나 대들보를 만드는 큰 재목으로 사용하고, 굽어[曲] 자란 나무는 농기구의 손잡이나 멍에 등의 잡다한 것을 만드는 재목으로 사용한다. 그래서 나무를 '곡직曲直'이라고 하였다.

　이를 한층 더 추상화하고 확대 해석하여 보면 木은 섬유, 교육, 인재, 사람, 건축물 등을 상징한다. 그리고 天干으로는 甲과 乙이 이에 속하며 地支로는 寅, 卯가 이에 해당된다. 천간의 甲은 거목, 우두머리, 대장, 장남, 대학교육, 고층건물이 해당되고 乙은 일년생 나무, 꽃나무, 화초, 차남, 작은 교육, 저층 건물 등을 상징한다.

---

105) 『尙書』, 「洪範」: 木曰曲直者, 東方.
106) 『周易』, 觀卦: 地上之木爲觀.
107) 蕭吉, 『五行大義』, 「辨體性」: 若人君失威儀, 酖酒淫縱, 重徭厚稅, 田獵無, 則木失其.

◎ 목성木星, Jupiter

태양계의 다섯 번째 행성이자 행성 가운데 가장 큰 것이 목성이다. 태양계에 있는 다른 행성들을 모두 합쳐봐야 목성 질량의 반도 안 된다.

태양의 질량의 천분의 1배에 달하는 거대 행성으로, 태양계에 있는 다른 모든 행성들을 합한 질량의 약 2.5배에 이른다. 목성은 토성과 마찬가지로 거대 기체 행성이다.

목성은 고대 천문학자들에게도 잘 알려져 있었는데, 로마인들은 목성에 로마 신화의 신인 유피테르의 이름을 붙였다. 동양에서 목성의 명칭은 오행 중 하나인 나무[木]에서 유래되었다. 외곽 대기는 위도에 따라 몇 가지의 띠들로 눈에 띄게 구분되는데, 서로 상호작용하는 경계선을 따라 발생하는 난류와 폭풍에 의한 것이다.

목성은 1610년에 갈릴레오 갈릴레이가 발견한 가장 큰 네 개의 갈릴레이 위성을 포함하여 적어도 67개의 위성을 가지고 있고 평균온도는 영하 110도다.

중국, 한국, 일본에서는 이 행성을 '목성木星'이라고 불렀는데, 중국의 오행에서 기원한 것이다. 중국의 도교에서는 목성을 삼성三星 중 복성福星으로 의인화하였다. 그리스에서는 목성을 '타오름'을 의미하는 파에톤$\Phi\alpha\acute{\varepsilon}\theta\omega\nu$이라 불렀다.[108]

참고

오행 木은 생명체를 지니고 바람을 의미하는데, 실제 목성은 가장 많은 위성을 거느리고 있으며 폭풍바람이 불고 있는 점이 의미가 있다.

---

108) 위키백과 참조.

4) 金 – 금성金星

◎ 金의 물상

金은 "따르고 변혁한다."라고 했다.[109] 이것은 변화시켜 고치는 것이니 모형을 만들어 형체를 변혁함으로써 그릇을 만드는 것이다. 서쪽에서 물건이 성숙해지면 죽이는 기가 왕성해진다. 그러므로 가을 기운이 일어나면 매들이 사나워져 새나 짐승을 공격하고, 반대로 봄기운이 움직이면 매들이 순하게 변하니 이것이 바로 죽이고 생겨나게 하는 두 가지 단서다.

만일 왕이 침략하고 능멸함을 좋아해서 전쟁과 침범을 좋아하고 색과 뇌물을 탐하며 백성들의 목숨을 쉽게 생각해서 백성들이 소동을 일으키면 곧 金이 그 본성을 잃게 된다. 이에 주조하고 만드는 일이 잘 되지 않고 막히고 제하며 굳어져서 결과를 내지 못하는 것이 많게 된다.

가을에는 과일이 단단해지고 익으며 모든 곡식이 성장을 끝내고 숙성하는 시기인데 만약 金 기운을 거스르면 모든 사물이 성숙되지 않는다. 이에 "金이 따르고 변혁하지 못한다."라고 했다. 金이란 것은 거두어들임, 감춤, 마무리, 금속성, 권위, 권력, 깎고 다듬는 것을 의미한다. 천간으로는 庚과 辛에 해당하고 地支로는 申과 酉가 이에 속한다. 庚은 큰칼, 원광석, 큰 보석, 반사경을 의미하며 辛은 작은 칼, 찌르는 것, 보석을 의미한다.

---

109) 蕭吉,「辨體性」: 金曰從革.

◎ **금성金星**, Venus

　태양계의 두 번째 행성이다. 달에 이어서 밤하늘에서 두 번째로 밝은 천체이다. 금성은 예로부터 샛별, 명성, 계명성, 태백성 등으로 불리어 왔다. 지구와는 쌍둥이로 불릴 정도로 크기, 질량, 내부의 구성 물질이 유사하다. 그러나 금성의 중력은 지구보다 조금 작다.

　금성은 두꺼운 구름으로 덮여 있어 햇빛의 대부분을 반사시킨다. 또한 금성의 두꺼운 구름은 들어온 태양 에너지를 저장하는 역할이 있어 금성의 평균온도는 480℃나 되고, 공기의 압력 역시 지구의 90배 이상 된다. 금성도 지구와 같이 암반으로 된 맨틀과 지각이 있으며, 금성 내면에는 철로 형성된 핵이 있다. 금성은 지구와는 반대쪽으로 자전한다.

　금성의 명칭은 오행 중 하나인 '金'에서 유래하였으며, 태백성太白星으로도 불렸다.[110]

참고

金오행과 같이 내면에는 철로 된 핵이 있고 유일하게 지구와는 반대로 자전하고 있다. 이는 결단하고 개혁하고 수렴한다는 것에 유의미하다.

---

110) 위키백과 참조.

5) 土 - 토성土星

◎ 土의 물상

土는 "심고 거둔다."[111]라고 했다. 여기서 심는 것은 가稼라 하고 거두어 들이는 것은 색穡이라 했다. 土는 땅의 道가 되고 모든 식물이 땅을 뚫고 나오므로 "심고 거둔다고 했다." 土가 중앙과 계절 사이에서 완충 작용을 주관함으로써 사계절을 이루고 있으니 중앙의 상은 안의 일, 궁궐, 부부, 친척의 형상으로 나타난다. 만약에 왕이 멋대로 하여 궁궐이나 넓히고 누각과 정자를 오색으로 만들어 백성들의 힘을 소진시키며, 가깝고 멀리할 사람을 구분 못하고 많은 첩이나 두면 곧 土가 그 본성을 잃게 된다. 土가 본성을 잃게 되면 土의 기운이 어지러워져서 심고 거두는 일이 잘 되지를 않는다. 이에 오곡이 결실을 못하고 바람과 안개로 인한 피해가 생기기 때문에 土가 "심고 거두지 않는다."고 했다.

土의 상으로는 흙, 부동산, 터전, 조상, 고향, 토속적, 길러내는 것을 가리키며, 천간으로는 戊와 己가 해당하며 지지로는 辰, 戌, 丑, 未가 이에 속한다. 戊의 상은 넓은 땅, 운동장, 평원이고 己의 상은 작은 땅, 문전옥답, 채전, 정원, 뜰을 의미한다.

◎ 토성土星, Saturn

토성은 커다란 고리를 가지고 있으며 태양계에서 가장 아름다운 행성이다. 토성은 수많은 작은 먼지와 얼음 알갱이들이 모여서 된 아름다운 고리

---

111) 蕭吉, 『五行大義』, 「辨體性」: 土受稼穡.

에 둘러싸여 있다. 토성의 질량은 지구의 약 95.1배이며 지름은 9배로 12만 km 가량으로 크기와 질량에 있어 태양계에서 목성 다음으로 큰 행성이다. 토성은 태양계 행성 가운데 매우 멀리 있는데도 밝은 빛으로 빛나며 수성보다도 밝은 빛을 낸다. 토성은 태양에서 14억 2,672만km 떨어져 있어 29년에 한 번씩 태양을 돌며, 10시간 40분마다 한 번씩 자전한다. 그리고 수소와 헬륨으로 구성되어 있고, 평균 온도는 -125℃이다. 토성에는 모두 60개의 위성이 있는 것이 2006년 11월까지 확인되었다.[112]

■ 참고

辰戌丑未 土오행의 지장간이 다른 오행을 품고 있듯이, 토성은 60여 개의 위성을 거느리고 있다. 생명체를 상징하는 목성 다음으로 많은 위성이 있음은 의미가 있다.

---

112) 위키백과 참조.

【태양계 오행성과 음양배열 관계】[113]

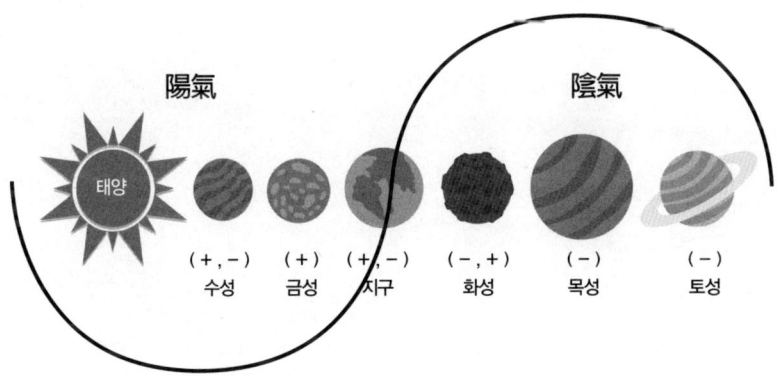

---

113) 김기승, 『과학명리』, 다산글방, 2016, p.55 참조

태양계의 행성을 살펴보면, **陽** 공간에 수성水星과 금성金星이 있고, **陰** 공간에 화성火星과 목성木星, 토성土星이 있다. 그리고 **陰**을 대표하는 수성水星에 음양의 온도가 존재하고, **陽**을 대표하는 화성火星에도 음양의 온도가 존재한다. 생명체를 가지고 있는 木오행의 상징인 목성木星은 위성이 62개, 오행을 저장하는 土오행과 같은 토성土星은 60여 개의 위성을 거느리고 있다. 모두 신비롭지 않을 수 없다.

제3장

음양오행의 운동성

1. 지구地球의 태양계 운동과 계절의 변화

1) 지구의 태양계 운동

지구의 형태는 평균반경 rm=6,371.23㎞, 적도반지름 re=6,378.18㎞, 극반지름 rp= 6,356.80㎞인 약간 편평한 회전타원체로서, 적도의 둘레는 40,075㎞이며 지구의 표면적은 5억 1,010만㎢이다. 지구의 계절변화와 기후현상은 태양 주위를 회전하는 지구의 공전earthrevolution[114] 궤도면인 황도[115]면과 적도면이 약23.5도로 기울어져 있기 때문에 발생한다.

지구가 태양 주위를 1회 공전하는 시간은 365일 5시간 48분 46초이다.[116] 모든 행성궤도와 같이 지구궤도도 그 초점에 태양이 위치한 타원이다.[117] 이

---

114) 니콜라스 코페르니쿠스(1773~1543)가 발견.
115) 지구를 중심으로 한 천구상의 태양궤도.
116) Wolfgang Weischet, Wilfried Endlicher, 김종규 · 이준호 譯, 『일반기후학개론』, 시그마프레스, 2011, pp.9~10 참조.
117) 케플러의 제1법칙. 요한케플러(1571~1630).

상적인 궤도로부터의 편차, 즉 지구궤도의 이심률eccentricity은 매우 작다. 그러나 이심률의 장기간 변화는 자연적인 기후변동에 역할을 한다. 태양 중심으로부터 지구궤도가 가장 가까운 지점인 지구궤도의 근일점은 약 1억4천7백만km, 가장 먼 지점인 원일점은 약 1억5천2백만km이다. 현재 근일점을 통과하는 날짜는 1월 2일이고, 원일점을 통과하는 날짜는 7월 3일이다. 지구의 평균 공전속도는 29.76km/s이나 약간의 차이가 있다. 또한 태양이 은하계의 중심에 대하여 가지는 공전속도는 약 250km/s이다.[118] 이는 지구가 근일점에서는 빠르게, 원일점에서는 느리게 이동하는 것(최대차 1km/s)으로, 천문학적으로 반년의 길이가 같지 않음을 의미한다.

지구의 공전궤도와 태양의 중심을 연결하는 면은 황도ecliptic이다. 지구의 적도면은 황도면에 대해서 약 23.5도의 각도를 유지한 채 공전하고 있는데 궤도 위에서 그 자체가 평형을 유지하는 자전축을 갖는 지구를 추적하면, 이러한 공전궤도 위에서 태양으로부터의 한 가상의 동경動徑이 지축에 도달한다. 여기서 조명되는 지구의 반구와 조명되지 않는 반구 사이 경계원境界圓이 지축과 함께 한 면에 놓이면서 양극을 통과하는 두 개의 독특한 지점이 있는데 1년의 공전궤도 중 앞의 두 특징적 점에서 모든 위도 원주는 낮과 밤이 구분되는 조명경계에 의해 양분된다.

이것은 86,164초(=24시간) 내에 지구가, 1회 자전하는 동안 지구의 모든 장소에서 12시간이 낮이고, 12시간이 밤인 것을 의미하고 이 두 점이 낮과 밤의 길이가 같은 점을 주야 평분점이라 한다. 그중에 춘분은 3월 21일, 추분은 9월 23일이다. 그러므로 원형이 아닌 타원의 공전궤도를 기초로 남반구의 하반년(9월 23일~3월 21일)은 179일 14시간으로, 북반구의 하반년(3월 21일~9

---

118) 『두산백과사전』(http://t.co/ESTdlile) : 공전속도orbitalvelocity.

월 22일) 186일 11시간보다 짧다. 황도 위에서 춘분과 추분의 가상연결선을 주야평분선이라 한다.

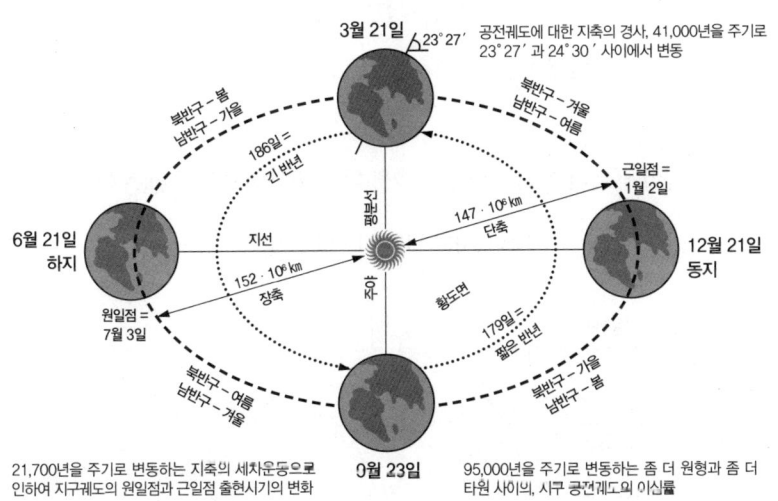

【지구의 공전과 계절의 성인】[119]

2) 지구의 계절변화

지구의 공전궤도의 위치와 지축의 기울기(23.5도) 때문에, 태양광 조명에 의한 복사열을 받는 정도가 다르게 된다. 위의 그림에서 오른쪽에 12월 21일[冬至]의 상황이 제시되어 있는데 남반구 위의 각 위도대에서 조명을 받는 주간의 호弧는 조명을 받지 않는 야간의 호보다 크다. 남극권(66.5도)은 24시간 조명을 받는 지대에 위치하고 태양의 고도가 가장 높은 시간보다 12시

---
119) WolfgangWeischet, WilfriedEndlicher, 김종규 · 이준호 譯, 『일반기후학개론』, 시그마프레스, 2011, p.10 참조.

간 후에 태양은 위로부터 바로 수평면에 접촉하게 된다. 좀 더 극 쪽의 위도에서 태양은 밤 12시에 현저하게 수평면 위에 위치하고, 극 자체에서는 약 23.5도에 있다. 적도에서는 동지 및 하지[춘·추분]에도 연중 주야의 길이가 같다. 북반구에서는 12월 21일에는 주간 호가 야간 호보다 짧고 북극권은 그 전체 길이가 조명경계 밖에 위치한다. 동지에는 이 지역이 24시간 동안 밤이다. 정오에 태양은 바로 수평선 아래로부터 수평선에 접촉하게 된다.

【열대, 중위도, 극 지역에서 12월 21일(동지)와 6월 21일(하지) 태양복사에 의한 지구의 위치】[120)]

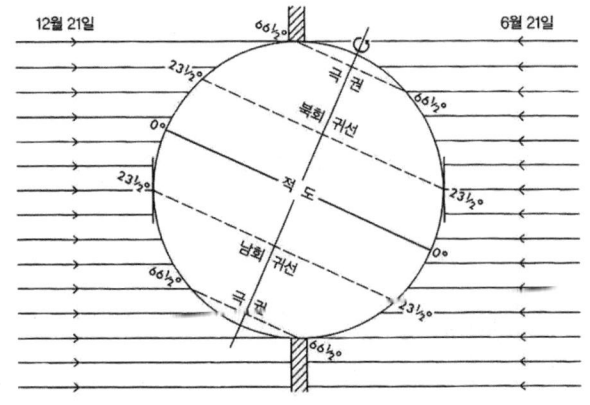

12월 21일의 조명상황은 계절주기의 변화에서 경계상황과 전환상황이다. 극권(66.5도. N과 S)은 1년 중 각각 1일씩 태양이 24시간 수평선 위에 머무르면서, 수평선 주위로 이동한다.[121)] 또한 동지에는 24시간 해가 뜨지 않는 유일한 위도이다(아래그림 참조). 12월 21에 적도 위의 모든 지점에서 정오의 태

---

120) WolfgangWeischet, WilfriedEndlicher, 김종규·이준호 譯, 『일반기후학개론』, 시그마프레스, 2011, p.14 참조.
121) 각 반구의 하지이다.

양은 수평선 위에 66.5도(=90도-23.5도)에 있고, 동일한 날에 북회귀선[122]에서 태양은 43도(=90도-23.5도-23.5도)에 도달한다. 그래서 태양은 적도와 북회귀선 사이의 모든 지대에 대하여 연중 가장 낮은 고도를 갖는다. 그리고 하지인 6월 21일까지 이 상황은 역전된다.

【북반구의 선별된 위도에서 겉보기 태양궤도】[123]

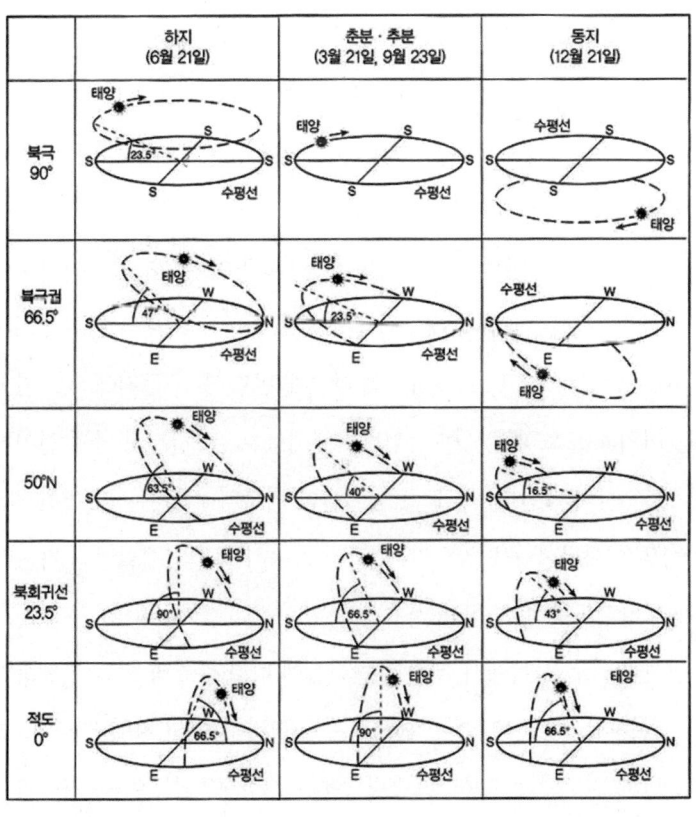

---

122) 회귀선(回歸線) : 적도를 중심으로 하여 남북 각 23도 27분을 지나는 위선(緯線). 북쪽을 북회귀선 또는 하지선, 남쪽을 남회귀선 또는 동지선이라 한다. 북 회귀선상에서는 하지에, 남 회귀선상에서는 동지에 태양이 머리 위에 온다. 위도 23도 27분은 적도가 지구의 공전 궤도면과 이루는 각이다.

123) 앞의 책, p.17 참조.

위 그림은 북반구의 각 위도권별 하지와 동지, 춘분과 추분의 태양 궤도와 고도의 모습이다. 이 그림을 보면 북회귀선과 남회귀선 사이의 지대인 천문학 열대astronomicaltropics는 복사기후radiatiom climate[124]로, 이 지대에서 연중 1회 또는 2회 태양이 지면과 수직을 이루고, 항상 정오에 태양 고도가 66.5도 이하가 되지 않는 모양이다. 열대지대는 39.87%로 지표면에서 매우 큰 부분을 차지하는데 기후학적으로 내부열대innertropics와 외부열대outertropics에서의 차이가 중요하다. 적도 부근의 내부열대에서는 태양의 천정 위치가 각각 3월 21일[춘분]과 9월 23일[추분] 두 개의 뚜렷하게 서로 떨어진 기간에 나타난다. 그러나 다른 기간에는 정오의 태양 고도가 항상 거의 66.5도에 이른다. 그 밖에 낮의 길이가 연중 거의 균등하게 12시간에 달하여, 연중 매우 균등한 조명조건과 복사조건이 나타난다.

북회귀선 부근의 외부열대는 이와 다르다. 첫째로 2회의 회귀선으로 가는 과정과 돌아오는 과정에 태양의 최고 고도가 시간적으로 빠르게 중첩되고, 둘째로 태양의 최고 고도 시기와 다르게 반년 후인 동지에 정오의 태양 고도는 거의 43도로 매우 낮다. 그리고 셋째로 이 두 시기의 낮의 길이가 약 3시간 정도 차이가 난다. 이 모든 사실들이 외부열대에서는 더 훨씬 효과적으로 기후적 계절현상을 일으키는, 조명과 복사조건의 계절적인 차이가 뚜렷하게 나타나도록 함께 작용한다.

회귀선과 극권 사이에서 계절이 변화함에 따라 주간과 야간의 변화가 끊어지지 않는다. 그러나 다른 한편으로 주·야간 길이의 차이가 태양고도의 변화와 함께 일어난다. 특히, 고중위도에서 특징적인 봄, 여름, 가을과 겨울의 4계절 형성에 있어서, 결정적인 실제 기후인자가 되는 복사기후가 중위

---

124) 輻射氣候(radiationclimate):어떤 장소 또는 지역의 복사평형(輻射平衡)에 의하여 특정 지어지는 기후를 말함.

도에 위치한다.

위 그림의 북회귀선 지역, 고중위도 지역, 극권 지역, 북극 지역의 서로 다른 위도에서 정오의 최고 및 최저 태양고도와 낮과 밤의 길이, 식물의 생태와 태양고도의 모습을 태양복사에 의한 지구의 위치에서 구체적인 모습으로 설명하고 있다.[125] 이 그림은 위 다섯 위도의 여름과 겨울의 정오 태양고도와 낮과 밤의 길이를 도표화 한 것으로, 태양궤도의 높이에 식생과 주야의 길이를 도표화 한 것이다.

이와 같이 태양의 조명 위치변화에 의한 복사에너지 陽의 변화가 기후변화의 원인이다. 계절변화의 모습은 위도별로 차이가 발생한다.

【서로 다른 위도에서 정오의 최고 및 최저 태양고도와 낮의 길이】[126]

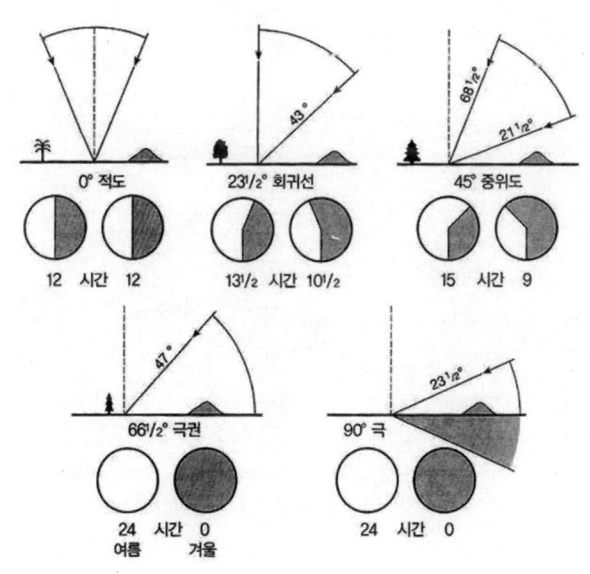

---

125) WolfgangWeischet, WilfriedEndlicher, 김종규 · 이준호 譯, 『일반기후학개론』, 시그마프레스, 2011, pp.12-18 참조.

126) 앞의 책, p.18 참조.

지구의 계절변화는 앞의 그림과 같이 자전축이 23.5도 기울어져 있기에, 태양광 조명에 의한 복사열을 받는 정도가 다르게 된다. 위도별 태양고도와 조명시간의 차이로 기온차가 생기며 이로 인하여 계절의 모습이 달라진다. 특히 앞의 그림은 북반구와 남반구의 계절이 반대로 흐르는 모습을 잘 보여주는 그림으로써, 동지와 하지, 춘분과 추분의 모습이 서로 반대임을 설명한다.

【지구의 1월과 7월 평균 등온선도(C)】[127)]

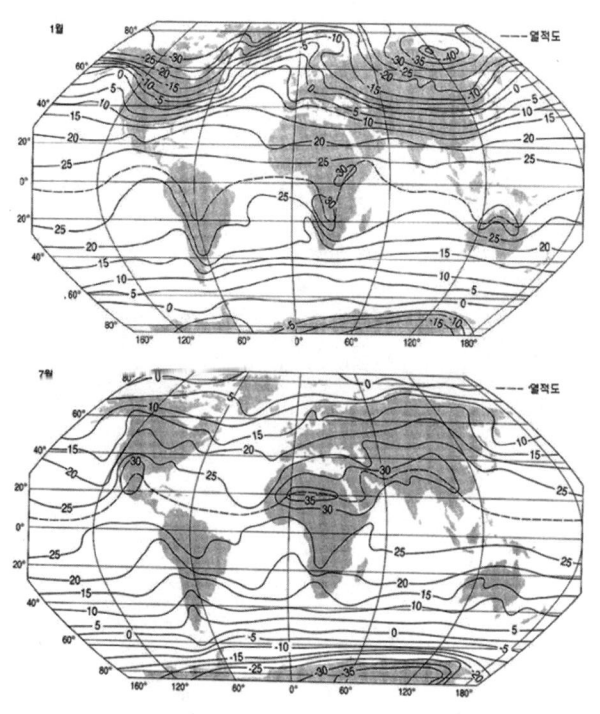

---

127) 앞의 책, pp.108-109 참조.

지구의 자전과 공전의 진행과정 중에 기온분포는 위도에 따라 달라질 수밖에 없다. 물론 난류와 한류 등 해류의 영향과, 내륙지역과 해안지역의 지형적 특성, 그리고 그 지역을 지나는 계절풍 등에 의해 기온의 영향을 받기도 하지만, 계절변화의 근본 원인은 태양복사열이다. 위의 그림은 실제로 2003년 지구의 위도별 1월과 7월의 월평균 기온 측정에 의해 작성한 기후도인데, 위도별 기온 차이 발생과 남반구와 북반구의 계절이 서로 다르게 진행함을 확인하게 된다.

3) 달의 지구 공전운동

달은 지구를 한 번 공전할 때 한 번 자전하므로, 지구에서 관측되는 면은 항상 같은 면이 된다. 그리고 달이 지구를 공전하는 천구상의 궤도를 백도白道라 하는데, 황도黃道궤도와 5도 정도의 경사각을 갖고 있다. 달의 실제 삭망주기朔望週期는 약 29.344일 이지만, 지구의 공전궤도 진행과 관련하여 실제 관측되는 삭망주기는 약 29.53일이 된다. 달의 실제 자전주기를 1항성월[128)]이라 하는데 27.32일이다. 아래 그림에서와 같이 달의 실제 자전주기의 모습은 1-1′이고, 지구의 공전궤도 진행과 관련하여 관측되는 삭망 주기의 모습은 1-2이다.

---

128) 恒星月(siderealmonth) : 항성월은 천구상에 있는 임의의 항성을 기준으로 하여 달의 주기를 측정한 것으로, 지구가 가만히 정지해 있을 때 달이 지구 주위를 공전하는 데 걸리는 시간을 말한다.

【지구의 공전궤도 진행 중 관측되는 삭망주기와 실제 삭망주기】[129]

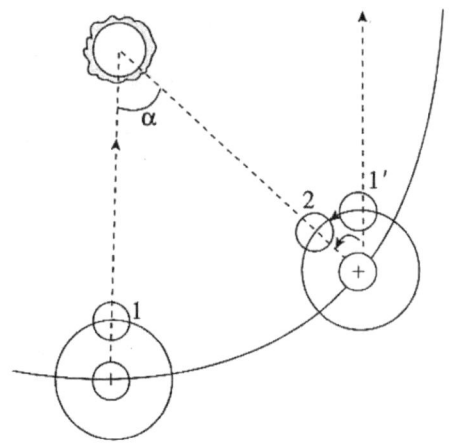

지구가 태양을 중심으로 한 공전궤도 진행 속에 관측되는 달의 모양은 아래 그림과 같다. 또한 달의 공전과 지구의 자전은 상호 간의 인력작용으로 지구의 해수면에 위 그림과 같은 모습으로 조수간만의 차이를 발생시킨다. 달과 태양이 일직선상에 위치하는 삭이나 망일 때는 간만의 차이가 커지지민, 상현上弦이나 하현下弦일 때에는 간만의 차이가 줄어들게 된다. 만조滿潮와 간조干潮 사이에 바닷물의 움직임과, 지표면의 변화는 지구 자전 속도에 영향을 준다.

조석현상이 자전에 제동을 걸어 자전의 속도를 줄여주는 역할을 하는데, 이를 조석마찰이라 하며 이 운동에 의하여 하루의 길이는 100년마다 1/1,000초 가량 증가하고, 달과 지구의 거리는 1년에 12㎝씩 늘어나고 있다. 이러한 현상은 지구의 자전 주기와 달의 공전주기가 50일이 될 때까지 계속

---

129) 최승언, 『천문학의 이해』, 서울대학교 출판문화원, 2013, p.88 참조.

된다고 한다. 달의 공전운동에 의한 인력의 영향은 지구 자전축의 세차운동에 약간의 영향을 미친다.

【달의 공전궤도】[130]

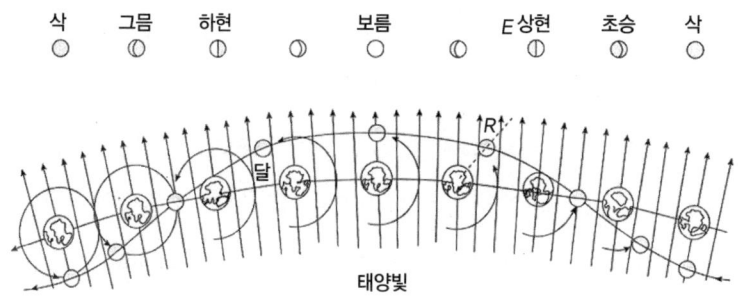

【태양과 달의 위치에 의한 조석변화】[131]

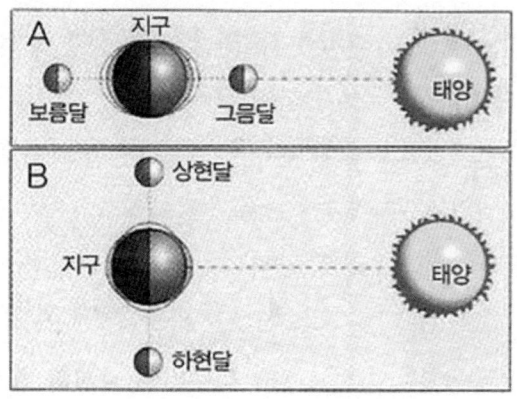

---

130) 앞의 책, p.87 참조.

131) 최진범 외 5인 공저, 『지구라는 행성』, 이지북, 2010, p.160 참조.

4) 계절변화를 반영한 오행의 왕상휴수사론旺相休囚死論

전한前漢의 맹희孟喜에 이어 한대의 괘기역학卦氣易學을 정립한 사람은 경방(京房, BC 77~BC 37)이다. 그의 저술은 유실되었으나, 후대 학자들이 편집하여 『경씨역전京氏易傳』이라는 책으로 전해지는데, 위작인지 논의가 있다.[132]

경방의 역학체계인 팔궁괘八宮卦, 세응世應, 건후建候, 적산積算, 납갑納甲, 납지納支, 음양오행陰陽五行, 육친설六親說 등은 후대 괘기학자들이 계승 발전시킨 상수역학象數易學의 원형이다. 경방은 가장 먼저 오행설을 만사만물의 상호관계로 해석하는 원리로, 『주역』의 괘효상卦爻象을 해석하여 인사人事의 원리로 추론하였다. 경방 이전에 이미 오행상생설과 상극설이 정립되었다. 경방은 오행생극 관계를 활용하여 팔괘八卦를 해석하였다. 괘효卦爻의 변화는 음양의 소식으로 비롯되고 그 결과가 오행으로 나타나며, 그것을 읽는 것은 팔괘의 변화라고 보았다.

경방은 오행 상생설과 상극설을 이용하여 오행관계의 육친론六親論과 합충合冲이론을 전개하였다. 오행의 왕쇠旺衰에 따라 생生·사死·폐廢·휴休로 길흉을 논하였다. 오행이 계절에 따라 왕성해지기도 하며, 쇠약해지기도 하는 모습을 오늘날의 생왕사절론生旺死絶論과 같이 오행의 왕상휴수사旺相休囚死와 오행휴왕론五行休旺論으로 논하였다.

인중寅中에 火를 생함이 있고, 해중亥中에 木을 생함이 있고, 사중巳中에 金을 생함이 있고, 신중申中에 水를 생함이 있다. 축중丑中에 金이 사함이 있

---

132) 『漢志』에는 없고, 시기적으로 경방의 이후의 일들을 경방의 이름으로 가탁한 내용들이 있어 진실을 알 수 없다는 입장이다.

고, 술중戌中에 火를 사함이 있고, 미중未中에 木이 사함이 있고, 진중辰中에 水가 사함이 있다. 土는 가운데서 겸兼한다.[133]

이는 寅·申·巳·亥 사생지四生地와 辰·戌·丑·未 사고지四庫地의 내용이기도 하다. 『경씨역전』의 휴왕론休旺論을 요약하면 아래와 같다.

【계절과 오행의 왕상사수휴旺相死囚休】

계절(季節) 운기(運氣)	춘(春)	하(夏)	추(秋)	동(冬)
旺	木	火	金	水
相	火	土	水	木
死	土	金	木	火
囚	金	水	火	土
休	水	木	土	金

경방 이전의 회남왕淮南王 유안(劉安,BC 179~122)이 편저한 『회남자』 「지형훈地形訓」에서, 이와 같이 계절의 진행에 따른 오행五行의 왕휴旺休에 대해 논하였는데, 경방은 이를 왕상휴수사론으로 발전시킨 것으로 보인다.

木이 장성해지면 水는 늙고 火는 태어나며 金은 갇히고 土는 죽는다.
火가 장성하면 木은 늙고 土는 태어나며 水는 갇히고 金은 죽는다.
土가 장성하면 火는 늙고 金은 태어나며 木은 갇히고 水는 죽는다.
金이 장성해지면 土는 늙고 水는 태어나며 火는 갇히고 木은 죽는다.

---

133) 『京氏易傳』, "寅中有生火, 亥中有生木, 巳中有生金, 申中有生水, 丑中有死金, 戌中有死火, 未中有死木, 辰中有死水, 土兼於中."

水가 장성해지면 金은 늙으며 木은 태어나고 土는 갇히고 火는 죽는다.[134]

『회남자』「지형훈」과 『경씨역전』의 왕상휴수사론은 후대인 수隋나라 소길蕭吉이 쓴 『오행대의五行大義』「논생사소論生死所」에 '오행의 출몰' 이라는 소제목으로 기술되었다. 오행이 4계의 진행 속에 변화하는 모습인 왕상휴수사의 다섯 전개에 있어, 오행을 12지지에 대응시켜 세분하였다. 그러면서 수기受氣 - 배태胚胎 - 양養 - 생生 - 목욕沐浴 - 관대冠帶 - 임관臨官 - 왕旺 - 쇠衰 - 병病 - 사死 - 장藏의 12단계로 구분하였다.[135]

이는 천간天干의 오행五行이 생부터 절의 연속 순환을 12월령의 진행에 맞춰, 12단계의 성장과 소멸의 반복적인 모습을 표현한 것이다. 『오행대의』 「논생사소」에서는 음양 구분이 없이 오행의 생왕사절生旺死絶을 논하였으나, 후대의 『연해자평淵海子平』의 「논천간생왕사절論天干生旺死絶」에서는 십천간별十天干別로 음양을 구분하여 사용한 것이 특징이다.

5) 지구의 위도별 기후비교와 간지오행干支五行 적용

아래 그림에서 보듯이 서안西安 지역의 월별 기온자료에 맹희孟喜의 십이소식괘설十二消息卦說의 개념과 간지와 오행 개념을 대입하면 정확하게 일치한다. 그렇지만 지구는 적도를 중심으로 한 남북의 위도별로 일조량과 태양복사열의 차이로 기후가 다르고 특히 남반구의 경우에는 북반구와 계절

---

134) 劉安편저, 안길환 편역, 앞의 책, pp.203-205 참조. "木壯, 水老, 火生, 金囚, 土死, 火壯, 木老, 土生, 水囚, 金死, 土壯, 火老, 金生, 木死, 金壯, 土老, 水生, 火囚, 木死, 水壯, 金老, 木生, 土囚, 火死."

135) 소길, 김수길·윤상철 공역, 『五行大義』, 대유학당, 2012, pp.148-153 참조.

의 흐름이 반대가 되고, 적도 지역은 계절변화가 없게 된다. 서안西安지역은 봄·여름·가을·겨울 사계절이 명확하게 구분되고 각 계절별로 기온차이가 명확하기에, 한대에 계절변화와 관련하여 정립된 간지와 오행론을 현재 서안의 기후변화에 적용하면 정확하게 일치한다.

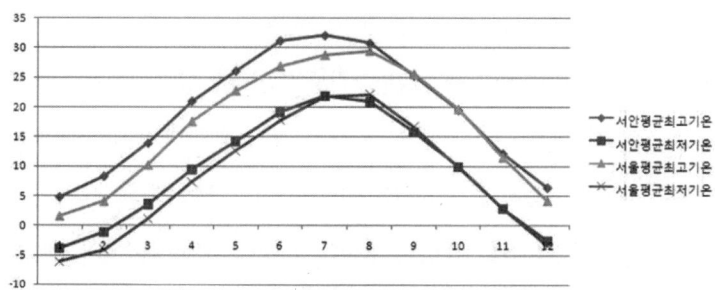

【西安과 비교표[136)] 서울의 연중 평균기온】

그러나 남반구는 계절이 역행하고 회귀선과 적도 사이의 지역은 계절변화가 없어 서안 지역의 계절변화에서 발생한 절기별 오행사상 적용이 가능하지 않을 것이다. 그러므로 간지론과 오행론의 모습은 그 지역 사계의 음양소장과 생장수장의 모습에서 빌려 온 것이기에, 계절의 진행이 달라진다면 맞지 않게 된다. 이와 관련하여 같은 중위도 권에 있는 서울과 도쿄의 기후자료를 서안과 비교하면 사계절의 형태만 유사할 뿐 일치하지 않는 모습이다.

실제 기후자료를 근거로 중국과 한국·일본이 속한 동경 100°~ 동경

---

136) 경기대학교 문화예술대학원 동양철학과 차인덕, 「季節變化와 曆法에 適用한 干支五行硏究」 p.64. 西安기후자료, 2013년 기상청(www.kma.go.kr)의 홈페이지 세계기후자료 중 서울의 기후자료를 근거로 작성.

150°지역대의 남북(북→남)에 위치한 러시아 일부 지역부터 중국 및 아시아의 적도 인근 지역과 오세아니아주까지, 18개 지역의 최근 30년간 기록된 1월~12월 월별 평균 최저·최고 기온자료 내용을 위도대 별로 분석하여 보면, 고위도권인 북위 67.33도의 베르호얀스크는 10도 이상 기온을 유지하는 달은 불과 2개월여밖에 되지 않고 영하권에 속한 달은 6개월 이상임을 알수 있다. 그리고 북위 43.07도에 소재한 블라디보스톡은 최저기온이 10도를 넘는 달이 불과 3개월밖에 안 되기 때문에, 벼농사가 가능하지 않은 것도 알수 있다.

이렇듯 기후자료로 확인해 보면 중위도권인 베이징(북위 39.56도), 서울(북위 37.34도), 도쿄(북위 35.41도), 서안(북위 33.5도~34.45도), 상하이(북위 31.1도)의 계절변화는 상당히 비슷하나, 경도 120~140도 권인 상하이와 서울·도쿄는 서안과 달리 연중 기온의 최고점이 8월인 未월과 申월 사이에서 형성되고, 동지가 속한 12월보다 오히려 입춘立春이 속한 2월의 기온이 낮음을 알 수 있다.

또한 북회귀선(북위 23.5도)에 있는 대만의 타이베이(북위 25.02도)와 홍콩(북위 22.18도)은, 연중 최저기온이 15.2도와 14.1도로 중위도권대 지역의 초여름인 5월巳月의 평균 최저기온이다. 이런 지역들은 겨울이 없음을 알 수 있고, 사계절 벼농사가 가능한 것으로 판단된다.

그리고 저위도대인 양곤(북위 16.46도), 방콕(북위 13.44도), 호치민시(북위 10.49도)에서 양곤의 경우 1, 2, 3월의 기온이 오히려 높으나 세 지역 모두 기온변화가 없으므로 4계절이 없고 우기와 건기로 습도의 변화만 있을 뿐임을 알수 있고 적도 지역인 쿠알라룸푸르(북위 3.07도), 싱가포르(북위 1.22도), 자카르타(남위 6.11도) 또한 연중 기온변화가 없어, 계절의 변화가 없음을 알 수 있다. 남회귀선 이남의 중위도권대에 있는 시드니(남위 33.57도), 멜버른(남위37.49도),

웰링턴(남위 41.17도)은 간지론과 오행사상의 발생지역인 서안지역과는 반대로 7월의 기온이 최저점이며, 1월의 기온이 최고점으로 계절이 반대로 흐르고 있다. 이와 같이 위도대 별로 기온자료를 오행론과 간지론에 대입하면, 간지역법干支曆法에 의한 오행의 적용은 결국 지역적인 한계를 갖게 될 수밖에 없다.

간지론과 음양오행론의 발생시키고 발전을 해 나간 하夏·상商[은殷]·주周와 춘추전국시대春秋戰國時代·진秦·한漢의 지역적 무대는 모두 황하문명권이다. 황하는 서안 근처의 중류부터 시작해 위도 34도~35.5도 사이의 중국대륙을 지나 발해만으로 흘러들어간다. 황하 유역의 기후대는 서안과 비슷하다. 봄·여름·가을·겨울의 계절변화가 명확하게 구분되는 곳은 우리가 속해 있는 중위도 대의 일부 지역에 한정된다.

간지와 결합된 오행론은 지금의 서안 지역의 기후에 맞추어져 발전하였다. 오행의 상생 모습인 木生火·火生土·土生金·金生水·水生木은 봄·여름·계하·가을·겨울·다시 봄으로의 순환 모습이다. 고위도 지역은 대부분 겨울이고, 북회귀선 인근 지역은 항상 우리나라 초여름 이상의 기후이다. 그리고 적도 지역은 연평균 최하기온이 20도 이상으로 계절변화가 없다. 남반구의 계절은 북반구와 정반대이다. 이렇게 계절변화가 다른 지역에서는 간지의 자의와 간지에 배속한 오행 개념을 적용할 수 없다.

2. 음양사상과 태극의 원리

1) 음양과 태극의 개념

동서양 어디에나 음양으로 대변할 수 있는 언어적, 심리적 특성이 있으며 밤과 낮, 여자와 남자, 물과 불, 땅과 하늘, 작은 것과 큰 것, 부드러운 것과 딱딱한 것, 촉촉한 것과 건조한 것, 흐린 것과 선명한 것 등 세상의 모든 이항 대립(二項對立 ; Binary Opposition)쌍들은 음양의 특성을 가진다.

그러므로 음양사상이 중국의 사상이나 문화에서 비롯되었다는 것은 아니며, 음양사상의 이항 대립 구조는 어느 민족, 어느 시대에나 존재하고 있었던 것으로 이러한 음양의 특성은 중국만의 것도 아니고 우리 민족만의 것도 아닌 전 세계 어느 민족, 어느 나라도 이항 대립적 특성을 지니고 있다. 또한 음양은 고대로부터 검은 원과 흰 원으로 표시되었고, 주역에서와 같이 반으로 나뉜 막대기와 긴 막대기로 음양의 특징이 표현되었다.

【원형 음양과 막대형 음양 표시】

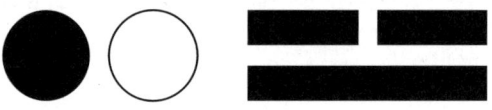

그러나 이러한 음양사상이 특별한 의미가 있는 것은 단순한 이항 대립적 특성에 그치지 않고 태극太極의 원리와 결합되었기 때문이다. 陰이 陽 속으로 들어가고, 陽이 陰 속으로 들어가며 끊임없이 변화하며 순환하는 것을

표현하여 나타낸 구조가 태극이다.

【태극】

중국에서 처음 태극에 대한 설명이 나오게 되는 것은 북송北宋의 주돈이 (周惇, 周濂溪: 1017-1073)에 의한 태극도설太極圖說[137]로 알려져 있다. 태극도설은 '태극도太極圖'에 대한 설명으로 무극無極이 태극이고, 태극으로부터 오행五行이 나오는 이치를 설명하고 있으며, 오행이 음양이고, 음양이 태극임을 나타낸다.

2) 삼태극의 개념과 색상

태극太極은 陰과 陽의 기운이 서로 속에 녹아들며 변화하는 것이다. 그것은 음양의 대립적 구조에 조화의 기운이 함께 하여 삼극三極의 변화를 이루

---

137) 『性理大全』, 卷1, 「太極圖說」, 無極而太極 太極動而生陽 動極而靜 靜而生陰 靜極復動 一動一靜 … 太極本無極也 五行之 .

는 구조이다. 고대에 있어서 태극을 뜻하는 말은 당나라시대에 이르기 까지 삼태극을 뜻하는 말이었다.[138]

태극의 원기는 하나로부터 셋이 나오고 셋으로부터 다시 하나로 돌아가는 특성을 지니고 있다. 『한서漢書』 「율력지律曆志」에 나타난 태극에 대한 설명 역시 "태극원기는 셋을 함유하고 있으면서 하나로 된다."[139]고 하였다. 후한시대의 주석가인 맹강孟姜은 태극의 설명에서 "원기元氣는 자子에서 처음 일어나는데, 원기가 나누어지기 전에는 천天, 지地, 인人이 합하여져 하나로 되어 있다."[140]고 하였다. 덧붙여 이르기를 "子는 북방이고, 그것은 검은 기장을 말하는 흑색이다."[141]고 하였다. 자子는 12지신 중의 하나로 음양에 있어서 陽, 오행에 있어서 수數를 상징하며 태극이 나뉘기 전 무극의 색을 흑색으로 지칭한 것이다.

이것은 태극이 분화하기 전 천지인의 상징색인 청색, 적색, 황색이 합해져 흑색임을 나타내는 것이다. 태극 사상은 음양의 기운이 끊임없이 섞여 변화하는 사상이며 삼태극은 검정으로부터 청색, 적색, 황색이 나오며 청색, 적색, 황색이 섞여 변화하는 것을 표현한다. 그러므로 태극과 삼태극은 동일한 것이며 그 순환석 의미에 따라 다시 검정으로 변화하는 것을 의미하고 있다.

이러한 내용은 사기정의,[142] 회남자[143] 등에서도 동일하게 나타나며 삼태극의 유물은 삼국시대부터 조선시대에 이르기까지 궁궐과 성문, 각지에 있

---

138) 우실하, 「최초의 태극 관념은 음양태극이 아니라 삼태극/삼원태극이었다.」, 『동양사회사상학회』, 제8집

139) 班固(顔師古 注), 『漢書』(北京: 中華書局, 1992), 第四冊, p.964, 太極元氣, 函三爲一.

140) 班固(顔師古 注), 『漢書』(北京: 中華書局, 1992), 第四冊, p.965. 孟康曰, 元氣始起於子, 未分之時, 天地人混 合爲一.

141) 班固(顔師古 注), 『漢書』(北京: 中華書局, 1992), 第四冊, p.965. 孟康曰, 「子北方, 北方黑, 謂黑黍也」.

142) 司馬遷, 『史記』, 卷25. 「律書」第3, p.1250, 주석3. 「正義」, 孟康云, 元氣始起於子, 未分之時, 天地人混合爲一, 故 子數獨一也.

143) 何寧, 『淮南子集釋』, (北京: 中華書局, 1998), 上冊, pp.246-47. 한(漢) 전당(錢塘)의보주(補注), 前漢志云, 太極元氣 函三爲一.

는 사당과 사찰, 유교 교육의 본산인 서원과 향교 등 여러 곳에 남아있다.

【종묘(1608년 재건)와 창덕궁(1647년 재건)에서의 삼태극】

삼태극의 문양과 색채는 조선시대에만 국한된 것이 아니라 삼국시대의 유물에서도 발견되는 우리 민족과 함께한 오래된 문양이다.

3. 음양오행과 오방정색五方正色

1) 오방정색

오방색이란 음양오행설에 따른 오행의 각 기운과 직결된 적赤, 청靑, 황黃, 흑黑, 백白의 다섯 가지 기본색을 말하는데 오색五色 또는 오채五彩, 오정색五正色이라고도 불렀다.[144] 오행의 상생구조에 따라 청색, 적색, 황색, 백

---
144) 김재원, 전통 오방색에 관한 연구, 한국교원대석사학위논문, 1992.

색, 흑색이 이웃하면서 상생하고, 상극구조에 따라 하나씩 건너면 극한다. 이를 보면 서로 상생을 이루는 배색으로는 청과 적, 적과 황, 황과 백, 백과 흑, 흑과 청이 있고, 서로 상극관계의 배색은 청과 황, 적과 백, 황과 흑, 백과 청, 흑과 적이 있다.

【오방색의 개념도】

오정색	오간색	색 명
청	벽 녹	창, 람, 아청, 청현색, 유청색유, 창황색, 창백색 등 비색, 연두색, 오색, 묵유색 등
백		유백색, 소등
황	유황	자황, 송화색, 심황, 치자색 등
적	홍 자	천천, 비색, 주토, 주홍, 휴색, 담주, 대홍, 훈색, 홍람, 토홍, 진홍, 도홍 등
흑		오, 조, 회색, 구색, 치색 등

출처 : 한국색채연구소(1994), 색채2, 색채연구출판사, p2

陽의 의미를 갖는 오방색에 반대되는 개념으로 다섯 가지의 간색間色이 있는데 이는 청靑, 백白, 적赤, 황黃, 흑黑에 대해 녹綠, 벽碧, 홍紅, 유황硫黃, 자紫이며 陰의 의미를 나타낸다.[145] 이러한 간색들은 동, 서, 남, 북, 중앙 사이에 놓여지게 되고, 동쪽의 청靑과 중앙의 황黃의 간색은 녹綠, 동의 청靑과 서의 백白의 간색은 벽, 남의 적赤과 서의 백白의 간색은 홍紅, 북의 흑黑과 중앙의 황黃의 간색은 유황硫黃, 북의 흑黑과 남의 적赤의 간색은 자紫가 되는 것이다.[146] 이 오간색은 또 다시 퍼져나가 70색의 잡색을 이루게 된다. 또한

---

145) 박영순·이영순,『색채와 디자인』, 교문사, 1998.

146) 하용득,『한국의 전통색과 색채심리』, 명지출판사, 2001.

이러한 잡색에 대해서는 대개가 자연현상의 변화에 따르는 색채의 변화를 한자의 뜻을 가진 글자로 표현하고 있다. 이렇게 陽의 다섯 색과 음의 다섯 색, 이 열 가지는 음양의 기본색이 되고 오방색과 오간색 그리고 잡색들은 그 근원이 중국에서 발생한 음양오행체계 하에서 이루어졌으나 우리나라에 유입되어 한민족 고유의식과 생활 속에서 우리의 것이 되어 전통색으로 사용되어졌다.

2) 오방색의 상징성

오방색의 상징성을 크게 세 부분으로 나누면 등급을 상징하는 색, 방위를 상징하는 색, 그리고 감정感情을 상징하는 색으로 나눌 수 있는데 고대사회에서는 부와 지위를 색채를 통해 나타내었고, 계급과 신분을 구별하기 위해 사용되었다. 그리고 방위를 상징하는 색은 중국의 방위 표시법을 받아들여 우리나라의 공간에 맞게 해석하며 벽사辟邪나 기복祈福의 의미로 많이 사용되어졌으며, 전통적인 관습을 결부시켜 감정이나 생각을 나타내는 색으로 사용되어진 것으로 추정된다.[147] 오방색은 상징적 의미로써 표상화 되어 회화는 물론 의, 식, 주 전반에 희망적이고 밝은 유채색으로 표현되고 있다.

① 적赤

적색은 적赤, 홍紅, 주朱를 총칭하고 있고, 계절로는 여름을, 풍수로는 주작走作을 뜻한다. 그리고 오장五臟 중에서 심장이고 오정五情 중에서 즐거움

---

147) 조영실, "음양오행설을 통한 한국적 색채미감 연구, 오방색을 중심으로", 홍익대 석사학위논문, 2006.

이며, 오미五味 중에서 쓴맛이고, 오상五常 중에서는 예이며, 오성五星 중에는 불성[火星]을 뜻한다. 음양오행설에서 온화하고 만물이 무성한 남방색이다.

또한 적색은 태양, 불, 피를 상징하고, 생명이 탄생하는 신비로움도 생명력을 가진 색이었기 때문에 생성과 창조 또한 정열과 애정, 적극성을 나타낸다. 원시시대 인간들은 사냥을 하면서 피를 흘리며 죽는 짐승이나 생존사회에서 부족끼리 전쟁을 하고, 상처 입은 사람들의 피를 보며 인간은 붉은색이 주는 흥분감을 느끼게 되고 강렬한 생명의 힘을 느꼈다. 그래서 이들은 때가 되면 산짐승을 죽여 신에게 바치는 제사를 드리곤 하였는데, 이는 피의 성스러움을 보여주는 사례이다.[148]

또한 붉은색은 권력의 상징의미도 가지고 있는데, 예로부터 군대는 전투에서 집결지점을 표시하는 방법으로 모종의 기를 사용했다. 예기禮記에 따르면 군사들의 행진 시 붉은 새가 그려진 기를 앞장세워야 한다고 되어있다.[149] 그리고 붉은색 옷은 고귀한 신분身分이나 권위權威를 나타내므로 귀족이나 왕족의 색으로 일반인에게는 금기시 된 색이었다.

적색은 청색과 더불어 양기가 왕성한 陽의 색으로 우리 민족과 깊은 관계가 있는 색이라고 할 수가 있다. 적색은 우리말로 붉은색이며 어원을 살펴볼 때 밝음을 나타내는 '밝다'와 근원적으로 같은 의미로서 모음이 양성인가 음성인가에 따라 달라진 것이다. 따라서 적색의 전통적 사용의미는 밝음이다. 가락국의 건국신화에서 하늘에서 내려온 '붉은 보자기'와 '김수로 왕의 비가 될 허황옥이 바다 남서쪽에서 '붉은 빛'의 돛을 달고 '붉은 기'를 휘날리며 왔다는 데서 나타나는 붉은 빛은 하늘의 밝음과 그것을 고귀하게 숭상하고 있는 것으로 건국신화의 대표적인 색으로 표현되고 있다.

---

148) 홍혜림, "한국화에 내재된 오방색의 정신적 미의식에 관한 고찰", 원광대 석사학위논문, 2005.
149) 권영걸 외 5명, "이 색색가지 세상", 『한국색채학회』, 2005, p.16 참조.

적색赤色은 귀신鬼神으로 대표되는 陰을 陽으로써 물리친다는 의미에서 주로 벽사신앙辟邪信仰으로 사용되었고, 그리고 집안, 이웃, 마을, 나라 전체의 건강과 안녕을 기원하는 데 사용되었는데 『동국세기』에서 보면 '붉은 팥죽을 쑤어 문짝에 뿌려서 액운을 제거한다'라고 하였다. 또 10월 우일에는 붉은 팥으로 시루떡을 만들어 외양간에 상을 차려놓고 신에게 가축의 건강을 축원했으며, 다른 예로는 민가와 궁중에서 묵은해의 잡귀雜鬼를 몰아내는 의식 때에 48명의 동자가 붉은 옷을 입고 20명의 공인이 붉은 두건과 붉은 옷을 입고 의식을 행하였다.

이 예에서 알 수 있듯이 붉은색은 양색이므로 음귀를 쫓는 데 효과가 있다고 믿었고 우리 민족의 무속巫俗이나 민간생활에 밀접하게 관련이 있는 색이었다. 중국이 적색을 행운의 색으로 사용하였다면 우리나라는 벽사신앙에서 붉은색을 더 많이 사용하였다는 것을 알 수 있다.

② 청靑

청靑이 가진 일반적인 상징은 오위五位로는 동쪽이므로 해돋이, 밝음, 맑음, 창조, 신생, 생식 등의 상징의미를 지닌다. 청색이 오정五情에서는 기쁨이고, 오미五味에서는 신맛이며, 오상五常에서는 인仁을 의미하고, 오성五星에서는 수성을 뜻하고 풍수로는 청룡靑龍을 상징한다.[150]

청색의 의미는 청정한 생명력을 가지고 있는 양기 왕성한 색으로 만물의 생성生成과 성장成長을 의미하며 적색과 더불어 陽의 색의 대표로 관혼상제冠婚喪祭에 가장 많이 등장하는 색이다. 그리고 청색을 우리민족이 선호한 이유는 청색 또한 역시 적색과 더불어 주술적呪術的인 기능을 가지고 귀신을

---

150) 김민기, 『한국의 부작』, 보림사, 1987.

물리치거나 화를 면하고 복을 초래한다는 길흉화복의 의미로 믿어왔기 때문이다.

　우리나라에서 청색의 범위는 황록黃綠, 취翠, 록綠, 청靑, 벽碧까지 다섯 단계로 그 어느 나라보다도 넓은 범위의 색상을 가지고 있다. 그래서 초록빛 나뭇잎을 푸른잎으로 표현하였고, 지금도 신호등의 초록불도 파란불이라고도 표현하기도 한다. 그리고 제주도 개벽 신화의 천지 왕 본풀이에 '하늘에서 청 이슬이 내리고 땅에서 물 이슬이 솟아나 서로 흡수되어 음양 상통相通으로 만물이 생겨나기 시작했다'151)라는 내용에서 하늘의 빛을 청 이슬로 표현하고 있음을 알 수 있다. 예로부터 하늘과 물의 색은 같은 것으로 보았는데, 이는 하늘의 비가 옴으로써 하늘과 물은 같은 성분으로 되어 있다는 것을 경험적으로 깨달았다고 할 수 있다. 그러나 물은 오행설에 대응이 될 때 청색이 아닌 흑색이 되는데, 이것은 색의 시각적視覺的 측면이 아닌 개념적槪念的인 사고思考가 중요한 자리를 차지하고 있었다는 증거다.

　청색은 젊음이나 희망, 신선함을 상징하였는데 장유유서長幼有序를 숭상하던 시대에 젊음, 출생, 신선함은 미숙하다는 의미와 상통했는데 그 예를 들면 조선시대 상말손(長末孫:1431~1486, 세조부터 성종 때까지의 문신)의 영정影幀에서 그의 의복은 계급을 보여 주는데 그는 고급관료가 아닌 하급관료였다. 그러나 한편으로는 청색은 푸르고 싱싱한 생명력의 의미를 가지고 있어 활력의 요소를 지녔으므로 풍족과 안도와 행복을 소원하는 인간의 심리적인 욕구에서 외부 침략의 영향이 많았던 우리민족에게는 중요한 색의 위치를 차지하였다.

　즉, 청색은 정신적인 부분과 육신의 성장과 번식에 직접적인 영향을 미

---

151) 한국문화상징사전편찬위원회, 『한국문화상징사전』, 동아출판사. (1992)

치는 원시 종교의 한 형태로 사용되었던 것이고 현재의 모습을 있는 그대로 유지하기 위한 소극적 기원이 아닌 더 넓고 높은 영원한 차원으로 가기 위한 발원이며 의지의 표현이다.

③ 황黃

황색은 우주의 중심에 해당되고, 가장 밝게 빛나며, 가장 존귀한 색으로 오색과 방위의 중심이며 사계절 사방위를 모두 관계하고 있다. 오성五星은 토성이고, 오미五味는 단맛이고, 오정五情은 욕심이다. 고대로부터 황색은 광명과 생기의 정화로 보았으며, 풍수로는 구담句膽을 뜻하고, 성스러움과 고귀함을 표현하는 데 사용되어 왔다. 그래서 통치권자인 천자를 상징하는 색으로 황제만이 사용할 수 있는 색이었다.

우리말로는 황색은 노란색이고, 흙을 의미한다. 중앙의 특징은 땅이 평평하며 늘 젖어 있어서 만물이 자라는 곳으로 단군이 도읍을 정했다는 평양도 이러한 지형을 가리킨 것이었으나 후에 지명地名이 되었다. 또 조선 태종은 원구단에 오방신의 각 방위색인 파랑, 빨강, 하양, 검정, 노랑의 제물을 올려서 하늘에 제사를 지냈는데, 여기서 노랑은 중앙인 서울을 의미하며, 모든 색상 중에서 아주 밝은 종교적 표현으로 빛과 존경, 신앙을 암시하고 있다.[152]

종교적宗教的인 측면에서 황색의 의미를 보면 불교의 경전經典은 노란종이 비단에 경문經文을 쓰고 붉은 막대에 붙여 둘둘 말았으며 황권적축(黃券赤軸 ; 누른 종이와 붉은 책갑이란 뜻으로 '불경'을 이르는 말이다)이라고 했다.[153] 불상은 황금으로 만들거나, 다른 재료로 만들게 될 경우 그 표면을 황금빛으로 칠

---

152) 안현정, "한국미술에 나타난 전통색채연구", 홍익대 석사학위논문, 2004.
153) 왕대유, 임동석 역, 『용봉문화원류』, 동문선, 1994.

하였고, 부처의 입이나 부처의 말씀을 금입이라 하고, 불상의 몸이 누런 금빛인 데서 부처의 몸을 금색신 또는 금신이라 하였으며, 부처의 유골을 금골이라 한다.

황색은 임금의 옷, 임금의 권위를 상징하는 색이었기 때문에 우리나라 뿐 아니라 중국에서도 오색의 중심색인 황색을 가장 고귀한 색으로 여겨 황제를 상징하는 색으로 전용되어 일반인의 사용이 금지되었으며, 한국과 일본도 오랫동안 황색의 사용이 제한되었다. 다만 승려만 예외였는데 그 이유는 오랜 세월동안 불교를 숭상해왔기 때문이었다.[154]

통상적으로 황색은 잘 익은 곡식 또는 정신의 성국, 용기, 지조, 순결, 사랑, 지성, 평화 등을 상징하지만, 다른 의미로는 불의, 배신, 죽음, 황폐, 질투, 무기력 등 부정적 의미로 받아들여지기도 한다.

④ 백白

백색은 우리 민족의 기질과 성품을 가장 잘 드러내는 색으로, 방위로는 서이고, 계절로는 추秋이며, 오성五星은 금성이고, 오정五情은 분노이며, 오미五味는 매운맛이고, 풍수로는 백호白虎를 뜻하며, 순결청렴, 깨끗함을 상징한다. 그리고 구름으로 상징되는 어떤 초월적超越的 존재의 고결한 정신을 표상하고, 탄생 또는 시작 전의 무의 사태를 의미하는데 색깔에 대한 완전한 근본이고 끝이고 시작인 영원한 회귀성의 변화를 실행하는 색이다.

백색은 우리말로 흰색인데, '희다'는 15세기 표기로 'ㅎ다'이며 어근 'ㅎ'는 태양을 의미한다. 이는 햇빛을 흰색으로 인식하는 데서 비롯되었다. 한자 白字도 '日'字 위에 빛을 가리키는 한 획을 그어낸 것이다.

---

154) 하용득, 『한국의 전통색과 색채심리』, 명지출판사, 2001.

우리 민족은 백색을 숭상하였는데 태양을 숭배하던 원시신앙에 따라 관명의 상징인 흰빛을 신성시한 것에서 생긴 듯하다. 그래서 고구려 고분에서 보면 백호白狐가 그려져 있으며, 궁중에서는 백호기가 휘날렸다. 우리나라 민족은 백색白色을 숭상하고 신성시하였으며, 태양의 광명을 표상하고, 천신을 상징하는 종교적인 색이다.[155]

그리고 『삼국사기三國史記』와 『삼국유사三國遺事』에 나타난 고구려의 주몽신화(북부여의 금와왕이 유화부인을 해모수와 정을 통했다는 말을 듣고 유배시켰는데 햇빛이 유화부인을 따라 오면서 비추자 그로부터 태기가 있어 알 하나를 낳았는데 거기서 주몽이 태어났다)는 햇빛을 통하여 천신하강 하는 것을 상징하고 있으며 신라의 박혁거세 신화(라정羅井이라는 우물가에 번개 같은 기운이 하늘에서 땅에 드리워지고 흰말 한 필이 다리를 꿇어 절하는 형상을 하고 있었다) 또한 하늘의 서기를 상징하고 있다. 또한 단군국의 국호 조선은 맑고 밝다는 태양숭배사상, 즉 밝음 사상에 연원이 있다.

우리 민족을 뜻하는 배달민족이란 말도 '백산=밝달'로 우리말의 음운변화로 '배달'이 된 것이다. 이는 배달민족이 한민족을 의미하는 동시에 맑고, 밝고, 신성한 하늘의 자손임을 표현한다.

우리민족에게 백색을 사물을 통하여 길조로 표현한 경우를 보면 흰 사슴이 나타나면 상서로운 일이 생긴다고 하였고, 흰 곰과 흰 뱀이 나타나면 좋은 일이 생긴다고 보았다. 그리고 흰색은 우리민족의 의복과도 관련이 있는데 한민족이 백의白衣를 입게 된 원인을 살펴보면 그런 습관이 언제부터 시작되었는지는 정확히 알 수는 없으나 중국문헌 『위지魏志』에 의하면 부여 시대의 사람들은 이미 백의를 입고 있었다고 한다. 백의를 애용하게 된 것은

---

155) 박영원, 『청예논총』, 1997, p.10 참조, p.59 참조.

위에서 말했듯이 태양숭배의 원시적 신앙에 의해 그 광명의 상징인 흰빛을 숭상했기 때문이다.

⑤ 흑黑

흑색은 陰의 색으로, 예부터 어느 민족이든 부정적인 상징으로 알고 있다. 빛을 전혀 반사하지 않으므로 태양이 사라진 어두움, 죽음 등을 상징하며, 슬픔이나 장례식의 상징으로 쓰이고 있다. 흑색의 오위五位는 북北이고, 계절은 겨울이며, 오행五行은 水이고, 풍수는 운무雲霧를 뜻한다. 물론 시각적으로 소극적인 색이기 때문에 같이 쓰인 다른 색을 더 돋보이게 하는 역할을 하기도 하고 북방의 색으로 만물의 생사를 관장하는 신으로 여겨진다.

흑색은 우리말로 검은색이고 '검'은 '검다[黑]'의 어근이 된다. 고대에는 '검'이라는 말이 명사로서 '흑'의 뜻을 지니며 또 '검다'의 어근 '검-', '감-' 등이 파생되어 나타난 단어에는 곰, 거북, 거미 등이 있다. 이에 비춰 볼 때, 검정은 특정 동물을 의미한다고 할 수 있는데, 이들은 동물인 동시에 신격을 갖춘 인격신의 존재로 간주되며 한국적 토템신앙의 모습으로 보인다. 그 예로 단군신화의 웅녀 탄생설과 김수로왕 탄생설화에 나오는 〈구지가〉를 들 수 있는데 이는 곰이나 거북이 검은 색깔에서 유래된 때문이다.

흑黑은 오행에 의하면 물의 색인데, 물을 검은색으로 상징한 대표적인 것으로는 세종실록에서 춘분, 하지, 추분, 동지에 구름빛이 검으면 물난리가 난다고 본 것, 화재예방 부적은 물의 상징인 검은색을 사용하는 것, 풍수지리설에서 묏자리가 명당의 형국을 갖추었다 할지라도 흙빛이 검을 때에는 물이 나와 자손이 빈천貧賤하여 피하였던 것[156] 등이 있다.

---

156) 한국문화상징사전편찬위원회, 『한국문화상징사전』, 동아출판사, 1992.

우리가 흔히 말하는 흑백논리黑白論理도 흑黑은 악惡이요 백白은 선善으로 구분하는 것처럼 세상의 일들을 보자면 낮과 밤, 길吉과 흉凶, 성공과 실패 등 흑백으로 나누어진다. 그리고 태양숭배 신앙에서 해가 지배하는 낮에는 선이 득세하고 별이 지배하는 밤에는 악이 득세하여 병마와 악귀가 날뛰고 반역의 음모와 도둑과 간통이 이루어진다고 보았으며 陰은 낮고 추우며 陽은 높고 따뜻하다고 해석하였다.

옛 어른들이 하시는 말씀 중에 '속이 시꺼멓다.', '마음이 검어 그 속을 알 수가 없다.'라는 말이 있다. 이는 마음이 정직하지 않고 거짓이 그 안에 있어 음흉하고 흑심黑心은 겉으로 드러내지 않기에 부정하다는 마음을 뜻한다. 반면 중국에서는 흑색이 정직正直과 영예榮譽를 의미하기도 하는데 경극에 등장하는 검은 얼굴의 영웅들은 모두 존경의 의미로 사용되었고, 그들은 거칠지만 섬세한 면이 있어서 정직한 사람, 영예로운 인물의 표상이기도 하고, 공정 무사함을 표방하는 법관의 법복이 검은색인 것도 이에 연유된 듯하다.

불교적佛教的인 측면에서 흑색을 바라보면 우리나라의 승려는 흑색 물감이나 땡감으로 물들인 검은 베옷을 입는다. 이는 때가 잘 타지 않고, 활동하기에 편리하며, 비용이 적게 드는 등 검소한 복색이기 때문으로 고려 때 왕의 자문에 응하던 승려를 흑의재상黑衣宰相이라고 했다.

흑색이 옛날에는 부정적인 의미로 많이 사용되었지만, 오늘날에는 세련, 권위, 위엄의 이미지를 주는 까닭으로 사람들이 검은 고급 승용차를 선호하는 등 또 다른 이미지를 가지게 되었다.

【오행에 따른 상징적 의미】

오행 (五行)	방위 (方位)	사신 (四神)	색 (色)	계절 (季節)	오상 (五常)	오장 (五臟)	오관 (五官)	맛 (味)	음 (音)
木	동	청룡	청	봄	인	간장	눈	신맛	각
火	남	주작	적	여름	예	심장	혀	쓴맛	치
土	중앙	-	황	환절기	신	비장	몸	단맛	궁
金	서	백호	백	가을	의	폐장	코	매운맛	상
水	북	현무	흑	겨울	지	신장	귀	짠맛	우

출처 : 구미래(1992), 한국인의 상징세계, 교보문고, p74

 오五라는 숫자는 동양의 수 관념에서 기준이 되는 수이다. 오행사상은 이 5라는 수를 바탕으로 삼고 있는 것으로 자신이 서 있는 곳을 기준으로 중앙과 전후좌우라는 오방五方 관념이 연결되고 또 중앙과 동서남북과 같은 방위개념도 연결되었다. 더 나아가 춘春·하夏·추秋·동冬의 사계절이 연결되고 청·황·적·백·흑의 오색五色으로도 연결되었다. 그밖에 인간을 지켜주는 상상의 동물이라는 사신四神인 청룡靑龍·백호白虎·주작朱雀·현무玄武, 유교儒敎 사상의 오상五常인 인仁·의義·예禮·지智·신信, 오장五臟의 간장肝臟·심장心臟·비장脾臟·폐장肺臟·신장腎臟, 오미五味의 신맛·단맛·쓴맛·매운맛·짠맛, 오관五觀, 오음五音 등 여러 관념이 오행에 연결되었다.[157]

---

157) 우서혜, "한국적 색채에 관한 연구", 이화여자대학교 대학원 석사학위논문, 2001, p.31 참조.

【오방색의 상징적 의미】

오색	음양	오행	방위	상징적 의미
적(赤)	陽	火	南	적색의 우리말은 빨강으로 태양, 불, 피 들은 붉고, 밝고, 따뜻하여 생명의 근원, 고귀함, 행복, 기쁨을 의미하며 정열과 애정, 적극성을 뜻하며 가장 강력한 벽사(인간을 괴롭히는 천재지변, 병마, 액운, 맹수 등을 쫓는다는 뜻)의 색으로 쓰였다.
청(靑)	陽	木	東	청색의 우리말은 파랑으로 나무, 하늘, 탄생, 젊음, 영원, 평화, 낮은 지위 등을 의미한다. 악귀를 쫓는 의식에 빨강과 파랑을 사용하는 것은 동쪽과 남쪽의 색은 양색이므로 음기인 악귀를 쫓는데 유효한 색이라고 생각했기 때문이다. 또한 푸른 나무, 푸른 바다, 푸른 산, 푸른 하늘에서와 같이 청색과 녹색을 구분하지 않고 사용하였다.
황(黃)	中性	土	中央	황색의 우리말은 노랑으로 땅, 중앙, 황제, 권위를 의미한다. 황색이 의미하는 중앙이라는 뜻에는 평평하고 늘 젖어 있어서 만물이 잘 자라는 곳이라는 의미가 내포되어 있다. 고대 사회에서 중국을 동양문화의 중심으로 보았기 때문에 중국 황제를 상징하는 색으로 전용되었다.
흑(黑)	陰	水	北	흑색의 우리말은 검은색으로 전통적 의미는 신격물을 의미한다. 중국에서는 현색이라고 한다. 북방의 흑색은 민물의 생사를 관장하는 신으로 여겨지고 있으며, 흑색은 다른 색과 비교해서 검게 보이는 것과 마찬가지로 흑색의 가치나 이미지도 다른 것과 대립해서 상대적으로 정해진다.
백(白)	陰	金	西	백색은 태양을 의미하는데 이는 햇빛을 백색으로 인식한데서 비롯되어 신성, 길할 조짐을 뜻한다. 백색의 '백 白'자도 '일 日'자 위에 빛을 가리키는 한 획을 내리그어 이루어진 것이다. 태백산, 소백산의 '白山백산'도 신성하게 여기는 태양 빛,즉 하늘의 뜻을 받은 성산을 의미한다.

3) 오방색五方色과 오미五味

음양오행설에 뿌리를 박고 있는 오방색五方色과 오미(五味 ; 짠맛, 단맛, 신맛, 매운맛, 쓴맛의 다섯 가지 맛)를 일상적인 음식문화에 이용해 요리의 시각 기호와 미각 기호의 코드를 창출해낸 것은 한국만의 독특한 식문화라 할 수 있는데 그 예로 고명과 양념을 들 수 있다. 이를 정리하면 다음과 같다.

【기본양념과 고명[158]식품】

기본표	味	식품	오색(五色)	고명	식품
신맛	산(酸)	식초, 감귤류의 즙	청색(녹색)	녹(綠)	미나리, 호박, 오이, 실파
쓴맛	고(苦)	생강	붉은색	적(赤)	고추, 대추, 당근
단맛	감(甘)	설탕, 꿀, 조청, 엿	노란색	황(黃)	달걀 노른자
매운맛	신(辛)	고추, 겨자, 천초, 후추, 생강	흰색	백(白)	달걀 흰자
짠맛	함(鹹)	소금, 간장, 된장, 고추장	검정색	흑(黑)	석이, 목이, 표고버섯

궁중음식에서 맛과 미를 돋우기 위한 고명은 오방색으로 표시되는데, 이는 음식에 시각적으로 포인트를 주고, 미각을 돋우는 역할을 한다. 오방색은 고명과 기본양념에서 뿐만 아니라 전통 음식인 구절판, 신선로, 두부전골, 선미나리 강회, 화양적, 겨자채, 탕평채, 잡채, 무지개 떡 등의 많은 음식에서 나타나고 있다.

또한, 우리는 한국 음식의 독특한 특성을 볼 수 있는데 그것은 한국 음식의 맛이 종합적으로 만들어졌다는 것이다. 한국 요리전문가인 강연숙씨의

---

158) 음식의 모양과 마을 더하기 위해 음식 위에 뿌리거나 얹는 것을 통틀어 이르는 말. 달걀, 버섯, 고추, 대추, 당근, 파 따위를 쓴다. [다음백과]

말을 빌리면 일본요리가 단순·담백하고 산뜻한 맛이 그 특징이라면 한국 요리는 여러 맛이 서로 겹치고 한데 엉겨 조화를 이루는 맛이 특징이라고 하였다.

이를 두고 한국 음식의 맛은 한마디로 맛의 교향곡[159]이라고 했는데 예를 들어 김치에 대하여 '우리 음식의 대표라 할 수 있는 김치 역시 오색과 오미를 갖춘 맛의 우주론이 포함된 것이고 배추의 흰색, 파와 배춧잎의 푸른빛, 배추 속잎과 생강, 마늘 같은 부산물들은 누른빛을 띠고 고춧가루는 붉은빛, 젓갈류, 갓 등 양념 속은 검은빛이다. 그리고 맛에 있어서도 김치는 매운맛과 짠맛, 신맛 등이 나는 음식이고 김치는 독에 저장된다. 처음에는 사람의 손으로 김치를 만들지만 이를 완성시키는 것은 사람의 힘이 아니라 김치를 발효시키는 효모와 그 효모의 활동을 돕는 땅의 힘으로 사람은 단지 담그는 역할만을 수행할 뿐 그 나머지는 김칫독을 품은 땅의 지열과 바깥에서 부는 바람(기후)이 담당한다. 그리하여 겨우내 김치는 그 속에서 자연스레 맛이 들어가기 때문에 김치는 단순한 찬 음식이라고만 볼 수 없다. 우리의 전통 문화 속에는 이와 같이 자연과의 동화되고 자연의 맛이 숨어 있는 것이다.'라고 했다.

우리 민족의 색채 의식에 나타나는 것은 자연과의 동화, 자연의 순리에 순응하고자 하는 개념이 바탕에 깔려 있다고 할 수 있겠다.[160]

---

159) 이어령, 『한국음식 한국문화』, 월간디자인 3월호, 1998.
160) 김광혜, "궁중음식의 색채이미지 분석에 관한 연구", 한성대 석사학위논문, 2008.

4. 오행의 주기週期 운동성

1) 인생주기의 구분

『황제내경黃帝內經』「영추靈樞」〈천년千年〉에 인간에 대하여 다음과 같은 내용이 나온다.

10세가 되면 오장五臟이 안정되기 시작하고 혈기血氣가 통하며 그 기氣가 아래에 있으므로 뛰는 것을 좋아한다.

20세가 되면 혈기血氣가 왕성해지기 시작하고 근육이 자라나기 시작하므로 빨리 걷는 것을 좋아한다.

30세가 되면 오장五臟이 안정되고 근육이 견고하여 혈기血氣가 왕성하고 가득해서 걷기를 좋아한다.

40세가 되면 오장육부五臟六腑, 십이경맥十二經脈이 모두 매우 왕성하여서 일정해지나, 살결이 느슨해지기 시작하고 전성기를 지나게 되어 머리카락은 희끗희끗해지고 몸은 점점 쇠퇴해져서 움직이지 않게 되므로 앉아 있기를 좋아한다.

50세가 되면 간 기능이 쇠약해지기 시작하고 간엽肝葉이 엷어지며 담즙이 줄어들어 눈이 어두워진다.

60세가 되면 심장의 기능이 쇠약해지기 시작하고 쉽게 근심·걱정하고 슬퍼하며 혈기血氣가 줄어들므로 누워 있기를 좋아한다.

70세가 되면 비장의 기능이 쇠약해지고 피부가 거칠어진다.

80세가 되면 폐의 기능이 쇠약해지고 정신이 맑지 않아 말을 하는 데 실수가 많아진다.

90세가 되면 신장의 기능과 나머지 장부臟腑와 경맥經脈이 공허해진다.

100세가 되면 오장五臟이 모두 허해지고 정신이 모두 사라져서 앙상한 몸만 남아서 삶을 끝마치게 된다.[161]

위의 내용은 인간의 한계 수명이 100세라는 입장에서 10세 단위로 나뉘어서 신체와 행동의 변화 양상을 기술한 것으로 『황제내경黃帝內經』에서는 인간의 연령을 특정 단위로 구분하고 그에 대한 변화 양상을 기술한 것을 여러 곳에서 찾아볼 수 있다.

그러나 일생을 생겨나고[生], 자라나고[長], 왕성하고[壯], 늙어가고[老], 죽어가는[死] 다섯 과정으로 파악하고, 또 인간이 소우주로서 대우주의 변화원리인 음양오행陰陽五行의 법칙에 따라 오행의 변화 과정인 木·火·土·金·水의 다섯 과정으로 변화해 간다고 할 때, 반드시 둘 사이의 경계가 명확하게 구분되는 것은 아니며 반드시 이 다섯 과정이 100세에 걸쳐서 일어나는 것도 아니다. 그리고 그 무엇인가에 대해 무 자르듯이 구분을 짓는 것은 오히려 동양철학적 사고의 미덕이 아닐 수도 있다.

서양의 발달심리학에서도 공통적으로 사용하는 연령주기별 단계가 있지만 학자들 간에 많은 차이를 보이고 있고, 또한 발달의 내용을 시기별로 구성하는 것이 각 단계가 갖는 발달적 특징을 명시해 주는 장점은 있으나 그 단계가 세분화됨으로써 각 심리적 특성의 발달을 체계적으로 이해하는 것

---

161) 『靈樞·千年』: 人生十歲, 五臟始定, 血氣已通, 其氣在下, 故好走. 二十歲, 血氣始盛, 肌肉方長, 故好趨. 三十歲, 五臟大定, 肌肉堅固, 血氣盛滿, 故好步. 四十歲, 五臟六腑十二經脈, 皆大盛以平定, 腠理疏, 榮華稍落, 髮斑白, 平滅不搖, 故好坐. 五十歲, 肝氣始衰, 肝葉始薄, 膽汁始減, 目始不明. 六十歲, 心氣始衰, 喜憂悲, 血氣懈惰故好臥. 七十歲, 脾氣衰, 皮膚枯. 八十歲, 肺氣衰, 魄離, 故言善誤. 九十歲, 腎氣焦, 四臟經脈空虛. 百歲, 五臟皆虛, 神氣皆去, 形骸獨居而終矣.

을 어렵게 하는 단점도 있다. 그럼에도 불구하고 몇 가지 지표로서 발달 단계를 구분하여 단계별로 일어나는 현상을 기술하는 것이 유리하다고 생각된다.

프로이트Freud[162]가 구강기, 항문기, 남근기, 잠복기, 성기기로 성격의 발달 단계를 구분한 이래로 익숙하게 사용되어 온 아동기와 청년기에 국한된 발달 단계 이론을 배제하고 발달이 전 생애를 통해 일어난다는 평생발달심리학적 입장에서 발달 단계를 구분하고자 하였으며, 인생주기가 사계절의 순환과 같이 진행한다는 관점에서 오행五行과 사시四時를 배속하는 방법에 따른 두 가지로 구분한다. 동양 사상에서는 1년을 사계절로 구분하기도 하고 또한 오계절로 구분하기도 하는데 첫 번째는 土를 사계절의 끝에 각각 배속시키는 방법, 즉 네 개의 土를 두는 방법이고 두 번째는 여름과 가을 사이에 늦여름長夏을 두어 그에 土를 배속시키는 방법이다.

◎ **사계절로 구분하는 방법**

고대에 날짜와 방위를 계산하던 부호인 천간과 지지 중에 12지지를 보면 寅卯가 木이고 辰이 土이며, 巳午가 火이고 未가 土이며, 申酉가 金이고 戌이 土이며, 亥子가 水이고 丑이 土이다. 木・火・金・水의 끝에 있는 辰, 未, 戌, 丑을 모두 土에 배속하였음을 볼 수 있다. 따라서 오행을 1년 360일에 적용한다면 木・火・金・水가 72일씩 차지하고 각각의 끝 18일을 土가 주관하게 되는 것을 알 수 있다.

---

[162] 지그문트 프로이트(독일어: Sigmund Freud, 1856년 5월 6일 ~ 1939년 9월 23일)는 오스트리아의 정신과 의사 정신분석학파의 창시자이다.

【지지地支의 오행五行 분류】

寅	卯	辰	巳	午	未	申	酉	戌	亥	子	丑
木		土		火	土		金	土		水	土

오행 중 土만이 음양陰陽의 평형을 이룬 것이고 木·火가 陽에 치우치며 金·水는 陰에 치우친다. 하지만 木·火나 金·水는 평형을 잃은 것이 아니라 자신의 특징을 나타내면서 균형을 이루고 있다.

「소문素問」〈오상정대론五常政大論〉에서 지나치거나太過 모자라지不及 않는 평기平氣를 木은 부화敷和, 火는 승명升明, 土는 비화備化, 金은 심평審平, 水는 정순靜順이라고 하였는데, 여기에 대하여 부화敷和, 승명升明, 비화備化, 심평審平, 정순靜順이 모두 土의 개념을 지니고 있다고 하였다.[163] 따라서 木·火·金·水는 모두 土를 지니고 있어서 자신의 특징을 유지하면서도 평형을 이루고 있다.

송대宋代 진호陳澔는 土는 사계절에 모두 존재하므로 정해진 위치가 없고 정해진 기운이 없어서 辰戌丑未의 끝에 왕성한 기운을 기탁하므로 중앙 土의 한 절기를 이곳에 특별히 걸어서 오행의 차례를 이루게 한다고 하였다.[164] 이를 근거로 유추하면 辰, 戌, 丑, 未는 土이면서도 각각 木·火·金·水의 기운을 지니고 있으며, 바꾸어 말하면 木·火·金·水가 가장 안정되고 평형을 이룬 것이 각각 辰, 戌, 丑, 未이다.

---

163) 한동석, 『우주변화의 원리』, 행림출판, 1990.

164) 『禮記集說』: 土寄旺四時各十八日, 共七十二日. 除此, 則木火金水亦各七十二日矣. 土於四時無乎不在, 故無定位, 無專氣. 而寄旺於辰戌丑未之末…故特揭中央土一令於此, 以成五行之序焉.

이 개념은 레빈슨Levinson[165]의 인생은 사계절이 진행하는 것과 비슷하다는 그의 인생주기seasons of life 모형과도 비슷하다. 그는 전 생애를 성인 이전기, 성인 초기, 성인 중기, 성인 후기의 4개의 시대로 구분하고 각각을 봄, 여름, 가을, 겨울로 비유하였는데 각 시기의 인생구조는 초보인생구조, 전환기, 절정 인생구조의 세 단계 유형으로 구성된다고 하였다. 즉, 계절이 진행하는 과정은 기본 순서를 어기지는 않으나 그 계절을 채우고 있는 내용은 해마다 다르고 각 세대마다 다르며 같은 계절 안에서도 시작 달과 중간 달, 그리고 끝의 달이 다르다는 의미와 유사하다. 지나치거나[太過] 모자람[不及]이 존재하는 것이 자연의 이치이다.

예를 들면 봄이라는 계절 안에서도 3월은 만물이 싹을 틔우는 때이고 4월은 싹을 틔운 만물들이 점점 자라나는 때이며, 5월은 점점 자라난 만물들이 비로소 약동하는 시기이다. 그는 이러한 사실들을 관찰하고 그의 모형에 제시한 것으로 보인다.

◎ 오계절로 구분하는 방법

네 개의 계절과 나섯 개의 방위[四時五方]를 木·火·土·金·水와 배속시킨 것은 이미 춘추전국시대 이전부터 그 기록이 보이지만 전국시대 후기의 『월령月令』과 『여씨춘추呂氏春秋』 「십이기十二紀」, 『회남자淮南子』 「시칙훈時則訓」에 들어서면서 그 내용이 지극히 풍부해졌는데, 이 문헌들의 가장 주요한 공통점은 매 계절마다 모두 그것과 상응하는 공간 방위가 있고 또 오행五行 중의 한 행으로써 그 성덕盛德을 삼은 것이다. 오행이 성덕의 지위까지

---

[165] 대니얼 J. 레빈슨 : 미국 예일대학교 의학부 정신의학과 임상심리 교수로서, 코네티컷 정신건강센터의 심리학실장이자 사회심리와 임상심리 연구 분야의 책임자를 역임. 그 후 예일대 정신의학과 임상심리 명예교수를 지냈다. 『남자가 겪는 인생의 사계절』, 『권위주의적 성격(Authoritarian Personality)』, 『주도적 역할군(The Executive Role Constellation)』등 다수의 저서를 공동 집필.

끌어올려져 사시오방四時五方과 서로 배합된 것에는 사시오방의 운행과 만물의 상응하는 변화는 마땅히 오행을 그 지표로 삼아야 한다는 생각이 들어 있는데 오행이 사시오방을 핵심으로 하는 하나의 순환이며, 그치지 않는 구조로 표현된 것이다. 우주 만물은 이 구조 안에서 자신의 다양성과 끊임없이 생겨나는 운용변화를 전개한다.[166]

그런데 오행五行과 사시오방四時五方의 배합은 시작하자마자 곧 하나의 어려움에 부딪쳤는데 오행五行과 오방五方은 다섯인데 사시四時는 넷이다. 『관자管子』 「사시四時」에서는 일종의 해결방법을 제시하였는데 중앙의 土를 여름과 가을의 사이에 배치하였다. 그러나 구체적인 시일을 구분해서 그것과 배합시키지는 않았으며 중앙의 土는 한 가지 계절과 배합되지 않고 그 덕이 사시에 융화된다[167]고 하였다.

『회남자淮南子』 「시칙훈時則訓」은 다른 방법을 찾았는데, 계하季夏를 구분해 내어 중앙 土와 배합시켜서 계하의 절기에는 그 위치는 중앙이고 그 시기는 戊己이니 성덕은 土에 있게 된다[168]고 하였다. 이렇게 처리하면 중앙에는 土의 덕이 집중되어 계하의 절기와 배합되고 한 해의 가운데에 있어 적어도 형식상에서 가지런한 순서로 나타난다.

이후에 『황제내경黃帝內經』에서는 계하와 중앙 土를 배합한 것을 장하長夏와 중앙 土를 배합한 것으로 바꿨었는데 장하는 여름과 가을의 사이에 있으나 단지 未의 절기만을 가리키지 않고 기타 사시四時와 평등하게 병렬된 한 계절이니 이렇게 되면 오행체계가 더욱 규범에 맞게 된다.

이런 이유에서 인생주기도 4개가 아닌 5개로 구분하는 것이 보다 더 타

---

166) 유장림. 오행학설의 기원과 형성. 중앙대학교 유학연구소, 유학연구, 1995, pp.287-302 참조.
167) 『管子·四時』: 中央曰土其德和平用均, 中正無私, 實輔四時.
168) 『淮南子·時則訓』: 季夏之月其位中央, 其日戊己, 盛德在土.

당하고 안정적이라 생각하지만 한 단계가 정확하게 언제 다음 단계로 진행하는지 명확하게 구분하는 데에는 어려움이 있으며, 다만 여러 발달심리학자들의 의견을 빌어 木의 시기를 영·유아기를 포함한 아동기, 火의 시기를 청년기, 土의 시기를 장년기, 金의 시기를 중년기, 水의 시기를 노년기로 임의로 구분하여 다음 장에서 서술하고자 한다.

2) 각 인생주기에 따른 발달현상

인간의 삶은 오행五行의 상생相生 순서에 따라 木 → 火 → 土 → 金 → 水의 순서로 변화해 가며 각각의 오행은 그 단계를 대표하는 성질이 된다. 그래서 앞에서 설정한 각 인생주기에서 일어나는 신체적 변화와 행동의 변화, 그리고 사고의 변화를 기술하고 유추·해석하기 위해서는 오행五行학설과 더불어 그에 상응하는 계절론이 적용된 해석을 할 필요가 있다.

동중서는 음양의 유행流行으로 더위와 추위의 차이가 생긴 이 세상은 오행의 활동에 의해 춘하추동의 사시四時가 생긴다고 하였다. 즉, 木은 동쪽에 자리 잡으면서 봄을, 火는 남쪽에 자리하고 여름을, 金은 서쪽에 자리하면서 가을을, 水는 북쪽에 자리하고 겨울을 맡고 있으며 이 때문에 木은 삶을, 金은 죽음을, 火는 더위를, 水는 추위를 주관한다고 하였다.

『황제내경黃帝內經』에서는 사계절의 자연현상에 관하여 여러 편에서 다양하게 표현하고 있는데 「소문素問」〈사기조신대론四氣調神大論〉에서는 '봄을 드러내고 펼쳐놓는다고 하고, 여름을 무성해지고 꽃이 피어 번성한다고 하며, 가을은 허용하고 공평하게 한다고 하고, 겨울을 닫아버리고 간직한다'[169]라고 표현하였다. 또한 「소문素問」〈옥기진장론玉機眞藏論〉에서는 봄에는 만물이 시작하고 생겨나고 여름에는 만물이 성하고 자라나며 가을에는 만물이 거두어지고 가지런하게 되고 겨울에는 만물이 합치고 간직된다[170]고 하였다.

계절의 변화에 의해 인간의 행동도 변화하게 되는데 이에 잘 적응하는 것을 양생養生이라 한다. 잠자고 일어나는 시간을 예로 들면 1년 내내 항상 밤 10시에 자고 아침 6시에 일어나는 것이 규칙적인 생활이 아니라 계절에 따라 변하는 것이 오히려 규칙적인 생활이고 양생養生이라 할 수 있는데, 여름은 해가 일찍 뜨고 밤이 늦게 찾아오듯이 잠도 늦게 자고 일찍 일어나야 하며, 겨울은 해가 늦게 뜨고 밤이 일찍 찾아오듯이 역시 잠도 일찍 자고 늦게 일어나야 한다. 동양적 사고로는 자연의 변화에 상응하여 끊임없이 변화하는 것이 규칙적인 생활인 것이다. 그러므로 각 인생주기를 봄, 여름, 늦여름[長夏], 가을, 겨울에 배속한다면 시기에 따라 변화하는 사고와 행동도 유추·해석이 가능하다.

그에 대한 내용을 아동기, 청년기, 장년기, 중년기, 노년기의 순서로 살펴보고자 한다.

① 아동기

아동기는 출생에서 사춘기에 이르는 시기로 木으로 볼 수 있으며 계절로는 봄이다. 봄은 만물이 시작하고 생겨나는 계절이기 때문에 木으로 상징되며, 인생의 시초인 영·유아기와 아동기도 어린 새싹처럼 자라나는 시기이

---

169) 『素問·四氣調神大論』: 春三月, 此謂發陳, 天地俱生, 萬物以榮夏三月, 此謂蕃秀, 天地氣交, 萬物華實秋三月, 此謂容平, 天氣以急, 地氣以明冬三月, 此謂閉藏, 水氷地坼, 無憂乎陽.

170) 『素問·玉機眞藏論』: 春萬物之所以始生也. 夏萬物之所以盛長也. 秋萬物之所以收成也. 冬萬物之所以合藏也.

기 때문에 木으로 상징될 수 있다.

앞에서 서술하였듯이 木의 성질은 곡직曲直인데 그것은 유연성과 가변성可變性을 뜻하며 처음에 싹이 돋았을 때에는 장차 이 나무가 자라서 어떤 모습이 될지 알 수 없으나 키우는 사람의 정성이나 햇빛의 양, 거름의 양 등에 의해 어떤 나무는 곧게 자라나고 어떤 나무는 구불구불하게 자라나는 것이다. 인간도 마찬가지로 아동기는 의존적이고 취약성이 높아서 주변 환경에 민감하게 영향을 받고 있으며, 이 시기에 받는 물질적, 정신적 자극과 취득한 경험에 의해 점점 자신의 형상을 갖추게 된다. 그러므로 이 시기는 모든 것이 아직 정해지지 않은, 무한한 가능성을 지니고 있는 시기이다.

봄, 곧 木의 작용이 생이라고 한 것은 봄은 만물이 모두 태어나고 피어나는 시기이기 때문이다. 「소문素問」〈사기조신대론四氣調神大論〉에서는 생을 기르는 방법에 대하여 이렇게 말하고 있다.

봄은 드러내고 펼쳐놓는[發陳] 계절이니 천지가 생동하고 만물이 피어난다. 늦게 잠자리에 들고 일찍 일어나서 정원을 산보하고 옷과 머리카락을 느슨히 하며 마음이 생동하도록 하여야 한다. 만물을 살리되 죽이지 말며 주되 빼앗지 말며 상을 주되 벌하지 않는 것이 봄의 기운에 응함이요, 양생의 도가 된다.[171]

즉, 동양 사상에서는 아동기에는 마음을 유쾌하게 가져서 주변 자극에 인색하게 반응하지 않아야 하며 사물을 판단하기보다는 있는 그대로를 경험하고 받아들이는 것이 더 중요하다는 가르침을 주고 있는 것이고, 또한 나아가 교육적인 면에서도 처벌보다는 보상을 중시함을 알 수 있는데, 에릭

---

[171] 『素問・四氣調神大論』: 春三月, 此爲發陳, 天地俱生, 萬物以榮, 夜臥早起, 廣步於庭, 被髮緩形, 以使志生, 生而勿殺, 予而勿奪, 賞而勿罰, 此春氣之應, 養生之道也.

슨Erikson[172]의 관찰대로 3세에서 6세 사이의 아동들은 다른 어떤 시기보다도 더 빠르고 더 열심히 배우며 그들의 야망을 사회적으로 유용한 것을 추구하는 쪽으로 연결지으려 하는 것이다.[173]

② 청년기

청년기는 사춘기에서 20대를 포함하는 시기로 火로 볼 수 있으며 계절로는 여름이다. 여름은 만물이 아름다워지고 무성해지며 꽃을 피우는 계절이기 때문에 火로 상징되며, 인생에서 가장 신체적으로 아름다우며 생식 능력이 생겨서 자손을 둘 수 있는 시기인 사춘기에서 20대에 이르는 시기도 火로 상징될 수 있다.

火의 성질은 염상炎上인데 염상은 격렬함을 뜻한다. 따라서 이 시기의 변화의 특징은 무엇이든지 급속도로 이루어지는 데 있다. 인간은 사춘기가 되면서 신체적으로 급속한 성장이 일어나며 심리적으로도 질풍노도storm and stress[174]의 시기를 맞게 된다. 급격한 성적인 성숙으로 인한 무한한 충동력과 정신적 에너지를 갖게 되며 성급하고 과격하며 격정적인 활동성을 초래하게 된다.

또한 火의 본질은 밝음으로 명철한 정신을 상징한다. 따라서 이 시기에는 신체가 변화와 더불어 열정이 내부로부터 용솟음치고 기분의 변화와 빈번한 분노 표출, 그리고 끊임없는 마음의 동요 등으로 인해 제멋대로 행동하게

---

172) Erikson, 독일 프랑크푸르트암마인 출생. 1960~1970년 하버드대학교 교수. 빈대학교에서 안나 S.프로이트 등으로부터 정신분석학을 배웠으며, 31세에 미국으로 이주. 주요저서로는 발달의 사회성을 주장하는 『유아기(幼兒期)와 사회』(1950) 『정체성과 생활주기』(1959), 개인생활사와 역사의 만남을 예증하는 『청년 루터』(1958) 『간디의 진리』(1969) 등이 있다.

173) Crain, W. C.(1980), 서봉연 역, 『발달의 이론』, 서울: 중앙적성출판사, 2000.

174) G.S.Hall 이 처음으로 사용한 용어. 그은 청소년기의 특징으로 거칠고 사나우며, 기분의 변화가 많다고 보았으며, 이러한 경향을 나타내는 용어로 'storm and stress'란 표현을 사용하기 시작한 것으로 알려지고 있다.

되는 반면, 인지적으로도 많은 발달을 이루어 추상적 개념들을 다룰 수 있고 과학과 도덕에서의 이론적인 문제들에 대해서도 흥미를 갖게 된다.[175]

피아제Piaget[176]는 이러한 정신적 성숙을 형식적 조작능력으로 인한 것이라고 하였는데, 구체적 조작기 동안에 아동의 사고는 바로 여기 바로 지금에 제한되어 있다가 형식적 조작의 발달로 인해 사고가 먼 미래와 가설적인 영역으로까지 비약하게 됨으로써 청년들은 이제 자신이 누구이며 무엇이 될 것인가에 대한 무한한 가능성을 누리게 된다고 설명하고 있다.[177]

木에서 火로 변화하는 것은 소양少陽에서 태양太陽이 되는 것, 어리고 연약하게 솟아오르던 기운이 갑자기 활활 타오르는 불길같이 거세지는 것이고, 또한 모든 것이 무성하게 자라나는 시기로 신체적으로 정신적으로 커다란 양적인 발전을 이루는 시기라 할 수 있다. 그러나 아직은 土의 성숙이 더 해지지 않아 미숙하고 취약하다.

여름, 곧 火의 작용이 장長이라고 한 것은 여름은 만물이 번성하고 아름다워지는 시기로 천지의 기운이 교류하여 꽃을 피우고 열매를 맺는 시기이기 때문이다. 「소문素問」〈사기조신대론四氣調神大論〉에서는 장을 기르는 방법에 대하여 이렇게 말하고 있다.

> 여름은 무성해지고 번성해지는[蕃秀] 계절이니 천지의 기氣가 교류하고 만물이 꽃이 피고 열매를 맺는 계절이다. 늦게 잠자리에 들고 일찍 일어나서 해를 대하며 마음에 성냄이 없도록 하여야 한다. 만물이 꽃을 피우고 번성하게

---

175) Crain, W. C.(1980). 서봉연 역. 『발달의 이론』, 서울: 중앙적성출판사, 2000.
176) 1896년 8월 9일 스위스의 뇌샤텔에서 출생. 1923년부터 1932년까지 심리학에 관한 첫 책 [아동의 언어와 사고]와 [아동의 판단과 추리]를 비롯한 5권의 책과 논문을 출판.
177) Crain, W. C.(1980). 서봉연 역. 『발달의 이론』, 서울: 중앙적성출판사, 2000.

하며 기氣를 소모하되 마치 좋아하는 물건이 밖에 있어서 저절로 따라 나가는 것과 같이 할지니 이것이 여름의 기운에 응함이요, 양장의 도가 된다.[178]

이와 같이 동양 사상에서는 이 시기에 마음을 즐겁게 가지고 에너지를 바깥으로 쏟을 것을 당부하고 있다. 즉 정신적인 성숙보다는 오히려 신체를 기르고 여러 가지 시행착오를 통해 외부 세계에 대하여 열린 마음을 가지기를 기대하는 것이다. 이것은 융Jung[179]이 그의 발달이론에서 생의 전반기 동안 외부 세계를 정복하는 데 자신을 바칠 필요가 있으며 젊은 사람들이 자기 회의나 환상, 내적 본질 등에 지나치게 사로잡혀 있는 것은 별로 유익하지 못하다고 한 것과 궤를 같이 하고 있다. 그리하여 그는 심지어 내향적인 사람보다는 외향적인 사람이 이 시기를 보다 순조롭게 보낸다고 하였다.[180]

③ 장년기

장년기는 30세에서 45세에 이르는 시기로 土로 볼 수 있으며 계절로는 늦여름[長夏]이다. 앞에서 기술하였듯이 土의 덕은 사시에 모두 융화된다고도 보지만 오행과 사시오방四時五方을 배합함에 있어서 수가 맞지 않았기 때문에 여름과 가을 사이에 늦여름이라는 계절을 임의로 구분해 내어 土에 배합하였다. 늦여름은 오계절의 가운데 위치하므로 인생의 가운데 시기인 30세에서 45세에 이르는 시기를 여기에 배속시킨다.

봄과 여름 동안 생장과 분열을 하던 만물은 늦여름의 무더위에 여태까지

---

178) 『素問·四氣調神大論』: 夏三月, 此謂蕃秀, 天地氣交, 萬物華實, 夜臥早起, 無厭於日, 使志無怒, 使華英成秀, 使氣得泄, 若所愛在外, 此夏氣之應, 養長之道也.
179) 칼 구스타프 융(Carl Gustav Jung 1875~1961)은 스위스의 정신과 의사이자 분석심리학(分析心理學)의 창시자이다.
180) Crain, W. C.(1980), 서봉연 역, 『발달의 이론』, 서울: 중앙적성출판사, 2000.

의 생장과 분열을 멈추고 성숙하기 시작하는데 봄·여름의 성장이 陽적인 길이의 성장이었다면 늦여름의 성장은 중성적인 너비의 성장인 것이다. 따라서 이 시기는 모든 시기 중 가장 신체적으로, 정신적으로 성숙하고 조화된 시기이므로 자손을 두기에 적합하다. 하지만 생장과 분열을 하던 단계에서 내실을 다지는 시기로 접어들었으므로 외적으로는 풍부한 역량을 지니고 있으나 내적으로는 심한 모순 속에 빠져 있게 되기도 하며, 이렇게 木과 火, 土의 변화단계를 거치면서 성숙해진 인간은 다음 단계에 접어들면 사회의 연장자가 되어 있다.

흙은 만물을 길러내는 삶의 터전으로 모든 존재하는 것들의 보금자리요, 삶의 터전으로 인간은 흙에서 나서 흙으로 돌아간다. 그러므로 흙으로 상징되는 이 시기는 종족의 생존을 위해 의무를 다하고 자신이 속한 종족의 복리를 증진시키기 위해 땀을 흘린다.

土의 성질은 가색稼穡인데 가색은 심고 거두어들이는 것을 의미한다. 따라서 인간도 이 시기에 이르면 비로소 누군가로부터 보살핌을 받는 입장에서 벗어나 누군가에게 보살핌을 주는 입장이 되므로 자녀를 낳아서 기르고 부모를 공양할 수 있다. 이것을 에릭슨Erikson의 생산성generativity에서 그 의미를 빌려오면 좋을 듯한데, 에릭슨은 생산성에 대하여 자녀를 낳고 기르는 것뿐만 아니라 작업을 통하여 물건을 만들고 이상을 세우는 것도 의미한다고 하였고 또한 이 시기에 자식을 갖지 않고도 생산성을 성취할 수 있다고 하였다. 즉, 자신의 자녀를 기르는 권리를 포기하는 대신 다른 사람들의 자녀들을 위해 일하거나 그들에게 보다 나은 세계를 만들어 주는 데 기여함으로써 다음 세대를 돌보고 인도할 수 있다고 하였다.[181]

---

181) Crain, W. C.(1980). 서봉연 역. 『발달의 이론』, 서울: 중앙적성출판사, 2000.

④ 중년기

중년기는 45세에서 60세에 이르는 시기로 金으로 볼 수 있으며 계절로는 가을이다. 가을은 봄에 씨를 뿌려 여름에 성장한 열매를 거두어들이는 계절이기 때문에 金으로 상징되며, 지난 인생에서의 노력을 평가받는 중년기도 金으로 상징될 수 있다.

金의 성질은 종혁從革인데 종혁이란 가죽을 다듬어 물건을 만들어 내는 것처럼 순순히 규범에 의해서 고쳐져서 쓰임새 있는 그릇이 됨을 의미한다. 공자가 『논어論語』에서 말한 남의 말을 순순히 듣는 이순耳順의 경지인 것이다. 따라서 이 시기는 젊은 날의 자만심과 보잘 것 없는 도덕주의에서 한결 자유스러워질 수 있게 된다.[182]

가을은 수확의 계절이다. 지난 인생에서 자신이 뿌린 씨가 열매를 맺기를 노력했던 것과 같이 성과에 따라 대가를 받고 대가를 치르기도 한다. 즉, 지금 거두어들이는 열매가 훌륭한 것이냐 그렇지 못한 것이냐에 따라 지난 노력에 대한 평가를 받는 것이다. 열매는 자식을 상징하기도 하는데, 청소년이나 젊은 성인이 된, 자신의 성과물인 자녀들을 새로이 돌아보고 그들과 새로운 유대관계를 맺는 시기이기도 하다.[183]

기억해야 할 것은 金은 陽의 성질을 지닌 木과 火, 그리고 중성인 土의 변화단계를 지나 바야흐로 陰이 되는 시기이므로 신체적으로나 정신적으로 원숙해지기도 하지만, 한편으로는 급격한 변화를 겪을 수밖에 없다. 그러므로 레빈슨Levinson의 관찰대로 삶의 특성이 앞의 단계에 비하여 현저한 차이가 나는 시기이며 융Jung이 말한 중년의 위기가 찾아오는 시기다.

---

182) Levinson, D. J.(1978). 김애순 역. 『남자가 겪는 인생의 사계절』. 서울:이화여자대학교 출판부, 1998.
183) Levinson, D. J.(1978). 김애순 역. 『남자가 겪는 인생의 사계절』. 서울:이화여자대학교 출판부, 1998.

융Jung이 관찰한 바에 의하면 남녀 모두 자신의 상반되는 성적 측면에 대해 표현하기 시작하여 남자들은 여성적인 측면을, 여자들은 남성적인 측면을 나타내고, 외부 세계를 정복하는 데 쏟았던 에너지를 돌려서 내적 자기에 초점을 맞추도록 자극받으며, 지금까지 실현되지 않은 채 방치되어 있던 잠재력에 대해 배우기 위해 귀를 기울이려는 내적 충동을 느끼는 것이다.[184]

金의 작용이 수收라고 한 것은 가을은 만물을 거두어들이고 고르게 하는 시기이기 때문인데 「소문素問」〈사기조신대론四氣調神大論〉에서는 수收를 키우는 방법에 대하여 이렇게 말하고 있다.

가을은 허용하고 평등하게 하는容平 계절이니 천기天氣가 급하고 지기地氣가 밝다. 일찍 잠자리에 들고 일찍 일어나되 닭이 울 무렵에 같이 일어나서 마음을 안정시켜야 한다. 가을의 형벌, 즉 심판을 완화시킴으로써 신기神氣를 수렴하여 가을의 기운으로 하여금 평화롭게 하여야 하며, 마음을 외부에 두지 않음으로써 폐의 기운을 맑게 하는 것이 가을의 기운에 응함이요, 양수의 도가 된다.[185]

즉, 동양 사상에서는 가을은 여태까지의 성과가 만천하에 드러나는 계절로서 가을로 상징되는 중년기는 누구나 공평하게 심판을 받는 시기이므로 그러한 추상같은 심판 앞에서 외부 성과에만 급급하지 말고 내부의 목소리에 귀를 기울이라는 가르침을 주고 있다.

이와 같이 金의 기운은 그 성질이 엄숙하고 살벌한 특징을 가지므로 숙살지기肅殺之氣라고 하는데 이 때문에 자신뿐만 아니라 타인을 판단하고 책임지기도 하며 보다 냉정한 결단을 내릴 수 있다. 또한 시간전망time-

---

184) Crain, W. C.(1980). 서봉연 역. 『발달의 이론』. 서울: 중앙적성출판사, 2000.

185) 素問·四氣調神大論」: 秋三月, 此謂容平, 天氣以急, 地氣以明, 早臥早起, 與雞俱興, 使志安寧, 以緩秋刑, 收斂神氣, 使秋氣平, 無外其志, 使肺氣淸, 此秋氣之應, 養收之道也.

perspective이 달라지게 되어 남은 시간이 한정되어 있다고 느끼고 죽음의 필연성mortality을 생각한다.

⑤ 노년기

노년기는 60세 이상의 시기로 水로 볼 수 있으며 계절로는 겨울이며 계절의 마지막으로 만물이 활동을 멈추고 봄에 싹을 틔울 수 있는 씨앗을 갈무리하는 시기이기 때문에 水로 상징되며, 인생의 마지막인 노년기도 여태까지의 인생을 돌아보고 정리하며 다음 세대에 자신의 존재와 업적을 전수해 주는 시기이므로 水로 상징될 수 있다.

水의 성질은 윤하潤下인데 이는 물이 위에서 아래로 흐르는 것과 같은 자연스러움과 법도[186]를 뜻한다. 공자가 말한 일흔 살에 마음 내키는 대로 쫓아도 법도를 넘어서지 않은 경지[187]이자 에릭슨Erikson이 말한 지나간 삶을 되돌아보고 정리하여 비록 살아온 과정들이 힘들고 후회스러운 부분도 많지만 전체적으로 자신의 삶이 가치롭다고 긍정적으로 수용하고 만족할 수 있을 때 획득되는 통합감integrity이다.

한편 水는 있는 그대로를 들여다보게 해 주면서도 그 깊이를 가늠할 수 없는 지혜의 상징이기도 한데, 노년기에 자신의 생애를 돌아보며 그 의미와 가치에 대한 내재적 갈등을 극복할 때 얻는 그런 지혜이다.

겨울, 곧 水의 작용이 장藏이라고 한 것은 겨울은 만물이 활동을 마치고 갈무리하는 시기이기 때문이다. 「소문素問」〈사기조신대론四氣調神大論〉에서는 장藏을 기르는 방법에 대하여 이렇게 말하고 있다.

겨울은 닫고 갈무리하는[閉藏] 계절이니 물이 얼고 땅이 터진다. 陽을 동

---

186) 法은 水+去로서 물이 흐르는 모양을 형상화한 것이다.
187) 『論語 · 爲政篇』: 七十而從心所欲不踰矩.

경하지 말고 일찍 잠자리에 들고 늦게 일어나되 반드시 해가 뜬 뒤에 일어나고, 마음으로 하여금 엎드린 듯, 숨은 듯하여야 하고 비밀이 있는 듯, 이미 얻은 바가 있는 듯하여야 한다. 추운 것을 피하고 따뜻한 것을 취해서 피부를 누설하지 않음으로써 기氣가 탈진되지 않도록 하여야 할 것이니 이것이 겨울의 기운에 응함이요, 양장의 도가 된다.[188]

즉, 동양 사상에서는 노년기에는 신체적인 노동을 줄이고 마음을 외부에 두지 말고 내부에 둠으로써 자신의 내적 자원을 활용하는 데 관심을 가지고 지나간 인생을 돌아보고 정리하여야 하며 젊은이처럼 왕성하게 활동하는 것은 좋지 않다는 가르침을 주고 있다.

한편, 이 시기의 중요한 것은 다음 세대를 위해 씨앗을 간직하고 준비해 두는 창조적인 시기로 삶은 어떠한 형태로든 순환한다는 사실이다. 앞에서 서술하였듯이 「소문素問」〈오상정대론五常政大論〉에서 지나치거나[太過] 모자라지[不及] 않는 평기平氣를 水에 대해서는 정순靜順이라고 하였는데, 정순靜順은 겨울의 현상을 표현한 것으로서 정靜은 고요하다는 의미이지만, 전혀 움직임이 없는 완전히 죽어버린 것을 의미하는 것이 아니다.

정靜은 청靑과 쟁爭이 결합된 글자로서 청靑은 木을 상징하는 색이고 쟁爭은 다툰다는 의미이니 씨앗이 새싹을 틔우려고 하지만 아직은 기온이 낮은 겨울이어서 그 기운은 있어도 싹이 트지 않는다는 의미이다.[189]

융Jung도 비슷한 견해를 피력하였는데 그는 사후의 생도 그 자체의 연속이며 사자死者도 노인과 마찬가지로 존재에 대한 물음과 계속 씨름하며 생을 완전하게 만들고 또 거기에 의미를 부여하는 것이 무엇인지 궁금해 한다

---

188) 素問·四氣調神大論,: 冬三月, 此謂閉藏, 水地坼, 無擾乎陽, 早臥晚起, 必待日光, 使志若伏若匿, 若有私意, 若已有得, 去寒就溫, 無泄皮膚使氣奪, 此冬氣之應, 養藏之道也.
189) 김인락, "동양의학의 생사론 연구", 경희대학교 대학원 박사학위 논문, 1989.

고 하였다. 그의 이와 같은 관점은 무의식을 유한한 생 이상으로 연장한 것이며 그가 많은 면에서 동양적 사고에 근접하고 있음을 짐작할 수 있다.

여기에서 동양의 시간론을 살펴볼 필요가 있는데, 서양의 시간론은 성경에서 살펴볼 수 있듯이 창세기에서 시작되어 묵시록으로 끝나게 된다. 다시 말하면 시간은 신이 세상을 창조하고서야 생겨나게 되었고 최후의 심판을 향하여 일직선으로 흐르게 된다. 반면 동양의 시간론은 사계절이 분명한 온대에서 농민으로 정착한 뒤에 형성된 것이니 봄, 여름, 가을, 겨울이라는 기본 틀이 변화없이 반복되어 시작도 없고 끝도 없다.

이를 「소문素問」〈육절장상론六節臟象論〉에서는 고리와 같아서 끝이 없다[여환무단:如環無端]라고 표현하였다. 이로써 동양의 인생관은 철저히 순환론적임을 알 수 있다. 이는 영어의 cycle 과 development라는 말이 동일한 어원인 kwel에서 왔으며 오늘날 circle, evolve, completion, wheel, inhabit , culture, cultivate의 어원인 것과 일맥상통함을 주목할 필요가 있다.

곧 인생주기나 발달이라는 단어에는 순환이라는 뜻이 포함되어 있다.

제2부

음양오행설의 전개

1장 음양의 기원설 및 오행 탄생의 배경
2장 하도·낙서의 음양오행설
3장 추연의 음양오행설
4장 동중서, 『춘추번로』의 음양오행설
5장 유안, 『회남자』의 음양오행설

제1장

음양의 기원설 및 오행 탄생의 배경

1. 음양陰陽의 기원설

1) 주역기원설周易起源說

음양 관념이 『주역周易』에서 기원한다고 하는 견해이다. 그 가운데 가장 유명한 주장은 『장자莊子』「천하天下」의 "『역易』은 음양陰陽을 말한 것이다."[190]라는 것으로, 현대의 학자들 중에도 이 견해를 지지하는 사람이 많다. 그들은 '一', '--'의 효상爻象에 이미 음양 관념이 포함되어 있다고 지적한다. '一'은 하늘을, '--'은 땅을 상징하고, 하늘과 땅은 각각 陽과 陰의 성질을 대표하므로 '一'과 '--'은 각각 陽과 陰을 뜻한다. 그렇지만 『주역』에는 본래 음양 관념이 없었다고 사료된다. "『역易』은 음양陰陽을 말한 것이다"라는 말은 전국시대戰國時代의 사상이며, 천지天地가 음양陰陽의 체계에 포함된 것은 전국시대 이후의 일이라고 하는 주장도 있다.[191]

---

190) "역위음양(易謂陰陽)", 『莊子』「天下」.
191) 尹太鉉, 『周易과 五行硏究』, 식물추장, 2002, p.518 참조.

2) 성기기원설性器起源說

음양 관념이 생식기生殖器 숭배에서 기원한다고 추측하는 견해이다. 음양 관념은 여성생식기 숭배 혹은 '모계母系' 관념에서 나온 것이고 그것은 노자老子의 사상과도 부합한다. 『주역周易』「계사전繫辭傳」의 "무릇 건乾은 고요할 때에는 오므라들고 움직일 때에는 곧바르다"[192]라는 말이 남성생식기의 특성을 보여주고, "무릇 '곤坤'은 고요할 때에는 닫히고 움직일 때에는 열린다"[193]라는 말은 여성생식기의 특성을 보여준다. 따라서 '乾'은 남성생식기를 가리키고 '坤'은 여성생식기를 가리킨다. 남녀 자체가 음양陰陽의 표상이므로 한편으로는 일리가 있어 보인다.

3) 자연취상설自然取象說

음양陰陽의 관념이 자연현상에 대한 관찰에서 기원한다고 추측한다. 가령 산의 남쪽과 강의 북쪽은 陽이고, 산의 북쪽과 강의 남쪽은 陰이다. 해가 떴을 때에는 陽이고, 해가 졌을 때에는 陰이며, 추위와 더위, 밤과 낮은 각각 음양陰陽에 분속된다. 이러한 현상을 통해서 음양 관념이 귀납歸納, 추상抽象된 것이다.[194] 이상의 세 가지 음양기원에 대한 학설은 모두 광범위하게 유행하였다. 그러나 이것들은 모두 전통적인 학설을 발전시킨 것이다.

---

192) "凡乾至靜而翕至動而直", 『周易』「繫辭傳」上

193) "夫坤至靜而閉至動而闢", 『周易』「繫辭傳」上

194) 徐復觀, 유일환 역, 『中國人性論史』, 을유문화사, 1995, p.100 참조.

또한 현대 학자들의 새로운 견해가 있으며 아래 4), 5)와 같다.

4) 시월태양력十月太陽曆 기원설起源說[195]

이 학설의 근거는 이족彝族의 시월태양력에서 대소大小 두 개의 신년新年을 추출 때부터 더워질 때까지 그리고 더울 때부터 추워질 때까지 두 개의 계절로 구분하고 있다는 것이다. 그러나 이 학설은 실제로 '이족의 천문학'의 관점에서 자연취상설自然取象說을 부연한 것이다.

5) 매복기원설枚卜起源說[196]

이 학설에는 매복枚卜[197]의 점법占法에서 '하나는 아래로 향하고 하나는 위로 향하는 것'을 '성교聖珓'라고 하며, 이것을 '부음포양負陰抱陽'이라 하니, 곧 '음양陰陽'의 관념이 내포되어 있다. 따라서 음양 관념은 '매복枚卜'에서 기원하였다는 것이다. 확실히 매복에서 두 개의 배교杯珓를 하나는 아래로 향하고 하나는 위로 향하는 것, 그리고 그것을 '성교'라고 하는 것은 음양 관념의 표현이긴 하다.

그러나 표면적으로 占卜행위는 일종의 조작이며 행위이고 평가이다. 왜

---

195) 謝松齡, 『天人象:陰陽五行學說史導論』, 山東文藝出版社, 1989, p.28 참조.
196) 謝松齡, 『天人象:陰陽五行學說史導論』, 山東文藝出版社, 1989, p.28 참조.
197) 枚卜이란 일일이 점 치는 것 혹은 특정한 일을 대상으로 하지 않고 광범위하게 점 치는 것을 말한다. 枚卜에서는 조개껍질이나 대나무를 둘로 쪼개서 점을 치는데, 그 점구를 杯珓라고 한다. 여기에서 '하나는 아래로 향하고 하나는 위로 향하는 것'이란 하나의 배교는 엎어 놓고, 다른 하나는 뒤집어 놓는 것을 의미한다.

'하나는 아래로 향하고 하나는 위로 향하는 것'만을 성교라고 하고 모두 아래로 향하게 하는 것 혹은 모두 위로 향하는 하는 것을 성교라고 하지 않겠는가. 그것은 바로 하나는 아래로 향하고 하나는 위로 향하는 것이 한 번 陰하고, 한 번 陽하는 것과 마찬가지로 신비한 '道'의 표현이기 때문이다. 매복은 음양 관념의 표현이지 음양 관념의 근원은 아니다.[198] 매복기원설은 단순한 매복의 방법과 관념의 표현에 불과하여 기원설로는 다소 근거가 미약하다.

2. 오행五行 탄생의 배경

오행五行의 기원에 대하여 살펴보면 그 관념은 자연신에 대한 숭배에서 시작된 것으로 추정하고 있다. 『예기禮記』에 "천하를 소유한 자는 백신百神에게 제사를 지낸다."[199]고 나오는데 이 백신은 일월성신日月星辰과 자연의 모든 신을 밀하고 土·木·火·水·金 등 오행의 개념이며 인간의 삶과 직접 관계가 있다. 土는 농경사회에서 농작물을 기르는 어머니와 같고, 木은 생산물의 총칭이며, 火는 성장에 필요한 온기溫氣를 주고, 水는 만물을 윤택하게 하지만 반면에 홍수가 나면 모든 것을 다 쓸어버리기도 하므로 두려움의 대상이기도 하였다. 金은 전쟁과 제사의 신성함이 깃들어 있어서 숭배의 대상이 되었다.

---

198) 徐復觀, 유일환 역, 『中國人性論史』, 을유문화사, 1995, p.477 참조.
199) 『禮記』, 「祭法」: "有天下者祭百神".

『예기』에 "은殷나라 사람들은 신을 존중하여 백성과 함께 신을 섬겼다."[200]라는 구절이 있다. 이는 은나라 사람들은 목축업을 하는 이주민이라서 사신私神과 사방신四方神에게, 이주의 방향을 묻곤 했다. 그 결과 사방四方의 방향과 金·木·水·火·土가 함께 조합이 되어 오행이란 개념이 정립된 것으로 보인다. 천간天干은 기氣이고, 지지地支는 질質이고, 천간에도 음양이 있고, 지지에도 음양이 있다. 음양을 세분하여 들어가 보면 각각 음양이 또 존재한다.

심효첨의 『자평진전子平眞詮』에서 말하길 "오행 속에도 음양이 있는데, 木·火는 陽이고, 土·金·水는 陰이다. 木의 기氣는 甲이고 木의 질質은 乙인 것으로 陽은 기氣이고 陰은 질質이며, 陽은 순행順行하고, 陰은 역행逆行하고, 陽은 존귀하고 陰은 지위가 낮으며, 陽이 사死할 때 陰이 생生하고 陰이 사할 때 陽이 생하는 것이다."라고 하였다.

이러한 오행五行이 있는데 어떻게 또한 십간과 십이지가 있는가? 대개 陰·陽이 있고 오행五行이 생기기 때문에 오행五行 가운데 각각 음양陰陽이 있다. 즉, 木으로 논하자면 甲·乙은 木의 陰·陽이다. 甲이란 乙의 생기이며, 乙이란 甲의 형질이다. 하늘에 생기가 되어 만물에 유행하는 것이 甲이며, 땅에서 만물이 되어 생기를 계승하여 무성해지는 것이 乙이다. 또한 그것을 세분하면, 생기가 흩어져 펼쳐지는 것은 甲 중의 甲이며, 생기가 응집되는 것은 甲 중의 乙이다. 만물에 가지와 잎이 있게 된 것은 乙 중의 甲이고, 모든 초목의 가지와 잎은 乙 중의 乙이다. 甲이 되면 乙의 생기가 이미 갖추어지고, 乙이 되면 甲의 형질이므로 곧 견고한 것이니, 이러

---

200) 『禮記』「標記」: "殷人尊神,率民以事神.

한 甲乙이 있어서 木의 陰·陽이 갖추어지는 것이다.[201]

소길蕭吉의 『오행대의五行大義』에서는 하늘의 수 6은 육기六氣를 말하고 땅의 수 5는 오행을 말한 것이다. 육기는 하늘에서 발생한 기氣의 개념이고, 음陰·양陽·풍風·우雨·회晦·명明을 말하며 오행은 땅에서 발생한 물질의 개념이다. 소공 31년에 오행을 간지에 배속하는 관념이 나타나고 상극관계에 대한 것도 나타난다. 오행이란 金·木·水·火·土를 말하는 것이고 행行은 하늘에 운행하는 기를 뜻하는 것이다 라고 하였다.

하늘은 6의 수數를 땅은 5의 수數를 쓰는 것이 수의 법칙이다. 오행이란 어떤 것인가? 金·木·水·火·土를 말하는 것이다. 행을 말하면, 하늘에 운행하는 기를 뜻하는 것이다. 땅이 하늘을 계승하니, 비유하면 아내가 지아비를 섬기는 것과 같고, 신하가 임금을 섬기는 것과 같다. 땅이 그 지위가 낮으니, 낮다는 것은 섬김을 보이는 것과 가깝다. 그러므로 스스로 하늘에서 오는 존귀함과 한가지로 운행하므로 저절로 같아진다.[202]

동중서董仲舒의 『춘추번로春秋繁露』「오행지의五行之義」에서는 하늘은 기氣이고 땅은 질質이며 오행五行의 행行이란 하늘 운행의 법칙으로 하늘에는 오행이 있고, 하늘과 땅의 기운이 오행으로 배열되니, 오행이라 함은 행行해지

---

201) 沈孝瞻, 「子平眞詮」: "有是五行, 何以又有十干十二支乎, 蓋有陰陽,因生五行, 而五行之中, 各有陰陽, 即以木論甲乙者, 木之陰陽也. 甲者,乙之氣, 乙者, 甲之質, 在天爲生氣, 而流行於萬物者. 甲也在地爲萬物, 而承玆生氣者, 乙也. 又細分之生氣之散布者, 甲之甲, 而生氣之凝結者, 甲之乙, 萬物之所以有枝葉者, 乙之甲, 而萬木之枝枝葉葉者, 乙之乙也. 方其爲甲, 而乙之氣已備, 及其爲乙, 而甲之質乃堅, 有是甲乙,而木之陰陽具矣".

202) 蕭吉, 「五行大義」: "天六地五,數之常也.五行者, 何謂也.謂金木水火土也. 言行者, 欲言爲天行氣之義也. 地之承天, 猶妻之事夫, 臣之事君也. 其位卑, 卑者親視事, 故自同於一行尊於天也".

는 것이고 또한 행行은 나아감이다. 행行은 다섯 가지 감感, 즉 오행으로 木은 오행의 시작이 되고, 水는 오행의 끝이다. 봄은 생生을 주인으로 하고, 여름은 장長을 주인으로 하며, 계하季夏는 양양養을 주인으로 하며, 가을은 수收를 주인으로 하며 겨울은 장藏을 주인으로 한다. 오행의 생에 대해서는 木은 火를, 火는 土를, 土는 金을, 金은 水를, 水는 木을 낳으니, 이것은 부모가 자식을 기르는 것과 같아 부자관계라고 할 수 있다고 말하였다.

봄은 생生을 주인으로 하고, 여름은 장長을 주인으로 하며, 계하는 양양養을 주인으로 하고, 가을은 수收를 주인으로 하며, 겨울은 장藏을 주인으로 한다. 행行은 나아감이다. 그 나아감이 같지 않기 때문에 그것을 오행五行이라 한다. 항상 아버지가 자식을 다스리게 하는 것이 하늘의 도이다. 이런 까닭에 木이 이미 낳으면 火가 그것을 기르고, 金이 죽으면 水가 저장한다. 火는 木을 좋아해서 陽으로 기르고, 水는 金 싫어해서 陰으로 죽인다. 土는 하늘을 섬김에 충성을 다하고, 그러므로 오행은 효자와 충신의 행함이다.[203]

『손자병법孫子兵法』「허실虛實」에서는 오행에서 항상 이기는 관계는 없으며 또한 사시四時도 자리가 정해지지 않았다고 했으며 「세편勢篇」에서는 오행의 무궁한 변화에 대하여 언급하며 절대화된 공식은 없다고 말하고 있다.

오행五行에는 항상 이기는 관계란 없다. 사시四時는 자리가 없고, 일日은 짧

---

203) 董仲舒, 『春秋繁露』 「五行之義」: "春主生, 夏主長, 季夏主養, 秋主收, 冬主藏, 行者行也, 其行不同, 故謂之五行也. 常因其父以使其子, 天之道也. 是故木已生而火養之, 金已死而水藏之, 火樂木而養以陽, 水剋金而喪以陰, 土之事天竭其忠, 故五行者, 乃孝子忠臣之行也."

고 긴 것이 있고, 월月에는 죽음과 삶이 있다.[204]

소리는 다섯 가지에 불과하지만 오성은 변하는데 변한 소리는 다 듣지 못하고, 색은 오색에 불과하지만 오색은 변하고 다 보는 것은 불가하고, 다섯 가지 맛은 변하고, 다 맛볼 수는 없다.[205]

『서경書經』에 인간은 사시四時와 조화로워야 하늘의 벌을 피할 수 있으며, 사람이나 짐승이나 모두 때를 맞추며 살아가야 되는 것이라는 만물과 사시四時의 관계에 대하여 말하고 있다.

이에 희羲와 화和에게 명을 내려 하늘을 공경하게 하며, 역曆의 상은 일월성신日月星辰으로 하니, 사람들이 공경하여 시절을 받아들였다. 희羲에게 분명分命을 내려 우이嵎夷에서 살게 하시니 이른바 양곡暘谷이다. 해가 뜨는 것을 손님같이 맞이해 동쪽이라 하니, 해는 가운데 있고 별자리는 조성鳥星이고 봄이다. 이로서 바쁜 봄을 맞으면 백성은 흩어져 농사를 짓고, 새외 짐승은 짝짓기를 한다. (중략) 제제께서 희에게 답하시기를 '일 년은 366일이고 윤달이다. 사시를 정해서 세시歲時를 이루어, 백공百工을 다스리면 많은 공덕이 빛을 낼 것이다' 라고 하셨다.[206]

음양陰陽과 오행五行은 전국시대 말쯤부터 결합이 되어 음양오행陰陽五行

---

204) 『孫子兵法』「虛實」: "故五行無常勝, 四時無常位, 日有長短, 月有死生."
205) 『孫子兵法』「勢篇」: "聲不過五, 五聲之變, 不可勝聽也. 色不過五, 五色之變, 不可勝觀也. 五味之變, 不可勝嘗也."
206) 『書經』「堯典」: "乃命羲和. 欽若昊天. 曆象日月星辰. 敬授人時. 分命羲仲. 宅嵎夷曰暘谷. 寅賓出日平秩東作. 日中星鳥. 以殷仲春. 厥民析. 鳥獸孳尾帝曰咨. 汝羲暨和. 朞三百有六旬有六日. 以閏月. 定四時成歲. 允釐百工. 庶績咸熙."

으로 쓰이게 되는데, 『관자管子』, 『여씨춘추呂氏春秋』, 『황제내경黃帝內經』, 『회남자淮南子』 등이 나오고, 한대까지 이어져서 동중서 사상의 기반이 되었다. 『예기禮記』「월령月令」편은 농경과 천문학에 관한 지식이 총괄해 있으며 음양오행에 의거해서 설명하고 있다. 사시四時의 방향을 오행의 방향으로 하고, 그 속성과 상호작용에 따라 사계절의 변화를 설명하거나, 음양의 소식消息작용으로도 설명한다. 또한 음양의 소통에 의해 계절이 변화함을 주장하고 있다.[207]

「월령」은 절기변화에 맞춰 농경생활을 잘 할 수 있도록 쓰인 농사력農事曆이라고 할 수 있는데, 그 근원은 『예기』의 「하소정夏小正」과 『주서周書』의 「주월周月」과 「시훈時訓」에서 볼 수 있으며 『예기』「하소정」은 하夏시대의 역曆이고, 『주서』「시훈」은 한대 초기의 태초력太初曆인데, 모두 음양오행을 사용하고 있다.

의학서적인 『황제내경黃帝內經』은 전국 말기에서 한대漢代에 걸쳐서 완성된 것으로 보이며, 인체를 자연과 유기적 관계로 보고, 인체의 생리현상·병리현상·진단·치료에 이르기까지 음양오행설에 그 기반을 두고 있다. 사람의 몸은 하늘의 음양陰陽과 같은데, 밖은 양이고 속은 음이다. 배背는 양이고 복부腹部는 陰이다. 장부臟腑도 음양오행으로 이루어졌는데, 간肝·심心·비脾·폐肺·신腎의 오장五臟은 모두 陰이 되고, 담膽·위胃·대장大腸·소장大腸·방광膀胱·삼초三焦 등 육부六腑는 모두 陽이 된다.

무릇 사람의 음양을 말해 본다면 밖은 陽이 되고, 속은 陰이 된다. 사람의 몸을 두고 음양을 말해 본다면, 배 부위는 陽이 되고, 陰이 되는데, 사람의

---

207) 풍우란, 『중국철학사신편』 제2책, 인민출판사, 1983, p303 참조.

장부臟腑를 두고 음양을 말해 본다면, 오장五臟은 陰이고, 육부六腑는 陽이 된다. 간, 심, 비, 폐, 신의 오장은 모두 陰이 되고, 담, 위, 대장, 소장, 방광, 삼초의 육부는 모두 陽이 된다.(중략) 이는 음양, 표리, 내외, 자웅으로 서로가 전수하고, 전송해 주며 서로 응하는데, 하늘의 음양에 서로 응하는 것이다.[208]

병病이 생긴다는 것은 사람과 자연의 부조화에서 일어나는 것인데, 조燥 · 습濕 · 한寒 · 서暑 · 풍風 · 우雨와 생활의 부절제 및 음식과 거처 등에 이상이 있을 때 병病이 시작된다. 이 세상만물은 자연과 다 연계되어 있고 서로가 서로를 포함한다.

황제가 물었다. '무릇 모든 질병이 처음 생길 때에는 반드시 조燥 · 습濕 · 한寒 · 서暑 · 풍風 · 우雨와 음양, 희노喜怒, 음식飮食, 거처 등에서 시작된다. 기氣는 함과 형이 있다. 기가 오장에 들면 여러 가지 병명이 생기는데 이것의 연유는 알고 있다. 무릇 모든 질병은 대부분 아침에는 덜하고, 낮에는 안정되며, 저녁에는 약간 심해지고, 밤에는 아주 심해지는 것은 어째서인가?'라고 물으시자 기백이 '사시四時의 기氣가 그렇게 만듭니다.'라고 대답했다.[209]

소길蕭吉의 『오행대의五行大義』에서 하늘에는 오제五帝가 있고 땅에는 오

---

208) 『黃帝內經講義』「素問.金匱眞言論篇」: "夫言人之陰陽, 則外爲陽, 內爲陰, 言人身之陰陽, 則背爲陽, 背爲陰, 言人身之臟腑中陰陽, 則臟者爲陰, 腑者爲陽, 肝・心・脾・肺・腎 五臟皆爲陰, 膽・胃・大腸・小腸・膀胱三焦 六府皆爲陽. 此皆陰陽表裏, 內外雌雄相輪應也. 故以應天地陰陽也."

209) 『黃帝內經講義』: "皇帝曰, 夫百病之所始生者, 必起於燥濕寒暑風雨, 陰陽喜怒, 飮食居處, 氣合而有形, 得臟而有名, 余知其然也, 夫百病者, 多以早慧晝安, 夕加, 夜甚, 何也? 岐伯曰,四時之氣使然"。

방五方과 오악五嶽이 있으며, 사람에게는 오장(五臟 : 간·심·비·폐·신)이 있고 그 징후는 오관(五官 : 눈·귀·입·코·혀)에 나타난다고 하였다.

> 공자 왈 '옛 날에 내가 노자에게 들으니, 하늘에 金·木·水·火·土의 오행이 있는데 그 신을 오제라 하고, 땅에는 5방이 있어서 그곳을 통괄해 진압하고 있는 것이 오악이라고 했다.'고 하셨다. 물리론物理論에 이르기를 '땅이 오악으로 진압하는 것은 사람에 있어서는 오장이 되고, 그 징후는 오관이 된다.'고 했고, 『황제소문』에 말하기를 '오장의 징후가 오관에 나타나니, 눈·귀·입·코·혀이다.'라고 했다.[210]

『장자莊子』는 신체의 병病과 몸의 이상도 음양이 어지러워 일어나는 현상이라고 말하고 있다.

> 갑자기 자여子輿에게 병이 생겨 자사子思가 문병을 가서 말하기를, '무릇 조물주는 정말 위대하구나! 내 몸을 이렇게 오그라들게 하네.' 굽은 등은 불쑥 나오고, 오장은 위로 올라갔으며, 턱은 배에 가려지고, 어깨는 정수리보다 높고, 목덜미는 하늘을 가리키고 있었다. 음양의 기는 어지러웠으나 그 마음은 고요하여 아무 일이 없었다.[211]

현명하게 처신하는 사람은, 사시四時와 음양陰陽에 순응하는 사람으로서,

---

210) 蕭吉, 『五行大義』; "孔子曰, 昔丘聞諸老聃云, 天有五行, 木金水火土, 其神謂之五帝, 在地爲五方, 其鎭爲五嶽, 物理論云, 鎭之以五嶽, 在人爲五臟, 其候五官. 黃帝素問云, 五臟候在五官, 眼耳口鼻舌也".

211) 『莊子』「大宗師」; "俄而子輿有病, 子思往問之曰, 偉哉夫造物者, 將以予爲此拘拘也, 曲僂發背, 上有五管, 肩高於頂, 句贅指天, 陰陽之氣有沴, 其心閒而無事".

건강도 지키고 장수도 할 수 있다.

현인은 천지를 법칙으로 삼고, 일월을 본받으며, 성신을 판별하고, 음양의 이치에 순응하며, 사시四時의 기후변화를 분별하고, 옛것을 따르며, 도에 같이 합하면 수명을 증가시킬 수도 있고, 극하는 때도 있다.[212]

인체人體는 조직기관 외에 기능을 유지하고 활동시킬 수 있는 물질적인 근본을 가지고 있는데 이것들은 다 음양오행에 속한다. 고대 중국의학에서는 모든 인체의 조직은 음양오행에 상응하므로 자연과 밀접한 관계를 갖고 있으며, 낮과 밤, 계절, 조수간만潮水干滿, 태양의 흑점, 달의 주기週期 등에 따라 인간은 사고를 당하거나 병病에 걸리기도 한다고 한다. 즉, 음양오행사상陰陽五行思想은 자연의 변화현상과 인간의 모든 범위(학문, 정신, 건강 등)를 포괄하게 되며, 천天과 인간人은 하나라는 천인감응天人感應사상이 기본이 되어 철학사상으로도 형성된다.

---

[212] 『黃帝內經靈樞』「素問, 金匱眞言論篇」: "有賢人者, 法則天地, 象似日月, 辨列星辰, 逆從陰."

제2장

하도河圖 · 낙서洛書의 음양오행설

1. 사상四象과 오행五行의 생성원리

우주는 태초에 공허한 것이었는데, 홀연히 하나의 기류氣流가 발생하여 태극太極을 이루었다. 이 태극은 분열의 법칙에 의하여 陰과 陽으로 파생되어 양의(兩義 : —/--)가 되니, 그것이 음전자陰電子와 양전자陽電子이고 중간에 조절하는 중성자中性子가 있게 된 것이다. 陰(--)은 陰(==:태음)과 陽(==:소양)으로, 陽(—)은 또 陽(==:태양)과 陰(==:소음)으로 파생되는데 이것을 사상四象이라고 한다. 陰이 변하여 陰이 된 것을 태음太陰이라 하여 완전한 陰을 말하며, 陰이 변하여 陽이 되면 소양少陽이라 하는데 陰이면서 陽을 갖고 있는 것을 말한다. 또 陽이 변하여 陽이 된 것을 태양太陽이라고 하여 완전한 陽을 말한다. 陽에서 陰으로 변한 것이 소음少陰인데 陽이면서 陰의 원소를 갖고 있는 것을 말한다.

노자老子가 말씀하시길 무無는 천지의 시작이고 유有는 만물의 어머니이다. 물이 섞여 이루어지고 천지보다 먼저 생겼다. 열어구列禦寇가 말하길 유형은 무형에서 생겼고, 천지의 처음에 태역太易이 있었고, 태초太初가 있고, 태시太始가 있었고, 태소太素가 있었다. 태역은 아직 기氣가 있기 전이고, 태초는 기의 시작이다. 태시는 형의 시작이고, 태소는 질의 시작이다. 기와 형질이 합하여 나뉘기 전을 혼륜渾淪이라고 했다.[213]

오행이란 이 세상의 만물을 조성하는 5가지의 원기元氣로서, 木·火·土·金·水를 말하고, 이중 가볍고 맑은 것들은 하늘이 되고, 무겁고 탁한 것들은 땅이 되었다. 처음에는 태역太易이 水를 생하였고 태초太初는 火를 생하였으며 태시太始는 木을 생하였고, 태소太素는 金을 생하였으며, 태극太極은 土를 생하였다. 만물은 水로부터 시작이 되어 水의 수는 1이고, 火의 수는 2이고, 木의 수는 3, 金의 수는 4, 土의 수는 5이다. 아래는 『연해자평淵海子平』의 내용이다.

대개 듣건대 천지가 아직 나뉘지지 않음을 혼돈混沌이라 이름하고, 건곤乾坤이 분리되지 않음을 배운胚腪이라 이르니, 일월日月과 성신星辰이 아직 생기지 않았고 음양과 한서寒暑가 나뉘지지 않았다. 위로는 우로雨露, 풍운風雲, 상설霜雪, 뇌정雷霆이 없어 묘합杳合하여 명명冥冥할 따름이었고 아래로는 초목草木, 산천山川, 금수禽獸, 인민人民이 없어 어두컴컴하고 혼암昏暗할 따름이었다. 이때에 하나의 기운이 서리고 얽혔다. 이에 태역太易이 水를 생하였고 태초太初는 火를 생하였으며 태시太始는 木을 생하였고, 태소太素는 金을 생하였으며 태극太極은 土를 생하였다. 그렇기 때문에 水의 수數는 1이고, 火의 수는 2이며, 木의 수는 3이고, 金의 수는 4이며, 土의 수는 5

---

213) 萬民英著, 『三命通會』: "老子曰, 無名天地之始, 有名萬物之母, 有物混成, 先天地生, 列禦寇曰, 有形生於無形, 天地之初, 有太易, 有太初, 有太始, 有太素, 太易者, 未見氣, 太初者, 氣之始, 太始者, 形之始, 太素者質之始, 氣與形質合而未離曰渾淪."

가 된 것이다. 삼원이 이미 극에 이르러 혼돈이 한 번 나뉘고 맑음이 분별되어졌다. 가볍고 맑은 것은 천天이 되고 무겁고 탁한 것은 지地가 되니, 두 기운이 서로 이루어져서 양의兩儀가 이미 생겨남에 화化하여 천天이 이루어졌다.[214]

천지는 동정動靜이 있기에 음양陰陽으로 나뉘며, 노소老少가 있기에 사상四象으로 나뉜다. 태음太陰이란 水이고, 계절로는 겨울冬節이며 한랭寒冷하고, 하루 중에는 밤이 된다. 소양少陽이란 木이고, 계절은 봄春節이고, 하루 중엔 아침이며, 따스한 것을 말한다. 태양太陽은 火이고, 계절은 여름夏節이며, 한낮이고, 뜨거운 것이다. 소음少陰은 金이고, 계절은 가을秋節이며, 하루 중에는 석양夕陽으로, 서늘한 것이다. 土는 木·火·金·水를 조절하여 중화시키는 작용을 한다.

그리하여 우주의 유동원질을 木·火·土·金·水의 다섯 가지로 이름하였다. 오행은 또 陰과 양으로 나뉜다. 우주만물은 모두 상대적으로 되어 있는데, 남자·여자, 하늘·땅, 낮·밤, 홀수·짝수 등 동전의 앞과 뒤처럼 양면성을 갖는다. 이런 음양오행의 이치가 동양철학의 근본을 이루고 있는 것이다. 천지天地사이에 일기一氣만 있고 나뉘어 음양陰陽이 되고 오행五行이 그 안에 갖추어 진다. 다음은 『자평진전子平眞詮』의 내용이다.

하늘과 땅 사이에는 일기一氣가 있을 따름이다. 오직 동함과 정함이 있기에

---

214) 徐升, 『淵海子平』: "蓋聞天地未判其名混沌,乾坤未分,是名胚腪,日月星辰未生,陰陽寒暑未分也在上則無雨露,無風雲,無霜雪,無雷霆,不過杳合而冥冥在下則無草木,無山川,無禽獸,無人民,不過昧昧而昏昏,是時一氣盤中結,於是太易生水(未有氣曰太易),太初生火(有氣未有體曰太初),太始生木(有形未有質曰太始),太素生金(有質未有體曰太素),太極生土(形體已具乃曰太極),所以水數一,火數二,木數三,金數四,土數五,迨夫三元旣極混沌一判胚腪乃分,輕淸爲天,重濁爲地二氣相成,兩儀旣生,化而成天".

마침내 음양으로 나누어지며, 노소老少가 있기에 사상으로 나누어진다. 노老란 동함과 정함이 극에 달하였을 때, 태양과 태음이 되는 것이며, 소少란 동함과 정함이 시작할 때 소음과 소양이 되는 것인데, 이것이 사상이며 오행이 그 안에 갖추어진다. 水란 태음이며, 火란 태양이고, 木이란 소양이며, 金이란 소음이고, 土란 陰陽·老少·木·火·金·水의 충기沖氣가 결집된 것이다.[215]

2. 용마하도龍馬河圖·신구낙서神龜洛書의 생성

하도河圖와 낙서洛書는 천지오행天地五行의 생성원리生成原理를 밝힌 것으로, 역易의 근원이 되고 있으며 음양이론을 가장 최초로 제시한 문헌이다. 중국 선진시대 문헌 가운데에 하도·낙서라는 글이 최초로 보이는 것은 『상서』이고, 그 다음은 『논어』이다. 원래는 『주역』과 관계없이 쓰였으나, 「계사전」에 나옴으로 해서 관련을 갖게 되었다. 다음은 「계사전」의 내용이다.

하수에서 도圖가 나오고 낙수에서 서書가 나오자 성인이 이를 본받았다. 천(天: 양수 또는 홀수)이 1이고 지(地: 음수 또는 짝수)가 2이며, 천이 3이고 지가 4이며, 천이 5이고 지가 6이며, 천이 7이고 지가 8이며, 천이 9이고 지가 10이니, 천의 수가 다섯이고, 지의 수가 다섯이다. 다섯 자리가 서로

---
215) 沈孝瞻, 『子平眞詮』: "天地之間, 一氣而已, 惟有動靜, 遂分陰陽, 有老少, 遂分四象, 老者極動極靜之時, 是爲太陽太陰, 少者初動初靜之際是爲少陰少陽 有是四象, 而五行具於其中矣 水者, 太陰也, 火者, 太陽也, 木者, 少陽也, 金者, 少陰也, 土者, 陰陽老少木火金水沖氣所結也."

맞아서 각각 합함이 있는바, 천의 수는 25이고, 지의 수는 30이다. 그리하여 무릇 천지의 수가 55이니, 이것은 변화를 이루고 귀신의 수를 하기 위함이다. 하도는 수이고 낙서는 거북의 등의 상을 취하였다. 그러므로 그 수가 9를 이고 1을 밟고 있으며 좌는 3이고 우는 7이며 2·4는 어깨이고 6·8은 발이 되었다.[216]

한대漢代의 경학자經學者들이 복희씨伏羲氏가 역易을 지었고 우禹가 홍범洪範을 지었다고 했고, 송대 도서역파 채원정(蔡元定:1135-1198)이 『역학계몽』에서 그림을 그린 것이 오늘에 이른 것이라고 하는데, 주장의 근거는 하도河圖·낙서洛書 그림을 『역학계몽』 이전에는 어느 문서에서도 찾아 볼 수가 없기 때문이다. 하도는 복희씨가 왕 노릇 할 때 용마龍馬가 하수河水에서 나오니 복희씨가 그 등에 있는 무늬를 보고 그린 것이며, 낙서는 우왕禹王께서 치수治水하실 때 신령스런 거북이가 낙수에서 나오니 그 등에 있는 무늬를 보고 그린 것이라고 하였다. 전한前漢의 경학자들인 공안국孔安國과 유흠劉歆도 하도는 복희씨가 용마의 무늬를 본떠서 팔괘八卦를 그린 것이고 낙서는 우禹가 거북이 등에 새겨진 무늬를 보고 구주九疇를 만들었다고 했다.

공씨孔安國가 말했다. 하도河圖는 복희씨가 천하에 왕 노릇 할 적에 용마龍馬가 황하黃河에서 나오자 마침내 그 무늬를 본받아 팔괘八卦를 그었고, 낙서는 우왕禹王이 홍수를 다스릴 때에 낙수에서 거북이가 나왔는데 그 등에 1에서 9까지가 있으므로 우왕이 마침내 이것을 인하여 차례로 나열하여 구

---

216) 『周易』, 『繫辭傳』: "河出圖,洛出書,聖人則之 又曰 天一,地二,天三,地四,天五,地六,天七,地八,天九,地十,天數五,地數五,五位相得而各有合,天數二十有五,地數三十,凡天地之數五十有五,此所以成變化而行鬼神也,此河圖之數也,洛書蓋取龜象,故其數戴九履一,左三右七,二四爲肩,六八爲足".

류九類를 이루었다. 유씨劉歆가 말하였다. 복희씨가 하늘을 이어 왕 노릇하여 하도를 받아 획을 그었으니 팔괘가 이것이며, 우왕이 홍수를 다스릴 적에 하늘이 낙서를 내려주므로, 이것을 본받아 진열하니 구주九疇가 이것이다. 하도와 낙서는 서로 경위經緯가 되고, 팔괘와 구장(九章:九疇)은 표리表裏가 된다.[217]

하도·낙서는 하夏·은殷·주周 시대에 왕조에서, 중요한 도서 목록으로 관리해 왔으며 현재의 도서관圖書館이라는 용어의 기원이 되었다. 하도낙서의 명칭은 『예기』·『상서』·『국어』 등에 나타나 있다. 이중에서 하도·낙서란 글이 최초로 보이는 것은 『상서尙書』「주서周書」의 〈고명顧命〉[218]인데 "진나라의 보물인 붉은 칼과 큰 교훈이 새겨진 큰 구슬과 위가 뾰족한 구슬은 서쪽 행랑에 놓고, 대옥大玉과 이옥夷玉과 하늘빛 구슬[天球], 하도는 동쪽 행랑에 놓았다."[219]고 하였다.

이 말에 정현이 주를 달기를 "그림이 황하에서 나오자 제왕이 이를 받았다. 그 아래에 낙서洛書라는 두 글자가 있다."[220]고 하였다. 하도·낙서를 서주西周의 성왕(成王:B.C.11세기) 시대에 이미 국가의 보물로 여기고 있는 것이다.

『논어』「자한子罕」에서 공자가 "봉황새도 오지 않고 황하에서 그림도 나

---

217) 『周易』,「繫辭傳」: "孔氏曰河圖者, 伏羲氏王天下, 龍馬出河, 遂則其文, 以畫八卦. 洛書者, 禹治水時, 神龜負文而列於背, 有數至九. 禹遂因而第之, 以成九類劉氏曰, 伏羲氏繼天而王, 受河圖而畫之, 八卦是也. 禹治洪水, 賜洛書, 法而陳之, 九疇是也. 河圖洛書, 相爲經緯, 八卦九章, 相爲表裏."

218) 임금이 생전에 국사에 관해서 내리는 유언.

219) 『尙書』,「周書」顧命: "東寶, 赤刀, 大訓, 弘璧, 琬琰在西序: 大玉, 夷玉, 天球, 河圖在東序."

220) 『尙書』,「周書」顧命: 鄭玄注 "圖出于河, 帝王者之所受, 一有洛書二者."

오지 않으니 나는 이제 다 되었구나!"[221])하는 것은 상서로운 것인 하도가 나오지 않음을 슬퍼한 것이다.

한대에 이르러 공안국孔安國과 유흠劉歆이 팔괘로 하도를 해석했고, 홍범洪範으로는 낙서를 해석했다. 전한前漢의 양웅揚雄은 "태역의 시작은 황하가 용마를 내고 낙수가 구서龜書를 준 데 있다."[222])고 하자 정현이 "황하는 하늘과 통하여 천포를 내고, 낙수는 땅에 흘러 지부를 내었다. 황하에서 용도가 나오고, 낙수에서 구수를 이루니 하도는 9편이 있고, 낙서는 6편이 있다."[223])고 하여 하도·낙서를 주역의 근원으로 보았다. 그러나 하도·낙서와 주역의 관계는 당대唐代까지 설명이 없었다.

송초宋初에 이르러서 도서역파圖書易派가 도교역학道敎易學의 영향을 받아 「계사전」의 대연지수大衍之數와 천지지수天地之數를 그림으로 그려 주역의 원리를 설명했다.

호위胡渭에 의하면 하도는 양웅揚雄의 『태현경太玄經』을 근거로 그린 것이고, 낙서는 『대대예기大戴禮記』「명당편」과 『역위건착도易緯乾鑿度』의 구궁설九宮說을 근거로 하여 그려진 것으로 명당明堂이란 아홉 개의 방으로 천자가 일 년 동안 돌아가며 머무는 방이다. 봄에는 동쪽의 청양靑陽 세 방에 머물고, 여름에는 남쪽 명당明堂의 세 방에 머물고, 가을에는 서쪽 총장總章의 세 방에 머물고, 가을에는 북쪽 원당元堂의 세 방에 머무는데 사계절에 각각 72일씩 머물고, 가운데 방은 매 계절마다 18일씩 모두 72일을 머물러서 모두 합하면 360일이 된다.

---

221) 『論語』「子罕」: 鳳凰不至, 河不出圖, 吾已矣夫.
222) 앞의 책.
223) 鄭玄, 『周易集解』 "河以通乾出天苞, 洛以流坤吐地符, 河龍圖發, 洛龜書成, 河圖有九篇, 洛書有六篇."

3. 하도河圖 · 낙서洛書의 상수象數원리

【명당구실도】

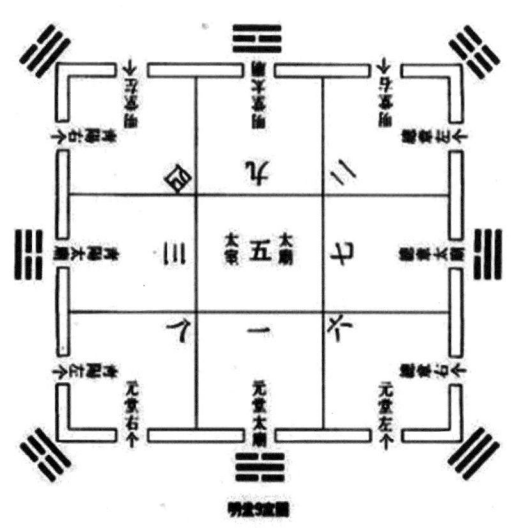

[출처] 호위의 역도명변

위 그림 '명당구실도'의 근거는 낙서의 그림에서 흰점과 검은 점의 수를 아래위로 삼등분하여, 아홉 개의 방을 아홉 수로 배열하면 제일 위는 오른쪽에서 왼쪽으로 2·9·4이고, 가운데는 7·5·3이고 아래는 6·1·8이 배열이 된다. 『역위건착도』의 '구궁설'은 「명당편」의 '구실설'에서 나온다. "명당이란 옛날부터 있었는데 구실이 그것으로 2·9·4와 7·5·3과 6·1·8이다."[224]라고 하였다.

---

224) 『大戴禮記』, 「明堂」篇 : 明堂者, 古有之也. 凡九室, 二四九, 七五三, 六一八

호위는 이를 바탕으로 「명당구실도」를 그렸다. 『역위건착도易緯乾鑿度』에 다음과 같이 쓰여 있다.

陽은 움직여 나아가고 陰은 움직여 물러난다. 그러므로 陽은 7(소양수)로써, 陰은 8(소음수)로써 변하지 않는 효로 삼는다. 역易은 한 개의 陰과 한 개의 陽을 합하여 15가 되는 것을 도라고 한다. 陽은 7에서 9(태양수)로 변하고, 陰은 8에서 6(태음수)으로 변하니, 합하여 15가 되므로 변하는 효와 변하지 않는 효의 수는 같다. 陽은 움직여 나아가 7에서 9로 변하니 그 기가 자라는 것을 나타낸다. 陰은 움직여 물러나 8에서 6으로 변하니 그 기가 사라지는 것을 나타낸다. 그러므로 '태일'은 그 음양의 수를 취하여 아홉 개의 궁으로 운행하여 네 개의 바른 자리와 네 개의 모퉁이 자리가 모두 합하여 15가 된다.[225]

7·8은 소양小陽·소음小陰으로 변하지 않는 효爻이고, 6·9는 노음老陰·노양老陽으로 변하는 효爻이다. 7·9는 陽의 수이고 8·6은 陰의 수이며, 陽의 수는 나아가서 9에서 멈추고, 陰의 수는 물러나서 6에서 멈춘다. 또한 7·8은 변하지 않고 6·9는 변한다. 그러므로 역易은 변하기 때문에 6·9를 나타낸 것이고, 변하는 효와 변하지 않는 효의 수를 합하면 15가 되니 수는 같다.

태일太—이란, 경학經學의 시조이자 재야의 학자인 정현鄭玄의 해석에 의

---

225) 『易緯乾鑿度』: 陽動而進, 陰動而退, 故陽以七, 陰而八爲彖, 易一陰一陽合而爲十五之謂道, 陽變七之九, 陰變八之六亦合于十五, 則彖變之數若一也 陽動而進變七之九象其氣之息也 陰動而退變八之六象其氣之消也 故太一取其數以行九宮,四正四維皆合于十五'.

하면 북극성은 신의 이름으로 있을 곳에 있고, 팔괘와 일진 사이에 항상 운행하므로 천일·태일이라는 것으로 1에서 9의 음양의 수의 순서를 취해 구궁九宮으로 운행하는데, 구궁에는 네 바른 자리[正卦]와 네 모퉁이의 자리[維卦]가 있다. 4정괘正卦는 감坎·리離·진震·태兌이고 4유괘維卦는 건乾·곤坤·손巽·간艮인데, 태일은 팔괘를 주행한다. 4정괘正卦인 감坎·리離·진震·태兌는 북·남·동·서에 있고, 4유괘維卦 건乾·곤坤·손巽·간艮은 서남·서북·동남·동북의 네 모퉁이[四維]에 있는데, 이것을 가로 세로 대각선으로 합하면 모두 15가 된다.

【문왕구궁팔괘 마방진文王九宮八卦 魔方陣】

손사(巽四) 4	이구(離九) 9	곤이(坤二) 2
진삼(震三) 3	중오(中五) 5	태칠(兌七) 7
간팔(艮八) 8	감일(坎一) 1	건육(乾六) 6

하도·낙서에 대해서는 주장하는 바가 여러 군데 섞여 있으나, 거의 모두가 하도가 역의 근원이라 여겼고, 주희朱熹도 역시 하도가 있고「계사전」의 천지의 수가 있었다고 말한다.

낙서에 대해서는 『상서尙書』「주서周書·홍범洪範」속에 나오는데,「홍범구주洪範九疇는 오행을 이용한 고대 국가의 제왕학帝王學을 의미한다. 「홍범구류洪範九類」는 「홍범구주洪範九疇」를 가리킨다. 홍범洪範은 큰 법이란 의미이다. 「홍범구주洪範九疇」의 원문 65자는 "첫째는 오행五行 : 木·火·土·金·水이고, 둘째는 다섯 가지 일[五事] : 모貌·언言·시視·청聽·사思를 공경히 행하는 것이요, 셋째는 여덟 가지 정사[八政] : 식食·화貨·축祀·사공司空·사도司徒·사구司寇·보賓·사師를 힘써 행하는 것이요, 넷째는 다섯 가지 기율[五紀] : 세歲·월月·일日·성진星辰·역수歷數을 조화롭게 쓰는 것이오, 다섯째는 임금의 법칙 황극皇極을 세워 쓰는 것이요, 여섯째는 세 가지 덕[三德] : 정직正直·강극剛克·유극柔克을 다스려 쓰는 것이요, 일곱째는 의문을 물은 것을 밝혀서 쓰는 일 계의稽疑 : 우雨·제霽·몽蒙·역驛·극克·정貞·회悔이요, 여덟째는 여러 가지 징험 서징庶徵 : 우雨·양暘·욱燠·한寒·풍風·시時을 생각하며 쓰는 것이요, 아홉째는 오복五福 : 수壽·부富·강녕康寧·유호덕攸好德·고종명考終命과 육극六極 : 흉단절凶短折·병病·우憂·빈貧·악惡·약弱이다"226)라는 내용이다. 아홉 궁은 『대대예기』 「명당편」·『역위건착도』의 구궁설九宮說을 가리키며, 하도는 양웅의 『태현경』을 근거로 그렸다고 했다.

하도·낙서는 수數로 이루어졌다. 동양에서의 수는 진리와 철학의 대상인 것으로 『주역周易』 「계사전繫辭傳」에 "역은 상이다(역자상야易者象也)."라고 했는데, 이 뜻은 천지간의 모든 변화는 상으로 나타난다는 것이다. 그러나 상으로 나타내는 것은 한계가 있어서, 정확한 수를 통해 상象과 리理를 나타낸다.

---

226) 『尚書』 「周書」 洪範: "初一曰五行,次二曰敬用五事,次三曰農用八政,次四曰協用五紀,次五曰建用皇極,次六曰乂用三德,次七曰明用稽疑,次八曰念用庶徵,次九曰嚮用五福,威用六極."

4. 하도河圖 · 낙서洛書의 수리오행도

『상서』「홍범」편에서 말하길, 오행은 1은 水이고, 2는 火며, 3은 木이고, 4는 金이고, 5는 土이며 모두 생수生數라고 했다. 『예기』「월령편」에는 木의 수는 8, 火의 수는 7, 金의 수는 9, 水의 수는 6, 土의 수는 10이고 모두 성수成數이다. 오행의 1은 水이고 5를 더하면 생수의 성수인데 1은 6을 좋아한다. 2는 火의 생수이고 7은 성수이다. 火는 변화하므로 7에 변화하며 변화가 시작된다. 3은 木의 생수이고 8은 성수이다. 오행의 시작은 동쪽이고 3은 출出하고 8에 성장하므로 서舒이다. 4는 金의 생수이고 9는 金의 성수이고 서방에서 성취한다. 4는 자慈하고 9는 품류부동品類不同이다. 5는 土의 생수이고 10은 土의 성수이다. 하늘의 수는 5이고 땅의 수는 10이 되며 5와 10이 중앙에서 합해진다.[227)]

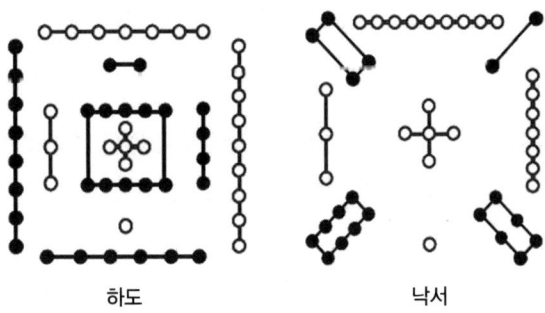

하도　　　　　　　낙서

---

227) 蕭吉, 『五行大義』: "尚書洪範篇曰,五行一曰水,二曰火,三曰木,四曰金,五曰土, 皆其生數. 禮記月令篇云,木數八火數七,金數九,水數六,土數五,皆其成數,五行以一立水,一爲生數,以五配一,水之成數,故言一立而六嬉是興義,二是火之生數,七是火之成數,故言二謀,火以變化爲能. 故曰七變,謀者,以其爲變之始也,三木之生數,八木之成數,五行始於東方, 故云, 三出,八而成長,故曰八舒,金之生數,九金之成數,西方成就,故言四慈品類不同,故稱九列,五是土之生數,十是土之成數,以天之五,合地之十,五十合於中."

하도에는 1에서부터 10까지 둥근 권점圈點이 그려져 있고, 권점은 백권白圈과 흑권黑圈으로 나뉘어 음양陰陽을 나타낸다. 하도의 수는 1부터 10까지의 십수十數가 상하·좌우에 배치된 형상으로 하나의 중심점과 두 개의 배치로 이루어져 있는데 5를 둘러싼 10을 중심점으로 해서, 일차적으로 1·2·3·4의 내원內圓이 둘러싸고, 이를 다시 6·7·8·9의 외원外圓이 싸고 있다. 십수 중 홀수인 1·3·5·7·9는 천수天數이고 짝수인 2·4·6·8·10은 지수地數로 구분되며, 이들 천수와 지수는 각각 합하는데, 1-6, 2-7, 3-8, 4-9, 5-10이 합하게 되어 오행五行이 생기게 된다. 주희는 천지 사이에 일기一氣만 있고, 그것이 음양陰陽으로 나뉘고, 오행五行이 되어 만물의 조화가 시작된다고 하였다.

> 천지 사이에는 일기가 있을 뿐이니, 나뉘어 둘이 되면 음양陰陽이 되어서 오행五行의 조화와 만물의 시종始終이 여기에 관련되지 않음이 없다. 그러므로 하도의 위치는 1과 6이 종을 함께하여 북쪽에 있고, 2와 7이 벗이 되어 남쪽에 있고, 3과 8이 도를 함께하여 동쪽에 있고, 4와 9가 벗이 되어 서쪽에 있고, 5와 10이 서로 지켜서 중앙에 있으니, 그 수가 한 번은 陰이 되고 한 번은 陽이 되며, 한 번은 기奇가 되고 한 번은 우偶가 되어 오행은 이 두 가지에 불과할 뿐이다.[228]

오행五行을 수에 배합한 것은 「홍범」에서 비롯된 것이지만 오행의 순서로만 수를 말하였을 뿐이고, 오행의 고유 수에 대해서는 말하지 않았다. 『역

---

[228] 『周易』: "朱子曰,天地之間一氣而已,分而爲二則爲陰陽,而五行造化,萬物始終,无不管於是焉,故河圖之位,一與六其宗而居乎北,二與七爲朋而居乎南,三與八同道而居乎東,四與九爲友而居乎酉,五與十相守而居乎中,蓋其所以爲數者,不過一陰一陽,一奇一偶,以兩其五行而已."

易」과 오행을 연관시킨 사람은 유흠劉歆이고, 팔괘 효의 자리에 오행을 배치시켜 해석한 사람은 전한前漢의 경방京房으로 두 사람의 관점을 수용하여 오행을 수數에 배합시켰다. 하늘은 陽이라서 가볍고 맑은 것이고, 땅은 陰이라 무겁고 탁한 것임을 논하였다.

하늘은 陽의 가볍고 맑은 것이 위에 자리 잡은 것이다. 땅은 陰의 무겁고 탁한 것이 아래에 자리 잡은 것이다. 양수는 홀수이므로 1 · 3 · 5 · 7 · 9는 모두 하늘에 속하니 하늘의 수는 다섯이고 짝수 2 · 4 · 6 · 8 · 10은 모두 땅에 속하니 땅의 수는 다섯이다. 하늘의 수와 땅의 수는 각각 동류로서 서로를 구하니 이른바 다섯 자리가 서로 얻는다는 것이다.[229]

정현鄭玄은 오행의 수가 「계사전」의 천지수天地數이고 水 · 火 · 木 · 金 · 土의 순서이며 水부터 시작이 되어 그 수數는 1이고, 火의 수는 2이고, 木의 수는 3, 金의 수는 4, 土의 수는 5라고 하였다. 한 오행은 한 개의 생수生數와 한 개의 성수成數가 합해져서 한 오행의 수를 이룬 것이라고 하였다.

수數는 오행五行으로 하늘과 땅을 도와서 만물을 생하고 만물을 이루는 순서이다. 『역』에 말하길 '하늘은 1, 땅은 2, 하늘은 3, 땅은 4, 하늘은 5, 땅은 6, 하늘은 7, 땅은 8, 하늘은 9, 땅은 10이다.'고 하였다. 오행은 水에서 시작하여 火가 그 다음이고, 木이 그 다음이며, 金이 그 다음이고, 土가 그 다음이다.[230]

---

[229] 『易學啓蒙』: "所謂天者,陽之輕淸而爲乎上者也,所謂地者,陰之重濁而爲乎下者也,陽數奇,故一三五七九皆屬乎天,所謂天數五也,陰數偶,故二四六八十皆屬乎地,所謂地數五也,天數地數,各以類而相求,所謂'五位之相得'者然也."

[230] 鄭玄,『禮記正義』「月令」:"數者五行,佐天地生物成物之次也,易曰,天一地二,天三地四,天五地六,天七地八,天九地十,而

「계사전」에서 하도의 수는 모두 55로 하늘의 수는 25이며 땅의 수는 30이라고 하고 있는데 그 수가 변화하여 신묘한 작용을 이루는 것이다. 천지수天地數에는 생수生數와 성수成數가 있는데, 생수는 1·2·3·4·5이고 성수는 6·7·8·9·10이다. 천수天數와 지수地數가 합하여 오행五行을 생성하게 되며, 1부터 5까지는 존재가 내적인 차원에서 일차로 완성됨을 의미하며, 6부터 9까지는 내적인 차원을 바탕으로 이차적으로 물질적인 차원의 존재로 완전히 바뀌는 것을 의미한다.

십수十數 중 홀수인 1·3·5·7·9는 천수(天數:陽數), 2·4·6·8·10은 지수(地數:陰數)로 구분되며, 이들 천수와 지수가 각각 합하게 되는데, 1-6, 2-7, 3-8, 4-9, 5-10이 합하게 되어 변화가 생기게 된다. 그 변화는 오행을 생성生成하는 것이다. 즉 1은 水를 생生하고 6은 水를 성成하고, 2가 火를 생生하고 7이 火를 성成하며, 3이 木을 생生하고 8이 木을 성成하며, 4가 金을 생生하고 9가 金을 성成하며, 5가 土를 생生하며 10이 土를 성成한다고 본 것이다.

하늘은 1이요, 땅은 2이다. 하늘은 3이요, 땅은 4이다. 하늘은 5요, 땅은 6이다. 하늘은 7이요, 땅은 8이다. 하늘은 9요, 땅은 10이다. 하늘의 수數는 다섯이며 땅의 수數도 다섯이다. 다섯 자리가 서로 얻어서 각각 합하게 되니 하늘의 수數는 25요, 땅의 수數는 30이다. 무릇 하늘과 땅의 수數는 55이니, 이것이 변화를 이루니 귀신의 행위이다.[231]

五行自水始,火次之,木次之,金次之,土爲後.木生數三,成數八,但言八者擧其成數.

231) 『周易』「繫辭傳」:"天一地二,天三地四,天五地六,天七地八,天九地十,天數五,地數五,五位相得而各有合,天數二十有五,地數三十,凡天地之數五十有五,此所以成變化而行鬼神也."

천수天數와 지수地數가 합하는데, 1과 6, 2와 7, 3과 8, 4와 9, 5와 10이 합하게 되어 변화가 생긴다. 1은 水를 생하고 6은 水를 성成하고, 2가 火를 생하고 7이 火를 성하며, 3이 木을 생하고 8이 木을 성하며, 4가 金을 생하고 9가 金을 성하며, 5가 土를 생하며 10이 土를 성한다고 본 것이다.[232]

하도의 수는 10이고 낙서의 수는 9라고 하는 것은 한대漢代부터 유래되어 왔는데, 주희朱熹가 양웅揚雄의 『태현경』의 말을 인용하여 말한 것이다.

관자명이 말하기를, 하도의 문文은 7이 전前에 있고, 6이 후後에 있으며, 8이 좌左에 있고 9는 우右에 있다. 낙서의 문은 9가 전에 있고 1이 후에 있으며, 3이 좌에 있고 7이 우에 있으며, 4가 전좌前左에 있고 2가 전우前右에 있으며, 8이 후좌後左에 있고 6이 후우後右에 있다고 했다.[233]

5. 하도河圖 · 낙서洛書의 수리논쟁

우주의 운동은 水 · 火가 변화의 근본을 이루는데, 水가 창조의 본원이며 火로써 분열하면서 변화한다. 水가 1이고 북쪽이고 겨울이며, 그다음의 2는 火이고 화기火氣가 강한 남쪽이고 여름이다. 木은 오행의 중간 역할로서 생명을 자라게 하는 성질을 가졌으며, 수數는 3이 되며, 자리는 동쪽이고 때는 봄이다. 4는 金이고 서쪽이며 가을이다. 5는 土이고 木 · 火 · 金 · 水의 변

---

[232] 『周易』: "有合謂一與六, 二與七, 三與八, 四與九, 五與十, 皆兩相合變化謂, 一變生水而六化成之, 二化生火而七變成之, 三變生木而八化成之, 四化生金九變成之, 五變生土而十化成之".

[233] 『易傳』: "關子明云, 河圖之文, 七前六後, 八左九右, 洛書之文, 九前一後, 三左七右, 四前左, 二前右, 八後左, 六後右".

화하는 것을 중화中和하고 조절하는 역할을 한다. 土는 5가 되어, 木·火의 3+2=5, 金·水의 4+1=5가 되어 음양을 다 갖추고 있는 것이다. 이렇게 하여 木·火·金·水는 생수生數와 성수成數로서 짝을 이루는 것인데, 水는 1의 陽이 5+1=6 水陰을 만나고, 火는 2陰이 5+2=7 火陽을 만나며, 木은 3陽이 5+3=8 木陰을 만나고, 金은 4陰이 4+5=9 金陽을 만나고, 土는 5+5=10 土陰을 만나서 음양이 함께 존재하게 된다.

【하도의 음양오행 수數】

	水	火	木	金	土
陽	1	7	3	9	5
陰	6	2	8	4	10

하도의 수數는 10이고 낙서의 수數는 9이다. 수數에 내해서 「셰사전」은 하도는 천지수 55로 한다고 하였지만, 낙서에 대해서는 말하지 않았는데 그 이유는 낙서의 그림 모습과 통한다고 한 것 같다. 하도는 다섯 개의 생수生數로 다섯 개의 성수成數를 거느려 같은 방향으로 처하게 하고, 낙서는 다섯 개의 홀수로 네 개의 짝수를 거느려 변화를 일으킨다. 하도의 수는 10이 체體이고 낙서의 수는 9인데, 수數의 변화는 1에서 시작해 9에서 끝나므로 수의 용用이다. 하도는 생성生成의 체를 나타내고 생의 변화이며, 낙서는 극의 변화인 용用을 나타내며 하도의 수는 생수를 위주로 하므로 하도 그림의 안쪽에 있고, 성수는 바깥쪽에 있다. 1·6은 북쪽, 2·7은 남쪽, 3·8은 동쪽, 4·9는 서쪽에 있다.

이렇게 오행과 방위의 결합이 이루어진 그림이 신구낙서神龜洛書이다.

하도는 숫자 열 개가 마주하여 그 체體를 세워 상常이 되고, 낙서는 그 아홉 개의 수數가 유행하여 그 용用을 이루어 변한다. 낙서에는 통일을 주도主導하는 10이 빠져 있어서, 변화하는 모습과 수數의 배열방식도 다르다. 하도는 음양陰陽이 사방四方에 배합되어 있어 안정된 모습인데, 낙서는 간방間方까지 8방위에 수가 배열이 되어 불안정하게 변화하는 모습이고 하도는 10수라서 음양생성陰陽生成의 체體를 나타내는데 낙서는 9개의 기수奇數라서 일음일양一陰一陽으로 변화하는 모습을 나타낸다. 또한 낙서는 구궁설을 근거로 그렸다.

혹자가 하도와 낙서의 자리와 수가 같지 않은 까닭은 무엇인가? 하고 묻자 '하도는 다섯 개의 생수로 다섯 개의 성수를 거느려 같은 방향에 처하며, 전체를 게시하여 사람에게 보여 상수의 본체를 말한 것이고, 낙서는 다섯 개의 기수奇數로 네 개의 우수偶數를 통솔하여 각각 그 방소에 있으니, 대개 陽으로 陰을 통솔하여, 그 변화를 일으키니 이는 수의 작용이다'고 대답했다.[234]

하도河圖의 수는 짝수라 정靜하고 용用을 체體로 삼는다. 또한 하도의 운동은 합이 모두 홀수가 되니, 1·6이 합하여 7이 되고, 2·7이 합하여 9, 3·8이 합하여 11, 4·9가 합하여 13, 5·10이 합하여 15가 된다.
『주역』의 길흉吉凶은 동동에서 생生하고, 정靜한 것은 동동하고 난 뒤에 생生한다. 낙서는 수가 홀수 9이니, 홀수는 동동하고 동동한 것은 정靜으로 용을 삼으며 낙서의 자리는 합이 다 짝수이다. 1·9, 2·8, 3·7, 4·6의 합이 모두 10이다. 모든 동동한 것은 정靜한 뒤에 나타나므로 「홍범」의 길흉吉凶

---

234) 『周易』:"或曰 河圖洛書之位與數 其所以不同何也 曰河圖以五生數統五成數 而同處其方 蓋揭其全以示人 而道其常 數之體也 洛書以五奇數統四偶數 而各居其所 蓋主於陽以統陰 而肇其變 數之用也".

은 정靜한 뒤에 나타난다. 하도의 중앙에 있는 5를 외원 10이 둘러싸서 짝하고 있지만, 낙서는 5밖에 없다. 그리고 중앙은 조화와 생명을 주관하는데 하도·낙서의 중앙에 5가 있음은 오행이 있고, 사방四方과 사시四時가 작용함을 상징한다.

하도와 낙서가 모두 중앙에 5가 있는 것은 무엇 때문인가? 무릇 수의 시초는 1陰과 1陽이다. 陽의 상은 둥글고, 둥근 것은 지름이 1에 둘레가 3이며, 음의 상은 방方하니, 방한 것은 지름이 1이고 둘레가 4다. 둘레가 3인 것은 1을 1로 삼기 때문에 3은 1陽을 세 번 한 것이다. 둘레가 4인 것은 2를 1로 삼기 때문에 1陰을 두 번 하여 2가 되니, 이것이 이른바 하늘에서 3을 취하고 땅에서 2를 취한다는 것이다. 3과 2가 합해 5가 되니, 이는 하도와 낙서의 수가 5를 중앙으로 삼은 이유이다. 그러나 하도는 생수를 위주로 하였기 때문에 중앙의 5가 다섯 생수상이다. 아래의 한 점은 천1의 상이며, 그 위의 한 점은 지2의 상이다. 왼쪽의 한 점은 천3의 상이고, 오른쪽의 한 점은 지4의 상이며, 중앙의 한 점은 천5의 상이다. 낙서는 기수를 위주로 하였기 때문에 중앙의 5가 다섯 기수의 상을 갖추고 있으니, 아래에 있는 한 점은 또한 천1의 상이고 왼쪽에 있는 한 점은 천3의 상이며, 중앙의 한 점은 또한 천5의 상이고, 오른쪽의 한 점은 천7의 상이고, 위의 한 점은 천9의 상이다. 그 수와 위치가 3(1·3·5)은 같으나, 2(2·4)는 다르니, 陽은 바꿀 수 없으나 陰은 바꿀 수 있으며, 성수(7·9)는 비록 陽이나 진실로 낳은 것(2·4)이 陰이기 때문이다.[235]

---

235) 『周易傳義』: "曰,其皆以五居中者何也,曰,凡數之始一陰一陽而已矣,陽之象圓,圓者徑一而圍三,陰之象方,方者徑一而圍四,圍三者以一爲一,故參其一陽而爲三,圍四者以二爲一,故兩其一陰而爲二,是所謂參天兩地者也,三二之合,則爲五矣. 此河圖洛書之數,所以皆以五爲中也,然河圖以生數爲主,故其中所以爲五者,卽具五生數之象焉,其下一點天一之象也,其上一點地二之象也,其左一點天三之象也,其右一點地四之象也,其中一點天五之象也,洛書以奇數爲主,故其中之

천원지방天圓地方의 학설에 따라 둥근 하늘에서 3을 취하고, 네모난 땅에서 2를 취해 5가 되었다. 원은 직경이 1이면 둘레는 3이 조금 넘어 3을 취하고, 네모는 직경이 1이면 둘레가 4가 되나, 가로·세로의 한 면만 재면 전체를 알 수 있어서 2를 취한 것이다. 공안국과 유향은 하도의 수는 10이고 낙서의 수는 9라고 말하였으나, 오직 유목劉牧은 하도를 9라고 하였는데 이러한 이치는 구궁九宮의 수數에 있다고 하였으나 채원정蔡元定이 그 말에 대하여 반박했다.

고금의 전해오는 기록에 공안국과 유향부자와 반고는 모두 '하도는 복희에게 주었고 낙서는 우왕에게 주었다.'고 하였고, 관자명과 소강절은 모두 '10을 하도라 하고, 9를 낙서라 한다.'하였다.『대전』에 이미 천지 55수를 나열하였고,「홍범」에 '또 하늘이 마침내 우왕에게 홍범구주를 주었다.'고 분명히 말하였으니, 구궁의 수는 9를 위에 이고, 1을 아래에 밟고, 좌가 3, 우가 7, 2·4가 어깨이고, 6·8이 발이 되니 바로 거북 등의 상이다. 오직 유목의 의견은 9를 하도라 하고 10을 낙서라 하면서 희이(希夷 : 陳傳)에서 나왔다고 칭탁하여 말하는데 이미 선유先儒들의 구설舊說과 합하지 않으며, 또『대전』을 인용하여 '하도와 낙서가 모두 복희의 세대에 나왔다.'고 하니, 하도와 낙서를 바꿔 둔 것은 모두 분명한 증거가 없다.[236]

所以爲五者,亦具五奇數之象焉,其下一點亦天一之象也,其左一點亦天三之象也,其中一點亦天五之象也,其右一點則天七之象也,其上一點則天九之象也,基數與位,皆三同而二異,蓋陽不可易而陰可易,成數雖陽,固亦生之陰也.

236)『周易傳義』:"古今傳記,自孔安國劉向父子班固,皆以爲河圖授羲,洛書錫禹,關子明,邵康節,皆以爲十爲河圖,九爲洛書,蓋大傳,既陳天地五十有五之數,洪範又明言天乃錫禹洪範九疇,而九宮之數,戴九履一,左三右七,二四爲肩,六八爲足,正龜背之象也,唯劉牧意見,以九爲河圖,十爲洛書,託言出於希夷,既與先儒龜說不合,又引大傳,以爲二者,皆出於伏羲之世,其易置圖書,竝无明驗."

복희가 하도와 낙서를 겸하여 취했다고 하는 것은 『역易』과 「홍범」의 수數가 표리表裏가 되는 것이 의심이 되기는 하나, 고금古今과 선후先後의 다름은 있으나 천지의 이치는 두 가지가 있을 수 없으므로, 복희가 하도만으로 『역易』을 지었으나 낙서를 보지 않아도 이미 서로 부합된 것이고, 우禹는 낙서만을 근거로 하여 「홍범」을 지었으나 이미 은연중에 서로 부합된 것으로, 그 까닭은 이 이치 외에 다른 것이 없기 때문이라고 하는데 하도와 낙서는 성인을 통하여 말한 것이고 천지天地가 그려낸 것이다.

제3장

추연鄒衍의 음양오행설

1. 추연의 음양오행 구조

오행五行 관념의 운용은 만물을 구성하는 다섯 가지 원소의 상호 연관성, 즉 이른바 상생相生과 상승相勝의 상호연관을 통해서 발생되는 정치와 사회, 인생 그리고 자연의 각 방면에서 일어나는 현상의 변화를 설명하는 데 집중된다.

추연은 쉽게 경험되는 사물들을 주의 깊게 관찰하였고 여기서 어떤 패턴을 발견하고 이를 인사人事와 왕권교체에 대입하였던 것으로 보인다. 중국인들은 고대로부터 음양陰陽의 원리를 이용하여 자연재해의 원인 및 국가 멸망의 관계를 추정하였는데, 그 역시 이러한 역사경험에서 영감을 받아 수많은 역사사건을 자연계의 인과성 규율로 해석하였고 오행의 순환작용을 역사에 적용하여 왕조의 교체에 대한 이론을 세웠는데, 그 이론이 '오덕종시설五德終始說'이다.

추연의 오덕종시설에 의하면 각각의 왕조는 오행 중 하나가 부여된다. 하나의 왕조가 명운이 다하면 신왕조로 바뀌게 되는데 그 교체는 오행 상극

相剋의 법칙에 따라서 순서가 정해진다는 것이다. 이러한 순환은 土를 이기는 것은 木이고, 木을 이기는 것은 金이고, 金을 이기는 것은 火이고, 火를 이기는 것은 水이고, 水를 이기는 것은 다시 土라는 구조와 원리로, 이와 같은 원리로 왕조의 교체 역시 이루어진다는 것이다. 이처럼 오행의 상극 구조는 '토극수土剋水・수극화水剋火・화극금火剋金・금극목金剋木・목극토木剋土'의 형태이며, 상승작용으로도 일컬어진다.[237]

『좌전』「소공31년」의 기록에 의하면 진나라에서 신해일辛亥日에 일식이 생겼는데, 그날 밤 조간자趙簡子가 꿈에서 작은 남자아이가 발가벗고 음악에 맞춰 춤을 추는 꿈을 꾸고 사묵史墨에게 해몽을 요청하자 사묵은 일식日蝕의 원인에 대해 설명하였다.

지금으로부터 육 년이 지난 이 달에 오나라가 초나라의 서을 영郢으로 쳐들어 올 것이나 마침내는 이기지 못할 것입니다. 영으로 쳐들어오는 날은 반드시 경진일庚辰日일 것입니다. 지금은 해와 달이 진미(辰尾: 辰星의 꼬리, 진성은 수성의 별칭)에서 합해져서 일식이 일어났습니다. (지금부터 41일 전인) 경오일庚午日에 태양이 변하기 시작하였습니다만 火는 金을 이기기 때문에 오나라가 이기지 못하는 것입니다.[238]

여기에서 원문은 "화승금火勝金 고불극故弗克"이다. "火가 金을 이기기 때

---

237) 추연 생전에는 土・木・金・火 4덕은 헤아릴 수 있었지만 '火'를 이기고 나타날 '水' 德이 누가 되는지는 알지 못하였다. 후에 진시황이 비록 '水' 德을 썼지만 짧은 임금의 자리도 마치지 못하였다. 추연은 五帝의 德이 정해지면 周를 이어 황제가 될 수 있는 자는 마땅히 '水' 德의 왕에 귀속된다고 보았다. 그러나 '水' 德은 오행의 방위상에 있어서 북쪽이므로 연나라 소왕이 장차 운을 받아서 일어날 수 있음을 암시하였다. 王夢鷗, 『鄒衍遺說考』, 臺灣: 常務印書館, 1955, p.142 참조.

238) 『左傳』, 「昭公 三十一年」, "六年及此月也, 吳其入郢乎, 終亦弗克. 入郢必以庚辰, 日月在辰尾. 庚午之日, 日始有謫. 火勝金, 故弗克".

문에 원래 근원적으로 이길 수 없다"는 뜻이다. 애공哀公 9년(B.C.486)의 기록에서도 오행상승 관념을 볼 수 있다. 즉 "진晉나라의 조앙趙鞅이 정나라(鄭國, BC 806~375)를 구원하는 일로 점을 치니 '水가 火로 나아가는' 형세를 만났다. 사묵이 말하기를 '영(盈 : 조앙의 姓)은 수명水名에 해당되고, 자(子 : 송나라의 姓)는 수위水位에 해당됩니다. 명名과 위位는 필적하는 것이기 때문에 범하는 것은 좋지 않습니다. 염제炎帝는 火를 제사하는 책임자였고, 강성(姜姓 : 제나라 姓)은 그 후예입니다. 水는 火를 이기므로 강姜을 공벌하는 것은 가합니다'라고 하였다"[239)는 것이 그것이다. 그리고 『손자병법』 6편 「허실」에 "오행의 체계는 뒤가 앞의 것을 항상 이기는 것이 아니다(오행무상승五行毋常勝)."라고 하였다.

이와 같이 추연 시대의 왕조 교체는 이전 왕조를 이기고 새로운 왕조가 창건됐기 때문에 앞 왕조의 덕德이 이기지 못하는 덕에 따른다는 오행상승설五行相勝設로서 오덕종시五德終始가 이루어지게 되었다. 『사기집해』의 여순如淳의 주注와 『문선』 「위도부」의 이선李善 주에서 유흠의 『칠략』을 인용하며 한 말을 보면 추연의 오행상승설이 제시되어 있다.

> 추연鄒子에게는 종시오덕이 있는데, 이기지 못하는 것에 따른다. 토덕 뒤에 목덕이 그것을 잇고, 금덕이 그 다음이고, 화덕이 그 다음이며, 수덕이 그 다음이다.[240)

또한 『사기』 「봉선서封禪書」 중에서 "오덕五德은 각각 이기는 것을 가지고

---

239) 『左傳』, 「哀公 九年」. "晉趙鞅卜救鄭", 遇水適火'. 史墨曰, '盈, 水名也; 子, 水位也. 名位敵, 不可干也. 炎帝爲火師, 姜姓其後也. 水勝火, 伐姜則可.".

240) 『文選』, 「魏都賦」. "鄒子有終始五德, 從所不勝, 土德後木德繼之, 金德次之, 火德次之, 水德次之".

행한다. 진나라는 주나라가 화덕火德이라 말하면서 불을 끌 수 있는 것은 물이므로 스스로 수덕水德이라 하였다"241)라고 한 것은 앞 왕조의 덕德이 이기지 못하는 덕德에 따른다는 것으로, 土·木·金·火·水의 순서에 따른다는 것이다. 왕조의 교체는 아무래도 이전의 왕조를 이기고 새롭게 창건하는 것이기 때문에 앞 왕조가 이기지 못하는 덕德을 따른다고 한 것으로 볼 수 있는데, 추연의 유문으로 알려진 『여씨춘추呂氏春秋』「한병蕩兵」편에서 "오제는 참으로 서로 다투어 번갈아 일어나기도 패하기도 했으며, 이긴 자가 일들을 처리하였다."242)고 하였고, 좀 더 구체적인 예를 보자면 『여씨춘추』「응동應同」31편의 구절을 들 수 있다.

일반적으로 제왕이 장차 흥기하려고 할 때에는, 하늘은 반드시 먼저 그것을 예고하는 상서로운 징조를 보여준다. 황제黃帝가 되려 할 때에는 하늘이 먼저 큰 지렁이와 큰 땅강아지를 보여주었다. 황제는 '토기가 승하구나!'라고 말하며, 토의 기운이 승하므로 그 색깔은 황색을 높이고 일은 土를 규범으로 삼았다. 우임금 때에 이르자 … 탕임금이 때에 이르자 … 문왕이 때에 이르자 하늘은 먼저 불덩이와 붉은 까마귀가 붉은 책丹書을 물고 주나라 사당에 모여든 것을 보여주었다. 문왕은 '火기운이 승하구나!'라고 말하며, 火의 기운이 승하므로 그 색깔은 적색을 높이고 일은 火를 규범으로 삼았다. 불을 대신할 세력은 반드시 장차 水가 될 것이니, 하늘이 또한 먼저 水의 기운이 승함을 보여 줄 것이다. 水의 기운이 승하므로 색깔은 흑색을 높이고 일은 水를 규범으로 삼아야 한다. 水의 기운이 이르렀는데도 알지 못하면 水가 다 차버려서 장차 土로 옮겨갈 것이다. 하늘은 때에 맞게 하기

---
241) 『史記』,「封禪書」. "五德各以所勝爲行. 秦謂周爲火德, 滅火者水, 故自謂水德."
242) 『呂氏春秋』,「蕩兵」. "五帝固相與爭矣, 遞興癈,勝者用事."

때문에 때를 놓친 농사를 돕지 않는다."[243]

위 내용에 의하면 오덕五德이 전이轉移되는 과정에서 자연계에는 반드시 그 덕德이 주요한 힘으로 등장하였다는 '부응符應'[244]이 나타나는데 천자天子가 될 사람은 나타난 부응符應을 보고서 어떤 덕德인지 알고, 복색이나 제도 등 모든 행사를 그 덕의 특성에 맞추었다. 부응의 의미는 왕조의 건국과 정책들이 모두 신神의 의지에 따라 그 왕과 왕조가 선택되고 이루어진 일이라는 점을 증명하려 한 것이다. 추연은 새로운 왕조가 출현하기 전에는 하늘에서 반드시 특정 덕성에 해당하는 현상이 나타나는데 이것을 부응符應이라 하였다. 또한, 그것을 받은 군주는 하늘로부터 명命을 받은 자로서 반드시 하늘의 의지에 합하여야 한다고 보았다.

추연의 오행상승설五行相勝說 대로라면 하夏, 은殷, 주周 삼대는 木·金·火의 순서로 덕이 바뀐 과정으로 결국 자연의 운행법칙과 역사의 변화과정이 상응한다고 본 셈이다. 이러한 발상은 이른바 '천인상응론天人相應論'의 선구를 이룬다고 할 수 있으며, 자연과 인간 사이의 단절이 아닌 그 연속성을 강조하는 중국 사상의 일반적인 특징을 반영하기도 한다. 천인상응은 '천天'과 '인人'은 바로 유기적으로 연결되어 있는 필연적 상응 관계에 놓여 있기 때문에 천天과 연결되어 있는 인간은 자연의 소식消息원리에 따라 그 부침浮沈을 반복할 수밖에 없다는 것이다. 인간의 역사는 자연의 순환하는 질서에 따라 흥망성쇠를 반복할 수밖에 없고 이런 점에서 숙명적宿命的이며

---

243) 『呂氏春秋』, 「應同」. "凡帝王者之將興也, 天必先見祥乎下民. 黃帝之時, 天先見大螾大. 螻 黃帝曰土氣勝, 土氣勝, 故其色尚黃, 其事則土. 及禹之時…及湯之時…及文王之時, 天先見火, 赤烏銜丹書集於周社. 文王曰火氣勝, 火氣勝, 故其色尚赤, 其事則火. 代火者必將水, 天且先見水氣勝, 水氣勝, 故其色尚黑, 其事則水. 水氣至而不知, 數備, 將徙于土. 天爲者時, 而不助農於下."

244) 부응(符應)은 오덕 중의 어느 한 덕이 도래할 때 그 덕과 상응하여 자연계에 나타나는 현상을 말함.

순환론적循環論的이라고 말할 수 있다.

이처럼 추연이 오행상승이론을 제시한 것에는 일정한 의도가 개입되어 있다고 볼 수 있다. 오행상승설을 통하여 통일을 만들 만한 힘과 능력 및 덕성을 갖춘 제후에게 역성혁명을 통하여 천하를 통일할 수 있도록 정당성을 부여하고자 한 것이다. 또 한편으로는 천하를 통일한 이후의 황제의 전횡이나 자의적인 행동을 제한하고 안정된 통치시스템을 구축하고자 한 것[245]이라고 볼 수 있다.

앞서 살펴 본 바와 같이 음양오행설은 고대로부터 추연의 시대에까지 이어져 왔고, 추연은 그 당시 만연해 있던 오행상승설과 상생설을 자연과 인사에 접목시켜 이해하는 상관론적相關論的 사고를 하였고, 그가 이렇게 새롭게 구성한 구조를 통해 역사의 변천규범을 확립하였다. 자연 속의 법칙을 인사에 적용하여 해석하였다는 측면에서 보자면, 추연의 오행상승설은 그의 독창성이 엿보이는 학설이라고 하겠다. 그런 점에서 "추연은 오행상승이론을 역사 영역으로 끌어들여 정치와 결합시켜 원래의 속성과 본질을 나타내던 오행의 덕을 천도天道의 필연적 천명天命 혹은 규율로 변화시켰다"[246]라는 지적은 적절하다.

후대로 갈수록 오행설에 대한 설명은 더욱 그 면모를 새롭게 탈바꿈해 가게 되는데 『백호통의白虎通義』「오행五行」편에서는 오행의 상생에 대해 구체적으로 "木은 火를 낳고, 火는 土를 낳으며, 土는 金을 낳고, 金은 水를 낳고, 水는 木을 낳는다."[247]고 하였고, 소길蕭吉의 『오행대의五行大義』「논상

---

245) 박동인, 「추연의 오행상승설과 상생설의 구조와 함의」, 철학연구회, 『철학연구』 84집, 2009, p.83 참조.
246) 유소홍, 송인창 외 역, 『오행 그 신비를 벗긴다』, 국학자료원, 2006, p.78 참조.
247) 『白虎通義』, 「五行」. "木生火, 火生土, 土生金, 金生水, 水生木".

生論相生」편에서는 "나무가 불을 낳는 것은 나무의 특성이 온화하고 따뜻하며 불이 그 가운데 잠복하고 있어서, 부싯돌을 비비면 불이 나기 때문에 나무가 불을 낳는다고 하는 것이다. 불이 흙을 낳는 것은 불이 열 때문에 나무를 태울 수 있기 때문으로, 나무가 타서 재가 되며, 재가 곧 흙이 되는 것이다. 그러므로 불이 흙을 낳는다고 하는 것이다."[248]라고 하였다.

이처럼 오덕종시설五德終始說은 진한의 교체기를 지나 전한前漢의 정치적 안정기가 오면서 木 → 火 → 土 → 金 → 水로 차례차례 생성해간다는, 정권의 선양禪讓 형태를 취하는 상생설相生說로 변화했다.

2. 추연의 음양오행 사상

추연은 음양오행설, 특히 土 ← 木 ← 金 ← 火 ← 水 오행의 상승相勝이론을 통하여 자연과 인간세계의 운행질서를 이해하고, 이로써 역사 변화를 예측하고 그 추이를 파악하여 정치에 접목하였다. 土 ← 木 ← 金 ← 火 ← 水의 상승相勝원리로 다섯 가지 덕德에 의해 시대가 구분되고, 이 다섯 개의 시대가 순환하며 교체된다는 것이 그의 지론이다. 그의 오덕종시설은 동중서에 의해 유학의 정치적, 도덕적 이념에 적극적으로 수용하게 된다. 동중서가 인仁·의義·예禮·지智·신信 오상五常을 천도天道에 근거를 두고 그것을 음양오행과 연결한 이유가 바로 여기에 있다. 추연의 오덕종시설은 한대 유학뿐만 아니라 당唐·송대宋代에 이르기까지 그 영향력이 계속 이어져 유

---

248) 『五行大義』, 「論相生」. "木生火者, 木性溫, 暖位其中, 鑽灼而出, 故生火. 火生土者, 火熱故能焚木, 木焚而成灰, 灰卽土也. 故火生土".

학이념의 이론적 설명수단으로 확고한 위치를 점유하였다.

그러면 추연은 어떤 의도를 가지고 오덕종시설을 주장하였을까? 앞에서 언급한 『사기』 「맹자순경열전」의 기록처럼 그는 "치자治者들이 자신을 먼저 깨끗이 한다면 일반 백성들을 감화시킬 수 있다"고 생각했다. 그렇기 때문에 "『종시終始』·『대성大聖』 등 십만여 언言의 저작을 저술"한 것이라 하였고, "그 궁극의 요지는 반드시 인의仁義, 절검節儉과 군신상하, 육친에게 베푸는 일에 귀착하였는데, 그 설의 근원을 말하는 것이다"[249]고 하였다.

추연에게 있어서 정치는 하늘의 의지에 근본을 두고 있기 때문에 정치상의 목적과 의의 또한 음양이론을 통해 분명하게 제시하고 있는데 그중에서도 특히 군왕의 역할의 중요성을 강조하였다. 왜냐하면 하늘은 군주를 통하여 그의 의지를 실현하기 때문이다.

그 의지란 오랜 세월 동안 나라가 잘 다스려지고 백성들이 편안하기를 바라는 것으로 위로는 하늘의 의지를 따르게 하고 아래로는 백성을 교화하는 데 힘쓰도록 하여 백성들의 인성이 조화롭게 조성되도록 하는 것이다. 인간이 하늘의 의지를 받들어 인간 세상을 조화롭게 잘 다스려 나가야 하는지에 대하여 인간·정치·재이 등의 문제를 유기적으로 연관시켜 음양이론을 전개하였다는 데 큰 의의를 부여할 수 있다.

이러한 유기적 관계에서 음양의 속성은 종종 천명天命 혹은 천의天意, 그리고 자연계 질서의 법칙으로도 표현되었다. 추연은 자연계의 현상과 인류 사회는 필연적 인과관계가 있다고 생각하였는데, 그런 자연계의 미묘한 변화현상을 개괄하여 천의天意라고 하였다. 그리고 재해는 다스림과 밀접한 관계가 있다고 보고 역사경험을 통하여 재이설災異說을 피력하였다. 추연은

---

[249] 『史記』, 「孟子荀卿列傳」. "然要其歸, 必止乎仁義節儉, 君臣上下六親之施".

『시경』250)과 『서경』251), 『춘추』252) 중에 기록된 재이현상을 오행상승이론, 즉 역사의 순환이론으로 해석하였다. 무엇 때문에 인간의 행위가 자연계의 질서를 파괴하고 재이를 불러오는지를 설명하고 자연재해와 국가의 치란治亂은 상호 밀접한 관계가 있다고 보았다. 추연의 판단으로 볼 때 재이는 하늘이 자신의 의지를 나타낸 것이라 할 수 있다.

『주역周易』「계사전繫辭傳」에 "기미幾微는 변화의 세미한 조짐이다. 길흉에 앞서 나타난다."253)고 하였다. 여기서 '기미'는 길흉이 발생하기 전의 어떤 징조이다. 천도변화에는 일정한 규율이 존재하기 때문에 길흉 전의 이러한 징조로부터 장차 천지만물에 발생할 변화를 추측할 수 있는 것이다. 그러므로 하늘의 뜻이 무엇인지 체득하여 이를 인사人事의 원칙으로 삼는 것이다. 이런 이유로 추연의 오덕종시설은 『시경』과 『서경』, 『춘추』에서 그 근원을 찾았다고 볼 수 있다. 재해는 천하가 평화롭지 못할 때 발생하기 때문에 재해를 예방하기 위해선 나라를 잘 다스려야 한다는 것이다. 재이는 하늘이 인간을 향해 자신의 의지를 알리는 것이며 인간들로 하여금 잘못을 깨닫게 하여 그들을 구원하는 데 그 뜻이 있다.

추연은 오넉상승설의 궁극적인 목적을 "인의, 절검과 군신상하, 육친에게 베푸는 일"에 두고 있다.254) 사마천에 의하면 추연 학설은 유가의 덕치德治이념과 묵가의 절검節儉사상을 지향하고 있다고 한다.255) 일반적으로 '인

---

250) 『詩經』, 「大雅」, 桑柔, "天降喪亂 滅我立王", 「小雅·十月之交」, "日月告凶 不用其行, 四國無政, 不用其良".

251) 『書經』, 「多方」, "乃惟爾商後厥逸, 圖厥政不".

252) 『春秋』, 「昭公 二十一年」, "秋七月壬午朔 日有食之", 「昭公 二十三年」, "八月乙未地震", 「昭公 二十五年」, "有鸜鵒來巢, 秋七月上辛 大雩. 季辛 又雩".

253) 『周易』, 「繫辭傳」, "幾者, 動之微, 吉凶之先見者也".

254) 『史記』, 「孟子荀卿列傳」, "然要其歸, 必止乎仁義節儉, 君臣上下六親之施, 始也濫耳".

255) 죠셉 니담은 추연의 사상이 그 당시 성행하던 도가, 묵가, 유가 등 여느 학파와는 상당히 다른 인상을 주는 음양

의'는 유가의 핵심 내용이며, '절검'은 묵자의 사상을 암시하기 때문이다. 추연이 왕 자신이 먼저 깨끗이 한다면 일반 백성들을 감화시킬 수 있다고 생각했다. 추연이 유가의 이념을 수용하고 있다는 점을 암시한다고 하는데 『염철론鹽鐵論』「논추論鄒」편의 "유술儒術로써 세상의 군주에게 간하였으나 받아들여지지 않자 변화종시變化始終의 학설을 주장하여 마침내 세상에 이름이 알려지게 되었다."[256)는 구절은 그 좋은 예가 된다.

추연의 오덕종시설과 관련하여 『맹자』를 살펴보면 그가 오행에 대해 직접 언급하지는 않았지만 일종의 왕조 교체설에 관해 언급한 부분이 나온다.

"오백 년마다 반드시 왕이 될 만한 자가 나타난다. … 주나라 이래로 지금까지 칠백여 년이 흘렀으니 햇수로 보면 지났으나 상황으로 보면 가능하다."[257)

"요순으로부터 탕왕에 이르기까지가 오백여 년이고… 탕왕으로부터 문왕에 이르기까지가 오백여 년이고… 문왕으로부터 공자에 이르기까지가 오백여 년이다."[258)

위의 내용으로 볼 때 맹자 역시 하나의 왕조의 운은 일정한 기한을 두고 순환된다는 것을 말하고 있고 오백 년을 주기로 성현이 출현한다고 하였다. 이러한 역사관에는 음양오행의 오덕전이설의 색채가 배어 있다고 볼 수 있

가로 보았는데, 사마천은 추연이 仁義와 德을 중시한 점으로 보아 추연사상이 일부 儒·墨思想을 암시한 것으로 보았다. 조셉 니담, 이석호 외 역, 『중국의 과학과 문명(II)』, 을유문화사, 1986, p.332 참조.

256) 『鹽鐵論』, 「論鄒 第五十三」, "鄒子以儒術干世主, 不用, 以變化始終之論, 卒以顯名."
257) 『孟子』, 「公孫丑 下」, "五百年必有王者興…由周而來, 七百有餘歲矣, 以其數則過矣, 以其時考之則可矣."
258) 『孟子』, 「盡心 下」, "由堯舜至於湯五百有餘歲…由湯至於文王五百有餘歲…由文王至於孔子五百有餘歲."

다. 즉 어떤 나라도 영원한 왕국으로 존속될 수 없고, 일정기간이 지나면 다른 왕조로 대체된다는 의식이 깔려 있었다. 오름의 끝이 있으면 내림이 있게 마련이고, 내림의 끝은 또 다른 상승으로 이어진다는 의미를 왕조의 흥망에 비유한 것이다.

오행상승五行相勝 개념은 추연의 독창적인 내용은 아니다. 그러나 상승相勝 개념을 왕조의 성쇠와 변화에 적용한 것은 대개 왕조의 변화란 뒤에 일어나는 왕조에 의해 정복당하는 것에서 비롯되기 때문으로 본다. 추연이 살고 있었던 시대에는 서로 얽혀 어느 나라가 중원의 패자가 될지 알 수 없는 상황으로 무력에 의해 천하를 제패할 나라가 필요했을 것이다. 그래서 그는 '오덕五德'이 오행상생이 아닌 상승相勝을 통하여 '전이轉移'된다고 주장하였다. 그 당시에 이미 상생설相生說이 유행하고 있었음에도 오덕이 상생하는 관계로 보지 않은 것은, 왕조의 교체가 역사적으로 상승相勝의 관계에 더 적절하다고 판단했기 때문일 것이다.[259]

『춘추』「양공襄公」[260], 「소공昭公」[261], 「애공哀公」[262] 등 여러 편에 일식日蝕, 지진地震, 운석隕石, 충재蟲災 등 자연계의 이상 현상을 기록한 부분이 나오는데, 공자는 이런 재이의 발생은 기재하였으나 그 까닭은 기록하지 않았다.

그러나 추연은 이러한 재이의 의미를 새롭게 해석하여 재이학설의 기초를 놓았다고 볼 수 있는데 『시경』과 『서경』의 기록들을 재이설의 근거로 삼

---

259) 동중서는 相勝보다 相生의 의미를 더 강조한다. 그가 상승보다 오행의 상생에 더 관심을 가지고 있었던 이유는 바로 이미 국가 체제가 완비되고 통일의 제국을 형성한 시점에서는 평화적인 사회질서와 순리에 따른 정권 이양을 염두하고 있었기 때문일 것이다. 평화시에 相勝를 말하는 것은 곧 혁명을 의미한다. 그는 평화적이고 안정적인 체제에서는 상승보다는 상생이 더 유효하다고 판단했을 것이다. 그래서 동중서는 오행의 상생관념을 안정된 국가의 체제 정비를 위한 이론적 수단으로 활용했는지도 모른다.

260) 『春秋』, 「襄公 十六年」, "五月甲子, 地震", 「襄公 二十一年」, "冬十月丙辰朔 日有食之".

261) 『春秋』, 「昭公 二十四年」, "夏五月乙未朔 日有食之 秋八月 大雩".

262) 『春秋』, 「哀公 上」, "夏四月甲午 日有食之", 「哀公 下」, "五月庚申朔 日有食之".

았다고 할 수 있다. 『시경』의 내용을 보면 자연재해와 실정失政의 관계를 언급하고 있는데, "하늘은 멸망과 재난을 내리시고 우리들이 세운 임금을 멸하려 하신다."[263]는 기록이 그것이다.

『관자』「사시」에 "그러므로 음양은 천지의 큰 이치이다. 형덕刑德은 사시四時의 합合이다. 형덕이 사시에 합하면 복이 생기며 합하지 못하면 화가 생긴다."[264]고 하여 음양설을 정치문제에 접목시켜 설명하였다. 치국의 요령은 음양의 변화에 합하는 데 있으므로 형덕이 그 순서를 잃게 되면 반드시 국가의 재앙을 조성하게 된다고 본 것이다.

이와 같이 추연은 『시경』과 『서경』의 기록들을 재이설의 근거로 삼아 그의 이론을 역사와 정치문제에까지 응용하였다. 또한 오행상승의 원리를 근본으로 한 추연의 오덕종시설은 오덕의 전이에 의한 왕조교체의 원리를 통하여 변화를 중시하는 형식을 취하고 있기 때문에 사람들에게 과거와 현재보다도 다가올 미래의 정치체제에 관심을 집중시킨다. 이런 점에 대해서 결국 추연은 일종의 역성혁명사상을 고취시켰던 것으로 보았고, 본래 추연의 사상 자체에 대제국상을 예상하고 그 도래를 재촉하려는 의도가 담겨 있었다고 말한다.[265]

같은 맥락에서 사마천의 판단으로 본다면, 추연은 음양오행의 상승설의 구조와 원리의 순환관계를 이용하여 당시 위정자의 부패와 타락과 인륜의 황폐함을 경고하여 혼란한 사회를 선도, 교화하려고 유가적 색채가 강한 정치사상을 도출한 것으로 보인다.

---

263) 『詩經』, 「大雅」, 桑柔. "天降喪亂, 滅我立王".
264) 『管子』, 「四時」. "是故陰陽者, 天地之大理也, 刑德者, 四時之合也, 刑德合於時則生福, 詭則生禍".
265) 아사노 유이치, 김성배 역, 『제자백가』, 천지인, 2012, pp.230-236 참조.

3. 추연 사상의 도덕적 이해

추연의 학설은 당시 현실의 도덕적 요구에 대해 추연 나름대로의 해법을 제시한 것이라고 볼 수 있다. 오행의 상생상극의 모델을 제시하여 역사의 변천을 설명함으로써 사람들이 사회 역사의 현상을 이해하고 도덕을 회복할 것을 촉구한 것이다. 앞에서 살펴본 것처럼 『사기』「맹자순경열전」에서는 추연의 입론 계기가 "제국의 군주들이 더욱더 사치와 음란으로 흘러 덕을 존중하는 생각, 즉 『시경詩經』「대아大雅」편에 보이는 것처럼 먼저 자신을 수양하고 일반 서민에게 미치게 하지 못하는 것을 목도"[266]한 데서 비롯된 것으로 알려져 있다. 이를 통해 알 수 있듯이 추연은 무엇보다도 군주의 자기 수양과 덕행이 치란治亂의 관건이라고 생각했음을 보여준다. 「대아大雅」편은 왕정王政이 제대로 행해지는 것과 그렇지 못한 것의 자취를 읊은 시가 모음집이다. 천명을 받은 왕은 민심을 살펴 도덕적인 정치를 하여야 함에도 불구하고 그 당시 현실은 그렇지 못했다.

앞에서 살펴 본 것처럼 사마천은 추연 학설의 요지를 "그 귀착되는 바를 요약하면 반드시 인의와 절검을 강조하고 군신, 상하, 육친 사이에 시행해야 할 도로 끝난다"[267]라고 하였다. 추연이 단순히 음양오행설로써 우주 운행의 객관법칙을 파악하는 데에만 그 목적이 있는 것이 아니라면 적절한 분석이라고 본다. 왜냐하면 전국시대 제자백가의 사상이 다양한 관점에서 인간과 인간 삶에 대해 이론을 제시하지만, 결국은 정치에 있어서의 지도원칙을 수립하는 데에 대부분 일치된 관심을 보이고 있기 때문이다. 추연 역시

---

266) 『史記』,「孟子荀卿列傳」. "覩有國者益淫侈, 不能尚德, 若大雅整之於身, 施及黎庶矣".

267) 『史記』,「孟子荀卿列傳」. "然要其歸, 必止乎仁義節儉, 君臣上下六親之施, 始也濫耳."

그의 직접적인 언급은 찾아볼 수 없지만 궁극적으로는 도덕적 사회의 구현에 관심을 두었을 것으로 추측해 볼 수 있다.

그렇다면 여러 가지 덕목 가운데 인의와 절검, 그리고 군신, 상하, 육친의 도道로 귀결되는 까닭이 무어인지 알아보기 위해 먼저 선진시기先秦時期 인의仁義, 절검節儉의 덕목 및 인간관계에서의 도덕을 살펴보고자 한다.

먼저 인의仁義는 전국시대 이래로 유교의 대표적 도덕 범주로 인식되어 왔고 인仁은 공자에게서는 모든 덕을 포괄하는 개념이었지만 맹자에 이르러 인仁은 의義·예禮·지智와 더불어 사덕四德의 하나로 일컬어졌고, 이후 인의仁義라고 하면 유교의 덕목을 지칭하는 것으로 알려져 왔다.[268] 인의는 인간 본성에서 우러나는 것이고 인간다운 삶의 기본 덕목이기 때문에 맹자는 "인仁을 해치는 자를 흉포하다고 하고 의義를 해치는 자를 잔인하다고 한다."[269]라고 했던 것이다.

인의仁義를 중시하는 유가의 관점은 『순자荀子』의 다음 구절에서 명확히 제시된다.

> 이사李斯가 순자에게 물었다. '진秦나라가 사대에 걸쳐 승리하였고, 군대가 중국 안에서 강하며, 제후들 사이에 위엄을 떨치니, 이것은 인의로 인한 것이 아니라 편리함을 좇아서 된 것일 뿐입니다.' 순자가 대답하였다. '네가 아는 바와 같지 않다. 네가 편리함이라고 알고 있는 것은 불편함의 편리함이다. 내가 인의라고 하는 바는 큰 편리함의 편리함이다. 저 인의라는 것을 잘 해나가면 백성들이 윗사람을 친애하고 그 왕을 좋아하며 죽음에 이르러도 그것을 가벼이 여긴다. 그러므로 군대에 있어서 군사를 거느리는 일은

---

268) 김승혜, 『유교의 뿌리를 찾아서』, 지식의 풍경, 2001, p.209 참조.
269) 『孟子』, 「梁惠王 下」, "賊仁者, 謂之賊. 賊義者, 謂之殘".

말사末事인 것이다. 진나라가 사대에 걸쳐 승리하였지만 항상 천하가 하나로 연합하여 공격할까봐 늘 조마조마해 하고 있으니, 이것이 말세의 병사라고 이르는 것이자 아직 본통本統을 가지지 못한 것이다. … 지금 너는 근본에서 구하지 않고 말단에서 찾고 있으니 이것이 세상이 어지러운 이유이다.[270]

이사李斯는 당시 위세를 떨치던 진나라의 패도정치가 강력한 군대와 위업을 이룰 수 있는 수단이라고 보았다. 진나라의 법가정치의 편리함을 강조하고 있지만, 스승인 순자는 유가 정치철학의 핵심 덕목인 인의가 바로 정치의 요체라고 본 것이다. 무력과 억압에 의한 정치는 즉시의 복종과 효과를 기대할 수는 있지만, 백성을 근본적으로 복종하게 할 수는 없다. 이에 대해서는 이미 공자가 『논어』에서 "법률과 제도로써 백성을 이끌고 형벌로써 질서를 유지시키면, 그들은 법망을 빠져나가면서도 부끄러움을 모른다. 덕으로써 이끌고 예로써 질서를 유지시키면 백성들은 부끄러움을 알고 선에 이르게 된다."[271]라고 한 바 있다.

물론 공자의 시대보다 전국 말의 상황은 더욱 극심한 혼란기였으므로 덕德과 예禮를 통한 정치가 얼마나 현실적으로 효과가 있을지 군주를 비롯한 통치자의 입장에서는 회의적일 수 있었을 것이다. 그래서 추연은 보다 강력한 오덕종시설의 체계를 수립하고, 그것을 매개로 인의의 정치를 유도하고자 한 것으로 추측해 볼 수 있다.

---

270) 『荀子』, 「議兵」. "李斯問孫卿子曰, 兵强海內, 威行諸侯, 非以仁義爲之也 以便從事而已. 孫卿子曰 非汝所知也. 汝所謂便者, 不便之便也. 吾所謂仁義者, 大便之便也. 彼仁義者, 所以脩政者也. 政脩則民親其上, 樂其君, 而輕爲之死. 故曰 凡在於軍, 將率末事也. 秦四世有勝, 諰諰然常恐天下之一合, 而軋己也. 此所謂末世之兵, 未有本統也…今女不求之於本, 而索之於末, 此世之所以亂也".

271) 『論語』, 「爲政」. "子曰 道之以政 齊之以刑 民免而無恥 道之以德 齊之以禮 有恥且格".

추연의 제자들인 음양가가 "이들은 궁정이나 국왕의 생활을 피하지 않았을 뿐만 아니라, 군주들이 만일 무시하면 곧 위험에 떨어질 것만 같은 우주의 어떤 사실을 자기들은 파악하고 있음을 확신하는 것같이 보였다. …이런 사실에서 미루어 보아 이 원시과학이 한동안은 확고부동한 사회적 중요성과 위신을 자랑했었다는 것을 알 수 있다."272)는 조셉 니담(중국이름 : 李約瑟)의 지적처럼 이후로도 영향력을 행사한 것을 봤을 때 이 점은 더욱 분명해진다.

'절검節儉'은 유가사상과 묵가사상의 두 측면에서 살펴볼 수 있다. 우선 묵가사상에서 강조하는 절검은 '절용節用'으로 표현되는데 백성의 욕망을 충족시키기 위해서는 영토를 확장하는 것이 아니라 비용을 절감하는 것이 중요하고, 그것은 주로 통치자의 절용을 말하는 것이다. "불필요한 비용을 줄이는 것은 성왕의 도이고 천하의 큰 이익이 된다."273)는 것이다. 그러나 묵가의 절용은 경제논리에만 입각하여 인간의 문화적인 욕구를 무시한 측면 때문에 그 당시 통치자들에게 환영받지 못했다.

유가 정치사상에 있어서는 개인의 부를 축적하는 것보다 지배계급의 절검과 청렴, 그리고 이익의 균분均分을 강조한다.274) 공자는 일찍이 국가를 통치하는 데 있어 "쓰기를 절제하고, 백성들을 사랑해야 한다."275)고 하였다. 이는 바로 통치자가 절검하는 것이 백성을 사랑하는 '애민愛民'으로 연결됨을 말하는 것이다. 맹자 역시 40리 동산을 가진 제선왕齊宣王이 70리 동산을 가진 문왕을 부러워하면서 한 질문에 대해 군주가 절검하고 백성을 위한 정

---

272) 조셉 니담, 이석호 외 역, 『중국의 과학과 문명(Ⅱ)』 을유문화사, 1986, p.331-332 참조.
273) 『墨子』, 「節用中」. "去無用之費, 聖王之道, 天下之大利也".
274) 이승환, 『유교담론의 지형학』, 푸른숲, 2004, p.245 참조.
275) 『論語』, 「學而」. "子曰 道千乘之國, 敬事而信, 節用而愛民, 使民而時".

치를 해야 함을 역설하였다. 즉, 문왕의 동산은 사방 70리이지만 꼴 베는 사람과 나무하는 사람이 그곳에 들어가며 꿩을 잡고 토끼를 잡는 사람도 그곳에 들어가서 백성들과 함께 하였으니 백성들이 동산을 작다고 여겼다. 그렇지만 제나라에서는 사방 40리 동산 안에서 사슴을 죽이는 사람은 살인의 죄와 같다고 하여 사방 40리로 나라 가운데에 함정을 만든 것과 같으니 백성들이 제나라의 동산은 크다고 여기는 것이 당연하다고 말하였다.[276]

군주가 스스로 절검節儉하고 백성과 더불어 나누려고 할 때 민생경제도 안정될 수 있다고 보았던 것이다. 그래서 이 절검節儉은 세금을 경감하는 경세輕稅의 주장으로 이어질 수 있었던 것이다. 과도한 세금으로 인해 민중의 삶이 피폐한 전국시대에 맹자는 세금稅金을 줄임으로써 민생경제가 안정이 되고, 부족한 세수는 군주를 비롯한 지배계층의 절검節儉으로 충당할 것을 제안하였다.[277] 이는 당장 국가 재정의 위기를 가져올 것 같지만, 장기적으로는 인정仁政을 통해 오히려 경쟁력을 확보함과 동시에 많은 백성들의 호응을 얻을 수 있다고 보았기 때문에 가능한 것이었다. 추연 역시 구체적으로 절검을 강조한 전적을 찾을 수는 없지만, 사마천의 기록대로라면 법가적 통치 모델보다는 유사석 애민정치에 가치를 두었나고 추측해 볼 수 있다.

또한, 앞에서 언급한 것처럼 추연은 자연계의 현상과 인류사회는 필연적 인과관계가 있다고 생각하였다. 하늘은 재이를 통해 자신의 의지를 알리며,

---

276) 『孟子』,「梁惠王 下」. "齊宣王 問曰. 文王之囿方七十里, 有諸. 孟子對曰 於傳有之. 曰若是其大乎. 曰民猶以爲小也 曰寡人之囿, 方四十里, 民猶以爲大何也. 曰文王之囿, 方七十里, 芻蕘者往焉, 雉兎者往焉, 與民同之, 民以爲小, 不亦 宜乎. 臣始至於境, 問國之大禁然後敢入, 臣聞郊關之內, 有囿方四十里, 殺其麋鹿者, 如殺人之罪, 則是方四十里, 爲 阱於國中, 民以爲大, 不亦宜乎."

277) 『孟子』,「滕文公 上」. "夏后氏五十而貢, 殷人七十而助, 周人百畝而徹, 其實皆什一也 徹者徹也, 助者藉也, 龍子曰治 地, 莫善於助, 莫不善於貢, 貢者校數歲之中以爲常, 樂歲粒米狼戾, 多取之而不爲虐則寡取之, 凶年糞其田而不足, 則 必取盈焉, 爲民父母, 使民盻盻然將終歲勤動, 不得以養其父母, 又稱貸而益之, 使老稚, 轉乎溝壑, 惡在其爲民父母也. 夫世祿, 滕固行之矣, 詩云雨我公田, 遂及我私, 惟助爲有公田, 由此觀之, 雖周亦助也".

궁극적인 천의天意의 목적은 인간들을 도덕적으로 인도하는 데 있기 때문에 '군신, 상하, 육친(부모형제처자) 사이에 시행해야 할 도'로 귀착된다고 할 수 있었던 것이다. 공자가 강조했던 인仁도 인간관계에서의 사랑이며, 인간관계에서 조화를 실현할 수 있는 방법이기도 하다. 인간관계에서 시행해야 할 도에 대해 맹자는 오륜으로 정리한 바 있는데 부자유친父子有親, 군신유의君臣有義, 부부유별夫婦有別, 장유유서長幼有序, 붕우유신朋友有信 등이 인생에서의 가장 기본적인 대인관계에서 지켜야 할 상호의무라고 규정한 것이다.

이상 살펴본 것처럼 추연의 음양오행설은 그 기저에 도덕적 인간의 회복이라는 염원을 담고 있었으며, 한대 유학의 성립에 긍정적이든 부정적이든 많은 영향을 미쳤음을 추측하게 한다. 이점에서 벤자민 슈월츠Schwartz, Benjamin가 사마천의 증언에 의존할 때 "추연의 윤리적인 가치들은 본질적으로 유가적인 것이었으며, 그가 인의, 절검 및 사회관계들에 대한 기본적인 유가의 규범들을 장려하기 위해 자신의 전 체계를 사용했고" 그것은 동중서에게서 보듯이 "상응적 우주론과 유가적 가치들 사이의 융합을 시도하는 후대의 노력에 있어서 선구자"[278]라고 평가한 점은 적절하다.

4. 추연 사상의 사회역사적 이해

추연에 의하면 역사의 변화는 오행의 순환적 방식으로 진행된다. 그는 인류역사를 부단히 변화하는 과정으로 생각하였지만 그 변화를 지배하는

---

278) 벤자민 슈월츠, 나성 역, 『중국 고대사상의 세계』, 살림, 1996. p.496 참조.

한 가지 규율이 있다고 보았으며, 그것이 바로 오덕에 의한 전이라는 것이다. 이러한 역사관은 순환론인 동시에 역사진화론과 신비주의가 뒤섞인 것으로 왕조교체를 설명하는 동시에 정치를 분류하는 내용이다. 즉 다섯 가지 정치의 유형을 분류하는 방식을 채용함으로써 당시까지의 정치에 대한 개괄적인 면모를 보여 주었다.[279]

추연의 음양오행설이 사회역사적으로 어떻게 적용되었는가를 살펴보기에 앞서 추연의 독특한 자연철학을 살펴보는 것이 그의 역사관을 이해하는 데 도움이 될 것이다.

추연은 중국이 세계의 81분의 1이라고 보았다. '적현신주赤縣神州'라고 하는 중국에는 아홉 주가 있는데, 이는 작은 아홉 주일 뿐이며, 전 세계에는 중국만큼 큰 주가 아홉 개 있는데 이것이 큰 아홉 주라고 한다. 각 큰 주는 모두 작은 바다로 둘러싸여 있으며 인류와 그 밖의 동물이 모두 자유로이 다른 큰 주로 갈 수가 없다. 큰 아홉 주 외에 또 더 큰 해역으로 둘러싸인 곳이 있는데 그곳이 바로 하늘과 땅이 막다른 곳이다.[280] 추연의 이러한 '대소구주설大小九州說'은 당시 사람들의 하늘과 땅에 대한 막연한 인식과는 상당히 달라 보인다. 막연하게 하늘이나 땅의 공산성을 무한하게 인식했던 것을 벗어나 공간적 한계에 대해 인식하고 자연에 대해 좀 더 객관적으로 이해하였음을 보여주고 있다. 비록 이러한 주장이 허황되다는 비판을 받았지만 여기에는 작은 것으로써 큰 것을 유추하고, 가까운 것에서 먼 것을 추리하는 그의 인식 자세가 반영된 것이라고 볼 수 있다. 물론 이러한 자연철학이 어떻게 서로 대립되는 것으로 보이는 천인상응적 우주론으로 전개될 수 있었는지 모순적으로 보일수도 있지만, 보다 광대한 세계에 대한 그의 관심

---

279) 유택화, 노승현 역, 『중국 고대 정치사상』, 예문서원, 1994, p.393 참조.
280) 류웨이화 외, 곽신환 역, 『직하철학』, 철학과현실사, 1995, p.168 참조.

과 추리는 인간사회의 역사에 대한 관심과 추리로 집약될 수 있었던 것으로 보인다.

조셉 니담의 지적처럼 "오행설 그 자체는 본질적으로 자연주의적이며 과학적인 것"이지만 추연은 "명백하게 그것을 왕조의 문제로 확대하여 어떠한 군주이거나 왕가도 오행 중의 각자의 '덕에 의하여서만' 통치가 가능하다고 생각했다. 실제로 이것은 왕가의 흥망의 이론을 제공하고, 인사人事와 그 역사를 비인간적인 자연의 현상과 동일한 '법칙' 밑에 두었던"[281] 것이다.

추연은 이 추리방법을 통해 인류 역사발전의 추이를 고찰하고 미래를 예측함으로써 "한 왕조가 멸망하는 것은 반드시 그것에 결함이 있기 때문이며, 그것을 대신한 사람은 그 폐단을 구하고 보충해야만 비로소 발붙일 수 있다"고 가르쳤고, 이것은 "어떤 왕조가 영원히 불변하는 것이 아니라 반드시 그 끝날 운명을 갖고 있으므로 정치는 반드시 갱신되어야 한다고 명확하게 지적한 것은 그 당시 사람의 귀와 눈을 열 수 있었다."[282]는 평가를 가능하게 했다.

그러나 후기 묵가학파는 추연의 오행상승설에 대해 비판적인 태도를 보였다. 오행이 항상 상승의 관계를 갖는 것은 아니라는 것이다. 예를 들어 火가 金을 녹이는 것은 불의 양이 많기 때문이지 金의 양이 많다면 火를 재로 만들어 버릴 수 있다고 하였다.[283] 이러한 묵가의 태도는 추연의 음양오행학설이 보여준 인간사와 긴밀한 관계를 가지는 우주 운행원리에 대한 도식화를 거부한 것이다. 그들이 말하는 '천지天志'와 '명귀明鬼'의 관념은 주재

---

281) 조셉 니담, 이석호 외 역, 『중국의 과학과 문명(Ⅱ)』, 을유문화사, 1986. p.337 참조.
282) 유택화, 노승현 역, 『중국 고대 정치사상』, 예문서원, 1994, pp.393-394 참조.
283) 『墨子』, 「經下第四十一」, "五行毋常勝. 說在宜", 「經說下第四十三」, "五合. 水土火. 火離然. 火爍金. 火多也. 金靡炭. 金多也. 合之府水. 木離木. 若識麋與魚之數. 惟所利".

하는 천天, 인격적인 천天의 모습에서 파생된 것이기 때문이다.

추연은 자연과 인사를 접목시켜 이해하는 상관론적 사고를 통해 역사의 변천규범을 확립하였는데, 이것은 그의 독창적인 면모를 보여주는 것이지만 한편으로는 추연 이후 음양가陰陽家가 방술方術과 교섭하고 진나라 이후의 신선방술神仙方術의 이론적 토대로서 작용하게 되었다. 니담은 "추연의 음양가들은 오행에 관하여 반유교적인 한대 사상의 원조였을 뿐만 아니라, 또한 연해지대의 각 나라들의 방사方士 자신들은 아니라 하더라도 적어도 그들과는 매우 밀접한 관계에 있었다고 할 수 있다."고 보았다.[284]

앞서 추연의 생평生平과 관련하여 연나라, 제나라의 방사方士들이 그의 학설을 전수했지만 능통하지는 못했다는 『사기』의 기록을 인용하였다. 이는 당시 방사들이 얼마나 추연의 학설에 영향을 받았는지, 또 그 학술체계가 얼마나 제대로 이해되지 못했는지 알 수 있게 한다. 그렇기 때문에 이어서 이들 방사 가운데서 괴상한 학설을 내세우고 아첨하여 윗사람들의 눈에 들려고 하는 사람들이 나왔는데 그 수를 헤아릴 수 없을 정도였다고 기록되었던 것이다.[285] 그 구체적인 내용의 일단을 소개하면 다음과 같다.

> 제위왕齊威王·제선왕齊宣王·연소왕燕昭王 때부터 사람들을 시켜 바다로 가서 봉래蓬萊·방장方丈·영주瀛洲를 찾아보도록 하였다. 이 세 개의 신산神山은 전설에 의하면 발해勃海 가운데 있었고, 인간 세상과 멀리 떨어져 있지 않았다. 선인(仙人: 도사)들은 머지않아 배가 도착할 것이 걱정이 되어 얼른 바람을 이용해서 배를 떠밀어 버렸다. 일찍이 그곳에 갔다 왔던 사람이 있

---

284) 조셉 니담, 이석호 외 역, 『중국의 과학과 문명(II)』, 을유문화사, 1986. pp.339-341 참조.
285) 『史記』, 「封禪書」. "自齊威宣之時 鄒子之徒 論著終始五德之運 鄒衍以陰陽「主運」 顯於諸侯 而燕齊海上之方士 傳其術 不能通 然則怪迂阿諛苟合之徒自此興 不可勝數也".

는데 거기에는 많은 선인들 및 불사약不死藥이 있다고 하였다. … 당대의 제후들 가운데 그곳에 가고 싶어 하지 않았던 사람이 없었다. 진시황이 천하를 통일한 후, 이 바닷가에 온다는 소식을 기다렸다가 이 같은 일에 대해 말하는 방사方士들이 하도 많아서 일일이 헤아릴 수조차 없었다. 진시황은 몸소 바닷가로 가서 이를 확인하려고 하는데, 찾지 못하는 것은 아닐까 두려워 사람을 시켜 동남동녀들을 딸려 바다로 보내어 찾아보도록 하였다. 그들은 모두 배가 바다에 이르렀으나 바람에 떠밀려 가서 그곳에 가보지는 못했지만 아득히 먼 곳에서 그저 바라만 보았을 뿐이라고 하였다.[286]

제나라의 방사들이 주축이 되어 신선들이 산다는 산과 불로장생의 영약이라는 환상을 부추겼고, 이는 진시황에 이르러 대규모로 구체화되었고 황제의 권력과 부를 유한한 인간의 몸이 아니라 신선과 같은 장생불사의 몸으로 누리고 싶었던 것이다. 이에 방사들은 통치자들의 이러한 욕망을 간파하고 거기에 영합迎合하여 술수術數로 세상을 현혹하였는데, 이후 한대漢代의 황로학黃老學으로까지 이어지게 되었다.

---

[286] 『史記』, 「封禪書」, "自威, 宣, 燕昭使人入海求蓬萊, 方丈, 瀛洲. 此三神山者, 其傳在勃海中, 去人不遠;患且至, 則船風引而去. 蓋嘗有至者, 諸僊人及不死之藥皆在焉…世主莫不甘心焉. 及至秦始皇并天下, 至海上, 則方士言之不可勝數. 始皇自以爲至海上而恐不及矣,使人乃齎童男女入海求之. 船交海中, 皆以風爲解, 曰未能至, 望見之焉".

5. 추연 사상의 정치적 이해

추연이 활동한 기원전 3~4세기경은 전국시대로 이전 춘추시대 패자霸者였던 진晉나라가 한韓·위魏·조趙로 삼분되고 제후국들 사이의 경쟁이 치열했던 중국 역사상 가장 급격한 변혁의 시기였다. 이러한 전국시대의 정치적 상황은 당시의 사회 경제적인 변화와 밀접한 관련이 있었다. 농지의 개척과 농업기술의 발전 및 화폐 사용의 확대와 상공업의 비약적인 발전에 따라 민民은 정치적으로도 큰 비중을 차지할 수밖에 없었다.[287] 이런 상황에서 추연은 천도天道와 인사人事가 영향을 미친다고 함으로써 통치자가 천의天意를 두려워하고 민심을 얻기 위해 노력할 것을 촉구하였다.

추연의 주장대로 왕조가 오덕순환에 의하여 유전된다면 주나라의 화덕火德을 계승하는 제후가 천하를 통일할 수 있었을 것이다. 그렇기에 누가 수덕水德을 계승하고, 정치제도를 응용할 수 있을지 관심의 대상이 아닐 수 없었다. 통일을 목전에 둔 전국 말의 제후들은 자신들의 이익만을 좇아 천하 통일의 허상을 꿈꾸었고 추연은 그런 제후들에게 최상의 예우를 받을 수 있었던 것이다.[288] 그렇지만 과연 제후들이 추연의 교의를 제대로 받아들이고 실행할 수 있었을지 의문이 생기게 되었다. 이는 조셉 니담이 "그들이 그 덕에 의하여 통치하고 있는 것이 오행 가운데 어느 것에 해당하는지 그것을 확인하기가 어려우며, 따라서 필요한 예방책을 강구할 수가 없다. 뿐만 아니라 그들이 아무리 조심을 한다 해도 자연의 순환적 변화는 그 나름대로

---

287) 김승혜, 『유교의 뿌리를 찾아서』, 지식의 풍경, 2001, pp.184~187 참조.
288) 유소홍, 송인창 외 역, 『오행 그 신비를 벗긴다』, 국학자료원, 2006, p.158 참조.

속행하기 때문에 어느 왕가이든 영원히 지위를 유지할 수는 없었다."[289]라고 지적한 것과 같이 정치원칙으로서의 한계를 이미 안고 있으며, 또한 통일 이후 제국의 안정을 위한 교의로서는 미흡하기 때문이다.

추연은 음양오행의 개념을 사시四時의 변화와 융합시켰는데, 이를 근간으로 하여 일 년을 열두 달로 나누어 각각의 정치원칙을 피력한 것이 『여씨춘추』의 「십이기十二紀」이다.

"맹춘孟春인 정월에는 태양이 실수室宿를 지나가고, 황혼녘에는 참성參星이, 새벽녘에는 미성尾星이 각각 남쪽 하늘에 남중하는 것을 볼 수 있다. 봄의 날짜는 열 개의 천간天干 중에서 甲과 乙에 해당한다. 이때의 주재자는 태호太皞이고, 신의 이름은 구망句芒이다. 동물은 비늘 달린 것이 위주가 되고, 음은 각음角音이며, 12율律에 있어서는 대주太蔟에 어울린다. 숫자는 오행에 木의 수인 3을 더한 8이고, 맛은 신맛이며, 냄새는 누린내이다. … 맹춘의 달에 여름의 정령政令을 시행하면, 바람과 비가 제 때에 오지 않아서 초목이 일찍 말라 낙엽지고 나라에는 두려운 재앙이 있게 된다. 또한 이때에 가을의 정령을 시행하면 백성들이 무서운 돌림병을 앓게 되고 질풍과 폭우가 자주 몰려와서 명아주, 가라지, 쑥 등의 잡초가 무성하게 자라나게 된다. 겨울의 정령을 시행하면 큰물이 범람하여 재난이 되고, 큰 눈과 서리가 내려서 일찍 파종한 보리가 수확되지 않는다."[290]

---

289) 조셉 니담, 이석호 외 역, 『중국의 과학과 문명(Ⅱ)』, 을유문화사, 1986, p.337 참조.

290) 『呂氏春秋』, 「十二紀」. "孟春之月, 日在營室, 昏參中, 旦尾中, 其日甲乙, 其帝大皞, 其神句芒, 其蟲鱗, 其音角, 律中大蔟, 其數八, 其味酸, 其臭羶…天子居靑陽左个, 乘鸞路, 駕倉龍, 載靑旂, 衣靑衣, 服倉玉, 食麥與羊, 其器疏以達. 是月也, 以立春…天子乃齊. 立春之日, 天子親帥三公九卿諸侯大夫以迎春於東郊…孟春行夏令, 雨水不時, 草木蚤落, 國乃有恐行秋令, 則民大疫, 疾風暴雨數至, 藜莠蓬蒿並興, 行冬令, 則水潦爲敗, 雪霜大摯, 首種不入." 金槿 역, 『呂氏春秋』(민음사, 1994) 참조.

『여씨춘추』가 추연 사후인 전국시대 말에서 진나라 초의 작품이라고 보았을 때, 추연사상을 근간으로 한 이 부분은 추연의 음양오행설이 정치적으로 얼마나 중요한 원칙으로 발전해 나갔는지를 알 수 있게 한다. 각각의 월月에는 오행 상 그에 합당한 성수, 방위, 색, 맛, 복색 등이 정해지며 통치자는 이를 충실히 이행하여 각각의 월에 합당한 정령政令을 시행해야 한다. 그렇지 않으면 가뭄·홍수 등의 재이災異가 닥쳐올 것임을 경고하고 있다. 천하 통일을 목전에 둔 진나라의 정치원칙을 염두에 둔 것임을 감안한다면, 정치의 영역은 인사의 영역만이 아니라 천도와의 긴밀한 관련성을 가지는 것임을 강조하는 것으로 풀이할 수 있다. 이 점은 한대의 동중서에 이르러 더욱 분명하게 나타난다.

천天에는 오행五行이 있다.····나무는 오행의 시작이고 물은 오행의 종결이며, 흙은 오행의 가운데이다. 이것이 천의 배열 순서이다. 나무로 인해 불이 생기고, 불로 인해 흙이 생기고 흙으로 인해 쇠가 생기고 쇠로 인해 물이 생긴다. 이것은 부자父子를 나타낸다. 나무는 왼쪽, 쇠는 오른쪽, 불은 앞쪽, 물은 뒤쪽, 흙은 가운데에 각각 자리한다. 이것은 부자간의 차례에 따라 분포한 것이다. 그러므로 나무는 물을 이어받고 불은 나무를 이어받고 흙은 불을 이어받고 쇠는 흙을 이어받고 물은 쇠를 이어받은 것이다. 주는 쪽은 모두 아버지에 해당하고 받는 쪽은 아들에 해당한다. 항상 그 아버지로 말미암아 아들을 부리는 것은 하늘의 도이다. 그래서 나무가 이미 생겨나면 불이 그것을 기르고, 쇠가 이미 죽으면 물이 그것을 묻어준다. 불이 나무를 좋아하므로 양기로 길러주고, 물이 쇠를 이기므로 음기로 그것을 다하게 하며, 흙이 불을 섬기므로 그 정성을 다한다. 그러므로 오행은 효자

와 충신의 행위인 것이다. …291)

동중서는 음양오행陰陽五海을 통해 천인상응天人相應의 우주론을 체계화하였는데, 유가儒家 윤리倫理 역시 음양오행론의 도식에 맞추어 소우주로서의 인간의 윤리를 강조함으로써 당시에 유행하던 음양오행론을 적용하여 유학을 변화할 수 있었던 것이다. 오행의 상생상극 관계에 따라 인간관계도 부자父子와 군신君臣 간에 지켜야 할 윤리가 명확하게 있다고 하여 효자·충신의 도리를 천도와 연결된 것으로 강조하고 있는 동중서의 사상은 한 제국의 정치를 안정시키고 통치체제를 공고히 하기 위한 목적에서 수립된 것으로, 추연의 교설이 가지는 정치적 의미가 극대화된 것으로 볼 수 있다.

한편 동중서 이후 고문경학의 창시자로 알려진 유흠劉歆은 추연의 오덕종시설을 오행상승이 아니라 오행상생의 차원에서 계승하였다. 그런데 중국의 사송령謝松齡의 글을 보면 추연의 오덕종시설이 오행상승만을 말한 것이기 때문에 오행상생설에 입각한 오덕종시설을 창안한 사람은 유흠이라고 보고, 상승의 관점에서 왕조王朝교체 형식이 '정벌征伐'임을 의미하는 데 반해 상생이라는 것은 왕조교체 형식이 선양禪讓임을 암시한다고 하였다.292) 그러나 앞에서 살펴본 것처럼 추연에게서도 오행상생설을 발견할 수 있다고 보았기 때문에 이 견해를 전적으로 수용할 수는 없지만, 오행상생설에

---

291) 『春秋繁露』, 「五行之義 第四十二」, "天有五行…木五行之始也. 水五行之終也. 土五行之中也. 此其天次之序也. 木生火. 火生土. 土生金. 金生水. 水生木. 此其父子也. 木居左,金居右. 火居前. 水居後. 土居中央. 此其父子之序. 相受而布. 是故木受水, 而火受木, 土受火, 金受土, 水受金也. 諸授之者, 皆其父也;受之者, 皆其子也. 常因其父以使其子, 天之道也. 是故木已生而火養之, 金已死而水藏之, 火樂木而養以陽, 水克金而喪以陰, 土之事以竭其忠. 故五行者, 乃孝子忠臣之行也. 五行之爲言也. 猶五行輿？是故以得辭也. 聖人知之,故多其愛而少嚴, 厚養生而謹送終, 就天之製也. 以子而迎成養, 如火之樂木也. 喪父, 如水之克金也. 事君, 若土之敬天也. 可謂有行人矣." 신정근 역, 『춘추-역사해석학』(태학사, 2006)을 저본으로 하였음.

292) 謝松齡, 김홍경·신하령 공역, 『음양오행이란 무엇인가』, 연암출판사, 1995. pp.144~146 참조.

입각한 오덕종시설이 한대 이후 막강한 영향력을 행사했다는 데에 동의할 수 있다.

예를 들어 한나라의 경우 초기에는 진나라의 수덕水德을 이기는 토덕土德을 내세웠지만 분분한 논의를 거친 후 한무제漢武帝 때에 화덕火德으로 고쳤던 것을 보아도 알 수 있다. 또한 이 시기에 동중서는 이미 추연의 오덕종시설과 천인감응설을 결합하고 그것을 재이견고災異譴告로 드러내고자 했다. 이에 대해 아카츠카 기요시赤塚忠는 전한 초에는 오행상승 관념이, 전한 말에는 오행상생 관념이 지배적이었다고 보고 이를 시대 차이에 기초한 개혁 의지의 발로로 파악하였다. 즉 "통일제국 이후 파괴적 변화의 관념을 지배층이 기대하게 된 시대"[293]라는 것으로, 통일을 염두에 둔 정치이론과 통일 이후의 통치술로서의 정치이론은 분명 차이가 있기 때문이다.

오행관념의 운용은 만물을 구성하는 다섯 가지 원소의 상호연관, 이른바 상생相生과 상승相勝의 상호연관을 통해서 정치와 사회, 인생 그리고 자연의 각 방면에서 일어나는 현상의 변화를 설명하는 데 집중된다.

---

293) 赤塚忠 외, 조성을 역, 『중국사상개론』, 이론과 실천, 1994, p.351 참조.

제4장

동중서董仲舒, 『춘추번로』의 음양오행설

1. 동중서의 사상적 배경

동중서董仲舒는 공양춘추公羊春秋를 근간으로 하여 『춘추번로春秋繁露』라는 춘추 해설서를 저술하였는데 동중서 사상의 사전격인 『춘추번로』를 고찰하기 위해서는 유가사상의 근본경전인 『춘추春秋』를 이해할 필요가 있다. 따라서 우리는 동중서 사상의 근간이 된 공양춘추公羊春秋의 사상이 생겨나게 된 배경을 먼저 살펴보고, 다음으로 한대 동중서의 춘추학으로 일컫는 『춘추번로』에서 음양오행이 어떻게 적용되었는가를 논구해 보고자 한다.

『춘추』는 춘추시대春秋時代 노魯나라의 12대 242년 동안의 역사[은공隱公 원년에서 애공哀公 14년(BC 722~BC 481년)]를 편년체로 기록한 것으로, 유학에서 오경五經의 하나로 여겨진다. 이 책은 기원전 5세기 초에 공자孔子(BC 552~BC 479)가 노나라에 전해지던 사관史官의 기록을 직접 편수한 것으로 알려져 있다. 동주東周시대의 전반기를 춘추시대라고 부르는 것도 이 책의 명칭에서 비롯된 것이다. 공자가 편수하기 이전에 이미 노나라에는 춘추라고 불리는 사관의 기록이 전해지고 있었다. 맹자孟子에는 춘추시대의 열국들이 각각

사관을 두어 사적을 정리했는데, 진晉나라에는 '승乘', 초楚나라에는 '도올檮杌', 노魯에는 『춘추春秋』가 있었다고 기록되어 있다. 이처럼 노나라에 전해지던 기록을 공자가 자신의 역사의식과 가치관에 따라 새롭게 편수하였다.

> 공자가 춘추를 지을 때, 위로는 하늘의 도를 통해서 헤아렸고, 아래로는 인간의 실정을 살펴보았으며, 옛날의 일에서 참고하고, 오늘날의 일에서 고찰하였다. 따라서 춘추에서 비난한 것에는 재해災害가 가해졌고, 춘추에서 미워한 것에는 괴리怪異가 베풀어졌다. 국가가 벌인 과실過失을 기록하면서 재이災異에 대한 변고變故도 역시 기록했으니, 이로써 인간이 하는 일 중에서 선악의 극단極端에 이른 것은 곧 천지와 유통流通하고, 왕래하여 서로 감응됨을 보인 것이니, 이것이 또한 하늘에서 주는 하나의 단서를 말한 것이다.[294]

공자는 노나라 242년간의 역사를 불과 16,500여 자로 압축하여 『춘추』를 찬술하였다. 공자는 사실을 간략히 기록하고, 비평이나 설명은 철저히 삼가했다. 또한 식문을 바로잡는 정명正名과 엄격히 선악을 판별하는 포폄褒貶의 원칙에 따라 용어를 철저히 구별하여 서술하였다. 『춘추』에서는 단순히 역사적 사실만을 전달하는 것이 아니라, 대의명분大義名分을 밝혀 그것으로써 천하의 질서를 바로 세우려 하였다. 이처럼 명분에 따라 준엄하게 기록하는 방식은 일반적으로 '춘추필법春秋筆法'이라고 불려진다. 『춘추』에서는 군주君主가 정치를 함에 있어 근본으로 삼아야 할 기준이자 인간과 하늘이 서로 통하는 이치를 담고 있다. 특히 선악善惡의 극단이 하늘과 감응感應을 보

---

294) 漢書,「董仲舒傳」, "孔子作春秋, 上揆之天道, 下質諸人情, 參之於古, 考之於今, 故春秋之所譏, 災害之所加也, 春秋之所惡, 怪異之所施也, 書邦家之過兼災異之變, 以此見人之所爲其美惡之極, 乃與天地流通而往來相應, 此亦言天之一端也.

여준다는 천인관계에서 포착捕捉해야 할 점은 하늘과의 감응이 군주의 행동에 의하여 좌우된다는 것이다.[295] 그렇다면 이제부터 춘추의 사상을 바탕으로 하여 그의 철학사상이 어떻게 전개되었으며, 이후 그의 저서에서 음양오행설이 어떻게 표현되고 있는가를 살펴보자.

동중서董仲舒[296]에 관해 반고班固는 『한서漢書』「유림열전儒林列傳」에서 "공양춘추를 다스려 경제 때 박사가 되었다. 동중서는 책을 지어 그의 덕을 칭송하였다."고 말했다. 동중서는 공양춘추를 필수과목으로 만들어 한대의 사상적 일통一統을 이루었다. 동중서는 음양오행설과 결합하여 우주도식으로 승화시켰으며, 이러한 사상을 바탕으로 하여 『춘추』를 설명한 『춘추번로』를 저술하였다. 아울러 동중서는 그 책에서 인간문제에 관한 지혜를 역사의 교훈에서 얻기 위해 시대를 이끌어가는 학술사상과 음양오행사상을 결합하고자 했다. 즉 음양오행을 거론하면서도 술법에 흐르지 않고, 인간을 인간스럽게 교화하려는 이치를 역사의식과 함께 전개함으로써 인간만이 향유할 수 있는 도덕률道德律을 도출한 것이다.

동중서는 천天이라는 개념을 자신의 철학체계의 최고이념으로 삼았으며, 천天의 작용을 음양과 오행이라는 기氣를 통하여 설명했다. 음양과 오행이라는 기氣가 감응感應의 중개자 역할을 수행하면서 모든 만물 사이의 감응을 가능케 한다고 보았다. 이처럼 동중서는 음양오행을 사상체계 속으로 받아들임으로써 새로운 체제의 국가와 사회적 안정에 대한 하나의 그림을 구상하고 그 그림 속에서 그가 생각하고 있던 사상을 음양오행학설을 바탕으로

---

[295] 김동민, 董仲舒春秋學의 天人感應論에 대한 考察, 東洋哲學硏究會, 제36輯, 2004, pp.333-334 참조.

[296] 董仲舒(紀元前176年? ~ 紀元前104年)中國前漢中期의 대표적 儒學者이다. 現在의 허베이 省에 속하는 信都國廣川縣출신이다. 漢나라 初期의 思想界가 諸子百家의 說로 혼란하고 儒敎가 衰退하였을 때, 道家의 說을 물리치고 儒敎獨立의 터전을 굳혔다. 武帝을 섬겨 寵愛를 받아 儒敎를 國敎로 採用하고 교육 행정에 貢獻하였다. 이로써 中國의 精神발전에 중요한 影響을 미쳤다. 젊어서『春秋公羊傳』을 배우고 景帝때 博士가 되었다.

우주도식의 변화를 설명하였다.

동중서는 천天을 지극히 높은 신神으로 설정하고, 천인감응설天人感應說로 군주의 무한한 권력을 제한함과 동시에, 군주의 지위와 그 통치에 이론적 근거를 제공했다. 동중서의 사상의 핵심이라 할 수 있는 공자의 춘추학에서 「공양전公羊傳」은 미언대의微言大義를 담고 있는 해설서인데, 동중서는 이전에서 미진한 부분을 보충 설명했다. 그 결과 춘추를 더 윤택하게 만들었다. 이 전傳의 토대 위에 동중서의 우주관을 설명해 놓은 저술서가 바로 『춘추번로』이다. 이 책은 춘추의 원칙을 한대의 개별적 사태에 적용해서 시비를 판단하는 해설서이다.

동중서는 전국시대戰國時代에 발전한 음양오행이론을 유가儒家의 인의仁義에다 배합시켜 새로운 사상인 천인상감론을 통하여 天·地·人의 세계관을 음양오행의 틀로서 구체적으로 체계화시켰다. 모든 학파를 유가중심儒家中心으로 통합시킴으로써 하나의 사상적 체계를 통일시켰다.

전한前漢초기의 정치사상은 진시황제秦始皇帝의 가혹한 법가法家의 형벌에서 혹독한 시달림을 당한 백성에게 휴식할 수 있는 사상이 필요한 상황이었다. 이 내문에 한고조漢高祖는 형刑과 덕德이 결합된 정치를 실현하기 위해 황노정치黃老政治를 받아들였다. "황노사상黃老思想은 국가의 장구한 안전을 도모하기 위하여, 이른바 '고요하게 있으면서 아무런 작위도 하지 않음' 청정무위淸淨無爲을 표방하는 정치사상政治思想"[297]을 가리키고 있다.

황로학黃老學은 전국시대 제나라 직하학당稷下學堂에서 태동한 것으로, 전설의 임금인 황제黃帝와 노자老子의 숭배사상崇拜思想을 말한다. 한편 음양가陰陽家 역시 제나라의 직하학당稷下學堂에서 활동한 추연에 의해 정치이론에

---

[297] 金容燮, 「淮南子」哲學體系의 硏究, 慶北大學校博士學位論文, 1995, p.15 참조.

영향을 미치게 된다. 한대에 와서 도가, 법가, 음양가, 유가는 황로학에 결합하였는데, 특히 음양이론은 제가백가 사상에서 도가와 유가의 인의의 도덕론과 결합하여 자연계 음양이론이 도덕적 가치론적 사상에 적용되어 인성론과 술수術數에까지 적용되었다.[298]

그렇다면 동중서가 『춘추번로』를 집필하게 된 과정은 어떠한가? 춘추는 간결한 표현 속에 심오한 뜻의 '미언대의微言大義'의 이치가 함유된 책이다. 따라서 이 책의 내용을 이해하기 어려웠고, 그래서 춘추가 만들어진 이후 『춘추좌씨전春秋左氏傳』, 『춘추공양전春秋公羊傳』, 『춘추곡양전春秋穀梁傳』이라는 해설서가 나오게 되었다. 이 책들을 가리켜서 '춘추삼전春秋三傳'이라 하고 오늘날에 전하는 '십삼경十三經'에 이 '삼전三傳'이 모두 포함되어 있다. 그런데 이 '삼전' 중에서 특히 『춘추공양전』은 말이 적으나 뜻이 큰 '미언대의'를 담고 있어서, 공자의 숭고한 정치이념과 역사철학을 밝히는 데 참고가 될 수 있다. 한대에 이르러서 통치자들은 다투어서 이 해설서를 탐독하여 통치이념을 정립하는 데 근거로 삼았다.

동중서 역시 재상이 되기 전에 『공양전公羊傳』을 탐독하였고, 이 책을 깊이 있게 연구함으로써 젊은 나이에 박사가 되어 벼슬길에 오르게 되었다. 그 후 동중서가 한나라의 제5대 제왕帝王인 무제武帝에게 국가 부흥대책으로서 「현량책賢良策」을 올린 것은 이론상으로 춘추에 기반한 것이었다. 또한 「현량책」의 집행자로서 대학大學을 세워서 인재를 양성하고, 국론의 분열을 막기 위하여 사상적 통일을 가져오고자 하였다. 그의 나이 40세가 되던 기원전 136년에는 오경박사五經博士를 두고 14박사를 세워서 유교儒敎를 국교로 정하는 데 성공하였다. 공자가 서거한 지 343년 만에 그의 사상은 한나

---

298) 金星芝, 董仲舒의 陽中心思想으로의 轉換에 대한 考察 慶熙大博士學位論文, 2010, 國文抄錄 참고.

라의 국교國敎로 정해지게 된 것이다. 그리고 당시 유교로써 사상통일을 시키기 위해 과거시험의 과목을 유교경전의 범위 내로 제한하고자 하였다. 또한 그릇되고 치우친 사상이 횡행하던 시대에 유교로써 국가의 이념적 통일을 기基하고 보니 그 시대에 알맞고 사회와 대중을 이끌어 갈 수 있는 학술사상이 필요해졌고, 이러한 요구에 부응하여 역사의 교훈을 더듬으며 찬술한 것이 바로 『춘추번로』이다.

『춘추번로』라는 제목에서 '春秋'라는 어휘는 춘추공양전의 내용을 옮겨왔다는 뜻이며, '繁露'라는 어휘는 영롱한 구슬처럼 반짝인다는 의미를 담고 있다. 남송南宋의 관각서목의 정대창程大昌은 이와 관련하여, "천자의 머리에 쓰는 면류관에 열두 줄로 늘어뜨리는 여러 개의 구슬이 다양하고 영롱하게 이슬처럼 반짝이는 모습을 표현한 어휘인 듯하다"[299]고 기록하였다. 이 말에 근거하면 대중을 덕으로써 교화해야 된다는 생각이 영롱한 구슬처럼 반짝여야 한다는 뜻으로 풀이할 수 있다.

동중서는 이 책에 담겨있는 사상으로 당대를 이끌어 가면서 유교를 중심으로 사상과 문화를 통일시켰으며, 75세의 나이로 일생을 마쳤다. 그가 죽은 해인 BC 104년은 사마천司馬遷이 『사기史記』를 집필하기 시작한 해였다.

『춘추번로』는 역사의 흐름을 교훈 삼아 새로운 역사의 발전의식에 음양오행 사상을 결합하여 만든 책으로 동중서는 이 책을 통해 분열되었던 넓은 국토와 백가의 사상을 통일하여 한나라를 이끌어 가고자 했다. 또한 음양오행설에 의거한 재이설災異說과 천인감응설天人感應說, 그리고 사관史觀을 정리한 역사철학서라고 할 수 있다. 더욱 압축하여 표현하자면 예언 해설서라고도 할 수 있다. 동중서는 『춘추공양전』의 한 구절을 인용하여 한왕조의 출

---
299) 정한균, 『董仲舒天學』, 법인문화사, 2003, p.10. 서론 참고.

현예정설을 주장함으로써 참위설讖緯說을 예찬하기도 했다. 그리고 이 책에서 비로소 공자에 대한 신성화를 시도하였고, 유교를 종교화 시켰으며 지배자의 통치논리를 체계화 했다.

동중서는 『춘추번로』를 통해 「공양전」에 기준한, 한왕조의 정치체제에 철학적 근거를 확립하려 했다. 그는 이 책에서 춘추의 '미언대의'를 밝혀내고, 또한 오행학설을 유가에 결합시켜 우주도식을 음양오행의 관점에서 해석하려 하였다. 그의 저서 목록에서 오행에 관한 편명이 아홉 편[300]이나 되는 것을 보면 오행학설을 중시하여 사용하였음을 알 수 있다.

2. 동중서의 음양오행 사상

동중서董仲舒는 공자의 사상을 이어 받아 자연을 중시하는 황로학黃老學보다 인간을 중시하는 『춘추春秋』를 연구함으로써 인간중심사상人間中心思想을 주장하였다. 그는 인간이야말로 천하 만물 중에 가장 완전한 존재라 하였다. 천天을 주재자主宰者로 보아 자신의 의사표현이 음양오행을 통하여 드러난다고 하였으며, 음양오행을 통해서 하늘의 뜻을 관찰하고 하늘의 도를 이해 할 수 있다고 하였다. 아울러 음양의 성쇠원리 등의 오행을 분변할 수 있다면 우주의 모든 원리나 인간의 삶까지도 알 수 있다고 하였으며, 음양오행 체계를 이용하여 자신이 가지고 있는 사상의 기능을 체계화시켰다.

그는 「음양의陰陽義」에서 양이란 하늘의 덕이며 음이란 하늘의 형[벌罰]으

---

300) 春秋繁露 에서 五行에 관한 篇名을 보면, 「五行對」, 「五行之義」, 「五行相生」, 「五行相勝」, 「五行順逆」, 「治水五行」, 「治亂五行」, 「五行變救」, 「五行五事」 등 아홉 篇이다.

로 표현하여 "하늘에는 기뻐하고 성내는 기와 슬퍼하고 즐거워하는 기가 있어서 사람과 함께 돕는 것이며 종류로써 서로 합하여 하늘과 사람이 하나 되는 것이다"[301]고 하였다. 또한 「오행상생」에서는 "천지의 기氣는 합하여 하나가 되고, 나누어서 음양이 되며, 쪼개져서는 사계절이 되고 나열해 놓으면 오행이 된다"[302]라고 했다.

음양은 기로부터 나오며 음양의 기가 다섯 가지 오행으로 나누어지는 것이라고 하였다. 또한 『백호통의白虎通義』「오행」편에는, 金·木·水·火·土 는 음양 자신의 동류同類라고 하였는데, 음양은 동일한 기氣이며, 오행은 음양이 나누어져 다섯 가지 형태로 나타난 기氣이다. 또한 이 기氣가 하늘과 사람의 감응을 매개하며, 한 번 음하고 한 번 양하는 원리에 따라 陰과 陽이 상호교감과 조화를 이루어 만물을 형성한다고 보았다. 그리고 오행설은 추연의 오행상승五行相乘에 근거한 오덕종시설五德終始說과 유흠의 오행상생五行相生에 근거한 오덕종시설을 결합하여 국가체제를 구성하는 원리나 관직 간의 유기적 협조 또는 상호견제를 수행하게 하는 원리라고도 할 수 있다.[303]

> 하늘에는 오행이 있으니 첫 번째는 木이고, 두 번째는 火이고, 세 번째는 土이고, 네 번째는 金이고, 다섯 번째는 水이다. 木은 오행의 처음이고, 水는 오행의 마지막이며, 土는 오행의 가운데이다. 이것은 하늘이 질서秩序를 세운 순서이다. 木은 火를 생하여 주고, 火는 土를 생하며, 土는 金을 생하여 주고, 金은 水를 생하며, 水는 木을 생하니 이것은 부자관계父子關係이

---

301) 남기현 역, 春秋繁露, 「陰陽義」, 자유문고, 2005, p.357 참조. "天亦有喜怒之氣哀樂之心與人相副以類合之天人一也".

302) 남기현 역, 春秋繁露, 「五行相生」, p.388 참조. "天地之氣合而爲一分爲陰陽判爲四時列爲五行".

303) 金榮睦, 陰陽五行思想의 存在論的 考察, 忠南大學校 碩士論文, 2001, p.39 참조.

다. … 그러므로 오행이란 효자와 충신의 행위인 것이다.[304]

여기서 오행 사이의 상생은 木·火·土·金·水의 오행이 차례로 서로 생하는 것을 말한다. 그리고 오행의 상승相勝관계는 다음과 같이 설명하고 있다.

오행이란 행하는 것이나 그 행하는 것이 똑 같지 않다. 그러므로 오행이라고 한다. 오행이란 오관五官이며 견주어서 서로 낳기도 하고 사이에서 서로 이기기도 한다. 그러므로 다스림을 삼는 데 있어서 거역拒逆하면 어지러워지고 순종順從하면 다스려지는 것이다.[305]

상승설相勝說은 뒤의 오행이 앞의 오행을 극剋하는 것으로, 즉 木을 金이 극剋하고, 金을 火가 극剋하며, 火를 水가 극剋하고, 水를 土가 극剋하며, 土를 木이 극剋하는 것을 말한다. 동중서는 이러한 상생설相生說과 상승설相勝說이란 두 가지 설을 통일시켰으며 오행이 인륜과 서로 통한다는 점을 지적하였다.

『명심보감明心寶鑑』「순명順命」에서는 陰 단독으로도 낳지 못하고 陽 단독으로도 낳지 못하며 음양이 천지와 셋 이 된 이후에 낳는다고 하였다. 이것은 삼재지도三才之道의 원리를 설명한 것으로서 음양오행과 삼재三才는 천天의 의지에 의해 실현된다. 또한 「동류상동同類相動」에서는 하늘에도 음양이 있고 사람에게도 음양이 있다고 하였으며, 군신·부자·부부의 도라는 것도 음양

---

304) 董仲舒, 남기현 역, 春秋繁露, 「五行之義」, p.329 참조. "天有五行一曰木二曰火三曰土四曰金五曰水水五行之始也 水五行之終也土五行之中也其天次之序也木生火火生土土生金金生水水生木此其父子也...故五行者乃孝子忠臣之 行也."

305) 남기현 역, 春秋繁露, 「五行相生」, p.388 참조. "五行行者行也故謂之五行五行者五官也比相生而間相勝也故爲治逆 之則亂順之則治."

의 도에서 나오며 재앙과 복이 일어나는 것들도 음양에게 있다고 한다.

음양은 존재론存在論의 측면에서는 서로 대등하나 가치론적價値論的 측면에서는 서로 다르다. 즉 陽은 존귀한 것이고 陰은 비천한 것이다. 즉 동중서는 이와 관련하여 「양존음비陽尊陰卑」에서 이렇게 언급하고 있다.

> 양기는 동북에서 나와 서북쪽으로 들어가서 맹춘孟春에 발동하여 맹동孟冬에 마치는데 사물이 이에 응하지 않는 것이 없다. 陽이 처음으로 나오면 사물이 또한 처음으로 나오고 陽이 바야흐로 왕성하면 사물도 또한 바야흐로 왕성해지고 陽이 처음으로 쇠약해지면 사물이 또한 처음으로 쇠약해진다. 사물은 陽을 따라서 나가고 들어오면 수數는 陽을 따라 끝마치고 시작하여 삼왕의 바른 것이 陽을 따라서 일어나는 것이다. 이러한 것들로 보면 陽은 귀하고 陰은 천하다.[306]

여기서 동중서는 악惡과 형기刑氣는 음이고, 선善과 덕기德氣는 陽이라고 보았다. 또한 정치를 하는 데 형벌에 맡기는 것은 역천逆天이지, 왕도가 아니라고 하였는데 이는 양존음비의 관점이라고 할 수 있다. 그는 또한 陰과 陽에 대해 존귀함과 비천함의 차이를 두었을 뿐만 아니라 음양오행이론을 유가정치에 적용하여 형벌 위주의 법가정치를 덕으로 다스리는 정치로 바꾸려 했다. 다시 말해 천을 도덕가치의 근본으로 보고 음양오행을 통하여 그의 사상을 펼쳐나갔다.

오행의 운동은 각각 그 순서에 따라 다르며, 오행의 기능은 각각 자신의 공

---

[306] 남기현 역, 春秋繁露, 「陽尊陰卑」, p.332 참조. "陽氣出於東北入於西北發於孟春畢於孟冬而物莫不應也. 陽始出物亦始出陽方盛物亦方盛陽初衰物亦初衰. 物隨陽而出入數隨陽而終是三王之正隨陽而更起以此見之貴陽而賤陰也."

능을 발휘하는 것이다. … 이러한 까닭으로 木은 생명을 주관하고, 金은 죽이는 것을 주관하며, 火는 더위를 주관하고, 水는 추위를 주관한다. 사람을 부릴 때는 반드시 능력에 따라야 하니 이것은 하늘의 법칙이다.[307]

위의 내용은 오행을 정치방법에 적용시킨 것이다. 인간의 희喜·노怒·애哀·락樂의 감정을 사시四時와 결합시켜 서로 영향을 미치는 것을 오행의 법칙으로 설명하였는데, 음양오행은 전국시대에 결합結合되어 한대에 와서 유가에 혼입하면서 인간의 이념적理念的 관점에 하나의 사상적 기반요소로 자리하게 된다. 음양과 오행은 서로 도우면서 그 기능을 갖게 되는 것인데, 이때 오행은 상생과 상승의 운동으로 상호 의존하고 상호 보완하는 모순적 공능을 가지고 있다.

이에 대해 동중서는 오행이 음양과 어울려서 주관하는 바를 서로 돕는 것에 대해 「천변재인天辨在人」편에서 다음과 같이 논하고 있다.

소양少陽은 목에 따라 일어나서 봄의 탄생誕生을 돕고, 태양太陽은 火에 따라 일어나서 여름의 성장을 도우며, 소음少陰은 金에 따라 일어나서 가을의 수확을 돕고, 태음太陰은 水에 따라 일어나서 겨울의 저장貯藏을 돕는다.… 봄은 뜻을 사랑하고, 여름은 뜻을 즐거워하며 가을은 뜻을 엄하게 하고 겨울은 뜻을 슬프게 한다. 그러므로 사랑하면 엄함이 있어야하고 즐거워하면 슬퍼함이 있으니, 이것이 네 계절의 법칙이다.[308]

---

307) 남기현 역, 春秋繁露, 「五行之義」, p.329 참조. "五行之隨各如其序五行之官各致其能… 是故木主生而金主殺火主暑而水主寒,使人必以其能天之數也".
308) 春秋繁露, 「天辨在人」, "少陽因木而起助春之生也太陽因火而起助夏之養也少陰因金而起助秋之成也太陰因水而起助冬之藏也……春愛志也夏樂志也秋嚴志也冬哀志也故愛而有嚴樂而有哀四時之則也".

음양의 기가 돕지 않는다면 어찌 사계절의 기후氣候변화를 오행만이 만들 수 있겠는가? 음양은 오행의 부모요 오행은 자식이다. 따라서 양자는 상호 대립하면서 상호 보완하는 특정한 방식을 가지고 있다. 또한 음양과 오행은 인간의 사유방식에도 영향을 미친다. 오늘날 우리가 사용하는 음양과 오행에 관계되는 보편적인 어휘들이 『춘추번로』에 모아져 있어서 B.C.100년 이래의 여러 학자들이 음양과 오행에 관계되는 고경古經을 해설할 때 이 책에 수록된 어휘들로서 전傳, 의義, 소疏, 해解를 썼을 것으로 추정된다.

동중서의 음양오행에 관한 중요사상으로는 「오행상생五行相生」편에서 음양오행을 천지의 으뜸이 되는 기氣의 운행으로, 사시四時를 음양오행의 결과로 파악하였음을 나타내고 음양오행의 이론을 통해 천지와 오행의 징표가 사람에게 갖추어져 있다고 보았다. 사람의 정신세계와 신체구조를 하나의 소우주로 파악하였고 이러한 사실은 「인부천수人副天數」편에서 확인할 수 있다.

사람의 뼈마디가 360개임은 1년의 상象이고, 큰 뼈마디가 열두 개임은 12월의 상象이고, 사지四肢는 사시의 상象이며, 오장五臟은 오행의 수數에 부응하고, 이목耳目은 일월의 상이며, 혈맥血脈은 천곡川谷의 상이고, 희노애락喜怒哀樂은 신기神氣의 유類라고 표현하였다. 뿐만 아니라 인간 도덕률道德律의 기본이 되는 인仁·의義·예禮·지智·신信을 오행에 배속시킴으로써 인간의 본성을 음양오행에 입각하여 규정하고, 도덕과 윤리를 이끌어 내고자 하였다. 여기에는 백성을 다스리려는 정치이념이 깃들어 있다고 할 수 있다.

동중서의 사상은 이처럼 음양오행을 중심으로 하는 우주론의 체계를 통해 모든 것을 통일하고, 대일통 제국의 성립에 필요한 새로운 상부구조의 필요성에 따라 구축하기 위해 노력한 것이라고 볼 수 있다.[309]

---

309) 李澤厚, 정병석 역, 『中國古代思想史論』, 한길사, 2010, p.34 참조.

3. 『춘추번로』의 사상적 융합

『춘추번로春秋繁露』에서 음양오행사상은 주로 제11권부터 제14권까지 25편목에서 음양오행사상이 집중적으로 거론되고 있다. 그 외에 동중서는 자신의 역사에 관한 견해를 「삼대개제질문三代改制質文」에서 문질삼통사관文質三統史觀으로써 정립하였고, 인성론人性論에 있어서는 「심찰명호深察名號」에서 하늘에 음양이 있는 것처럼 사람에게 탐심과 인심의 상반된 본성이 상존한다고 하여 맹자의 성선설性善說과 순자荀子의 성악설性惡說을 조화시키려 했다.

> 신체의 이름은 하늘에서 취한 것이다. 하늘은 두 가지로 陰과 陽의 베풂이 있고 신체도 또한 두 가지로 탐하고 인仁한 성性이 있다. 하늘은 陰과 陽의 금지가 있고, 신체에는 정情과 욕欲의 '임栣'이 있어서 하늘의 도와 하나가 되는 것이다.[310]

동중서의 심성론은 몸을 매개로 한다는 점에 그 특징이 있다. 이는 몸의 수양을 중시하는 도교道教의 양생술養生術의 영향을 보여주는 것이다. 동중서는 유교적인 예악禮樂을 실천하는 것에 그치지 않고 도교의 양생술을 통해 몸의 기운을 다스려 천지에 참여 할 수 있다고 했다. 아울러 도교의 양생술을 자신의 수양방법으로 수용했다.[311] 또한 마음은 기의 군주이므로 기는 마음을 따른다고 하였다. 하늘의 기氣는 항상 아래로 하여 땅으로 베푸는 까

---

310) 남기현 역, 春秋繁露, 「深察名號」, p.305 참조. "身之名取諸天天兩有陰陽之施身亦兩有貪仁之性天有陰陽禁身有情欲栣 與天道一也" 여기서 '임(栣)'은 '마음'을 나타내는 글자.

311) 김동민, 「董仲舒春秋學의 天人感應論에 대한 考察」,동양철학학회, 제36집, 2004, p.323. 참조.

닭으로 도道가 기氣를 받아서 당겨주므로, 하늘의 기氣는 항상 움직여서 막히지 않는다고 하였다.

> 하늘의 기는 사람에게 있어서 의식보다 중요한 것이다. 의식이 다하면 오히려 한가함이 있을지라도 기가 소진消盡되면 곧 바로 끝난다. 그러므로 삶을 크게 기르는 자는 이에 기를 사랑하는 데 있다. 기가 신을 따르게 되면 성취되고 신이 의意를 따르게 되면 나가는 것이다. 또한 마음이 가는 곳을 의라고 하고, 의가 수고로운 것은 신이 요동한다는 것이요, 신이 요동한다는 것은 기가 적어서이며, 기가 적은 사람은 오래 살기가 어렵다.[312]

이처럼 몸은 기氣이고 기는 심心을 따르므로 몸은 마음의 주재 아래 있다. 이 마음을 잘 길러야만 장생할 수 있다. 그리하여 동중서는 "만약 몸의 주재를 심心에게 전적으로 맡기면 사람마다 자기 정욕情欲에 방종放縱하여 마음이 뜻대로 하고, 무궁한 욕망을 추구한다면 인륜은 크게 혼란하게 될 것이다."[313]라고 하였다.

동중서는 몸을 다스릴 수 있는 마음을 기르는 것이 의義라고 언급함으로써 도덕적 의지야말로 마음을 다스리는 가장 근본임을 분명히 하였다. 다음은 선과 악에 대하여 언급하고 있는 글을 보자.

> 선善이 미선未善하지만 가능성으로서의 선, 즉, 선질善質이 있음은 그의 사상에 내재되어 있는 도덕적 세계관과 관련이 있는 것이다. 선질은 맹자처

---

312) 남기현 역, 春秋繁露,「循天之道」, p.484 참조. "天氣之於人重於衣食衣食盡猶有間氣而立終故養生之大者乃在愛氣氣從神而成神從意而出心之所之謂意意勞者神擾神擾者氣少氣少者難久矣".

313) 남기현 역, 春秋繁露,「度制」, p.244 참조. "若去其度制使人人從其欲快其意以逐無窮是大亂人倫".

럼 확정된 선善은 아니지만, 선이 될 가능성을 가지고 있으므로 선질을 잘 다듬어야 한다.[314]

그의 음양설의 입장에서 보면, 음양의 균형을 유지하는 것은 사회를 안정시키는 핵심이고 음양의 이론에 따라 백성들의 '망의쟁리亡義爭利'를 방지하고자 했다는 데 일종의 사회정체성 조절이라고 볼 수 있다. "하늘은 陰으로써 권변權變을 삼고, 陽으로써 상경常經을 삼는다."[315]라 하였다. 결국 선이 가능성에서 현실화되려면 내적 수양인 양생養生의 일환으로 의를 세워서 마음으로 몸을 잘 주재해야 한다는 그의 수양공부는 내향적 철학의 특성을 갖고 있음을 나타낸다.

동중서에 있어서 치신治身과 치국治國은 음양에 근본하며, 치술治術의 이치는 음양의 이치에 따르고 음양의 이치에 순응하면 살고, 음양의 이치에 거스르면 죽는다는 논리이다. 이는 음양의 도리에 따라 나라를 다스리면 태평해지고 이를 위배하면 혼란에 휩싸이게 된다는 것이다. 이점에서 그의 치국방식은 일종의 양생학養生學과 비슷하다고 할 수 있다. 왜냐하면 국가를 다스리는 여러 기구는 인체의 생명을 지탱하는 여러 부위와 같은 하나의 유기적有機的구조로 되어 있기 때문이다. 둘은 상호 밀접하게 연계되어 있으므로 둘 사이에서 그 기능과 작용을 잃게 되면 음양지기陰陽之氣가 문란해지게 된다.

지배자의 통치논리는 동서고금東西古今을 막론하고 덕치를 앞세우고 있다. 공자孔子와 플라톤 모두가 덕치德治를 강조하고 있고, 동중서 역시 『춘추번로』에서 "하늘이 왕을 세우는 것은 백성을 위함이다. 그러므로 그 덕으로

---

314) 변문홍, 「董仲舒內向的哲學硏究」, 인문학연구, 제34권 제3호, 2001, p.325 참조.
315) 남기현 역, 春秋繁露, 「陽尊陰卑」, p.331 참조. "天以陰爲權以陽爲經".

써만이 백성을 즐겁고 편안하게 할 수 있는 것을 하늘이 준다."[316)]라고 말하여 덕치德治를 강조하고 있다. 이러한 덕치사상은 후세에 많은 사람들에게 큰 영향을 주었다.

이렇게 볼 때 동중서는 『춘추번로』를 저술하여, 사상적 기반으로 삼았다고 할 수 있다. 陰과 陽 개념을 정치, 문화, 종교 등 사회제도의 모든 방면에 적용시켜 이기二氣의 조화로 인해 모든 것이 편안해지며, 체禮로써 도道를 삼으면 문채文彩를 얻는다고 하였다. 그는 음양오행의 논리로 이전의 천인관계를 인간의 내재적인 심성의 존재로 나타냈을 뿐만 아니라, 외연外延을 넓혀서 외적인 작용인 형과 덕으로 나타냈다. 그는 『춘추』를 재해석하는 과정에서 새로운 학문적 이론을 만들어 냈으며, 과거의 해석을 통해 원리를 얻고, 이를 통해 현재를 새롭게 해석하고자 했다.

『춘추번로』에서 제시한 이론은 왕권신수설의 이론적 배경이 되었고, 백성에게는 자연현상의 해석을 통해 왕권을 견제할 이론적 배경을 제시하였다. 이처럼 동중서는 우주도식을 음양오행이론을 바탕으로 유학을 중심으로 사상을 통합하여 만물의 원리를 정리하고 이해하려는 사상체계를 실명하려 하였다. 이러한 점에서, 『춘추번로』는 동중서의 음양오행이론이 잘 혼입되어 있는 철학 사상서라고 할 수 있다.

---

316) 남기현 역, 春秋繁露, 「堯舜不擅移湯武不專殺」, p.236 참조. "天立王以爲民也故其德足以安樂民者天予之".

4. 고대 천인天人사상의 다양한 전개

유교사상儒敎思想은 현실을 중시하고, 도덕적道德的 규범적인 사상이고, 현실성을 중시하면서도, 궁극적 존재에 대한 이해와 종교적 신념을 포함하고 있다. 이런 점에서 유교는 항상 하늘과 인간을 두 축으로 삼고 있다고 할 수 있다. 천인관계天人關係는 신과 인간의 관계, 자연自然과 인간관계를 의미하지만, 하늘은 단순한 자연뿐만 아니라 폭넓은 의미를 지니고 있다. 여기에서는 먼저 하늘과 인간이 서로 어떠한 과정으로 전개되어 해석되면서 최종 목적인 천인상감天人相感하게 되었는가를 살펴보고자 한다. 하늘과 인간의 범주는 신神, 수數, 기氣, 성性, 도道 등과 연관이 있다.

천과 인의 글자는 중국 상商왕조시대의 갑골문자甲骨文字에 나타난 것으로 당시 이 글자는 사람의 머리를 의미하였다. 그러나 나중에는 위[上], 혹은 크다[大]의 뜻으로 통용되었고, 신과 자연으로는 이해되지 않았다.[317] 서주西周시대 초기 경전인 『서경書經』 「대고大誥」편에서 하늘과 인간이란 말이 처음 나타난다.

> 나는 감히 하늘이 내린 위엄威嚴을 행사하지 않을 수 없다. 문왕文王께서 나에게 물려준 보배로운 거북으로 점占을 쳐 하늘의 뜻을 헤아려 보았더니 하늘은 우리에게 다음과 같이 명령命을 내렸다. 서쪽에 큰 재난災難이 있을 것이다. 서쪽 땅에 사는 사람들은 편안便安하지 못할 것이다.[318]

---

317) 풍우, 김갑수 역, 東洋의 自然과 人間理解, 논형, 2008, p.35 참조.
318) 書經, 「大誥篇」, "予不敢閉于天降威用寧王遺我大寶龜,紹天命,卽命曰,有大難于西土,西土人亦不靜".

여기서 하늘은 인격화人格化된 최고의 신을 가리키고, 더욱 구복龜卜을 매개로 하여 인간(지배자나 지배 계급층)에게 명령을 내리고 재앙과 복을 내릴 수 있는 존재이다.

중국 상고上古시대에 있어 하늘은 지고무상至高無上의 신[상제上帝]의 관념이었다. 서주시대 말에는 하늘과 인간의 의미가 현저하게 변화되었다. 즉 춘추시대에는 천天과 인人은 천체天體의 현상(별의 상태)과 인간사회의 일을 의미하게 되었다. 춘추시대 정鄭나라의 저명한 점술의 비조鼻祖가 천상에 별의 상태와 변화를 보면서 장차 재난이 발생할 것으로 예언하자, 사상가인 자산子産은 그의 말을 비판하여, "천도는 멀고 인도는 가깝다"라고 말했다. 즉, 이 둘은 아무런 관계가 없다는 것으로 천天은 천체天體의 현상으로 설명되고 있다.

춘추 말기 전국시대에 이르면 천과 인의 의미와 그 관계가 다소 복잡하고 다원화 하는데, 공자 이후 맹자의 도덕적 하늘은 천부적天賦的인 것으로 도덕적 관념의 천작天爵이라 해석되기 시작했다. 맹자孟子는 요순堯舜시대에 선양이 실현되다가 하夏나라의 우禹임금 이후에 세습제로 변하게 된 사실과 관련하여 이렇게 말했다.

> 순임금, 우임금, 익益이 천자天子를 보좌한 기간에 차이가 있으나, 그 자식子息이 현명하다든지 어리석다든지 하는 차이는 모두 하늘에 의해 결정決定되는 것이지 인간에 의해 결정決定되는 것은 아니다.[319]

천작天爵은 인위적 노력을 거치지 않고 이루어지는 것으로 천이 부여한

---

319) 孟子,「萬章上篇」, "舜禹益相去久遠,其子之賢不肖,皆天也,非人之所能爲也".

작위爵位를 말하고 있으나 순자는 공자·맹자와는 다른 입장을 취했다. 즉, 순자는 천은 인간과는 아무런 관련성도 없는 것으로 자연현상, 무의지, 무목적인 기계적인 존재라고 보았다.

앞에서 말했듯이 천이 인간의 현명함과 어리석음을 결정해 주는 존재, 즉 인간의 능력을 결정해 주는 존재로 이해되는 한, 하늘은 인간의 삶을 결정하는 존재로 이해될 수 있다. 그러나 순자는 이러한 천의 존재와 역할에 대해 단호하게 반대하는 입장을 표명했는데 천과 인간을 철저하게 분리하여 생각하였고 묵자墨子는 하례夏禮를 존중하는 보수주의를 고수하였으며, 묵자墨子는 인격적 천天으로 인간의 행동에 상벌賞罰을 내리는 존재로, 도덕적 삶을 요구하고 있다.

노자老子의 천은 자연 천이고 인격적 존재가 아니며 도 역시 의지적 존재가 아니라 원리적原理的, 이법적理法的 존재로 천天을 도道의 한 속성으로 간주하였다. 자연의 이理를 설명하는 데 역점을 두고 있는데 자연법에 순응하는 것이 최상의 선善이라 하였고, 인간의 욕망을 자연의 도道에 배치되는 것으로 보았다. 도덕경道德經에 "사람은 땅을 본받고 땅은 하늘을 본받고 하늘은 도를 본받고 도는 자연을 본받는다."[320]라고 하며, 천지가 만물을 낳는다고 하였다.

이후 도가의 대표자인 장자莊子는 하늘의 광대무변하고 영원무궁한 것을 보고 『장자莊子』 「천운天運」편에서 "천에 육극·오상(六極·五常)이 있는데 제왕이 이것에 잘 순응하면 잘 다스릴 수 있지만 이것을 거역하면 흉하게 된다."[321]고 하였다. 노장에서는 결국 도를 우주의 근원으로 삼았기 때문에 하늘을 자연현상이나 운명론에 결부시켜 본 것이라고 할 수 있다.

---

320) 老子, 「二十五章」, "人法地地法天天法道道法自然".
321) 莊子, 「天運篇」, "天有六極五常帝王順之則治逆之則凶" 여기서 六極은 上下四方을 말하며, 五常은 五行을 말함.

한대의 동중서는 하늘과 인간의 경계[천인지제:天人之際]를 하늘은 자연의 외모를 가진 일월성신·사시·풍우 등의 자연현상을 가리키며, 인간의 행동을 감시하여 재이災異나 상서祥瑞를 내릴 수 있는 존재라고 보아 천天을 자연현상의 최고의 신이라 여겼다. 그러므로 동중서에 있어서 신인관계神人關係는 본질적인 천인관계天人關係로서 서주西周 초기의 천인관과는 완전히 일치하지 않는다.[322] 다시 말해 종전의 개념概念에다 전국시대에 유행하고 영향력을 가지고 있던 음양오행이론을 결합한 것이다. 한대에서 음양오행학설은 의학이나 천문학뿐만 아니라 사상분야의 도가나 유가에까지 미쳤으며, 음양오행의 작용으로 천의 의지를 드러내는 것으로 표현하였다.

자연으로서의 천의 관점에서 볼 때, 모든 자연현상은 陰과 陽의 운동으로서 단지 두 기의 규칙적인 운동으로 표현되는 음양의 기이다. 그러면 어떻게 자연현상이 천의 목적을 드러내는 수단이 되는가? 이와 관련하여 몇 가지 견해를 소개하면 다음과 같다.

"동중서는 신령스런 존재로서의 천과 자연으로서의 천과 도덕의 원천으로서의 천에 대하여 말하고 있는데 그것은 물질적인 실재도 아니고 상세上帝노 아닌 일종의 최고의 보편적인 도덕원칙으로 음양오행의 운동과 인간사회의 모든 변화를 지배한다."[323]고 적고 있다.

또한 동중서는 그의「현양대책賢良對策」第三에서 "도의 큰 근원은 천에서 나온다."고 하여, 그 학설의 기초를 천에 두고 상세히 설명하였다. 그리고 천이 만물 중에서 인간을 가장 사랑하여 인간에게 의식주뿐만 아니라 인간의 윤리, 도덕, 사회제도 등을 부여한 것으로 보았다. 그래서 인간의 육체

---

322) 풍우, 김갑수 역, 東洋의 자연과 人間이해, 서울:논형, 2008, p.42 참조.
323) 서진희, "天人感應論의 構成을 中心으로", 서강대학교 석사학위논문, 1996.

와 정신도 천의 자연현상과 부합된다고 하였다.324) 이러한 견해는 종전의 정신적 형이상학적 천인합일론天人合一論에서 일보 전진하여 자연계 현상과 인간의 생리조직과의 유사점으로 유형적 천인합일론天人合一論을 제창한 것이라고 볼 수 있다. 인간은 천으로부터 명을 받았으므로 다른 만물보다 우수한 존재이고 천은 언제나 인간을 사랑하므로 인간을 이롭게 하는 것으로써 본지本志를 삼고 인간을 생육하는 것으로 그 직책으로 삼는데 춘하추동의 각 절기에 따라 인간에게 주는 것이 천의天意의 표현이다.

동중서의 천명론天命論은 이전의 유가 중에서도 맹자와 중용中庸을 염두에 둔 것이고, 그의 음양오행사상은 유가의 음양오행학과 전국시대 이래의 음양오행가의 학설을 근원으로 한 것이므로 천명론은 유가사상에 음양오행사상을 혼합한 철학사상을 이루고 있다고 할 수 있다. 천天은 때로는 물질적인 천天, 지地와 상대되는 천天으로 쓰인 경우도 있으며, 때로는 지력智力과 의지意志를 가진 자연으로 쓰인 경우도 있어서 서로 모순矛盾되는 것 같이 보이기도 한다. 그러나 그의 천은 지력智力이나 의지意志를 가진 천이거나 인격人格을 갖춘 상제上帝가 아닌 자연이라 보는 것이 타당하다.325)

그의 우주론을 보면 "우주에는 십대요소十代要素 즉, 천天·지地·음陰·양陽·목木·화火·토土·금金·수水와 인人을 합하여 십十으로 하여 천의 수가 완성되었다."326)고 하였다. 즉, 동중서의 천명관은 위의 『춘추번로』에 '하늘의 열 가지 단서端緖'에서 이해할 수 있듯이 천天을 자연의 전체全體로 보고 있다.

---

324) 金能根, 『儒敎의 天思想』, 숭실대출판부, 1988, p.6 참조.

325) 馮友蘭, 鄭仁在 역, 『中國哲學史』, 서울:형설출판사, 1982, p.254 참조.

326) 董仲舒, 남기현 역, 春秋繁露, 「天地陰陽篇」, 서울:자유문고, 2005, p.511 참조. "天地陰陽木火土金水九與人而十者天之數畢也"

하늘에는 열 가지 기본 단서端緖가 있으며 그 열 가지 단서로 모든 것을 말할 수 있다. 하늘이 하나의 단서가 되고 땅이 하나의 단서가 되고 陰이 하나의 단서가 되고 陽이 하나의 단서가 되고 火가 하나의 단서가 되고. 사람이 하나의 단서가 되어 무릇 열 가지 단서를 드러내는 것이 하늘의 법칙이다.[327]

동중서의 천天 사상은 복잡한 구조로 되어 있으며 인격적인 천天에만 머물러 있는 것이 아니라, 다른 요소들과 혼재된 혼합체인 것이며, 다각적인 시각에서 이해하려고 한 것이라 할 수 있다.

하늘의 구성요소는 열 가지지만 그중에서 명령을 내릴 수 있는 존재는 바로 천天이고, 하늘이 내린 명령을 인간에게 전달하는 교량역할을 하는 존재가 음양오행으로 이를 통해 천의 의사를 표현하였다. 인간 역시 음양오행을 통해 천에게 의사를 표명하는데, 이것이 바로 천인관계론天人關係論이다.

5. 동중서董仲舒의 천인상감사상天人相感思想

동중서는 천명天命은 어느 한쪽의 일방적이 아닌 상호 감명적 천명관을 내세우고 있으며, 궁극적 목적은 대일통大一統사상으로 귀착시켜 정치적 안정을 꾀하려는 데 있다고 볼 수 있다. 군주와 신하, 백성을 효율적으로 규제함으로써 강건한 제국을 건설하려는 것이다. 이렇게 볼 때 동중서에게서 천은 물리적 존재 자체이면서, 자연의 모든 운행을 통제하는 인격신의 기능을

---

[327] 董仲舒, 남기현 역, 春秋繁露 「官制象天」, p.231 참조. "天有十端十端而止已天爲一端地爲一端陰爲一端陽爲一端火爲一端...人爲一端凡十端而畢天之數也"

갖추고 있는 존재이고, 천天의 위상을 재정립하는 음양오행이 핵심적 역할을 하고 있음을 알 수 있다. 그리고 감응의 방법으로 『주역周易』 「문언전文言傳」을 예로서 추론하고 있다.

> 같은 소리는 서로 호응互應하고, 같은 기운은 서로 찾는다. 물은 습濕한 곳으로 흐르고 불은 건조乾燥한 곳으로 번진다. 구름은 용龍을 따르며 바람은 호랑이를 따른다.[328]

중국 고대인古代人들은 호응互應하는 것을 기초로 하여 자연계와 인간사회를 개괄할 수 있는 보편적 연관의 그물을 구축하기 시작하였다. 그리고 이러한 체계의 내용이 구체화 될수록 허구적 요소를 내포하게 되었다.

서주西周 말부터 전국시대에 이르는 동안 나타나게 되는 천인감응설은 특히 묵자墨子의 사상체계에 의존한 것으로 동중서는 이 설을 한대에 와서 논증하여 체계적으로 밝혔다. 중국의 천인감응설은 묵자墨子가 창시創始하고 동중서가 온전히 밝혔다고 할 수 있는데, 묵자에서의 천인감응의 기본내용은 하늘이 자연의 모습을 한 유의지적 최고신으로 본 데 그 특징이 있다. 아울러 감응의 방식은 하늘이 인간의 행위를 감찰한 뒤에 일련의 자연현상을 통해 자신의 의지를 나타냄으로써 인간세계의 지배자에게 경고나 상을 내리게 된다.[329] 묵자墨子의 이러한 천인감응사상은 「상동중尙同中」편에서 살펴볼 수 있다.

> 천자天子의 뜻에 따르고 하늘의 뜻에 따르지 않는 자에게는 하늘의 재앙災殃

---

328) 周易, 「文言傳」, "同聲相應,同氣相求,水流濕,火就燥,雲從龍,風從虎."
329) 馮禹, 김갑수 역, 『東洋의 自然과 人間理解』, p.68 참조.

이 그치지 않을 것이다. 그러므로 만약 하늘이 시기에 맞지 않는 추위나 더위를 내리고 눈, 서리, 비, 이슬 등을 시기에 맞지 않게 내린다든지, 오곡이 익지 않고 여러 가축이 자라지 않는다든지, 질병, 재앙, 악한 기운, 전염병 등이 발생한다든지, 갑자기 바람이 불고 폭우가 쏟아진다든지 하는 등의 일이 그치지 않고 계속된다면 그것은 하늘이 내린 벌罰이다.[330]

하늘과 인간 사이의 감응은 직접적인 교류가 아닌 하늘이 심사숙고한 뒤에 내리는 상賞이나 벌罰을 통해 이루어진다고 보는 사유思惟는, 후대의 동중서의 재이론災異論이 형성될 때 큰 영향을 주었다. 묵자의 하늘은 외형적으로는 자연의 모습을 띠고 있지만 본질적으로는 의지意志를 가진 신神으로, 특이한 자연현상은 신이 인간의 지배자에게 내리는 경고이다. 바로 이런 점에서 동중서의 사상은 묵자의 사상을 계승한 것으로 볼 수 있지만 묵자의 그것보다는 체계적이고 완벽하게 자신의 학설을 완성시켰다.

천인감응이론을 처음 제시한 묵자는 본질神과 외형自然의 생성과 변화에 관해 만족할만한 해답을 제시하지 못하였다. 단지 자연현상이나 환경이 인간의 생존에 적합하다는 것으로 하늘이 '애민愛民' 하는 마음을 가지고 있음을 증명하려고 하였다. 반면에 동중서는 묵자의 목적론을 계승 발전시켜 학설의 모순을 미봉彌縫하려 하였다. 그래서 자연의 하늘 자체를 의지意志와 인격人格을 가진 '백신百神의 대군大君' 이라 하였고 인간은 하늘의 복사판에 지나지 않으므로, 하늘도 당연히 의지를 가지고 있다고 보았다.

또한 동중서는 『춘추번로』 「위인자천爲人者天」편에서 '사람을 만드는 것은 하늘이다' 라는 말과 함께 천인합일天人合一에 대하여 자세하게 논증하고

---

330) 墨子,「尙同中篇」, "旣尙同乎天子,而未尙同乎天者,則天災將猶未止也.故當若天降寒熱不節,雪霜雨露不時,五穀不孰,六畜不遂,疾災戾飄風苦雨,荐臻而至者,此天之罰也".

있다.

> 생명生命을 만들어도 능히 사람을 만들지 못하는데, 사람을 만드는 자는 하늘이다. 사람이 되는 것은 하늘에 근본하고 "하늘은 일찍부터 사람의 증조부曾祖父이다". 이것은 사람이 하늘과 같은 종류이기 때문이다. 사람의 형체形體는 하늘의 수數에 화하여 이루어지고, 사람의 혈기는 하늘의 뜻에 화하여 인仁하여 지고, 사람의 덕행은 하늘의 이치에 화하여 의義로워지는 것이다.[331]

동중서는 "하늘은 인간의 증조부"라고 말하여 하늘을 인격화한 것이며 이 점에서 인간의 조상으로서 자연을 신격화시킨 범신론적汎神論的 색채를 띤다고 할 수 있다. 나아가 천자만이 하늘의 명을 받는다고 했으며, 천하는 천자에게서 명을 받고, 나라는 군주에게서 명을 받는다고 하였는데 하늘은 의지를 가지고 있으며 서주시대의 황천상제皇天上帝는 아니더라도 인격을 갖춘 최고의 신으로 표현하였다.

동중서의 천인감응설은 선진先秦 이래의 전통적 천명관념에서 영향을 받은 것으로 볼 수 있다. 여기서 천명은 도덕성을 내포하고 있는 기를 말한다. 즉 기는 음양오행을 말한다. 그러므로 기를 받았다는 것은, 하늘에 의해 품수稟受받았음을 의미한다. 천은 자연운행의 구체적인 법칙을 가지고 있는데, 선진시대에는 음양과 오행설로 천 혹은 자연의 변화를 설명하였다. 이는 주로 농경과 정치에 많이 활용되었으며, 한대 이후에는 의학, 천문학, 자연과학뿐만 아니라 도가·유가의 사상분야에까지 영향을 미쳤다.

---

331) 남기현 역, 春秋繁露, 「爲人者天」, p.323 참조. "本於天天亦人之曾祖父也此人之所以乃上類天也人之形體化天數而成人之血氣化天志而仁人之德行化天理而義"

앞에서 언급한 것처럼 선진시대先秦時代에는 만물의 생동변화 양상을 음양오행, 천 혹은 자연의 변화를 설명하였다. 그 결과 천자의 일상을 음양오행적 사고관에 정형화定型化시켰다. 농업農業과 관련하여 시기적절時期適切한 절후의 음양 관계를 다루고 있는 『여씨춘추呂氏春秋』의 「십이기十二紀」와 『대대례大戴禮』[332)]의 「하소정夏小正」에서는 시령사상時令思想을 드러내고 있다. 시령사상은 다양한 자연계나 인간계를 통일 지어 보고자 시도했던 천인감응적 사상을 가리킨다. 이것에 대한 아래의 글을 보자.

> 정월正月 [땅속에서 겨울잠을 자던 벌레가 입을 열다] 비로소 땅속에서 겨울잠을 자던 벌레들이 입을 열고 나오는 것을 말한다. [기러기가 북北쪽으로 향向하다] 먼저 기러기를 말하고 뒤에 향向을 말하는 까닭은 무엇인가. 기러기를 보고나서 향을 헤아리기 때문이다. 향이라는 것은 무엇인가. 향은 그 사는 곳이다. 기러기는 북방을 사는 곳으로 삼는다.[333)]

위 글은 천天-지地-인간人間을 소통하려는 것이다. 천[自然]과 인간의 소통, 곧 합일合一을 의미한다. 초기에 천과 인간의 관계는 기후氣候에 대한 지식을 제공하는 월령서月令書가 나오면서 존재하게 되었다. 고대인들은 자연의 변화, 즉 기상·천체 현상·동식물의 생태현상 등을 모두 하나의 천도라고 생각했다. 이러한 이유로 인간행위의 어떠한 결과들을 인간에 대한 천天의 반응反應으로 보았다. 그러므로 「십이기十二紀」와 「응동應同」에는 천인감

---

332) 戴德, 朴英淑 역, 大戴禮, 서울:자유문고, 1996, p.3 참조. 大戴禮는 漢代 戴德이 편찬. 孔子가 弟子들과 政治·文化·軍司制度·文物·禮儀·孝道의 諸般分野를 問答한 것중 孔子의 書籍에 빠져있는 부분을 모아놓은 것.

333) 戴德,朴英淑 역, 大戴禮, p.59 참조. "正月啓蟄−言始發蟄也雁北鄕−先言雁而後言鄕者何也見雁而後數其鄕也鄕者何也鄕其居也雁以北方爲居"

응으로 향하는 첫 번째 단계라고 할 수 있다.[334]

　진·한시대의 천인감응사상은 춘추전국시대 이후에 새롭게 일어난 사상으로 이를 논증하기 위해서는 자연과 인간이 감응할 수 있음을 증명하기 위해『여씨춘추呂氏春秋』에서는 이러한 이론을 개별적 예를 들어 논하고 있으며, 많은 동류상감同類相感의 자료들을 제공하고 있다. 상감相感은 음양이라는 두 기에 의해 상동相同으로 나타나고, 천인상통天人相通으로 연결되는 것이다. 동중서는 천을 의지를 가진 존재로 보고, 천의天意가 인간에 대한 반응을 궁음宮音에는 궁음宮音이 응應하고, 상음商音이 응應한다고 하였다. 이와 관련하여「동류상동同類相動」에서는 "아름다운 일은 아름다운 종류를 부르고 악한 일은 악한 종류를 불러서 종류끼리 서로 응하여 일어나는 것이다. 상응하는 것은, 말이 울면 말이 호응呼應하고, 소가 울면 소가 호응하는 것과 같다."[335]고 하였다. 그러므로 사람은 하늘의 자식으로서 유사성을 가진 것과 서로 상응相應하게 된다.

　여기서 동중서는『여씨춘추呂氏春秋』나『회남자淮南子』에서처럼 감응에 있어서 인간을 피동적 자리에 놓지 않고, 능동적 지위를 부여하였다. 예를 들면 "하늘과 땅에서 음기가 일어나면 사람의 음기도 그것에 응하여 일어날 뿐 아니라 사람의 음기가 일어나면, 하늘과 땅의 음기도 그것에 응하여 일어나는데 그 도는 하나이다."[336]라고 말하였다. 이처럼 동중서는 천과 인간의 천인동류天人同類임을 강조했다.『춘추번로春秋繁露』「인부천수人副天數」에서도 천과 인은 같은 종류의 존재임을 확인하고 있으며, 인간이 어떻게 하

---

334) 서진희, "天人感應의 中心으로", 서강대학교석사학위논문, 1966, p.10 참조.
335) 남기현 역, 春秋繁露,「同類相動」, p.386 참조. "美事召美類惡事召惡類類之相應而起也如馬鳴則馬應之牛鳴則牛應之".
336) 남기현 역, 春秋繁露,「同類相動」, p.387. "天地之陰氣起而人之陰氣應之而起人之陰氣起而天地之陰氣亦宜應之而起其道一也".

늘의 부본副本이 되는가를 설명하고 있다. 예를 들면 인간에게 오장五臟이 있고 하늘에는 오행五行이 있고, 하늘에는 사시四時가 있고 인간에게는 사지四肢가 있다고 말하여, 결국 서로 동류됨을 지적했다.

사물은 재난으로 능히 하늘과 땅과 짝하지 못하지만 오직 사람만은 홀로 능히 하늘과 땅과 짝을 하는 것이다. 사람에게는 360마디가 있어서 하늘의 수와 짝하고 형체와 골육骨肉은 땅의 두터움과도 짝한다. … 그러므로 작은 마디 366개는 1년의 일수와 적합하고, 큰 마디는 12개로 나누어져 있는데 이는 12달과 적합한 것이다. 안으로 오장이 있는데 이는 오행과 적합한 것이며, 밖으로는 사지四肢가 있는데 이는 네 계절과 적합하며 …[337]

『춘추번로春秋繁露』「인부천수人副天數」에서는 자연과 인간이 서로 비슷한 구조를 지니고 있음을 증명하려 하였다. 이러한 논의는 동류상동同類相動이 되고, 천인동류天人同類가 되는 것을 말한다. 「인부천수」에 담긴 사상은 당시의 자연 과학적인 지식 특히『황제내경黃帝內經』[338]을 중심으로 동양의 의학지식에 적용되었다고 본다. 동류상동은 만물의 이름은 달라도 상호의존적이고 상호보완적이기 때문에 작용한다. 그 근본은 하나의 뿌리를 두고 있다. 그래서 동기감응同氣感應을 이루고 천인합일하는 사상을 이어 받게 된다. 동중서가 한대에 와서 체계화한 천인감응 이론은 유가의 중요사상으로 자

---

337) 남기현 역, 春秋繁露,「人副天數」, p.382. "物疾莫能偶天地唯人獨能偶天地人有三百六十節偶天之數也形體骨肉偶地之厚也… 故小節三百六十六副日輸也大節十二分副月數也內有五臟副五行數也外有四肢副四時數也…".

338) 김창민 외 역,『黃帝內經講義』, 도서출판 정담, 1999, p.5 참조." 黃帝內經 은 "素問"과 "靈樞"의 두 부분으로 나누어 져 있으며, 81篇이 전해지고 있다. 黃帝와 岐伯,伯高,鬼臾區등이 서로 묻고 답하는 方式으로 되어 있다. 黃帝가 등장하는 것에 대한 견해는 眞僞與否를 따지기 전에 筆者는 그 시대에 道家의 黃老之學이 基礎하므로, 鼻祖인 黃帝를 내 세워 權威를 갖추는데 目的이 있지 않았을 까 생각하며, 內經 에서는 人體를 하나의 有機的관계로 보고 陰陽五行說로 人體의 生理現象,病理現象,診斷,治療에 이르기 까지 그 骨格을 陰陽五行理論에 두고 있다."

리매김하였고, 송대宋代 이후에는 이기론理氣學으로 발전하게 되었다.

유가儒家 사고의 특징은 천과 인간은 항상 불가분의 관계를 이루면서도 합일合一의 경지에 이른다는데 있다. 이 관계에서는 조화와 통일의 구조를 가지고 있다. 양자兩者가 상호 융화融化하고 융합하는 모습은 양자가 불가분의 관계에 있음을 보여준다. 천은 외재적 신성에서 벗어나 인간화되고 내재화되며, 인간은 하늘의 존엄한 도덕적 자각의 주체로서 등장한다. 동중서의 하늘은 주재적主宰的인 면과 자연적인 면을 동시에 가지고 있는데 여기서 주재적인 면은 인간계와 자연계를 포함한 전 우주를 주재함을 가리키고 자연적인 면이란 의식이 없는 자연적인 천天을 가리킨다. 그것은 음양의 두 기운과 오행의 규칙적 운동으로 나타나는데, 신령스런 천은 아니다.

그러나 천에 관해 다른 의견을 개진하는 경우도 있다. 예컨대 동중서의 천을 기독교의 하나님처럼 절대적인 것과는 다른 타자의 위치에서 만물을 창조하는 것이 아니라, 천의 자연적인 과정을 통해서 의지하여 자신의 뜻을 나타낸다고 보는 견해도 있다.[339] 여기서 천은 물질적 실재도 아니고 상제上帝도 아니고 최고의 도덕 담지자擔持者가 아닌, 인간과 인간, 인간과 사물, 그리고 사물과 사물의 관계 모두를 도덕 윤리적인 존재로 보고 인仁, 의義, 예禮, 지智, 신信의 오상五常으로 제시되고 있기 때문이다. 그는 우주의 질서와 운동을 표시하는 기와 천을 같은 것으로 보았고, 주재천主宰天과 자연천自然天을 결합시켰다. 우주의 질서는 인간세계의 질서를 의미하므로 대우주와 소우주간의 인간과 천과의 소통이라는 화두話頭를 담고 있는 사상이 천인감응설의 실현의 길이다.

또한 "동중서는 음양오행[天]과 왕도정치[人]를 거의 같은 구조를 가지고

---

339) 변문홍, 「董仲舒天向的哲學硏究」, 인문학연구 제34권 제3호, 2001, p.331 참조.

있는 유비적 관계로 보았다. 그리고 우주론 체계의 형성을 통해 자연과 사회가 유기적 전체의 역동적인 평형과 조화적 질서를 가지고 있다고 보았다."340) 천인합일天人合一을 천과 인간이 서로 통하면서 '감응感應'하는 피드백기능을 지니고 있는 이러한 유기체적인 우주론은 인간이 이 도식을 순응함으로써 활동의 자유를 얻을 수 있고, 변화하고 발전하게 하고 있으며, 국가와 개체가 외적활동과 행위 속에서 자연과 사회에 서로 적응하여 장단을 맞추며 협조하고 동일시同一視하는 것에 있다고 할 것이다.341)

천인감응은 인간행위에 대하여 하늘이 음양오행의 형태로 반응하는 것을 가리킨다. 유사성을 가진 천지만물의 기氣는 서로 상응相應·상감相鑑하므로 자연과 인간을 통일시키게 된다. 그 방법론에 있어서 춘추공양春秋公羊이 유가의 육경六經과 공자의 도인 도덕론에 중심을 두었다면, 동중서는 도덕중심을 음양오행의 기의 조화의 중심으로 변화된 사고관으로 설명하였다. 그는 인의仁義의 도덕인 선善을 陽으로, 악惡을 陰의 작용으로 표현하였다. 즉 음악양선陰惡陽善과 음형양덕陰刑陽德, 음정양성陰情陽性342)이라는 말에서 보듯이, 선과 악을 음양에 의한 기氣의 작용으로 대체하였다. 그러므로 천인감응설은 동중서에 의해 사상적思想的, 정치적 대일통大一統을 실현하는 근거가 되었다고 할 수 있다.

---

340) 李澤厚, 鄭炳碩 역, 『中國古代思想史論』, 한길사, 2005, p.35 참조. '文化心理構造'의 연원은 동자,孔子가 古代의 精神을 계승해 제시한 人學의 構造는 주로 漢代에 存在하던 儒學孝道宗法秩序에 대한 尊重儀式등을 儒學을 대표하는 董仲舒에 의해 天人感應의 宇宙圖式을 통하여 具體的으로 實現되었다.

341) 李澤厚, 鄭炳碩 역, 中國古代思想史論, p.609 참조.

342) 남기현 역, 春秋繁露, 「深察名號」, p.305 참조. "身之有性情也若天地有陰陽也".

5. 동중서의 재이·상서설(災異·祥瑞說)

재이·상서설(災異·祥瑞說)은 정치의 다양한 현상을 재이와 상서라는 두 관념으로 설명하려는 논리라고 할 수 있다. 여기서 재이란 인간이 악한 행위를 하면 천自然이 재앙이나 이변을 가져오게 한다는 견해이다. 그 이변 현상으로는 일식, 혜성의 출현, 지진, 홍수, 대화재 등을 들 수 있다. 반면에 상서란 인간사회에서 일어날 수 있는 상서로운 길조吉兆를 가리킨다. 이 두 개념은 서로 반대되는 개념이라고 할 수 있다. 동중서는 재이災異현상이 자연현상에 저절로 일어나는 것이 아니라 인간人間의 의지적 행위와 관련하여 발생된다고 본다. 즉, 인간사회의 길흉화복을 인격적 존재인 천과 결부시켜 양자의 상관관계 속에서 파악하려는 것이다. 즉 천의 의지에 의해 자연현상으로 드러난 것을 재이災異라 한다. 그는 천의 의지인 재이가 어떻게 발생하였는가를 『춘추春秋』에 기록된 역사적 사실을 통해 분석하였다. 무제武帝의 천재지변의 변고에 대해서는 책문策問에 답하였다.

신臣은 삼가 춘추의 내용을 검토하여 예전에 세상에서 이미 벌어진 일을 살펴보고 하늘과 인간의 상관관계가 몹시 두려워해야 할 것임을 알아 차렸습니다. 국가國家가 올바른 도리道理를 잃어 패망敗亡할 때에는 하늘은 먼저 재앙災殃을 일으켜서 견책譴責하고 경고警告합니다. 그러나 반성反省할 줄 모르면 또 괴변怪變과 재이災異를 내보내어 놀라고 두려워하게 만듭니다. 그럼에도 불구하고 고칠 줄을 모르면 그제야 손실損失과 패망敗亡이 따릅니다. 이러한 일을 통해서 하늘이 군주君主를 어진 마음으로 사랑하여 국가의

난리를 그치게 하려고 한다는 사실을 알았습니다.[343]

이러한 동중서의 재이·상서론은 춘추에서 그 단초를 발견할 수 있다. 재이현상에서 항상 '이異'가 먼저 발생하고 '재災'는 군주의 반응에 따라 나타나는 현상이라 할 수 있다. 기괴한 현상에 대해 군주가 자각하여 행동을 고치면 재災로 넘어가지 않지만, 만약 군주가 그 행동을 고치지 않으면 엄청난 재해가 뒤따르게 된다.

> 하늘의 운행이 계절에 반대로 나타나는 것을 재해災害라 한다. 대지의 만물이 본성을 어기게 되면 요망한 일이 있게 되며, 백성들이 덕德을 어기면 난리가 있게 되고, 난리는 요망한 일과 재해災害를 낳게 하는 것이다.[344]

『춘추공양전』에서는 재이災異와의 차이점에 관해 "이異는 재災보다 크다."[345]고 하였다. 그러므로 재災는 군주의 행동이 악행을 하기 전에 일어나는 현상을 가리킨 것이며, 악행을 행한 후에 나타나는 현상을 이라고 하는데, 이 두 개념은 주역의 문장에서 자주 등장하는 '회悔'와 '인吝'과 유사하다. 즉 회悔는 뉘우쳐서 개과천선改過遷善을 할 수 있는 심정이요, 인吝은 욕심이 많아 악으로 달리는 마음을 가리키는데 이런 과정의 설정은, 하늘의 의지가 군주에게 자각할 수 있는 기회를 배려한 것이라 할 수 있다. 천과 인간의 감응을 통하여 관계 지움의 결과로 얻어지는 것이 재이·상서이며, 이

---

343) 漢書, 「董仲舒傳」, "臣謹案春秋之中視前世已行之事以觀天人相與之際甚可畏也國家將失道之敗而天乃先出災害以譴告之不知自省又出怪異以驚懼之尚不知變而傷敗乃至以此見天心之仁愛人君而欲止其亂也".

344) 문선규 역, 春秋左氏傳 中, 「宣公15年」, 明文堂, 2009, p.116 참조. "天反時爲災地反物爲妖民反德爲亂亂則妖災生."

345) 남기현 역, 春秋公羊傳, 「定公元年」, 자유문고, 2005, p.480 참조. "曷爲以異書異大乎災也".

것은 하늘의 구체적인 감응형태로서 군주가 항상 바르게 행동하도록 유도하는 것으로, 결국 하늘은 군주에게 벌을 내리는 것보다 군주를 사랑하는 마음이 담겨 있음을 알 수 있다.

한왕조漢王朝가 어느 정도 정치적 안정을 되찾기 시작하자 무제는 왕조를 지속적으로 이끌어 갈 수 있는 국가이념이 필요하다고 생각하였고, 그 결과 '현양대책賢良對策'을 내놓았다. 무제는 이를 통해 황제의 지배체제를 더욱 공고히 하고자 했다. 그는 강력한 통치체제를 이끌면서 백성들을 교화敎化 시키기 위해서는 덕치가 필요함을 인식하고 있었다. 즉 유가적인 덕치로 강력한 절대군주 통치로 이끌어 나가면 이상적인 지배형태로 나아갈 수 있다고 보았다. 과거 진대秦代의 무소불위의 시황제始皇帝 시대의 전철을 밟지 않기 위해 동중서는 군주의 권력남용을 견제하는 이론을 준비했던 것이다.

재이론災異論은 수명론受命論과는 상대적인 이론이다. 하늘은 음형양덕陰刑陽德의 양면성을 가지고 있으므로 정치를 잘할 경우에는 천명天命을 내려 임금이 되게 해 주거나 복을 내려 주고, 정치를 잘하지 못할 경우에는 재이災異를 통해 경고를 하며, 극極에 달하면 천명天命을 회수回收해 간다고 한다.

> 하늘이 백성을 낳은 것은 임금을 위한 것이 아니고, 하늘이 임금을 세운 것은 백성을 위함이다. 그러므로 그의 덕이 백성을 안락하게 할 수 있다면 그에게 임금의 자리를 내려주고, 나쁜 짓이 백성을 해칠 정도이면 하늘은 그 임금의 자리를 박탈剝奪한다.[346]

천자가 천명을 받을 수 없다면, 천자를 폐위廢位하여 공公으로 호칭한다

---

346) 남기현 역, 春秋繁露, 「堯舜不擅移湯武不專殺」, p.236 참조. "天之生民非爲王也以天立王以爲民也故其德足以安樂民者天予之其惡足以賊害民者天奪之".

고 말하고 있다.

> 하夏나라가 무도하니 은殷나라가 정벌을 하고, 은나라가 무도하니 주周나라가 정벌을 했으며, 주나라가 무도하니 진秦나라가 정벌했고, 진나라가 무도하니 한漢나라가 정벌했다. 유도자有道者가 무도자無道者를 정벌하는 것이 천리天理이다.[347]

천자를 폐위시키는 주체는 백성이 되며, 하늘의 명을 받아 다른 성姓을 가진 사람으로 임금을 바꾸는 것이다. 계승하여 임금이 되는 것이 아니고, 천자를 바꾸는 것을 말하며, 이 권한은 천명에 있음을 의미하고 있다.

재이·상서는 상賞과 칭찬을 좋아하고 벌罰과 손해를 싫어하는 심리의 작용을 활용하여, 군주에게 제재制裁의 수단으로 이용하려는 동중서의 생각을 나타낸 것으로 볼 수 있다. 군주가 천의 명을 받았다는 것은, 천의 지지를 받고 있다는 것이므로 임금은 백성을 교화할 역할을 부여받은 절대적인 위상을 지니게 된다.

재이·상서설이 막강한 군주의 지위를 견제할 수단인 것으로 볼 때, 동중서는 유교적 이상사회인 선善, 즉 덕德을 갖추기 위해 교화를 강조하고 그 중심에 군주를 두었다고 할 수 있다. 여기서 군주란 타고난 성性이 군주의 개인의 것이 아니라 군주의 자리에 주어지는 사명使命으로 군주의 절대화보다는 유교적 이상, 즉 군주는 성인이 되어야 한다는 이상을 절대화한 것이다. 이것이 바로 군주는 천명을 수행하는 도구道具임을 보여주는 것이다.[348]

---

347) 남기현 역, 春秋繁露 「順命」, p.236 참조. "夏無道而殷伐之殷無道而周伐之周無道而秦伐之秦無道而漢伐之有道伐無道此天理也"

348) 장우춘, 「董仲舒의 災異論」, 서강대학교 석사학위논문, 2008, p.25 참조.

군주는 백성의 중계자로 백성을 덕과 교화로써 다스려야 한다.

동중서는 이를 현실에 적용하여 법法을 陰으로 덕德을 陽으로 정의하고, 이 둘의 조화와 균형을 통해 천의 원리실현을 강조했다. 그는 실제적인 방법方法으로 정치를 음양의 조화에서 균형을 중시했다고 할 것이다.

그렇다면, 하늘에서 명을 받은 군주, 즉 왕은 천지인天地人을 일통一統하기 위해 어떻게 해야 하는가? 왕王(군주)의 글자는 삼 획의 가운데를 연결하여 만든 것으로서, 세 획은 천天·지地·인人이고, 바로 천天·지地·인人의 도道를 관통하는 것이 왕도王道이다.[349]

임금의 왕도는 하늘의 도를 받들어 국사에 종사해야 하므로 덕으로 다스려야 하고 형벌로 다스려서는 안된다는 것이다. 하늘의 뜻은 음양의 작용 중에 陽의 작용으로 덕을 가리킨다. 그래야만 천인감응을 일으킬 수 있다. 반대로 군신상하가 화목하지 못하고 이반되면 천인감응이 이루어지지 않고 괴이怪異한 일이 생겨난다. 그래서 "하늘과 같게 하는 자는 크게 다스려지고, 하늘과 다르게 하는 자는 크게 혼란스럽게 된다."[350]

동중서의 이러한 재이설은 음양오행과 어떤 관계를 가지고 있을까? 그의 재이설이 추연의 오덕운전五德運轉과 관련이 있는 것인가에 대하여, 서복관徐復觀은 음양소식을 천도의 운행법칙으로 보았으며, 오덕종시五德終始를 역사의 운행법칙으로 보았고 음양소식에 기초한 재이현상이 당시 통치자의 행위에 압력을 가했다고 하였다.[351] 추연의 경우는 추론할 수밖에 없지만 동중서의 경우는 음양론과 오행론을 하나의 계통 속에서 운용하고 있다. 음

---

349) 남기현 역, 春秋繁露, 「王道通三」, p.340 참조. "古之造文者三劃而連其中謂之王三劃者天地與人也而連其中者通其道也取天地與人之中以爲貫而三通之".

350) 남기현 역, 春秋繁露, 「陰陽義」, p.357 참조. "與天同者大治與天異者大亂".

351) 徐復觀, 兩漢思想史 券2, 臺灣學生書局, 1976, pp.9-11 참조. "而陰陽消息言災異於以加强對當時統治者行爲上的壓力".

양의 상생상극의 법칙 뒤에는 동기상응同氣相應[352] 동류상동同類相動의 현상이 있지만, 인간에게는 꼭 그런 것이 아니다. 왜냐하면 인간은 의지를 가지고 있기 때문에 그렇지 않을 수도 있기 때문이다.

이연승의 경우에는, 동중서의 재이설의 구조構造[353]를 다음과 같이 구분지어 설명한 바 있다. 여기서 재災와 이異는 분명히 구분되며 양자 가운데 이가 재보다 더 심각한 것이다.

인사人事1 → 천지견天之譴 → 인사人事2 → 천지위天之威 → 인사人事3

국가실도國家失道 → 선출재해先出災害 → 부지자성不知自省 → 재출괴이再出

괴이怪異 → 상부지尙不知 - 상패내지傷敗乃至

동중서의 천인감응설의 유형을 고찰할 때 재이설에서 역시 자연이라는 형식과 의지를 지닌 하늘이라는 내용 사이의 불일치가 있음을 알 수 있다. 자연계의 순順·불순不順으로 인해 재이가 발생한다는 측면에서 보면 음양이기陰陽二氣의 조작을 통해 재이는 해결될 수 있을 것이다.

한편 상서祥瑞라는 것은, 덕을 베풀고 선행을 쌓는 군주의 행동에 감응하여 하늘에서 내려주는 특이한 자연현상을 의미하는데 상서祥瑞, 즉 수명受命의 증거가 되는 것이다. 그 증거는 군주의 선행과 덕이 충분히 쌓였을 때 나타나는 것으로 하늘에서 특정한 한 명의 인간에게만 장래에 군주가 될 자질을 부여한다는 정명론적 입장은 존재하지 않고, 군주가 하늘의 뜻을 잘 받들고 백성百姓을 잘 다스리고 그 가르침이 천하에 미칠 경우, 수명受命의 증

---

352) 徐復觀, 兩漢思想史 券2, 臺灣學生書局, 1976, pp.9-11 참조. "而陰陽消息言災異,於以加强對當時統治者行爲上的壓力".

353) 이연승, "董仲舒의 天人相關說에 관하여", 「종교문화연구」 제2호, 2000, p.9 참조.

거가 드러나게 된다. 그러므로 군주가 되었다 하여 수명을 받는 것이 아니기 때문에 만약 군주가 이치에 맞지 않는 행동을 하여 정치를 잘못하면 증거는 커녕 군주의 자리를 잃을 수 있다.

한편 수명에 관하여 공자는 서수획린西狩獲麟이라는 증거를 얻어서 신왕新王이 될 천명을 받았음을 『춘추春秋』에 기록하여 그 안에 신왕이 지켜야 할 도리를 밝혔다. 그리고 수명은 받는 대상의 자질에 따라 결정된다고 하였다. 그러므로 새로운 왕조가 교체되는 시점은, 앞의 왕조가 천명을 받았으므로 수명受命이 될 것이고, 물러나는 군주는 자신에게는 재이災異가 될 것이다. 그러므로 왕조와 국가의 흥망성쇠는 모두 군주에게 달려 있으며 군주의 강력한 의지와 추진력에 달려있다고 볼 수 있다.

이상과 같이 재이災異·상서론祥瑞論은 『춘추春秋』의 해석을 통하여 만들어 낸 동중서의 사상思想이다. 천이 재이를 통하여 군주를 견제하지만 실제는 유학자가 군수를 견제하는 것이 된다. 천의 명에 대한 해석이야말로 재이론의 목적目的이자, 동중서가 추구한 사상의 목표라고 할 수 있고 이것이 치국과 백성의 사상적 일통의 방편으로 적용되었으며, 그 사상의 내면에는 음양오행의 변화작용이 존재함으로써 이루어진다.

제5장

유안, 『회남자淮南子』의 음양오행설

1. 『회남자』의 음양오행 사상

『회남자淮南子』의 음양오행사상은 자연현상적인 음양오행사상과 더불어 통치개념의 음양오행사상, 그리고 유비체계類比體系로서의 음양오행사상과 재이災異와 화복개념禍福槪念으로서의 음양오행사상으로 구분할 수 있다.

「천문훈」에서는 우주생성을 "도道는 허확虛霩에서 시작하고, 허확이 우주를 생하고, 우주가 기氣를 생하고, 기가 음양으로 나누어지고, 음양의 작용으로 사시四時가 만들어지고, 사시를 통하여 만물이 형성된다."[354]라고 하였고, 「태족훈泰族訓」에서 "신명이 접하고 음양이 조화를 이루면 만물이 생성된다."[355]라고 말한다. 따라서 만물의 생성은 음양의 두 기운의 조화를 통하여 이루어진다고 본 것처럼 『회남자』는 만물의 생성 근원은 천지간의 음기

---

354) 劉文典, 『淮南鴻烈集解』, 北京: 中華書局出版, 1989, 「天文訓」, "道始于虛霩, 虛霩生宇宙, 宇宙生氣, 氣有涯垠. 清陽者薄靡而爲天, 重濁者凝滯而爲地. 清妙之合專易, 重濁之凝竭難. 故天先成而地後定. 天地之襲精爲陰陽, 陰陽之專精爲四時, 四時之散精爲萬物".

355) 앞의 책, 「泰族訓」, "神明接, 陰陽和, 而萬物生矣".

와 양기가 서로 조화를 이룸으로써 나타나는 현상으로 만물의 생성에 기본 재료는 기氣라고 하였다. 그렇지만 그것을 바탕으로 해서 만물의 생성을 이끄는 실질적인 원동력은 음양의 조화작용으로 이해되고 있음을 알 수 있다.

『회남자』에서는 음양오행이 천지만물의 보편적인 우주의 질서라고 한다. 음양은 햇살이 비치므로 해서 생기는 양지陽地와 음지陰地의 자연현상에 뿌리를 두고 있다. 즉, 양지는 陽으로 되고 음지는 陰으로 된다. 일상에서 직접 보고 관찰되는 이러한 일련의 자연현상들 속에서 자연스럽게 음양개념이 형성된다.

> 하늘과 땅의 기氣가 합쳐져서 음양이 되고, 陰과 陽의 기가 전일하면 춘하추동春夏秋冬의 사시四時가 되고, 사시의 기가 분산되어 만물이 된다. 양기를 모은 화기火氣가 불을 낳고, 화기火氣의 기는 해[日]가 된다. 음기를 모은 한기가 水가 되고, 수기水氣의 기가 달[月]이 된다. 해와 달에서 넘친 정기가 성신이 된다.[356]

우주 대자연이 음양의 조화로운 작용을 통하여 생성되고 변화하는 과정을 설명하고 있다. 음양의 근본이 되는 하늘과 땅, 불과 물, 해와 달, 사시[春·夏·秋·冬]를 음양에 배속하였다.

하늘에 치우친 기가 노하면 풍風이 된다. 땅이 기를 함축하고 조화하면 우雨가 된다. 음양이 서로 근접하여 호응하면 우레가 되고, 부딪히면 번개가 되고, 섞이면 안개가 된다. 양기가 강하면 흩어져 우雨와 로露가 되고, 음기가

---

356) 앞의 책, 「天文訓」, "天地之襲精爲陰陽, 陰陽之專精爲四時, 四時之散精爲萬物. 積陽之熱氣生火, 火氣之精者爲日; 積陰之寒氣爲水, 水氣之精者爲月; 日月之淫爲精者爲星辰."

강하면 응고되어 서리와 눈이 된다.[357]

또한 이런 모든 자연의 현상인 바람 · 비 · 우레 · 번개 · 안개 · 이슬 · 서리까지도 음양의 조화 작용으로 인해 생성되고 변화하는 것으로 보았다.

한대의 유학자들은 추연(B.C.305?~B.C.240?)의 학설을 계승하여 음양소식에 대하여 논의하였다. 그중 동중서(B.C.176~B.C.104)는 음양의 유행과 성쇠를 통해 사시와 절기 그리고 날씨가 형성되는 원인을 해석하였다. 「전언훈詮言訓」에서는 "양기陽氣는 동북쪽에서 일어나서 서남쪽으로 소진하고, 음기陰氣는 서남쪽에서 일어나서 동북쪽으로 소진한다."[358]는 것이다.

『회남자』의 설법은 가을에는 음기가 서쪽에서 움직인다고 하였다. 이것으로써 가을이 나타나는 원인을 설명하는 것은 적절하다. 그러나 동중서의 설법은 가을에는 음기가 동쪽에서 움직이는 것으로, 음기가 동쪽에서 움직이면 서쪽에 대한 영향력은 줄어들 것이다. 이것으로써 가을이 나타나는 원인을 설명하는 것은 『회남자』만큼 적절하지 못하다. 이 때문에 후대에 음양오행을 말하는 자들은 모두 『회남자』의 학설을 채용하였다.[359]

동중서의 『춘추번로』 「음양위陰陽位」에 "음기는 처음에는 동남쪽에서 나와서 북쪽으로 행한다(陰氣始出東南而北行)."라고 하였고, 『회남자』에서는 "음기는 서남쪽에서 일어나서 동북쪽에서 소진한다(陰氣起於西南, 盡于東北)."라고 하였다. 음기가 시작되는 가을은 『회남자』의 서쪽에서 일어나는 것이 타당하고, 동중서가 말하는 동쪽은 철학적인 의미를 제외하고는 가을이라기보

---

357) 앞의 책, 「天文訓」, "天之偏氣, 怒者爲風; 地之含氣, 和者爲雨. 陰陽相薄, 感而爲雷, 激而爲霆, 亂而爲霧, 陽氣勝則散而爲雨露, 陰氣盛則凝而爲霜雪."

358) 앞의 책, 「詮言訓」, "陽氣起于東北, 盡於西南. 陰氣起於西南, 盡于東北."

359) 양계초 · 풍우란, 김홍경 역, 『음양오행설의 연구』, 신지서원, 1993, pp.188-198 참조.

다 봄의 시작에 해당된다.

한대 초기에는 추연의 오덕종시설이 중시되었다. 목덕木德을 중요시했던 하夏나라가 금덕金德을 중시했던 은殷나라에게 넘어가고[金剋木], 은나라는 화덕火德의 주周나라에게 천하를 넘겼다[火剋金]. 춘추전국시대를 끝내고 천하통일을 이룩한 진秦나라는 水德을 중시하였고[水剋火], 그 이후 한나라는 토덕土德을 중시하였다[土剋水]. 토덕土德의 영향을 받은 한나라의 시령사상時令思想에서는 하계夏季[土]를 구분, 사시四時 체계를 오시五時 체계로 전환하였다. 그리고 이러한 음양오행 사상은 초기 한대에 정사政事와 당시 경제활동의 중요한 부분인 농사農事에 지대한 영향을 미쳤다.

「시칙훈時則訓」에는 매월 발생하는 자연 현상들과 동물들의 움직임, 그리고 그에 맞는 오행·방위·음률·맛·냄새 등에 대한 것들과, 천자天子가 갖추어야 할 생활 수칙들, 또한 그 달마다 집행해야 할 정령들을 서술한 것이다. 또한 일반 백성들이 지켜야 되는 생활수칙뿐 아니라 천제天帝가 매달 내리고 있는 정령政令도 대부분이 음양오행 원칙에 따라 시행했다. 이렇게 볼 때 한대 초기에는 통치개념으로서 음양오행사상을 얼마나 중요시했는가를 알아볼 수 있다.

「태족훈泰族訓」에서 "水·火·金·木·土 곡식은 서로 다른 사물이지만 모두 각자의 역할이 있고, 규規·구矩·권權·형衡·준準·승繩은 서로 다른 형상을 하고 있지만 모두 각자의 쓰임이 있다."라고 하면서 만물에는 각자 쓰임이 있으므로 군주는 이를 잘 조화시켜 오행의 이치에 맞도록 해야 한다고 말한다.

『회남자』에서 음양오행이 통치이념으로서도 중요하게 다루어졌는데 陰

---

360) 劉文典, 앞의 책, 「太族訓」, "水火金木土穀, 異物而皆任, 規矩權衡準繩, 異形而皆施".

과 陽의 조화로움에 의해 사계가 절제되고, 天子가 정사를 행할 때에도 음양오행에 맞춰 시행하며, 제도를 시행함에 오행을 따라 행하면 잘못이 없다고 했다. 한대의 사상적 배경은 음양오행이었으며 종교·정치·학술상 등에서 이것을 기본적인 근간으로 사용하였다. 이런 방식으로 음양오행 사상이 천지와 주야 그리고 남녀 등의 자연현상을 지배했다. 그리고 존비·동정·강유(尊卑·動靜·剛柔) 등 추상적 개념 속에서도 음양오행 사상은 매우 중요한 역할을 하였는데 木·火·土·金·水 다섯 종류의 물질이 시령時令·방향方向·신령神靈·음률音律·복색服色·음식飮食·취미臭味·도덕道德 등을 통할統轄한다. 나아가 제왕帝王에 대한 체계와 국가 제도에도 상당한 영향을 미쳤다. 고대인들은 이런 사상적 근간에서 우주간의 사물들을 분류하고자 하는 요구가 발생했다.[361]

오행은 목성木星·화성火星·토성土星·금성金星·수성水星의 오행성과 관련이 있다. 한대에는 전국시대 중기부터 발전한 천문력에 의해 오성과 관련되어진 오행 개념이 체계화되면서 오행이 오성五星을 넘어 그 의미가 확장되었다. 「천문훈」에서 "오성은 무엇인가? 동쪽은 木이고, 황제는 태호太皞이고, 보좌는 구망句芒[362]이고, 그림쇠를 잡고 봄을 다스린다. 그 신神은 木星이고 동물은 청룡이며 陰은 각이고 날짜는 甲乙이다."[363]라고 오성五星에 해당하는 각각의 사물들을 오행에 맞게 구분하였다.

『회남자』에는 음양오행 사상이 전체 내용들에 내재되어 있다, 그 중「시칙훈」은 특히 음양오행 사상이 중심이 되어 써졌는데 각 월령月令에 나타난

---

361) 劉康德 主編,『淮南子鑒賞辭典』, 上海: 上海辭書出版社, 2002, p.312 참조.

362) 봄에 나무에 돋아나는 새싹 이라는 뜻으로 봄과 생명을 상징하는 신(神).

363) 劉文典, 앞의 책,「天文訓」, "何謂五星, 東方木也, 其帝太皞, 其佐句芒, 執規而治春. 其神爲歲星, 其獸蒼龍, 其音角, 其日甲乙."

내용이 대부분 음양오행에 배속되고, 자연의 순리를 벗어난 것이 없다. 일반 백성들이 지켜야 할 생활수칙은 물론 천제가 매월 내리는 정령精靈도 음양오행 원칙에 따라 분류하여 시행했다.[364]

「시칙훈時則訓」에서 천제가 월령을 내릴 때 음양오행에 적합하지 않으면 자연이 재앙을 내린다고 했다.

> 초봄에는 여름과 맞는 명령을 내리면 풍風과 우雨가 불순해지고, 초목草木은 일찍 시들고, 나라에는 공황이 따르게 된다. 가을과 맞는 명령을 내리면 백성들에게 큰 전염병이 돌고, 회오리바람과 폭우가 몰려오고, 쑥 등 잡초가 아울러 무성해져 작물에 해를 준다. 겨울과 맞는 명령을 내리면 수재水災를 입어 재해災害가 발생하고, 서리와 큰 우박이 내리며, 일찍 심은 보리 같은 곡식이 익지 않는다.[365]

자연법칙에 순응하는 음양오행 사상이 시령사상時令思想의 요체였는데, 시령사상은 사시四時에 맞지 않게 명령을 내리게 되면 기후가 불순해져 작물에 해가 되고 백성들이 병이 드니 오행에 맞도록 명령을 내리라는 것이다. 『회남자』에서는 길흉화복에 대하여 설명하고 있는데, 「천문훈」에서 "형혹熒惑:火星은, … 무도한 나라를 다스리고 반란을 일으키고 역적이 되게 하며 질병과 사망을 가져다 주고 기아와 전쟁을 일으킨다. 진성鎭星:土星은, … 아직 머물 때가 아닌데도 머물고 있으면 그 나라는 영토를 늘리고 풍년

---

364) 강성인, 「『회남자』의 음양오행 사상과 명리학의 연관성 고찰」, 『도교문화연구』 40, 한국도교문화학회, 2014, pp.44-56 참조.
365) 劉文典, 앞의 책, 「時則訓」, "孟春行夏令, 則風雨不時, 草木早落, 國乃有恐. 行秋令, 則其民大疫, 飄風暴雨總至, 藜莠蓬蒿並興. 行冬令, 則水潦爲敗, 雨霜大雹, 首稼不入.".

이 든다."³⁶⁶⁾라고 하였다. 火의 작용으로 인해 흉사가 발생하는 것을 말하며, 土의 역할로 인해 좋은 일이 생긴다고 하며 길흉 관계에 대하여 언급하고 있으며 또한 간지干支 오행의 생극 관계를 통하여 길흉이 발생한다고 설명하고 있다.

> 제制가 되는 날에 격살하면 이겨도 보담을 얻지 못하고, 전專의 날에 일을 하면 공을 이루고, 의義의 날에 이치에 맞는 일을 하면 명성을 높여 떨어지지 않고, 보保의 날에 축양하면 만물이 번영하고, 곤困의 날에 거사하면 파멸하고 사망하게 된다.³⁶⁷⁾

『회남자』에서는 모자母子의 관계로 간지干支를 설명한다. 10간을 모母에, 12지를 자子에 비유하여 간지의 상생상극 관계로서 의義 · 보保 · 전專 · 제制 · 곤困 등을 정하였다. 의義는 지지地支가 천간天干을 생生하는 것이고, 보保는 천간이 지지를 생生하는 것이고, 전專은 간지의 오행이 같은 것이고, 제制는 천간이 지지를 극剋하는 것이고, 곤困은 지지가 천간을 극剋하는 것이다.³⁶⁸⁾ 이를 통해 오행의 생극生剋 관계를 보면 간지가 상생하는 것은 길하다고 하고, 상극相剋하는 것은 흉하다고 하면서 길흉에 대하여 설명하였다.

『회남자』에서 음양오행 사상은 자연현상적인 관념이 근본에 내재되어 있고, 수백 년간 전쟁으로 피폐했던 민심 복구와 나라의 안정 추구, 그리고 정치적 갈등 형태를 해소하고자 하는 희망을 채워줄 수 있는 통치이념으로 필

---

366) 앞의 책,「天文訓」, "熒惑 ……司無道之國, 爲亂爲賊, 爲疾爲喪, 爲饑爲兵 …… 鎭星 …… 未當居而居之, 其國益地歲熟."

367) 앞의 책,「天文訓」, "以制擊殺, 勝而無報, 以專從事而有功, 以義行理, 名立而不墮, 以保畜養, 萬物蕃昌, 以困擧事, 破滅死亡."

368) 앞의 책,「天文訓」, "子生母曰義, 母生子曰保, 子母相得曰專, 母勝子曰制, 子勝母曰困" 참조.

요했다. 나아가 정치·사회·문화의 발전함에 따라 사물의 대상이 증가하면서, 복잡 반복되는 현상을 간단히 정리하고 싶은 욕구의 발생으로 자연스레 그에 대한 분류의 필요성이 대두되었다. 고대인들에게도 우주 간의 사물들에 대하여 적정하게 분류하고자 하는 요구가 발생함에 따라 서로 구분할 수 있는 특별한 기준이 필요하였고, 음양오행이 유비체계로서 그 역할을 하게 되었다. 그리고 시령사상에서 자연법칙에 역행하면 재앙을 내리고, 음양오행의 종류와 상관관계에 따라 길흉화복이 정해진다고 인식하였다.

『회남자』에서 음양오행이론이 정립되어 오행의 생극生剋관계와 합충合沖관계, 그리고 십이운성법을 통한 오행의 성쇠와 왕상휴수사旺相休囚死 등의 음양오행이론이 확립되었다.

2. 월령月令에서의 오행수五行數

『회남자』「시칙훈」에서 월령月令을 서술하면서 오행에 배속되는 숫자를 水는 6, 火는 7, 木은 8, 金은 9, 土는 5만을 사용하고 있다.[369] 그러나 현대 음양오행이론에서 오행의 숫자 배속은 水는 1과 6, 火는 2와 7, 木은 3과 8, 金은 4와 9, 土는 5와 10인데『회남자』에서는 水·火·木·金은 성수成數를 사용하고, 土는 생수生數를 사용했다.

『상서尙書』「홍범洪範」에서는 오행의 생성순서를 기준으로 하여 1-水, 2-火, 3-木, 4-金, 5-土를 사용하고 있고,『예기禮記』「월령月令」에서는 12개

---

369) 劉文典, 앞의 책, 「時則訓」, "孟春之月 …… 其數八 …… 孟夏之月 …… 其數七 …… 季夏之月 …… 其數五 …… 孟秋之月 …… 其數九 …… 孟冬之月 …… 其數六".

월의 시령사상을 설명하면서 『회남자』와 동일하게 성수를 사용하여 水는 6, 火는 7, 木은 8, 金은 9라고 하며, 土는 생수 5를 사용하고 있다.[370]

『관자管子』「유관도幼官圖」에서도 봄에 해당하는 숫자에는 8을 사용하고, 여름에는 7을 배속하며, 가을에는 9를 배속하고, 겨울에는 6을 배속하였다.[371] 아직 『관자』에서는 계하季夏 · 土가 정립되지 않아서 5에 대한 숫자는 언급하지 않았다. 『여씨춘추』「십이기」에는 오행의 숫자 배속이 『회남자』와 같은데, 土에 대한 배속이 일관성이 없어서 계하를 火로 간주할 때는 여름 · 火와 같이 7에 배속하고 土로 설명할 때는 계하 · 土를 5에 배속했다.[372]

고대인들은 5 · 6 · 7 · 8 · 9의 다섯 가지 숫자와 오행이 서로 짝이 된다고 생각했다. 이렇게 조성되어 5는 土와 계하에 배속되고, 6은 水와 겨울에 배속되며, 7은 火와 여름에 배속되고, 8은 木과 봄에 배속되며, 9는 金과 가을에 배속된다. 木이 8이 되는 이유는 오행의 중재수仲裁數 5에 오행의 생성순서 세 번째를 더하면 그 수가 8이 되어 木에 배속한다는 논리다.[373]

고대에는 시령사상時令思想에서 춘春 · 하夏 · 계하季夏 · 추秋 · 동冬에 배합되는 숫자가 오행과 더불어 木 · 春에는 8, 火 · 夏에는 7, 土 · 季夏에는 5, 金 · 秋에는 9, 水 · 冬에는 6이라고 생각했었다. 이는 오행을 1-水, 2-火, 3-木, 4-金, 5-土로 생성 순서를 인식했고, 그 순서에 오행의 중재수仲裁數 5를 가산하여 水는 6, 火는 7, 木은 8, 金은 9로 성수成數를 사용하고, 土는

---

370) 蕭吉 著, 五行大義, 「論數」, "『尙書』「洪範」篇曰: '五行, 一曰水, 二曰火, 三曰木, 四曰金, 五曰土,' 皆其生數. 『禮記』「月令」篇云: '木數八, 火數七, 金數九, 水數六, 土數五.' 皆其成數, 唯土言生數."

371) 「管子」「幼官圖」, "春行冬政 …用八數. 夏行春政 …用七數. 秋行夏政. 用九數. 冬行秋政 …用六數".

372) 呂不韋門客 編撰, 關賢柱 · 廖進碧 · 鍾雪麗 역주, 『呂氏春秋全譯』, 貴陽: 貴州人民出版社, 1990, 「十二紀」"孟春之月. …其數八. 孟夏之月. …其數七. 夏季之月. …其曰丙丁. …其數七. 其曰戊己. …其數五. 孟秋之月. …其數九. 孟冬之月. …其數六"; 許匡一 譯注, 淮南子全譯(貴陽: 貴州人民出版社, 1993), 274쪽, "古人用基數中的 6 · 7 · 8 · 9 · 5 分配 五行水 · 火 · 木 · 金 · 土, 于四季則春木 · 夏火 · 季夏土 · 秋金 · 冬水".

373) 劉康德 主編, 앞의 책, p.35 참조, "그 수는 8이 된다."

기수基數인 5를 사용한 것이라고 생각된다.

3. 오장五臟의 오행 배속

「시칙훈」에서 월령月令을 내릴 때 제사를 지내는 방법을 설명하면서 오장五臟을 계절·오행에 배속하였다.

> 봄에는… 방문에서 제사 지내고, 비장을 먼저 바친다. … 여름에는… 부뚜막에서 제사 지내고, 폐를 먼저 바친다. … 계하에는… 중류에서 제사 지내고, 심장을 먼저 바친다. … 가을에는… 대문에서 제사 지내고, 간을 먼저 바친다. … 겨울에는… 우물에서 제사 지내고, 신장을 먼저 바친다.[374]

春[木]에는 비장脾臟, 夏[火]에는 폐肺, 季夏[土]에는 심장心臟, 秋[金]에는 간肝, 冬[水]에는 신장腎臟을 배속하였다. 그러나 현대음양오행 배속에는 木에는 간肝, 火에는 심장心腸, 土에는 비장脾臟, 金에는 폐肺, 水에는 신장腎臟을 배속하고 있었으나, 제사를 올릴 때, 봄에는 비장을 먼저 바친다고 하였다. 그 이유는 첫째, 木이 土를 극하므로 木이 이길 수 있는 비장[土]을 바친다는 설이 있고,[375] 둘째, 고대에는 비장을 木에 배속했다는 설이 있다.[376]

---

374) 劉文典, 앞의 책, 「時則訓」, "孟春之月, ……其祀戶, 祭先脾. ……孟夏之月, ……其祀竈, 祭先肺. ……季夏之月, ……其祀中霤, 祭先心. ……孟秋之月, ……其祀門, 祭先肝. ……孟冬之月, ……其祀井, 祭先腎.".

375) 許匡一 譯主, 앞의 책, p.274 참조. "비장은 토에 속하고 춘목은 토를 이기니 이기는 것을 먹는다고 하고, 한 편으로는 비장은 목에 속하고 스스로 그 장기를 사용한다고 한다(脾屬土, 春木勝土, 言常食所勝也, 一曰脾屬木, 自用其藏也)".

376) 이석명, 『회남자 1』, 소망출판, 2013, p.294 참조. 각주 15 "고문 『상서(尙書)』에서는 비장을 목에, 폐를 화에, 심

폐를 火에 배속하고, 간을 金에 배속한 것도 木과 같이 극하는 원리인데, 계하(육월·미월)의 제사에는 심장을 쓰고, 동에는 신장을 쓰는 것은 이러한 이치에 맞지 않는다.

『여씨춘추』「십이기」에서도 『회남자』와 동일하게 오장을 오행에 배속하고 있는데, 『여씨춘추』에서는 아직 '오시령五時令'이 정립되지 않아 특이하게 계하季夏를 火와 土 두 가지로 해석하면서, 계하季夏를 火로 간주할 때는 폐를 사용하고, 토로 간주할 때는 심장을 사용한다고 한다.[377]

『오행대의五行大義』「논배장부論配藏府」에서 문헌마다 오장을 배속하는 경우가 상이함을 논술하고 있다.

『상서尚書』 하후·구양(夏候·歐陽)이 말하기를 간肝은 木이고, 심心은 火가 되며, 비脾는 土가 되고, 폐肺는 金이며, 신腎은 水라고 하며 앞에 것과 같은데, 고문 『상서』에서는 비장은 木이고, 폐는 火가 되며, 심장은 土가 되고, 간은 金이라고 하며 사장四臟이 다르다. 『예기禮記』「월령月令」에 의하면, 봄에는 비장으로 제사 지내고, 여름에는 폐로 제사 지내며, 계하에는 심장으로 제사 지내고, 가을에는 간으로 제사 지내며, 겨울에는 신장으로 제사지낸다.[378]

『상서』에서는 오장을 오행에 배속하는 것이 현대 음양오행이론과 동일한

장을 토에, 간을 금에, 신장을 수에 배당하고 있다.".

377) 呂不韋門客 編撰, 앞의 책, 「十二紀」, "孟春之月, ……其祀戶, 祭先脾. ……孟夏之月, ……其祀竈, 祭先肺. ……季夏之月, ……其日丙丁. ……其祀竈, 祭先肺. ……其日戊己, ……其祀中霤, 祭先心. ……孟秋之月, ……其祀門, 祭先肝. ……孟冬之月, ……其祀井, 祭先腎.".

378) 蕭吉 著, 錢杭 點校, 앞의 책, 「論配藏府」, "『尚書』夏候·歐陽說云: 肝木, 心火, 脾土, 肺金, 腎水. 此與前同. 古文『尚書』說云: 脾木, 肺火, 心土, 肝金." 此四藏不同. 案 『禮記』「月令」云: 春祭以脾, 夏祭以肺, 季夏祭以心, 秋祭以肝, 冬祭以腎.".

데, 고문 『상서』와 『예기』 「월령」에는 현대 음양오행이론과 달리하고, 『회남자』와 동일하게 사용하고 있다.

『황제내경黃帝內經』 「소문素問」 〈음양응상대론陰陽應象大論〉에서도 오장을 오행에 배속하였는데 동 시대의 다른 문헌들과는 달리 현대 음양오행이론과 일치하게 일목요연하게 정리하였다.

> 동방에서는 풍風이 생하고, 풍은 木을 생하며, 木은 산酸을 생하고, 산酸은 간肝을 생한다. 남방에서는 열熱이 생하고, 열은 火를 생하며, 火는 고苦를 생하고, 고는 심장을 생한다. 중앙에서는 습濕을 생하고, 습은 土를 생하며, 토는 감甘을 생하고, 감은 비장을 생한다. 서방에서는 조燥를 생하고, 조는 金을 생하며, 金은 신辛을 행하고, 신은 폐를 생한다. 북방에서는 한寒을 생하고, 한은 水를 생하며, 水는 함鹹을 생하고, 함은 신장을 생한다.[379]

『백호통白虎通』 「오사五祀」에서는 『예기』 「월령」에 게재되어있는 오장의 오행 배속에 대하여 극하는 원리를 이용하여 다각도로 해석하고 있다.

「월령」에서 봄에는 방문에서 제사를 지내고, 비장을 먼저 바친다. 여름에는 부뚜막에서 제사를 지내고, 폐를 먼저 바친다. 가을에는 대문에서 제사를 지내고, 간을 먼저 바친다. 겨울에는 우물에서 제사를 지내고, 신장을 먼저 바친다. 중앙·계하에는 중류에서 제사를 지내고, 심장을 먼저 바친다. 봄에 방문에서 제사 지낼 때 어째서 먼저 비장을 바치는가? 비장은 土다. 춘목은 왕하여 土를 죽인다. 그래서 이긴 것으로 제사를 지낸다. 겨울

---

[379] 『黃帝內經素問』, 「陰陽應象大論」, "東方生風, 風生木, 木生酸, 酸生肝, …南方生熱, 熱生火, 火生苦, 苦生心 …中央生濕, 濕生土, 土生甘, 甘生脾, …西方生燥, 燥生金, 金生辛, 辛生肺, …北方生寒, 寒生水, 水生鹹, 鹹生腎."

의 신장과 6월의 심장은 이긴 것이 아닌데, 어째서 제사에 바치는가? 土는 중앙에 위치하고, 가장 존귀하여 심장으로 제사지낸다. 심장은 존귀한 장부이다. 水는 가장 낮아서 이긴 바의 음식을 얻을 수 없다.[380]

『예기』「월령」에서 언급한 제사에 바치는 오장이 그대로 오행에 배속되는 것이 아니라, 오행의 상극작용으로 이긴 것을 제사에 사용한다는 것이다. 春·木에는 간肝이 배속되는데 木이 이기는 土·비장脾臟을 사용하고, 夏·火에는 심장心腸이 배속되는데 火가 이기는 金·폐肺를 사용하고, 季夏·土는 중앙에 있어서 존귀하므로 심장心腸을 쓰고, 秋·金에는 폐가 배속되는데 金이 이기는 木·간肝을 사용하고, 冬·水는 낮은 위치에 있어서 이길 수 있는 것이 없으므로 그대로 신장腎臟을 사용한다고 한다.

【오장의 오행 배속 문헌별 정리】

고서명	木	火	土	金	水	내용
고문『상서』	비장	폐장	심장	간장	신장	
『상서』	간장	심장	비장	폐장	신장	
『예기』「월령」	비장	폐장	심장	간장	신장	『白虎通』에서 오행상극설로 설명
『여씨춘추』「십이기」	비장	폐장	폐장/심장	간장	신장	하계를 火와 土로 이중 해석
『회남자』「시칙훈」	비장	폐장	심장	간장	신장	오행상극설과 오행배속설 병존
『황제내경소문』	간장	심장	비장	폐장	신장	
『백호통』「오사」	간장	심장	비장	폐장	신장	「월령」을 설명하면서 오장 배속

---

[380] 班固 著, 吳則虞 點校, 『白虎通疏證』, 北京: 中華書局出版, 2011. 「五祀」. "故月令春言其祀戶, 祭先脾, 夏言其祀竈, 祭先肺, 秋言其祀門, 祭先肝. 冬言其祀井, 祭先腎, 中央言其祀中霤, 祭先心. 春祀戶, 祭所以時先脾者何? 脾者土也, 春木王煞土, 故以所勝祭之也. 是冬腎六月心非所勝也, 祭何? 以爲土位在中央, 至尊, 故祭以心. 心者, 藏之尊者. 水最卑, 不得食其所勝."

고문 『상서』에서는 木[비장] · 火[폐장] · 土[심장] · 金[간장] · 水[신장]으로 오장을 오행에 배속하였지만, 한대에 와서는 『황제내경소문』이나 『백호통』에서 보듯이 오장의 오행 배속이 현대 음양오행이론과 같이 木[간장] · 火[심장] · 土[비장] · 金[폐장] · 水[신장]으로 적용된다. 다만 『예기』「월령」과 『여씨춘추』「십이기」, 『회남자』「시칙훈」과 같은 시령사상에서는 『백호통』「오사」에서 해석한 것과 같이 제사를 지낼 때 오장의 오행 배속과 상관없이 관례적으로 계절에 맞추어 먼저 올리는 오장이 정해져 있었음을 알 수가 있다.

4. 오행순서의 변천

『회남자』「태족훈」에서는 水 · 火 · 金 · 木 · 土 · 곡식으로 오행의 순서를 정하고, 『회남자』「천문훈」에서는 甲子부터 壬子까지 1년을 木 · 火 · 土 · 金 · 水 순서로 배열하여, 오행의 순서가 일정하지 않다. 이에 오행 순서의 변천과정을 다른 문헌과 비교하며 분석하고자 한다.

고사전설을 포함한 역사연대의 배열순서에 따르면 현존하는 고대문헌 중에 가장 먼저 오행과 유관한 관념을 기록하고 있는 것은 『상서尚書』「대우모大禹謨」에 "덕은 오로지 정치를 잘하는 데에서 이루어지며, 정치의 관건은 백성을 잘 기르는 데 있다. 水 · 火 · 金 · 木 · 土 · 곡穀을 잘 다스리십시오."[381]라고 쓰여 있는데, 이와 같은 오행의 순서는 『회남자』「태족훈」에서

---
381) 『尚書』「大禹謨」. "於! 帝念哉, 德惟善政, 政在養民. 水 · 火 · 金 · 木 · 土 · 穀".

도 "水·火·金·木·土·곡식은 서로 다른 사물이지만 모두 각자의 역할이 있고, 規규·矩구·權권·衡형·準준·繩승은 서로 다른 형상을 하고 있지만 모두 각자의 쓰임이 있다."382)라고 하였다. 사람이 필요로 하는 물질은 다섯 가지만 있는 것이 아니며, 곡식도 필요한 것이다. 이 때문에 곡식을 水·火·金·木·土에 보태어 '육부六府'로 지칭하기도 하였는데, 곡식은 목의 부류에 속할 수 있으니 '육부'란 실질적으로는 여전히 오행이다.383)

『춘추좌씨전春秋左氏傳』「소공昭公 11년」에 진晉나라의 숙향叔向이 초나라가 채나라를 이길 수 있는 것인가에 대한 한선자韓宣子의 질문에 대답하면서 "하늘에 오재가 있어서 그것을 차례대로 사용하였다가 그 하나의 힘이 다하면 버리고 돌아보지 않는 것과 같다."고 하였다는 기록이 있다. 두예는 이에 대해 "金·木·水·火·土 다섯 가지는 사물의 쓰임이 되나 오래 되면 쓸모가 없어서 버리게 된다."고 주해하였다.384) 또 같은 책에『국어國語』「주어하周語下」에는 "하늘은 六의 수, 땅은 五의 수를 쓰는 것이 수의 법칙이다."라는 말이 있다. 이에 대해 위소韋昭는 "하늘에는 육기六氣가 있으니 음陰·양陽·풍風·우雨·회晦·명明을 가리킨다. 땅에는 오행이 있으니 金·木·水·火·土이다."라고 했다.385)

이로 미루어 볼 때 고대에는 金·木·水·火·土를 오행의 순서로 사용한 때가 있었음을 알 수 있다.

『상서』「홍범」에 "첫 번째는 오행이다. 그 첫 번째는 水이고, 두 번째는 火이며, 세번째는 木이고, 네 번째는 金이며, 다섯 번째는 土이다. 水는 아

---

382) 劉文典, 앞의 책,「太族訓」, "水火金木土穀, 異物而皆任, 規矩權衡隼繩, 異形而皆施".

383) 殷南根,『五行新論』, 沈陽: 遼寧敎育出版社, 1993, p.6 참조: 은남근 저, 이동철 역,『오행의 새로운 이해』, 법인문화사, 2000, pp.16-17 참조.

384) 양계초·풍우란, 앞의 책, p.71 참조.

385) 앞의 책, p.75 참조.

래로 젖어들고, 火는 위로 타오르며, 木은 휘어지거나 곧은 것이고, 金은 마음대로 구부릴 수 있으며, 土는 곡식을 생산할 수 있다."386)라고 하면서 오행을 생성 순서로 하여 1 - 水·2 - 火·3 - 木·4 - 金·5 - 土로 배열했다.

전국시대 추연은 오행상승에 따른 오덕종시설에 근거하여 오행의 순서를 배열하였다. 추연은 土를 처음에 놓고, 다음에는 土를 이기는 木이 오고, 그다음에는 木을 이기는 金이 오며, 또 다음에는 金을 이기는 火가 오고, 다시 火를 이기는 水가 온다는 것이다. 따라서 추연이 제시한 오행의 순서는 土·木·金·火·水이다.387)

『관자』에서 甲子·丙子·戊子·庚子·壬子 순으로 오행을 木·火·土·金·水로 배열하였고,388) 『회남자』「천문훈」에서도 甲子부터 壬子까지 1년을 木·火·土·金·水 순서로 배열하였다.

壬午일이 동지冬至이면 甲子일에 정령精靈을 받는다. … 72일을 거쳐 丙子일에 정령을 받는다. … 72일이 지나 戊子일에 정령을 받는다. … 72일이 지나 庚子일에 정령을 받는다. … 72일이 지나 壬子일에 정령을 받는다. … 다시 72일이 지나 1년이 끝나면 다음에는 庚午일에 정령을 받는다. 그렇게 해마다 6일씩 옮겨져서 계산하면 10년이 지나면 다시 甲子로 되돌아온다.389)

---

386) 『尙書』「洪範」, "一, 五行, 一曰水, 二曰火, 三曰木, 四曰金, 五曰土. 水曰潤下, 火曰炎上, 木曰曲直, 金曰從革, 土爰稼穡. 潤下作鹹, 炎上作苦, 曲直作酸, 從革作辛, 稼穡作甘."

387) 양계초·풍우란, 앞의 책, p.226 참조.

388) 『管子』「五行」, "睹甲子, 木行御, 天子不賦, 不賜賞, 而大斬伐傷. 君危, 不殺, 太子危, 家人夫人死, 不然, 則長子死. 七十二日而畢, 睹丙子, 火行御, 天子敬行急政, 旱札苗死民厲…. 七十二日而畢, 睹戊子, 土行御, 天子修宮室, 築臺榭, 君危, 外築城郭, 臣死. 七十二日而畢, 睹庚子, 金行御, 天子攻山擊石, 有兵作戰而敗土死, 喪執政. 七十二日而畢, 睹壬子, 水行御, 天子決塞動大水, 王后夫人薨. 不然, 則羽卵者段, 毛胎者, 婦銷棄, 草木根本不美. 七十二日而畢也."

389) 劉文典, 앞의 책, 「天文訓」, "壬午冬至, 甲子受制. ……七十二日, 丙子受制. ……七十二日, 戊子受制. ……七十二, 庚

이것은 甲子에서 세歲가 시작되고 72일 후 丙子가 되며, 또 72일 후 戊子가 되는, 이러한 방식으로 庚子를 거쳐 壬子에 이르러 72일이 지나면 360일이 되어 세가 다하고. 또한 6일이 더 지나면 다음 해가 시작되는 庚午일이 된다. 매년 이렇게 계산하여 10년이 지나면 다시 甲子가 세의 시작이 되어 육십갑자가 완성된다.

『한서漢書』「율력지律曆志」에도 甲乙·木에서 壬癸·水까지 木·火·土·金·水 순서로 배열하였고,390) 『춘추번로』「오행대」에서도 "天에는 오행이 있다. 木·火·土·金·水가 이것이다(天有五行. 木火土金水是也)."라고 하였다.

위의 내용으로 볼 때, 오행의 순서 변천과정이 水·火·金·木·土 → 金·木·水·火·土 → 土·木·金·火·水 → 木·火·土·金·水로 변하여 오늘에 이르렀음을 알 수가 있다. 『상서』「대우모」와 『회남자』「태족훈」에 기재된 오행이 상극하는 水·火·金·木·土 곡穀을 시작으로, 『춘추좌씨전』에서 언급한 金·木·水·火·土를 거쳐, 『상서』「홍범」에서 만물이 생성된 순서에 따라 水·火·木·金·土로 변화되었다. 그 후 전국시대 추연에 이르러 오덕종시설에 의하여 土·木·金·火·水의 순서로 변천되었다가, 『관자』「오행」과 『회남자』「천문훈」 등에서 농경사회에 중요한 영향을 미치는 계절인 春·夏·季夏·秋·冬 순서에 따라 木·火·土·金·水로 변화하게 된 것이라고 생각된다.

子受制. ……七十二日, 壬子受制. ……七十二日而歲終. 庚午受制, 歲遷六日, 以數推之, 十歲而復至甲子.".
390) 『漢書』「律曆志」, "出甲於甲, 奮軋於乙, 明炳於丙, 大盛於丁, 豐楙於戊, 理紀於己, 斂更於庚, 悉新於辛, 懷任於壬, 陳揆於癸.".

제3부

음양오행과 십간십이지

1장 간지의 기원설
2장 십간십이지의 형성과 전개
3장 음양오행과 간지의 배합의 원리
4장 동서양 12지지와 12사인의 비교

제1장

간지干支의 기원설

소길簫吉은 『오행대의五行大儀』[391]에서 "천간에 음양이 있는데, 甲은 陽이고 乙은 陰, 丙은 陽이고 丁은 陰, 戊는 陽이고 己는 陰, 庚은 陽이고 辛은 陰, 壬은 陽이고 癸는 陰이다. 지지에도 음양이 있는데, 子는 陽이고 丑은 陰, 寅은 陽이고 卯는 陰, 辰은 陽이고 巳는 陰, 午는 陽이고 未는 陰, 申은 陽이고 酉는 陰, 戌은 陽이고 亥는 陰이다."[392]라고 하여 천간과 지지의 음양을 모두 언급하였다.

이러한 천간과 지지의 음양 구분은 사주를 분석하는 데 있어 가장 근본이 되는 출발점이다.

육십갑자六十甲子 간지干支의 기원起源은 크게 문헌文獻으로 찾아보면 신화적神話的 기원과 실제로 육십갑자 사용이 확인된 역사적歷史的 기원으로 나눌 수 있다. 신화적 기원으로 육십갑자 간지의 기원에 대해 문헌에서는 대체로

---

391) 隋代의 소길(簫吉)이 편찬한 오행설을 집대성한 것으로 '五行記'라고도 한다. 先泰때부터 수에 이르는 경위, 諸子의 책과 사서 등에서 오행에 관한 주장을 수집, 정리, 분류하였으며, 그 내용이 현재 통용되는 오행설과 거의 일치한다.

392) "干自有陰陽甲陽乙陰丙陽丁陰戊陽己陰庚陽辛陰壬陽癸陰. 支亦自有陰陽子陽丑陰寅陽卯陰辰陽巳陰午陽未陰申陽酉陰戌陽亥陰", 簫吉(2001), 『오행대의 제팔론합』, 제기출판집단 상해서점출판사, p.46 참조.

천황씨天皇氏나 황제黃帝를 지목해 왔다.

만민영萬民英은 『삼명통회三命通會』에서 간지는 천황씨가 창제하였다는 천황씨 창제설을 주장하면서, 한편으로는 육십갑자는 황제黃帝의 스승인 대요大撓가 만들었다는 대요창제설大撓創制說을 제기하였다. 그리고 서대승은 『평주연해자평評註淵海子平』에서 간지는 황제 때 하늘에서 내려왔다는 간지천강설干支天降說을 주장하였다.

천황씨天皇氏는 역사시대 이전의 전설적인 신화시대의 인물이다. 그러나 황제皇帝는 사마천의 『사기史記』「오제본기五帝本紀」에서 중국 역사의 시작점으로 황제皇帝를 언급한 것으로 보아 역사적인 인물에 해당하는 것으로 보인다. 그러나 황제시대에 육십갑자 간지의 사용을 역사적 관점에서 증명하기에는 논란이 있는 만큼 황제시대의 기원은 신화적 기원으로 다루고자 한다.

1. 간지干支의 천황씨天皇氏 창제설 〈신화적 기원〉

천황씨天皇氏 창제설 創製說은 명대 만민영萬民英이 『삼명통회三命通會』에서 언급한 것으로 간지干支는 신화시대神話時代에 천황씨가 창제하였다는 내용을 보면 다음과 같다.

대체 木의 줄거리 간幹은 강하여 陽이 되고 지枝란 약하여 陰이 된다. 반고씨盤古氏는 천지天地의 도를 밝혀 음양陰陽의 변화에 통달하여 삼재三才의 수군首君이 되었다. 天地가 이미 나뉘어진 후에 하늘이 먼저 있고 후에 땅이 있었고 두 기운이 화化하여 사람이 생기었다. 고로 천황씨 일성天皇氏 一姓

13인이 반고씨盤古氏를 이어 이를 다스리게 되었다. 이때를 일러 왈曰 천령이라 하니 담백하고 무위해서 풍속이 저절로 순화되매 비로소 세歲의 소재로서 정하는데 간지干支의 이름을 지었으니 그 십간十干의 이름 왈曰 알봉, 전몽, 유조, 강어, 저옹, 도유, 상장, 중광, 현익, 소양이고, 십이지十二支의 이름은 왈曰 곤돈, 적분약, 섭제격, 단알, 집제, 대황락, 돈장, 협흡, 군탄, 작악, 엄무, 대연헌이다. 채옹이 단정 짓기를 간干은 간幹이요, 그 명칭에 십十이 있으니 왈曰 십모十母인즉 지금의 甲·乙·丙·丁·戊·己·庚·辛·壬·癸가 그것이다. 지支는 지枝요 그 이름이 십이가 있으니 왈曰 십이자인즉 지금의 子·丑·寅·卯·辰·巳·午·未·申·酉·戌·亥이다. 천황씨天皇氏가 子에 하늘이 열림을 취하는 것을 의義라 하고 천황씨地皇氏가 丑에 땅을 두들겨 취함을 의義라 하며 인황씨人皇氏가 寅에 사람이 생기는 것을 취함을 의義라 한다. 고로 간지干支의 이름이 천황씨天皇氏에서 비로소 만들어지고, 지황씨地皇氏가 이로부터 삼진三辰을 정하여 주야晝夜를 나누니 이로써 30일이 1개월이 되어서, 간지干支가 각기 배속되었으며, 인황씨人皇氏는 임금이 허虛하지 않음으로 王이고 신하가 虛하지 않음으로 귀貴함을 주로 삼으니, 정교政敎와 군신君臣의 관계가 저절로 일어나게 되었고 음식과 남녀관계가 저절로 이루어지기 시작하여 천지음양天地陰陽의 기氣를 얻어 비로소 시작함으로써 부모 자식의 나뉨이 생겼으니 이로부터 간지干支에 각기의 소속所屬이 생기게 되었다.[393]

간지干支를 천황씨가 창제하였다는 만민영의 주장이 제기되기 이전인 송대의 유서劉恕는 태고太古 이래 주周의 위열왕 때까지『사기』나『춘추좌씨전

---

393) 萬民英(2008),『三命通會』,中央圖書館藏本,育林出版社印行, pp.9-10 참조.

春秋左氏傳』에 실리지 않은 것만을 채집하여 수록한 『유서외기劉恕外紀』에서 이미 천황씨가 간지의 이름을 만들어 차례로 표시하는 기호를 정하였다고 하였다.

2. 간지干支의 황제기원설黃帝起源說

중국中國 역사歷史에서 황제시대는 은대殷代보다 1천 년 정도 앞선 BC 2700년경부터 시작된 것으로 보고 있다.[394] 중국은 BC 6000~5000년 사이에 신석기 시대로 진입하여 수천 년 동안의 모계母系 씨족사회를 거쳐 BC 2000년경인 신석기 시대 말기에 이르러서야 부계父系 씨족사회로 넘어가게 되는데 황제는 이 시대의 인물로 보인다. 황제는 사마천司馬遷의 『사기史記』 「오제본기五帝本紀」에서 황제를 중국 역사의 시작점으로 언급하여 한족漢族의 시조始祖로 받들어지고 있고, 육십갑자六十甲子를 비롯한 중국 고대문명의 창시자로 문자 · 법제 · 예제 · 병기 · 역법 · 음악 · 농업 · 의약 등을 만든 사람으로 알려져 있다. 육십갑자六十甲子 간지干支의 기원과 관련하여 서대승徐大丞은 황제 때 하늘에서 내려왔다는 간지천강설干支天降說을 주장하였고, 만민영萬民英은 황제 때 황제의 명을 받아 황제의 스승인 대요大撓가 만들었다며 대요창제설大撓創制說을 제기하였다.

---

[394] 『史記』에는 黃帝의 생몰연대나 즉위 등에 대한 언급이 없으나 李鉉宗의 『東洋年表』, 탐구당, 1992년, p.152에 의하면 황제의 생몰연대는 BC2,706–BC2,596년이고, 즉위는 BC 2696년이라고 한다.

1) 간지천강설干支天降說

서대승은 『연해자평淵海子平』에서 간지는 황제가 치우蚩尤의 난을 다스리기 위해 목욕재계하고 천신天神에 제사 지내니 하늘에서 내려준 것이라며 다음과 같이 적고 있다.

황제黃帝 때에 치우蚩尤가 난을 일으킴에 황제黃帝가 백성의 고통을 심히 염려하여 탁록涿鹿의 벌판에서 치우蚩尤와 전쟁을 하니 흐르는 피가 백리나 되었지만 항복시킬 수 없었다. 이에 황제黃帝는 목욕재계하고 단을 쌓아 천신에 제사하고 방구에서 지기에 예를 다하니 하늘에서 십간十干과 십이지十二支를 내려 주셨다. 황제黃帝는 십간十干을 원圓으로 펼쳐 하늘 모양을 본뜨고, 십이지十二支를 방方으로 펼쳐 땅의 모양을 본뜨니 이로써 간干은 천天이 되었고 지支는 지地가 되었다. 이를 문에 걸쳐놓아 빛이 모아지도록 한 연후에 능히 다스릴 수 있었다.[395]

2) 대요창제설大撓創制說

육십갑자六十甲子를 대요씨大撓氏가 만들었다는 내용의 언급은 『여씨춘추呂氏春秋』, 『통감通鑑』, 『후한서後漢書』, 『오행대의五行大儀』, 『통감외기通鑑外紀』,

---

[395] 黃帝時有蚩尤神 擾亂當時之 黃帝甚憂民之苦 遂戰蚩尤於涿鹿之野 流血白里 不能治之 黃帝於時齋戒 築壇祀天 方丘禮地 天乃降十干十二支 帝乃將十干圓布象天形 十二支方布象地形始以干爲天 支爲地 合光仰職門放之 然後 乃能治也. 徐大升, 『評註淵海子平』.

『해여총고陔餘叢考』,『평주연해자평評註淵海子平』,『삼명통회三命通會』,『오행정기五行精綺』등 고전에 두루 나타나고 있다.『오행대의五行大儀』에는 간지를 대요가 만들었다며 다음과 같이 기록하고 있다.

간지干支는 오행五行을 따라 세운 것이니, 옛 날에 헌원씨軒轅氏가 나라를 다스릴 때에 대요씨大撓氏가 만든 것이다. 채옹蔡邕이 쓴『월령장구月令章句』에 이르기를 대요씨大撓氏가 오행의 정수를 뽑아 북두성의 기틀을 세우는 기준을 정한 것으로 갑을甲乙로 시작하여 이름을 붙인 것을 간干이라 하고, 자축子丑으로 시작하여 월月에 이름 붙인 것을 지支라 한다.[396)]

또『평주연해자평評註淵海子平』에서도 간지는 대요씨가 완성하였다며 다음과 같이 적고 있다.

대저 갑자甲子는 대요씨大撓氏가 비로소 완성하였고, 납음納音은 귀곡자鬼谷子가 완성하였다. 상象은 동방만천자, 동방삭(東方曼倩子, 東方朔)이 완성하였는데 동방삭東方朔이 그 상을 완성한 후에 이름 하기를 화갑자花甲子라 하였다.[397)]

『삼명통회三命通會』에서는 대요가 황제의 명을 받아 육십갑자를 만들었음을 다음과 같이 적고 있다.

---

396) 蕭吉著, 김수길·윤상철 역(1998),『五行大義』, 대유학당, p.10 참조. 원문 "干支者 因五行而立之 昔軒轅之時 大撓之所制也 蔡邕月令章句云 大撓採五行之精 占斗機所建也 始作甲乙 以名日 謂之幹 作子丑 以名月謂之支".

397) 徐子平著, 오청식 역,『淵海子平』, p.47 참조. 원문 "夫甲子者 始成於大撓氏 而納音成之於鬼谷子 象成於東方曼倩子 時曼倩子旣成其象 因號曰花甲子".

황제黃帝가 대요大撓에게 오행의 정精을 연구하도록 명하매 천서삼식을 연구하여 십간십이지지로써 육십六十이 되게 했다.[398]

예컨대 육십갑자 간지의 기원을 황제로 볼 것인지, 천황으로 볼 것인지는 황제와 천황의 실존여부가 불분명하다. 또한 시대적인 연대고증이 불가능한 상황이므로 역사적 관점에서 육십갑자 간지의 기원이 천황씨 때인지 또는 황제 때인지 단정하기 어렵다. 다만 전국시대戰國時代 여불위呂不韋의 식객들이 편찬한 『여씨춘추呂氏春秋』, 북송北宋 때 사마광司馬光의 『통감通鑑』을 비롯한 여러 문헌에서 황제黃帝 때 대요大撓가 간지를 만들었다고 기록하고 있으니 육십갑자 간지의 창제는 황제시대 대요와 관련성이 있는 것으로 추정된다.

특히 사마표司馬彪가 편찬한 『후한서後漢書』에 "대요가 처음 갑을甲乙을 만들어 일日이라 이름하였고 이를 일러 간幹이라 히였다. 子丑을 만들어 월月이라 이름 하여 지枝라 하였다."[399]고 하였고, 『오행대의五行大義』에 "간지는 오행을 따라 세운 것이니, 옛날에 헌원씨軒轅氏가 나라를 다스릴 때에 대요씨가 만든 것이다. 채옹이 쓴 『월령장구月令章句』에 이르기를 대요씨가 오행의 정수를 뽑아 북두성의 기틀을 세우는 기준을 정한 것으로 甲乙로 시작하여 일日에 이름을 정한 것을 간干이라 하고, 子丑으로 시작하여 월月에 이름 정한 것을 지支라 한다."[400]고 한 것 등을 비롯하여 『통감외기通鑑外紀』, 『해여총고陔餘叢考』 등 많은 고전에서 육십갑자는 대요가 천문天文에 근거하여

---

398) "黃帝命大撓 探五行之情 考天書三式 以十干十二支 衍而成六十" 萬育吾, 『三命通會』, 中央圖書館藏本, 育林出版社 印行, 2008년, p.10 참조.

399) 是始作甲乙以名日謂之幹作子丑以名月謂之枝

400) 干支者因五行而立之昔軒轅之時大撓之所制也 蔡邕月令章句云大撓採五行之精占斗機所建也 始作甲乙以名日謂之幹 作子丑 以名月謂之支;

간幹과 지枝를 상배相配하여 만든 것임을 지적한 것으로, 육십갑자는 대요에 의해 이루어진 것으로 볼 수 있다.

3. 간지干支의 역사적歷史的 기원

은殷나라의 역사와 왕조에 대해서는 사마천司馬遷의 『사기史記』「은본기殷本紀」에 그 역사가 서술되어 있었으나 그 실체는 1899년 이후 주목받기 시작한 갑골문甲骨文 연구를 통해 규명되기에 이르렀다. 갑골문은 거북의 복갑腹甲과 소의 어깨뼈에 새긴 문자로, 그간 십만 편 정도 수집되어 1,700여 자 정도가 해석되었고, 해석된 갑골문의 내용으로는 점복占卜을 행한 복사卜辭를 새긴 것이 대부분이다. 그 외 간지표를 기록한 것이나 구갑龜甲의 공물현상과 소장현황, 기사각사記事刻辭 등이 있다.[401]

은나라의 유물인 갑골문 연구를 통해 은나라는 정확히게 역사석 실체가 밝혀진 가장 오래된 나라로 BC 1600년경부터 BC 1046년경까지 실재했던 나라로 세상에 드러나게 되었다. 갑골문 연구研究를 통해 은대왕명殷代王名에 모두 천간을 사용하였음과 동시에 은대에는 육십갑자 간지를 역일曆日로 사용하였음이 밝혀졌다.

---

401) 陳煒湛, 李圭甲 외 3인 역, 『甲骨文導論』, 學古房, 2002p.145 참조.

1) 은대殷代 왕명王名에 천간 사용

은나라 왕의 이름에는 모두 천간天干이 사용되었다. 사마천의 『사기史記』 「은본기殷本紀」에 의하면 은나라는 은계殷契 → 소명昭明 → 상토相土 → 창약昌若 → 조어曹圉 → 명冥 → 진振 → 미微 → 보정報丁 → 보을報乙 → 보병報丙 → 주임主壬 → 주계主癸의 제후를 거쳐, 천을天乙에 이르러서 제후를 정벌하고, 삭朔을 바로잡고, 복색을 바꿔 조회를 하는 등 국가로서 면모를 갖춘 후, 천을天乙에 이어 외병外丙 → 중임中壬 → 태갑太甲 → 옥정沃丁 → 태경太庚 → 소갑小甲 → 옹기擁己 → 태무太戊 → 중정中丁 → 외임外壬 → 하단갑河亶甲 → 조을祖乙 → 조신祖辛 → 옥갑沃甲 → 조정祖丁 → 남경南庚 → 양갑陽甲 → 반경盤庚 → 소신小辛 → 소을小乙 → 무정武丁 → 조경祖庚 → 조갑祖甲 → 름신廩辛 → 경정庚丁 → 무을武乙 → 태정太丁 → 제을帝乙 → 제신帝辛이 왕으로 재임하였음을 기록하고 있다.

이를 보면 은대에는 제후 상태에서도 보정報丁부터 이름에 천간天干을 사용하였으며, 은나라는 공식적인 왕조로서 실체를 갖춘 천을天乙 이후 30명의 왕의 이름에 모두 천간을 사용하였다. 뿐만 아니라 천을天乙의 태자太子 태정太丁은 왕이 되지 못하고 죽었으나 이름자에는 천간이 들어 있었다. 마지막 왕인 제신帝辛의 아들 무경武庚은 왕이 되지 못한 채 은殷이 주周에 망하여 주로 부터 녹부祿父로 봉해져 은의 제사를 지냈으나 역시 이름에는 천간이 사용되었다.

이렇게 왕계의 이름에는 천간이 사용되었음을 알 수 있다. 이에 반해 「은본기」에서 마지막 왕인 제신帝辛에게 폭정과 음행을 그치기를 간청하였던

미자微子, 비간比干, 기자箕子는 왕이 아닌 사람들로 그 이름에는 천간이 사용되지 않았다. 한정된 자료로 볼 때 모든 고대 왕조와 마찬가지로 은나라는 왕의 권력이 신성시 되었던 시기로, 왕 또는 왕이 될 사람의 이름에만 천간 그대로 사용함으로써 천간을 신성시했던 것으로 추측된다. 사마천의 『사기史記』「은본기」에 나오는 은대의 역사와 역대 왕의 이름은 역사적인 고증 없이 사서史書로만 전해 오다 갑골문 연구를 통해 『사기』「은본기」에 언급된 은나라의 역사가 사실임을 확인하였고, 그 결과 은나라의 존재는 신화에서 역사로 발을 내딛게 되었다.

갑골문 연구에 의하면 은대의 세계世系는 제사복사祭祀卜辭를 근거로 하면 위차位次·세차世次·직계直系·방계旁系를 알 수 있다. 상갑上甲 이하의 선공의 순서가 보을報乙·보병報丙·보정報丁·시임示壬·시계示癸라는 점을 알 수 있고, 이것을 통하여 보정報丁·보을報乙·보병報丙의 순으로 기록한 『사기』의 잘못을 수정할 수 있었다.[402]

또 "상갑上甲으로부터 대을大乙·대정大丁·대갑大甲·대경大庚·대성大戊·중정中丁·조을祖乙·조신祖辛·조정祖丁에 이르는 10명의 직계 선왕에게 제사를 드리려 하는데 수컷 양을 솔법제率法祭를 써서 할까요?"[403]라고 한 것으로 보아 十示(10명의 선조)는 상갑上甲·대을大乙·대정大丁·대갑大甲·대경大庚·대무大戊·중정中丁·조을祖乙·조신祖辛·조정祖丁의 순서로 모두 직계에 속하며 이름에 십간十干을 사용하였음을 알 수 있다.

---

402) 앞의 책, p.266 참조.
403) 앞의 책, p.163 참조.

【은대왕실세계도殷代王室世系圖】

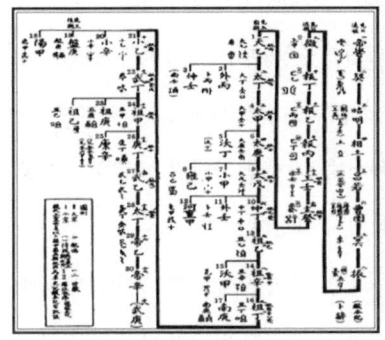 

출처 : [역대제왕세계도] (세계서국, 민국 55년, 대만)

은대의 선공先公과 선왕先王은 상갑上甲 이후로 모두 십간의 명칭으로 이름을 삼았다. 상갑은 『사기』「은본기」에서의 상갑 미微로 은의 선공先公이며, 수많은 복사卜辭에서 자字 상갑이라 하여 상갑으로부터 비롯됨을 언급하고 있다. 이렇게 은대 선공先公과 선왕先王의 명칭에 모두 십간을 사용하였음을 알 수 있으나 선공과 선왕의 이름에 십간을 붙인 연유에 대해서는, 태어난 날의 십간에 따라 이름을 붙였다는 생일설, 죽은 날의 십간에 따라, 또는 죽은 후의 간지에 따라 이름을 붙인다는 추명설追名說 등이 있으나 어떤 설이 사실인지 알 수는 없다.

생일설生日說은 『사기史記』「은본기殷本紀」 사마정司馬貞의 『색은索隱』에서 황보밀皇甫謐이 말하기를 미微는 자字가 상갑上甲이다. 그의 어머니가 갑일甲日에 낳았기 때문이다라고 하였다. 상나라에서 아들을 낳으면 태어난 날에 따라 이름을 지었는데 미微에서 시작되었다(皇甫謐云 微字上甲, 其母以甲日生 故也商家生子, 以日爲名, 蓋自微始) 라는 구절이 있다. 또 『백호통白虎通』 「성명편姓名編」에는 은나라 사람이 태어난 날로 자식의 이름을 삼은 까닭은 무엇인가? 은나라 사람들은 성품이 질박하여 태어난 날로 자식의 이름을 삼았는데 상서尙書에서 은나라 태갑제무정太甲帝武丁이라 하였다(殷人以生日名子何? 殷家質直 故以生日名子也 以尙書道殷家太甲帝武丁)고 하였다. 이에 대해 갑골문甲骨文을 연구하였던 왕국유王國維는 상나라 사람이 날짜로 이름을 붙인 것은 아마도 성탕 이후의 일이 아닌가 한다. 그 이전의 선공의 생졸일은 탕이 천하의 사전의 명호를 정할 때에는 이미 알 수가 없었기에 십일간의 순서에 따라 이름을 붙인 것이다. 그렇지 않다면 이렇듯 잘 맞아 떨어지지 못할 것이다 라고 하여 사일설死日說 또는 추명설追名說을 주장하였다. 고 하였다."[404]

다만 은대 선공先公과 선왕先王의 이름에만 십간이 사용되었으며, 선공과 선왕의 제사를 지낼 때 모두 그 이름의 천간에 해당하는 날, 즉 甲의 이름은 甲일에, 乙의 이름은 乙일에 제사를 지냈다.[405] 다른 고대의 왕처럼 은대의 왕들도 제사장으로 하늘에 제사를 지내며 하늘의 뜻을 헤아려 하늘과 소통하는 역할을 하는 위치에 있었음에 비추어 볼 때, 이미 은대에 십간의 의미는 하늘의 뜻을 인간에게 이어주는 신성성神聖性의 징표로서 왕이나 왕족에서만 제한적으로 사용했던 것으로 보인다.

---

404) 앞의 책, pp.151-152 참조.
405) 앞의 책, p.165 참조.

2) 은대 역일曆日에 육십갑자 사용

갑골문과 은허殷墟가 발견되기 이전 은나라의 역사는 신화와 흔적 속에 묻혀 있었다. 1899년 이전 하남성河南省 안양현安陽縣 소둔촌小屯村의 북쪽과 원하洹河 이남의 논밭에서 끊임없이 발견되던 갑골甲骨에 대해 그곳의 농민들은 용골龍骨이라고 부르면서 약방에 내다 파는 등[406] 약재로 사용되다가 1899년에 이르러서야 갑골에 새겨진 문자가 주목을 받기 시작하였다.

갑골에 새겨진 문자는 많은 학자들의 연구를 거쳐 그 자형과 의미가 살아나게 된다. 처음으로 갑골문을 발견하고 수집한 이는 금석학자金石學者였던 왕의영王懿榮이었고, 이후 나진옥, 왕국유, 곽말약, 동작빈 등의 연구를 거쳐 자전字典의 편찬단계까지 이르렀다. 약 80년간의 갑골문 연구를 종합하면 약 10만 편의 갑골문甲骨文 중 중복되지 않는 낱글자는 4,500~4,600여 개 정도이고 학자들의 연구로 판독된 글자는 1,700여 개인데 그중 『설문說文』에 수록되어 있고 음과 의미가 거의 확실한 글자는 약 1,000여 개이다.[407] 결국 갑골에 새겨진 문자 중 약 1/3 정도가 해석이 된 셈이다.

은대 갑골문의 해석에 의하면 은대에는 간지干支가 두루 사용되었다. 복사卜辭에 갑신복甲申卜, 계미복癸未卜 식으로 간지를 복사한 날을 표시하는 데 수없이 많이 사용하였다. 또 갑골 중에는 육십갑자 간지가 새겨져 있는데 어떤 것은 가로로 쓰여 있고, 어떤 것은 세로로 쓰여져 있으며, 전체의 6행 간지표를 쓴 것도, 반만 쓴 것도 있는 등 간지표干支表를 새긴 여러 갑골이 발견되었다. 간지를 새긴 갑골 중 특히 연경燕京 대학에서 매입한 갑골에는

---

406) 앞의 책, p.15 참조.

앞의 책, p.358 참조

각 행마다 10일의 간지를 좌행으로 새긴 육행간지표에 육십갑자 간지가 온전하게 새겨져 있고, 글자체는 제을帝乙·제신帝辛 시기의 것으로 글자가 명확하고 완전무결한 것이 발견되었다.[408]

또 육십갑자를 정일월, 이월과 같이 병기倂記하여 2개월여의 일력日曆을 우행으로 8행에 새기고 있으나, 癸未의 未자와 癸亥의 亥자가 빠져 있지만 나름대로 육십갑자가 온전히 새겨져 있는 것도 발견되었다. 이들 간지표가 기재된 갑골이 발견됨에 따라 은대에는 오늘날과 같은 형태와 순서로 육십갑자를 역일曆日로 사용하였음을 확인 할 수 있었다.

나아가 은대에는 10일을 1순으로 삼고, 매순每旬의 첫째 날은 甲일, 마지막 날은 癸일로 하였고, 발견된 복사卜辭에는 癸일에 순망화旬亡禍 하는 식으로 다가오는 열흘 동안의 안위와 길흉을 점쳤던 복사卜辭가 다수 발견된 것으로 볼 때 은대인들의 정순복사貞旬卜辭는 甲부터 癸일까지 하늘의 기운의 길흉을 물었던 것으로 생각된다.

또 당시의 복사[409]를 보면 날짜 개념도 역일曆日에 따라 육십갑자 간지로 정확히 표기하였다. 즉 癸未卜, 爭貞 : 旬亡禍 三日乙酉夕, 月有食(계미일에 쟁이 점쳐 묻기를 십일간 재앙이 없을까요? 삼일째인 乙酉日 저녁에 월식이 있었다), 癸酉卜□貞 : 旬亡禍? … 五日丁丑王嬪中丁…(癸酉일에 □이 점쳐 묻기를 열흘 동안 재앙이 없을까요? … 5일째 되는 丁丑日에 왕이 중정에서 빈 제사를 드리고….), 癸未卜□貞 : 旬亡禍 … 六日戊子子□囚一月(癸未日에 점쳐 묻기를 열흘 동안 재앙이 없을까요? … 6일째 되는 戊子日에 아들 □가 쓰러졌는데 때는 1월이다), 庚子卜, □貞翌辛丑其又妣辛, 鄕(庚子일에 □이 점쳐 묻기를 내일 辛丑日에 비신에게 유제사를 드리는데 향제로 할까요?) 등 曆日의 계산과 관련된 갑골복사가 있다.

---

408) 앞의 책, p.185 참조
409) 앞의 책, pp.155-185.(갑골복사 내용 참조).

이들 갑골복사甲骨卜辭에 나타난 역일 개념을 살펴보면 癸未일로부터 3일째 되는 역일은 乙酉일이라 하였고, 癸酉일로부터 5일째 되는 역일은 丁丑일이라 하였다. 또 癸未일로부터 6일째 되는 역일은 戊子일이라 하였고, 庚子일의 다음날은 辛丑일이라고 하여 오늘날의 육십갑자 차서次序와 일치한다. 결국 은대의 갑골복사에 나타나는 육십갑자 순서는 오늘날의 육십갑자 차서와 일치하는 것으로 보아 은대에는 이미 육십갑자를 역일로 사용하였음을 알 수 있다고 하겠다.

【갑골문 십간십이지지】

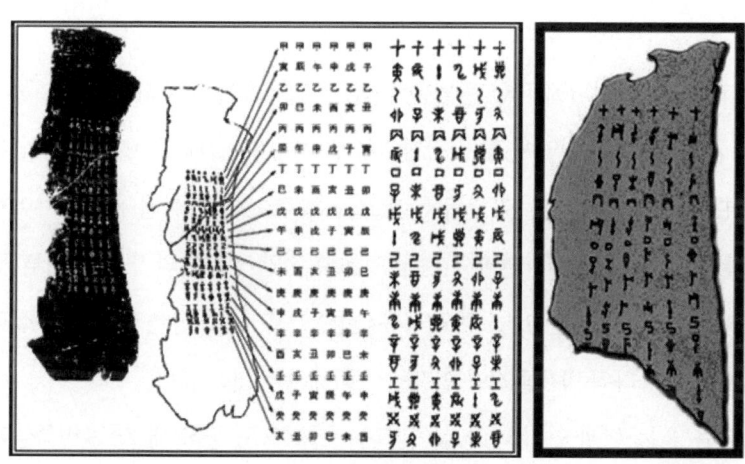

출처 : 2003.6.13. 오길순(吳吉淳) 작성, 심재훈 갑골문(甲骨文)이야기

4. 세계 여러 나라의 십이지신十二支神

십이지十二支에 대하여 분명하게 인식해야 할 요소는 일반적으로 열두 띠 동물의 십이지신은 우리의 오랜 역사 속에서 존재해 왔고, 명리학을 공부하지 않은 사람도 띠별로 궁합을 본다든가 하는 문화적 측면으로 함께 이해되어 왔다. 그러나 한대漢代의 지식인 왕충王充이 2,000년 전에도 신랄한 비판을 했던 것처럼 지지를 열두 동물과 연결시켜서 자평명리학적으로 접근시키고 해석하고자 하는 시도는 매우 어처구니 없는 것이라고 했고, 장요문張耀文[410)]이 지적한 것과 같이 명리를 해석하는 과정에서 반드시 배격해야 하는 것임을 명심해야 한다.

그러므로 십이지에 관한 관념은 이집트, 그리스, 중앙아시아, 인도, 중국, 한국, 일본 등 동서양에 걸쳐 광범위하게 성행하였는데, 그 기원문제와 유입경로를 동서양 학자들이 연구를 했으나 각각 주장하는 견해에는 차이가 있다. 이견에 대한 타협의 여지는 없어 보이지만 십이지의 명칭과 관념 및 내슐석인 표현에서는 어느 정도의 유사성을 보이는 현상은 보편적인 심리적 요구라는 다원 발생론적인 입장에서 이해하는 것이 좋다.[411)]

다음 표는 세계 여러 나라 십이지신十二支神으로 중국 내 소수 민족들과 세계 여러 나라에서 전래되고 있는 십이지신이다.[412)]

---

410) 중국 투파(透派)의 13대 당주(투파란 투명한학파라는 의미임, 명대 유백온 ~ 명말 복건성 등이 시원).

411) 김기승, 『명리학정론』, 2012. pp.58-59 참조.

412) 자평학강의, 신창용, 2013, p.401 참조.

【세계 여러 나라에 전승되고 있는 십이지신】

나라 地支	중국 한국	중국 소수민족	일본	베트남	인도	이집트 그리스	바빌로니아
子	쥐	참새	쥐	쥐	쥐	황소	고양이
丑	소	황소	소	물소	소	산양	개
寅	호랑이	벌레	호랑이	호랑이	사자	사자	뱀
卯	토끼	뱀	토끼	고양이	토끼	당나귀	말똥구리
辰	용	천산갑, 큰 뱀, 물고기	용	용	용	게	당나귀
巳	뱀	봉황	뱀	뱀	말	뱀	사자
午	말		말	말	양	개	숫양
未	양	개미,산양	양	양	뱀	고양이	황소
申	원숭이	사람,여우	원숭이	원숭이	원숭이	악어	매
酉	닭		닭	닭	공작	따오기	원숭이
戌	개		개	개	개	원숭이	따오기
亥	돼지	코끼리	멧돼지	돼지	돼지	매	악어

몇 가지 살펴보면 인도의 경우 남방에 뱀[靑蛇], 말[馬], 양[羊] 등을, 서방에 원숭이[獼猴], 닭[酉], 개[犬]를, 동방에 사자[獅子], 토끼[兎], 용[龍] 등을 각각 배치했다. 바빌론의 경우에는 십이궁十二宮, 즉 십이수환十二獸環으로 보병寶瓶, 쌍어雙魚, 금우金牛, 쌍녀雙女, 해蟹, 사자獅子, 실녀室女, 천평天坪, 인마人馬, 마갈麿羯 등 별자리 모양을 본떠서 표명한 명칭을 사용했다. 그리고 이집트는 십이궁十二宮구는 다른 십이지十二支가 전해져 고양이[貓], 개[犬], 뱀[蛇], 갑충甲蟲, 나귀, 사자獅子, 산양山羊, 목우牧牛, 매, 원숭이[猿], 악어 등의 명칭을 사용했다. 베트남에서는 토끼 대신에 고양이, 멕시코에는 호랑이, 토끼, 용, 원숭이, 개, 돼지는 우리와 같으나 나머지 6가지는 다르다. 인도도 비슷하나, 호

랑이 대신 사자, 닭 대신 인도 공작새를 배치하였다.

이처럼 십이지十二支를 동물로 배열한 나라는 앞에서도 언급한 인도, 이집트, 이 외에도 중국, 한국, 중국 소수민족, 일본, 베트남, 인도, 이집트, 그리스, 바빌로니아, 멕시코 등이 있다.

중국의 소수민족은 각자 그들만의 십이지신의 신화를 전승하고 있는데, 일부는 적용하는 동물들이 다르거나 아예 순서자체가 다르기도 하며, 각 나라들 간 비슷한 개념이 존재하지만, 각 나라 상황에 맞게 다른 동물들로 대체하고 있는 것을 알 수 있다.

결론은 이와 같은 십이지신의 동물들을 명리의 지지地支론에 포함시켜 지지의 관계를 논할 수는 결코 없다.

제2장

十干十二支의 형성과 전개

간지干支는 천간天干 지지地支 혹은 십간十干과 십이지十二支라고도 부르며 10개의 천간과 12개의 지지로 형성되어 있다. 그리고 음양오행陰陽五行은 음양陰陽과 오행五行이 합쳐진 용어로 동양東洋 고유의 사유체계이다. 간지와 음양오행은 서로 다른 환경 속에서 형성되어 춘추전국시대와 한대를 거치면서 결합하여 오랫동안 한의학, 주역학, 풍수지리학 등 동양학 전반에, 특히 동양의 술수학, 미래예측학 각 분야에서 이론체계로 활용되고 있다. 본 장에서는 이러한 간지와 음양오행의 연원과 개념 변화과정에 대하여『설문해자說文解字』,『사기史記』「율서律書」,『한서漢書』「율력지律曆志」,『시경詩經』 등 고전에 나타난 기록[413]들을 고찰하여 보기로 한다.

---

413) 김기승,『과학명리』, 다산글방, 2016, pp.171-219 참조.

1. 십간十干의 형성과 전개

십간은 10개의 천간으로 甲·乙·丙·丁·戊·己·庚·辛·壬·癸를 말한다. 십간의 유래는 중국 고대 왕조의 하夏·은殷·주周시대부터 왕의 이름이나 날짜를 표시하는 데 사용되어 왔다.

이러한 십간에 대하여 후한의 허신許愼이 편찬한 『설문해자說文解字』[414]의 기록을 살펴보면 다음과 같다.

甲의 옛글자는 㬔, 㭁으로, 방위는 동방東方이며 시작을 뜻하고, 양기陽氣가 처음으로 움직이는 모습 등을 의미한다.

乙의 옛글자는 ⺄로, 아직 음기陰氣가 강강하여 초목草木이 억눌려 굽어 나오는 모습을 나타내고, 아래로부터 위로 통하는 '뚫을 丨'과 같은 의미이며, 사람의 목을 의미하기도 한다.

丙의 옛글자는 丙으로, 남방을 뜻하며 사람의 어깨를 나타낸다.

丁의 옛글자는 ↑이고, 여름에 만물이 왕성하게 자라 충실해지는 것을 나타낸다.

戊의 옛글자는 㦰이고, 己의 옛글자는 ⼰로, 둘 다 오행에서 중궁中宮인 土에 속한다.

庚은 서방을 뜻하며 가을에 만물이 단단하게 열매 맺는 것을 나타낸다.

辛은 가을에 만물이 성숙한 것으로 땅을 형상화한 '一'과 찌른다는 의미의 '⼲'이 합쳐 이루어진 글자이다.

---

414) 『說文解字』는 총 15편. 後漢의 許愼이 편찬하였다. 그 중 말미의 敍 1편은 秦漢 이래 문자정리의 연혁을 밝힌 것으로 100년에 완성되었다. 그 당시 통용된 모든 한자 9,353자를 540부로 분류하고, 親字에는 小篆의 字體를 싣고, 그 각 字에 字義와 字形을 說解하였다. 소전과 자체가 다른 古文·籒文을 重文으로서 1,163자를 수록하였다.

壬은 북방을 뜻하며 陰이 극도極度에 이르러 陽이 나타나는 것이다. 壬은 마치 임신한 여인의 배처럼 불룩 튀어나온 장딴지를 표현한 것이다.

癸는 겨울에 새로운 봄을 맞아 다시 생명이 소생할 것을 나타내며, 옛글자는 ※로 물이 사방으로부터 땅속으로 유입流入되는 모습을 본뜬 것이다.

干支에 관계된 『설문해자說文解字』 원문을 살펴보면 다음과 같다.

甲(甲)은 소전체小篆體[415]로 지금의 甲자이다. 甲은 동방東方의 시작始作이고 양기陽氣가 처음으로 동動하여 나무가 부갑孚甲을 이고 있는 모습을 하고 있다. 乙은 소전小篆의 ㇄字로 지금의 乙자이다. ㇄字는 봄에 초목草木이 억눌려서 굽어서 나오는 모습을 본뜨고 있으니 음기陰氣가 아직 강하여 그 나오는 상태가 구부러져 있는 것이다. 아래로부터 위로 통하는 丨과 같은 뜻이다. 乙은 甲을 이어 사람의 목을 본뜨고 있다. 丙(丙)은 남방南方으로 만물萬物이 성숙되어 음기陰氣가 나오기 시작하고 양기陽氣 장휴將虧라 종일입경從一入冂하니 일자一者는 陽이라 丙은 乙을 이어 사람의 어깨를 나타내고, ↑(丁)은 여름에 만물이 씩씩하게 자라 충실해지는 때이다. 戊(戊)는 己와 함께 오행五行에서 중궁中宮인 土에 속한다. 소전小篆의 戊字는 육갑六甲[416]과 오룡五龍[417]이 서로 잡고 엮어서 꼬여진 모습을 하고 있다. ㄹ(己)는 중궁中宮으로 만물이 반벽盤辟하여 수렴收斂하는 모습으로 글자의 모습은 힐굴詰詘되어 있는 형태를 하고 있다. 庚은 서방西方으로 가을에 만물이 단단하게 열매를 맺는 것이다. 辛은 가을에 만물이 성숙하는 것이다. 金은 강강剛

---

415) 십체서의 하나로. 중국 진시황 때 이사가 大篆을 간략하게 변형하여 만든 것으로, 조선 시대에는 시험 과목으로 실시하기도 하였다. 팔체서의 하나이다.

416) 甲子, 甲戌, 甲申, 甲午, 甲辰, 甲寅.

417) 五行.

하고 맛은 맵고, 매우면 눈물이 난다는 것이다. 一과 辛으로 이루어진 글자이니, 辛은 鼻字이다. 壬은 북방北方으로 陰이 극도極度에 이르러 陽이 생生하는 것이다. 그러므로 역易의 곤坤 상육효上六爻에서 "용龍이 들에서 싸운다" 하였으니 전戰이라는 말은 안按한다는 뜻으로 陰이 극極하여 陽이 계승繼承하는 것이다. 사람이 임신한 모습을 본떴다. 亥는 壬을 이어서 자식이 태어나는 차례이다. 壬이 무巫와 동의同意라는 것은 무巫는 사람이 양수兩袖로 춤추는 모습을 본떴고, 壬은 사람의 배가 커진 것을 본뜬 것이다. 壬은 辛을 이어서 사람의 장딴지를 상징하니, 장딴지는 임신한 것처럼 불룩 튀어 나왔다. 癸는 겨울에 水土가 활동을 그치고 고요히 있어 새로운 봄을 맞아 다시 생명을 소생할 것을 헤아릴 만하니 물이 서방西方으로부터 땅속으로 유입流入되는 모습을 본뜨고 있다.[418)419)]

다음으로 간지干支가 나타나는 고대의 문헌에는 사마천司馬遷의 『사기史記』가 있다. 그러나 『사기』 「율서」편에 나타나는 십간十干은 戊 · 己가 나타나지 않은 것이 특징이다. 하지만 다른 내용의 해석은 『설문해자』와 비슷하다. 『사기』의 「율서」에 나타나는 십간의 내용을 살펴보면 아래와 같다.

甲이란 만물萬物의 씨앗이 뒤집어썼던 껍질을 뚫고 나오는 것이다. 乙은

---

418) `甲甲 : 東方之孟, 陽气萌動, 从木戴孚甲之象. 一曰人頭宜爲甲, 甲象人頭. 乙乙 : 象春艸木冤曲而出, 陰气尙彊, 其出乙乙也, 與丨同意, 乙承甲, 象人頸. 丙丙 : 位南方, 萬物成, 炳然, 陰气初起, 陽气將虧. 从一入冂. 一者, 陽也. 丙承乙, 象人肩. 丁丁 : 夏時萬物皆丁實. 象形. 丁承丙, 象人心. 戊戊 : 中宮也. 象六甲五龍相拘絞也. 戊承丁, 象人脅. 己己 : 中宮也. 象萬物辟藏詘形也. 己承戊, 象人腹. 庚 : 位西方, 象秋時萬物庚庚有實也. 庚承己, 象人. 辛 : 秋時萬物成而孰 ; 金剛, 味辛, 辛痛卽泣出. 从一从辛. 辛, 辠也. 辛承庚, 象人股. 壬 : 位北方也. 陰極陽生, 癸 : 冬時, 水土平, 可揆度也, 象水從". 許愼撰, 段玉裁注(2006), 『說文解字注』, 浙江古籍出版社, p.740-742.

419) 尹暢烈(1996), '十干과 十二支에 對한 考察', 大田大學校韓醫學硏究所, 論文集 8, pp.1-3 참조.

만물萬物이 땅위로 나오는 것이고, 丙이란 양도陽道가 드러나 밝기 때문에 '丙'이라 말한 것이다. 丁이란 만물萬物이 씩씩하게 자라 성한 것을 말하고, 庚이란 음기陰氣가 만물萬物을 치운 열매를 맺게 하기 때문에 '庚'이라 말한 것이다. 辛이란 만물萬物이 새롭게 생명의 뿌리내리고 맛이 나타내기 때문에 '辛'이라 말한 것이다. 壬이라 한것은 아이를 가졌다는 뜻이다. 양기陽氣가 아래에서 만물萬物을 기름을 말한다. 癸라 한 것은 만물萬物을 헤아릴 수 있기 때문에 '癸'라 말한 것이다.[420)421)]

다음 표는 『이아爾雅』와 『사기史記』에 나와 있는 십간의 옛 이름이다.

【『이아爾雅』와 『사기史記』의 십간의 옛 이름】

	甲	乙	丙	丁	戊	己	庚	辛	壬	癸
爾雅	閼逢 알봉	旃蒙 전몽	柔兆 유조	彊圉 강어	著雍 착옹	屠維 도유	上章 상장	重光 중광	玄黓 현익	昭陽 소양
史記	焉逢 언봉	端蒙 단몽	浮兆 부조	彊梧 강오	徒維 도유	祝犁 축리	商陽 상양	昭陽 소양	橫艾 횡애	商章 상장

후한後漢 반고班固에 의해 완성된 『한서漢書』[422)]에는 십간十干을 식물이 자

---

420) "甲者, 言萬物剖符甲而出也;乙者, 言萬物生軋軋也,丙者, 言陽道著明, 故曰丙;丁者, 言萬物之丁壯也, 庚者, 言陰氣庚萬物, 故曰庚;辛者, 言萬物之辛生, 故曰辛, 壬之爲言任也, 言陽氣任養萬物於下也,癸之爲言揆也, 言萬物可揆度, 故曰癸.". 司馬遷, 『史記』, 宏業書局, pp.1242-1249 참조.

421) 任應秋著, 李宰碩역(2003), 『운기학설』, 동문선, pp.44-45 참조.

422) "AD 90년 경에 만들어진 책으로, 고조의 건국과 무제의 흉노 정벌 등 前漢 제국의 역사를 기록했다. 『漢書』란 한

라고 성장하고 익어가는 모습으로 표현한 것이 특징이며, 다른 부분들은 『설문해자』와 『사기』의 내용과 비슷한 것을 알 수 있다. 다음은 『한서』「율력지」에 실려 있는 십간의 내용이다.

甲에서 껍질이 벗어져 나오고, 乙에서 분발하여 가까스로 자라고, 丙에서 밝게 나오고, 丁에서 크게 성장하고, 戊에서 풍성하게 만들어 지고, 己에서 줄기가 이어지고, 庚에서 거두어 다시 익어지고, 辛에서 온전히 새로워지고, 壬에서 懷妊이 되고, 癸에서 헤아려진다.[423)][424)]

북송北宋의 유온서劉溫舒가 저술한 『소문인식운기론오素問人式運氣論奧』에서는 간지가 조금 더 구체적으로 표현되었으며, 사람에 비유한다면 태어나고 자라서 성숙해지고 잉태하는 것을 나타내고 있다. 아래는 『소문인식운기론오』에 나타나는 십간의 내용이다.

甲은 陽에 속하지만 아직 陰에 쌓여 있는 상태狀態이다. 이때는 陽이 발생發生은 시작始作했지만 아직 陰에 의해 굴억屈抑을 당하여 기氣를 펴지 못하는 상태를 설명한다. 乙은 갑양甲陽이 자라 그 쌓여 있는 陰을 뚫고 나왔으나 음기陰氣가 아직 다 물러가지 않아서 양기陽氣가 여전히 억압抑壓된 상태인 것이다. 丙은 火요, 화기火氣는 밝은 陽이고 안으론 陰을 가지고 있는 상이다. 등불의 뿌리가 탁濁하여 검게 보이는 것은 안으로 陰을 가지고 있

나라의 사적을 기록한 책이라는 뜻으로, 後漢의 班固가 편찬했으며, 記 12권, 表 8권, 志 10권, 傳 70권으로 이루어져 있다". 다케우치미노루(2006), 『중국지식』, 이다미디어, p.87 참조.

423) "出甲於甲, 奮軋於乙, 明炳於丙, 大盛於丁, 豊茂於戊, 理紀於己, 斂更於庚, 悉新於辛, 懷任於壬, 陳揆於癸". 班固, 『漢書』, 鼎文書局, p.956 참조.

424) 任應秋著, 李宰碩역(2003), 『운기학설』, 동문선, p. 45에서 재인용.

기 때문이다. 丁은 양기陽氣가 성하여져 앞으로 나아가 강하게 된 것을 말한다. 丙丁은 모두 하화夏火로, 시기적으로 이때가 되면 만물萬物이 양화지기陽火之氣를 얻어 모두 밝게 빛나고 분명히 드러난다. 戊는 "戊는 茂也라" 양토陽土로 만물萬物이 무성茂盛히 자라는 모습을 표현한 것이며, 己는 "己는 起也라" 음토陰土로 만물萬物이 그 음기陰氣에 억제抑制를 당하여 비록 정지停止해 있지만 여전히 복기復起의 조짐이 있다고 한 것이다. 庚과 辛은 모두 금기金氣이다. 庚은 金의 陽이 되고 辛이 金의 陰이 된다. 庚은 양기陽氣가 바뀌어 음기陰氣가 되는 시기로서 만물萬物은 음기陰氣로써 엄숙嚴肅해지는 때로 '숙연肅然'이라고 표현한다. 辛은 양기陽氣가 쇠衰하여 밑으로 가라앉고 음기陰氣가 성盛하여 위로 드러나는 모습이다. 壬은 '수태受胎'를 의미하며 어머니 배속에 자식을 잉태孕胎하는 것에 비유할 수 있다. 壬은 陰이오, 일양一陽의 기를 임신姙娠한다는 것은 십이지十二支 中에서 북방北方 子와 의미하는 것이 같다. 子는 자식의 뜻이다. 壬의 陰 속에 임신姙娠한 태胎가 子이다. 癸는 '揆'이고 그 뜻은 '헤아릴 탁度'과 같다. '회임기하懷姙其下'는 癸가 성음폐장지하盛陰閉藏之下에서 양기陽氣를 그 속에 회임懷姙하고 있음을 말한다. 천령天令의 운행運行이 癸에 이르면 다음 봄의 발생승동發生升動하는 때를 기다렸다가 만물萬物로 하여금 생 발맹아生發萌芽하게 하여 다시 갑을지위甲乙之位로 전환轉換하게 한다.[425]

동한東漢의 훈고학자訓詁學者인 유희劉熙[426]는 『석명釋名』 27권을 지었는데, 『석명』은 음音에 근거하여 사물의 명칭이 그렇게 불리게 된 연유를 설명한 책으로 여기에서도 초목이 자라고 성장하고 소멸하여 다시 탄생하는 것에

---

425) 尹暢烈(1996), '十干과 十二支에 對한 考察', 대전대학교한의학연구소 논문집 4권2호, pp.4-8 참조.
426) 字는 成國, 지금의 山東省에 해당하는 北海의 사람.

비유하여 논하고 있다.

甲은 만물萬物이 껍질을 깨고 나오는 모습이고, 乙은 알軋로 싹을 틔워 힘들게 나오는 것이다. 丙은 빛남이니 만물萬物이 자라나 드러나는 것이고, 丁은 물체物體가 씩씩하고 강강한 것이다. 戊는 만물萬物이 무성茂盛해지는 것이고, 己는 자라서 일정한 형태가 있어 기억하여 알 수 있는 것이고, 庚은 만물이 견강堅剛한 모습으로 바뀌는 것이며, 辛은 새로워지는 것으로 만물이 처음으로 새롭게 바뀐 것이다. 壬은 임신姙娠함으로써 음양陰陽이 교합交合하여 물체物體가 회임懷妊되는 것으로 子에 싹이 트게 하는 것이고, 癸는 헤아리는 것으로 봄이 되기를 살피다가 生하여 비로소 땅에서 나오는 것이다.[427]

수隋나라 초기의 음양학陰陽學과 산술학算術學의 대가인 소길蕭吉이 저술한 『오행대의五行大義』는 수나라 초기까지 전개되어 온 오행학설을 24종류로 분류해서 정리한 책이다. 내용은 오행의 정의에서부터 천문天文·지리地理·인사人事적 요소는 물론, 왕조王祖의 변천, 각 동식물의 분류와 맛, 인체의 오장육부에 이르기까지 오행에 영향을 받지 않는 것이 없음을 밝히고 있다. 다음은 『오행대의』에 나오는 십간의 설명이다.

甲乙은 「시위추탁재詩緯推度災」에 "甲은 억누르고 잡아 가두는 것으로, 봄에는 열고 겨울에는 닫는다"고 하였고, 정현이 『예기』의 월령月令에 주註를 달아 "甲은 싹틔우고 잡아당기는 것으로, 乙은 꼬불꼬불한 것으로, 봄

---

427) "甲孚也. 萬物 解孚甲而生也. 乙軋也. 自抽軋而出也. 丙炳也. 物生炳然皆著見也. 丁壯也. 物體皆壯也. 戊茂也. 物皆茂盛也. 己紀也. 皆有定形可紀識也. 庚猶更也. 庚堅强貌也. 辛新也. 物初新者皆收成也. 壬妊也. 陰陽交物懷妊也至子而萌也. 癸揆也. 揆度而生乃出之也". 劉熙撰, 『釋名』, 國立中央圖書館, 影印本, p.17 참조.

이 되면 모든 물건이 씨앗의 껍질을 뚫고 나오는 것이다"라고 했다. 丙丁은 "丙은 자루[柄]이다. 물건이 생겨나 자라면 각각 줄기자루를 잡는 것이다"라는 말에 정현이 주를 달아 말하기를 "丙은 빛나는 것으로, 여름에 모든 물건이 강대해져서 빛나게 나타나 보이는 것이다"라고 했다. 丁은 머무를 亭자와 같고, 亭은 그쳐 쉬는 것으로, 물건이 생겨나서 성장하다가 그치게 되는 것이다. 戊己의 戊는 '바꿀 貿'와 같아, 생겨나서 극에 달하도록 크면 당연히 이전의 몸체를 변해서 바꾸게 된다. 己는 '벼리 紀'와 같은 것으로, 이미 이루어지면 줄기와 바탕 되는 것이 있게 된다. 정현이 말하기를 "戊는 무성한 것이고, 己는 일어나는 것이다. 즉 모든 만물의 가지와 잎이 무성하여, 그중에서 빼어난 것이 억눌리고 굽혔다가 일어서는 것이다"라고 했다. 庚辛은 庚은 고치는 것이고, 辛은 새롭게 하는 것이다. 만물이 이루어짐에 교대하고 고쳐져서 새롭게 됨을 말한다. 정현이 말하기를 "만물이 모두 엄숙하게 고치고 변경되어서, 열매가 빼어나고 새롭게 이루어지는 것이다"라고 했다. 壬癸의 壬은 맡기는 것이고, 癸는 헤아리고 계책을 하는[揆] 것이다. 즉 陰이 陽에게 맡겨서 물건이 싹트도록 계획하는 것이다. 정현이 말하기를 "만물을 닫아 감추는 때로, 아래에서 회임을 해서 싹이 돋아나도록 하는 것이다.[428]

이와 같이 『설문해자』, 『사기』, 『한서』 「율력지」, 『소문입식운기론오』, 『석명』 등 고문헌古文獻들의 분석을 통하여 십간의 어원語源과 상징체계 등을 알아보았다. 이들에 나오는 십간에 대하여 정리해 보면 다음과 같다.

甲이라고 하는 것은 '갑옷 甲' 자라고도 하며, 밭 가운데에 씨를 뿌리면

---

[428] 金秀吉, 尹相喆 역, 『五行大義』, 대유학당, 1998, pp.12-13 참조.

땅 밑으로 뿌리를 내린다는 뜻이고, 물건을 감춰두는 '상자 갑匣'자라 하여 甲의 뿌리를 땅속에 감춰둔다는 의미라고도 하였다. 또 그 뿌리를 내린 甲이 꼬불꼬불 싹이 터 나오기 때문에 乙은 '싹날 얼鑿'자에서 따와서, 싹이 굽은 모양으로 돋아난다는 뜻이다.

丙은 밝게 나타난다는 '빛날 병炳'자에서 따온 것으로 싹이 완전히 몸을 드러낸다는 뜻이다.

丁이라고 하는 것은 丙으로 드러낸 생물이 정녕하고 장실하다는 '장정 丁'자를 그대로 놓은 것으로 실하고 분명해진다는 의미이다.

戊라고 하는 것은 정실해진 물건이 아름답고 무성하다는 '성할 무茂'자에서 따왔으니 아름답고 무수하게 자란다는 뜻이다.

己라고 하는 것은 무성하게 자란 물物이 자기 몸을 완전히 일으킨다는 '일어날 기起'자에서 따왔으니 몸체가 완전히 성립했다는 의미이고, 庚이라고 하는 것은 성숙해진 생물이 모습을 고친다는 '고칠 갱更'자에서 따왔으니 정기를 견고하게 수렴하여 열매를 맺는다는 뜻이다.

辛이라고 하는 것은 庚으로 모습이 바뀐 생물이 열매를 맺어 완전히 새로워진다는 '새 신新'자에서 따왔으니 새롭게 이루었다는 의미다.

壬이라고 하는 것은 壬자를 임신한다는 '애밸 임姙'자라 하여 모든 생물이 壬의 정액으로 포태한다는 뜻이다. 임신한다는 姙자에서 따온 것이다.

癸라고 하는 것은 헤아리고 분별한다는 '헤아릴 규揆'자에서 따왔으니 壬水로 잉태한 생물이 남녀로 분별한다는 뜻이다. 생물이 임신이 되지 않으면 나올 수 없듯이 甲乙의 木이 나오는 것은 壬癸의 수분을 받아 잉태하여 나오는 것이다.[429]

---

429) 金碩鎭, 『대산주역강의1』, 한길사, 2005, pp.106–107 참조.

2. 十二地支의 형성과 전개

　　십이지는 子·丑·寅·卯·辰·巳·午·未·申·酉·戌·亥로 12개의 지지를 말하며, 이 십이지는 태음력太陰曆을 표준으로 하는 은대의 역법체계에서 1년 동안 12번에 걸쳐 달이 차고 기우는 것을 기록하는 수단으로 사용되었다. 이러한 지지기월地支紀月의 기원은 아주 오래 되었으며 하나라 때는 寅으로, 은나라 때는 丑으로, 주나라 때는 子를 세수歲首로 삼았다고 한다. 두병斗柄이 이 子丑寅의 방향을 가리킬 때는 모두 세수로 사용하였으며, 하은주 3대에 걸쳐 인정, 지정, 천정의 삼정을 때에 따라 바꿔 쓴 것이다. 그 후 진대秦代에서는 亥로써 정월正月을 삼았다가, 한무제漢武帝 태초원년太初元年에 태초력太初曆을 만들고 寅月로써 세수를 삼았다. 이것이 지금까지 사용되고 있으며, 이러한 십이지에 대하여 『설문해자』의 기록을 살펴보면 아래와 같다.

　　子는 십일월에 양기가 동하여 만물이 불어나기 때문에 사람으로서 취상한 것이다. 丑은 묶는다는 뜻이다. 십이월에 만물이 움직인다고 하였고, 손의 모습을 본떴다. 寅은 『설문해자説文解字』에 빈에 대해 "서개가 말하길 빈은 빈척지의髕斥之意니 인양기人陽氣가 예이출銳而出이나 토애어면구土閡於宀日하니 소이빈지야所以擯之也"라 하였다. 卯는 무릅쓰다는 뜻이다. 이월에는 만물이 땅을 뚫고 나오게 된다. 문을 여는 모습을 본뜨고 있으니, 그러므로 이월이 천문이 된다. 辰은 천둥이 크게 울리는 것이다. 삼월에 양기가 동하여 천둥과 번개가 쳐서 백성이 농사를 짓는 때니 만물이 다 소생한다. 소전체는 巳이다. 사월에 양기가 다 나오고 음기가 다 숨어 만물이 드러난 것이다. 午는 거스른다는 뜻이다. 오월에 음기가 양을 거슬러 땅을 뚫고 나오는 것이다. 未는 맛이다. 유월에는 만물이 다 성숙하여 각자의 맛을 낸다. 오행의 木이 未에서 노쇠하니 나무에 지엽이 중첩된 모습을 본뜬 글자이다. 申은 단옥재는 '신자는 인장이고, 속자는 약결'이라 하여 음기가 자라나 물체를 약속한다는 뜻으로 보았다고 한다. 酉는 이루는 것이다. 八月이 되며 주주를 빚을 수 있다. 戌은 멸의 뜻이 있다. 구월에 양기가 미약하니 만물이 다 이루어지고 양기가 내려가 땅속으로 들어간다. 亥는 풀뿌리이다. 십월에 미양이 일어나 성음에 접하게 된다. 亥에서 자식을 낳으면 다시 一을 좇아 시작한다. 이 말은 一에서 시작하여 亥에 끝나고, 亥에서 마치면 다시 一로 시작한다는 뜻으로 순환 무단함을 나타내고 있다. 『설문해자說文解字』는 실제로 一에서 시작하여 亥에서 책이 끝나고 있다.[430]

『한서漢書』「율력지律曆志」에서는 십이지를 다음과 같이 설명하고 있다.

子에서 싹이 트고, 丑에서 얽혀 나오고, 寅에서 끌려 나오며, 卯에서 뚫고 솟아나고, 辰에서 제 모습이 나타나며, 巳에서 성하고, 午에서 널리 펴지며, 未에서 우거지고, 申에서 크고 단단해지며, 酉에서 머물러 잡히고, 戌에서 마쳐들며, 亥에서 음양이 서로 해당하여 관계를 맺는다. 그렇기 때문에 음양이 베풀고 변화되어 만물은 종시終始를 이루는 것이다.[431]

류온서劉溫舒의 『소문입식운기론오素問入式運氣論奧』에 나타나는 십이지에 관하여 알아보면 다음과 같다.

---

430) 許愼撰, 段玉裁注(2006), 『說文解字注』, 浙江古籍出版社, 2006, pp.742-752 참조.
431) 曺圭文, "十干十二支의 命理的 이해", 원광대학교 석사학위논문, 2001, p.17 참조.

子는 북방지음의 한수지위에 해당하여 음극하면 양생하기 때문에, 子는 음성지극한 곳이지만 일양이 또한 처음으로 시생하는 곳이 된다. 丑은 '뉴紐야'라 하여 뉴紐자로 丑을 해석하였다. 子時에 일양이 시생하고 丑時에 이양이 生하지만 이때에 사음지기가 아직 성하니, 이는 음기가 양기를 잡고 억제하는 시기이다. '뉴紐'는 사음이 이양을 잡아 그치게 하여 출발하지 못하게 하는 뜻이있다. '寅은 正月也'는 '양이재상 음이재하'는 丑時에는 이양이 생하고 寅時에는 삼양이 생하니, 이때가 되면 삼음삼양지기가 양기는 상부하고 음기는 향하침루하는 형세를 이룬다고 하였고, '卯者'는 주야로써 이야기하면 평단에 야음이 사라지고 일양의 광명이 시출하는 때의 기상이다. 辰은 '양이과반'은 卯時에 사양이 생하고 辰時에 오양이 생하니 양기가 생장하는 것이 이미 반을 지난 것이다. 巳는 사월로 '정양'은 순양이다. 巳四月에는 육양이 다 생하여 그 사이에 일음도 존재하고 있지 않기 때문에 정양이라 한 것이다. 午는 午時에는 陰이 시생하니 비록 오양이 아직 성하여 굴하지 않았지만, 陰이 시생하는 때이므로 이 음기가 주장이 된다. 未는 오시에 一陰이 생하고 未時에 二陰이 생하여 四陽이 있게 되므로, 未六月中에는 음양이 상교하여 초목의 지섭이 번성하고 무거운 기세를 이룬다. 申은 申時에 三陰이 생하고 三陽이 퇴하므로 申七月의 시령에는 음기가 펴지고 양기가 물러가 생발지사가 더 이상 진행하지 못한다. 酉는 '正中'은 최중의 뜻이다. 酉時에는 四陰이 생하고 단지 二陰만 남기 때문에 음기가 폐장을 시켜 개발하지 못하게 한다. 九月은 戌이니 이때에는 五陰이 비록 성하지만 아직 陽이 남아 있어 양기가 다 사라지지 않은 때이다. 亥는 '純陰'은 단지 음기만 있고 一陽도 섞이지 않은 것이므로 순음이

라 칭한 것이다. 이때는 六陰이 다 드러나니 순전히 음기일 뿐이다.[432]

류희劉熙의 『석명釋名』에서는 십이지를 다음과 같이 말하였다.

子는 불어나는 것이니 양기가 처음 싹터서 아래로부터 자라는 것이다. 역에서는 감괘의 위에 해당하는데, 감은 험하다는 뜻이다. 丑은 묶는 것이니 한기가 스스로 억누르고 잡아매는 것이다. 역에서 간이 되니, 간은 그치게 하는 것이니 때에 있어 아직 만물이 생하는 것을 좇지 않고 그치게 하는 것이다. 寅은 펴는 것이니 생물을 널리 펴는 것이다. 卯는 무릅쓰는 것이니 비로소 흙을 뚫고 나오는 것이다. 역에서는 진이 되니 이월에 천둥이 처음으로 울리게 된다. 辰은 펴는 것이니 만물이 다 펼쳐져서 나오는 것이다. 巳는 그치는 것이니 양기가 다 펼쳐져서 그치는 것이다. 이에서는 손이 되니 손은 흩어지는 것이다. 만물이 다 생하여 퍼지고 흩어지는 것이다. 午는 거스르는 것이니 음기가 아래로부터 위로 올라와 양기와 서로 거스르는 것이다. 이에 있어서는 리괘가 되고, 리는 붙는 것이니 물에다 양기가 붙어서 부성해 지는 것이다. 未는 이루는 것이니 해가 중천에 있으면 기울어지기 시작하여 어둠을 향하여 나아가는 것이다. 申은 몸이니, 물이 다 그 몸을 이루어 각각 수렴하여 갖추어 이루게 하는 것이다. 酉는 꽃피는 것이니, 꽃이 된다는 것은 만물이 다 완성되는 것이다. 이에 있어서는 태괘가 되니 태는 기뻐한다는 뜻이다. 만물이 만족하게 갖추어짐을 얻어 기뻐하는 것이다. 戌은 불쌍히 여김이니, 만물이 수렴함을 당해 불쌍히 여기는 것이다. 또한 벗으면 떨어지는 것을 말한다. 亥는 핵심이니 백물을 거두어 갈무리

---

432) 劉盜舒, 『素問入式運氣論奧』, 國立中央圖書館, 影印本, pp.14-18 참조.

하여 그 좋고 나쁘고 참되고 거짓된 것의 핵심을 취하는 것이다. 또한 만물이 완성되어 단단해지는 것을 말한다.[433]

『오행대의五行大義』에서는 십이지의 자의字意를 다음과 같이 설명하고 있다.

자子는 낳는 것[孳]이니, 양기가 이미 움직임에 만물이 새끼 낳고 싹트는 것이다.「삼례의종」[434]에 말하기를 "양기가 일어나서 새끼를 낳고 길러서 커가는 것"이라고 하였다. 축표은 '끈 뉴紐'이고, '뉴'는 연결하는 것이니, 계속 싹터서 연달아 자라는 것이다. 그러므로 자子에서 싹이 터서, 축표에서 어금니 같이 달아 자라는 것이다.「삼례의종」에 말하기를 "시작하고 마치는 때에 있기 때문에, 매듭짓는 것으로 이름을 했다"고 하였다. 인寅은 옮기는 것이며 또한 이끄는[引] 것이다. 물건의 싹이 점차 몸 밖으로 토해져서, 이끌리고 퍼져 땅으로 옮겨 나오는 것이다.『회남자』에 말하기를 "인寅은 지렁이[螾]가 살아나서 움직이는 것"이라고 했으며,「삼례의종」에서 말하기를 "인寅은 이끄는 것이니, 사열하고 세우는 뜻"이라고 했다. 묘卯는 덮는다는 것이니, 물건이 나서 커져 땅을 덮는 것이다.『회남자』에 말하기를 "묘卯는 무성한[茂] 것이니, 무성해지는 것"이라고 했으며,『삼례의종』에 말하기를 "묘卯는 무성한 것이니, 양기가 여기에 이르면, 물건이 나고 커서 무성해지는 것"이라고 했다. 진辰은 진동하는 것[震]이니, 빠르게 진동해서 옛 몸체를 벗어나는 것이다.「삼례의종」에 말하기를 "이 달[辰月]이 되면 물건이 모두 움직이고 자란다"고 했다. 사巳는 그치는 것이니, 옛 몸체를 씻어내어 여기에서 마치게 되는 것이다.「삼례의종」에 말하기를 "사巳는 일어나는[起] 것

---

433) 劉熙撰,『釋名』, 國立中央圖書館, 影印本, pp.16-17 참조.
434) 중국 梁나라 때의 경학자인 崔靈恩이『三禮』의 주석서로 지었으나, 현재는 전하지 않는다.

이니, 물건이 이때에 이르러서 모두 자라기를 마치고 일어나는 것"이라고 했다. 午는 짝 지워지는 것이며 또한 꽃받침이 붙는[咢] 것이다. 5월에 만물이 성대해져서 가지와 꽃받침이 짝으로 펼쳐지는 것이다.『회남자』에 말하기를 "'午'는 어지러운 것[仵]"이라고 했으며,「삼례의종」에 말하기를 "仵는 길어지고 커지는 뜻이니, 물건들이 모두 길어지고 크는 것을 말한다"고 했다. 未는 어두운[昧] 것이다. 陰의 기운이 이미 자라남에 만물이 점차 쇠퇴해져서 몸체가 어둡게 덮이는 것이다. 그러므로 "未에서 어둡게 덮인다"고 했다.『회남자』에 말하기를 "未는 맛[味]"이라고 했고,「삼례의종」에 말하기를 "물건이 때를 만나 성숙해짐에, 모두 각자의 기운과 맛이 있다"고 했다. 申은 '펼 伸'과 같다. '펼 伸'은 끌어당기는 것이며 크는 것이니, 쇠퇴하고 늙은 것을 촉진시켜 더욱 노쇠하게 하는 것이다.『회남자』에 말하기를 "申은 신음하는[呻] 것"이라고 했고,「삼례의종」에 말하기를 "申은 몸[身]이니, 만물이 모두 몸체를 이루는 것"이라고 했다. 酉는 늙은 것이며 또한 익었다는 것이니, 만물이 극도로 늙어서 성숙한 것이다.『회남자』에 말하기를 "酉는 배부른 것"이라고 했고,「삼례의종」에 말하기를 "酉는 앓는 것이니, 앓아서 피로한 뜻이다. 이때는 만물이 모두 축소되어서 작아진다"고 했다. 戌은 멸하는 것이며 죽는 것이다. 음력 9월에 전부 죽으니, 만물이 모두 멸하게 되는 것이다.「삼례의종」에 말하기를 "이때는 만물이 쇠퇴하여 멸망하는 것"이라고 했다. 亥는 씨앗이며 문을 잠그는 것이다. 10월에 만물이 닫히고 숨어서, 모두 씨를 맺고 감추는 것이다.「삼례의종」에 말하기를 "亥는 탄핵하는 것이니, 음기가 만물을 탄핵하고 죽이는 것"이라고 했다.[435]

---

435) 金秀吉 역,『五行大義』, 대유학당, 1998pp.13-17 참조.

이와 같이 『설문해자』, 「사기」의 「율서」, 「한서」의 「율력지」, 『소문입식운기론오』, 『석명釋名』 등의 고전에 나타나는 십이지에 관하여 알아보았다. 이들에 나타나는 공통적인 자의字意를 살펴보면 다음과 같다.

子는 '새끼칠 자孶'에서 따온 것으로 하늘이 열린다는 밤 12시에 해당하며, 모든 종자가 조용히 새끼를 치기 시작하여 궁극적으로 열매를 맺기 때문에 '열매 자'라고 하였다. 달로는 하나의 陽이 처음으로 땅 속에서 꿈틀거리는 한겨울 11월에 해당한다.

丑은 맺는다는 의미의 '맺을 뉴紐'에서 따온 것으로, 땅이 열린다는 새벽 2시에 해당하고, 子에서 새끼 친 종자가 싹으로 맺어져 땅 밖으로 나올 준비를 하는 것이며, 달로는 12월이 된다.

寅은 '인연할 인演'자에서 따온 것으로 모든 인연으로 살아간다는 말로 시산으로는 새벽 4시, 달로는 한 해가 시작하는 정월이 되고, 사람이 공경하는 마음으로 하루를 맞는다는 뜻에서 '공경할 인'으로 해석하기도 한다.

卯는 '밝을 묘昴'자에서 따온 것이니 동쪽에 해가 뜨고 만물이 나온다는 아침 6시에 해당하며, 달로는 2월이다.

辰은 '진동할 진震'자에서 따온 것으로, 동쪽에 해가 뜨고 만물이 활발하게 움직이는 오전 8시에 해당하고 달로는 춘3월 호시절이다.

巳는 '공손할 손巽'자에서 따온 것으로 시간으로는 오전 10시, 달로는 신록의 계절인 4월에 해당한다.

午는 '한나절 오旿'자에서 따온 것으로 해가 중천에 떠 있는 밝은 대낮 12시에 해당하고, 달은 한여름 5월이 된다.

未는 '맛 미昧'자에서 따온 것으로 오후 2시에 해당하고, 달로는 6월이며, 만물이 맛이 들기 시작한다.

申은 '펼 신伸' 자에서 따온 것으로 오후 4시에 해당하며, 가을이 시작되는 7월로 만물이 활짝 펴는 시기를 의미한다.

酉는 '횃불 켜고 천제 지낼 유㮒' 자에서 따온 것으로 해지는 오후 6시에 해당하고, 달로는 한가을 8월이다. 어두운 초저녁에 횃불을 켜고 가을 햇곡식으로 천제를 지낸다는 중추가절을 의미한다.

戌은 '없을 멸威' 자에서 따온 것으로 오후 8시에 해당하고, 달로는 낙엽이 지는 9월이 된다. 이때가 되면 만물이 모두 탈락하고 없어진다는 의미이다.

亥는 '씨 핵核' 자에서 따온 것으로 밤 10시에 해당하고, 달로는 陰이 왕성한 10월이 된다. 戌에서 없어진 만물이 다시 亥에서 씨가 생긴 것으로 십이지의 끝인 亥에서 씨가 생겨 십이지의 처음인 子에서 다시 새끼를 치는 것이라고 할 수 있다.[436)]

3. 육십갑자의 역사적歷史的 관점

역사적인 관점에서의 간지는 은대 왕명에 천간을 사용한 점과 온전한 형태의 육십갑자를 역일曆日로 사용한 것으로 볼 때, 간지와 육십갑자는 이미 은대에 성립한 것으로 확인되었다. 그러나 여러 고전에서 간지의 성립기원成立起源에 대해 천황씨나 황제를 거론하고 있고, 특히 간지가 상합된 육십갑자는 『여씨춘추呂氏春秋』, 『통감通鑑』, 『후한서後漢書』, 『통감외기通鑑外紀』, 『해

---
436) 金碩鎭, 『대산주역강의1』, 한길사, 2005, pp.116-117 참조.

여총고陔餘叢考』 등의 여러 고전에서 대요가 황제의 명을 받아 천문天文에 근거하여 간과 지를 상배하여 만든 것이라고 언급하였다. 이에 따라 육십갑자는 황제시대 대요에 의해 성립된 것으로 볼 수 있는 것이다.

십간十干은 천간天干이라 하였고, 십이지十二支는 지지地支라 하였다. 干은 간幹이라 하였고, 支는 지枝라 하였다.[437] 문자의 의미로 볼 때 십간은 하늘의 줄기이고, 십이지는 땅의 가지가 된다. 십천간은 천의 소관인 천기天氣요, 십이지는 지기地氣이다. 천간과 지지는 천天과 지支의 관계, 줄기[幹]와 가지[枝]의 관계, 모母와 자子의 관계, 형兄과 제弟의 관계에 있으면서 천간은 천기의 순환을 부호화 한 것이고, 지지는 지기의 순환을 부호화 한 것이다.[438] 천과 지는 일음일양一陰一陽하고 천복지재天覆地載 함으로써 천기와 지기가 순환한다.

이렇게 천간과 지지는 음양의 소장변화消長變化를 10개의 천간과 12개의 지지로 형상화한 것이다. 10간은 하늘의 시간이 변화하는 과정을 표현한 것이고, 12지는 땅의 공간이 변화하는 과정을 표현한 것이라고 할 수 있다. 천간과 지지가 담고 있는 변화과정을 분석하면 다음과 같다. 즉 陽은 외적·양적 성장을 주도하고, 陰은 陽이 이룬 외적·양적 성장에 이어 내적·질적 성장과 변화를 주도하는 분화과정까지 담고 있다. 따라서 천간 甲·丙·戊·庚·壬은 陽으로서 동일 오행 내부에서 각각 외적·양적 변화를 주도하고, 乙·丁·己·辛·癸는 陰으로서 동일 오행 내부에서 각각 내적·질적 변화를 주도하는 것이다. 또 지지 子·寅·辰·午·申·戌은 陽으로서 지지의 외적·양적 변화를 주도하고, 丑·卯·巳·未·酉·亥는 陰으로서 지지의 내적·질적 변화를 주도한다.

---

437) 중국 北宋의 학자 소옹(昭擁)의 『皇極經世書』「觀物外篇上」에서 언급.
438) 한동석, 『우주변화원리』, 대원출판사, 2005, p.78 참조.

『삼명통회三命通會』에 "천기시어갑간天氣始於甲干 지기시어자지자내地氣始於子支者乃 성인구호음양중경지용야聖人究乎陰陽重輕之用也"라 하여, 천기天氣는 甲干에서 시작하고, 지기地氣는 子支에서 시작함은 성인께서 궁구하여 음양의 경중을 용한 것이라 하였다. 따라서 십간은 甲 → 乙 → 丙 → 丁 → 戊 → 己 → 庚 → 辛 → 壬 → 癸의 순서를 갖는다. 또한 지지도 子 → 丑 → 寅 → 卯 → 辰 → 巳 → 午 → 未 → 申 → 酉 → 戌 → 亥의 순서를 갖는다. 천간과 지지를 음양으로 나눌 때 천간의 甲·丙·戊·庚·壬은 陽이요 乙·丁·己·辛·癸는 陰이다. 지지의 子·寅·辰·午·申·戌은 陽이요, 丑·卯·巳·未·酉·亥는 陰이다. 천간의 순서와 지지의 순서는 모두 양음의 순서로 음양교대를 반복하며 순환하고 있는 것이다. 십간은 오행으로 배열하면 甲乙 木, 丙丁 火, 戊己 土, 庚辛 金, 壬癸 水이다.

이를 오행의 생장수장과정으로 볼 때 木의 발생과정-火의 성장과정-土의 변환과정-金의 결실과 수렴과정-水의 사멸과 축장과정의 순으로 만물의 생장수장 순환과정을 내포한 것이다. 또 천간 내부는 木木-火火-土土-金金-水水으로 음양을 구분하면 양음-양음-양음-양음-양음으로 동일오행 내부에서 음양교대를 하고 있다. 또 십천간 전체는 木火라는 陽의 과정이 金水라는 陰의 과정으로 오행 전체가 음양교대를 하고 있다. 동일 오행 내부의 음양교대는 오행의 기와 질, 체와 용의 변화이고, 오행 전체의 음양교대는 만물이 생장수장하는 순환과정을 담고 있는 것이다. 지지는 亥子-丑-寅卯-辰-巳午-未-申酉-戌-亥로 이를 오행으로 배열하면 水水-土-木木-土-火火-土-金金-土-水로 水-土-木-土-火-土-金-土-水의 단계로 배열되어 있다. 이들 각 오행은 다음 단계로 넘어가기 위해서는 반드시 土를 거치는 구조로 되어 있어 지지에서 오행의 변전은 土의 매개가 있어야 이루어지는 것으로 보인다.

이렇게 천간과 지지는 각각 시간의 변화가 빚어내는 우주만물의 생장수장生長收藏 변화과정을 나타내는 이정표이자 계획표로서, 변화 단위의 내부에서 음양 변화, 체용 변화를 내포한 세분화된 이정표인 것이다. 따라서 천간과 지지가 상합相合된 육십갑자 역시 시간의 변화가 빚어내는 천지음양의 변화, 나아가 천지만물의 생장수장 변화과정을 60이라는 순환주기를 거치면서 천기天氣와 지기地氣가 음양오행으로 교대 순환하는 과정을 천간지지天干地支라는 부호의 상합相合으로 나타낸 천체역법天體曆法인 것이다.

4. 육십갑자의 역원적曆元的 의의

甲子年, 乙丑年하는 식으로 간지로 데세를 부르는 방식이 언제부터 시작되었는지에 대한 설은, 기원전 365년 세성기년법歲星紀年法이라는 설, 기원전 366년 전욱력기년법顓頊曆紀年法이라는 설, 기원전 367년 은력기년법殷曆紀年法이라는 설, 기원전 104년 태초력기년법太初曆紀年法이라는 설, 한나라 때라는 설 등이 구구하다. 또 기년의 근거에 따라 은대에는 왕이 지내는 제사를 기준으로 기년한 유왕기사기년법, 왕공이 즉위한 연차에 의하여 기년하는 즉위기년법, 춘추시대(BC771~BC473)에 등장한 천체 운동에 근거한 기년법 등이 거론되고 있다. 그러나 고대인들에게 천문현상은 곧바로 삶의 지표였기 때문에 천체운동을 근거로 기년했다는 것이 가장 설득력이 있어 보인다. 또한 육십갑자는 태양계 우주 전체로 표상되는 천天의 변화가 지地의 변화로 수용되어 이것이 인간의 삶에 영향을 주는 현상을 경험적으로 포착한 것이고, 간지력干支曆은 이러한 천天과 지地와 인人의 경험적 현상들을 역법이라는 체계에 담은 것으로서 고대인들의 노력과 염원이 담긴 것이다.

간지干支로 태세太歲를 기년紀年하는 경우에도 세수歲首를 동지冬至가 시작되는 子月로 할 것인지, 丑月로 할 것인지, 입춘立春인 寅月로 할 것인지에 논란이 있다. 자월세수냐 축월세수냐 인월세수냐는 이미 하夏나라에서는 寅月을, 은殷나라에서는 丑月을, 주周나라는 子月을 세수로 삼았던 유래와 관련 있는 것이다. 따라서 세수를 정함에 있어 하늘이 열리는 子月로 할 것인지, 땅이 열리는 丑月로 할 것인지, 인간이 깨어 일어나는 寅月로 할 것인지의 기준의 문제이다. 공자孔子께서는 『논어論語』「위령공편衛靈公編」에서 안연이 정치하는 법을 묻자 '하나라의 책력을 행하며…' 라 하여 寅月세수가 절기節氣와 합당함을 시사한 바 있다.

육십갑자로 세를 표시하는 경우 60년이 지나면 다시 시작점으로 되돌아온다. 이러한 기년紀年의 기원은 천체의 운행과 관련이 있다. 『회남자淮南子』[439]는 세성은 약 12년(실제로는 11.86년)에 걸쳐 일주천하는데 황도 12구역을 子·丑·寅·卯·辰·巳·午·未·申·酉·戌·亥의 십이지로 나눈 12진을, 목성이 해마다 1진씩 이동하는 것으로 12진과 대응시켜 세의 시작과 명칭을 정하는 세성기년법을 사용하였다. 이때 세성은 12년 만에 하늘의 28숙宿를 돌아 일주천하게 된다. 이러한 세성기년법에 대해 『회남자淮南子』에서는 "천유건원天維建元 상이인시기유사常以寅始起有徙 일세이이一歲而移 십이세이대주천十二歲而大周天 종이부시終以復始"라고 하여 하늘의 건원은 항상 寅으로 시작하여 1세씩 움직이되 12세면 주천을 마치고 다시 시작한다 하였다. 따라서 육십갑자의 인소인 간지는 천문에 연원하여 순환한다.

---

439) 劉安 著, 安吉煥 역, 『淮南子(上)』, 명문당, 2001 p.138. 『회남자』는 회남왕 劉 安(BC179~BC122)이 여러 문객들과 함께 지은 책으로 도교적 정서가 농후하다. 오늘날 까지 전해지는 21권 중 天文訓, 墜形訓, 時則訓에는 天文·曆法, 陰陽·五行 등에 대한 내용을 많이 담고 있다.

육십갑자 전개의 기점을 천간은 甲으로부터 시작하고 지지는 子로부터 시작한다. 천간이 甲으로부터 출발함은 목성의 성기적 성격에 연유하고, 지지가 자로부터 출발함은 일음시생에 기인한다. 이에 대해『삼명통회三命通會』에서는 "천기시어갑간天氣始於甲干 지기시어자지자地氣始於子支者 내서인구호음양중경지용야乃聖人究乎陰陽重輕之用也."440)라고 하여 천기는 甲에 시작하고, 지기는 子에 시작하며 성인께서 음양경중의 용을 궁구하신 것이라고 하였다.441)

간지력干支曆의 기원 내지 최초의 육십갑자를 간지력에 대입했던 역원曆元이 되는 시점에 대해『삼명통회三命通會』에서는 "천지가 시작된 시기까지 소급할 수 있으니 年甲子, 月甲子, 日甲子, 時甲子가 역원曆元이 되며 … 천지가 처음 개벽할 때 일월이 합벽하듯이 위치하였고, 오성의 운행이 구슬을 꿴 듯한 상태로 모두 견우의 첫째 별에서 일어난 뒤에 그 시간은 동짓날 자성으로 결정하였다."442) 리고 기록하여 최초로 육십갑자의 역원이 된 시점을 年甲子, 月甲子, 日甲子, 時甲子를 제시하며 당시의 천문상황이 일월이 합벽하고 오성이 나란하였다고 설명하고 있다. 즉 태양계의 일월오성이 북방자궁에서 연주할 때가 육십갑자의 기원이 된다는 설명이다.

이렇게 일월오성이 모두 모이는 현상에 대해『한서漢書』「율력지律曆志」에도 "일월여합벽日月如合璧 오성여연주五星如連珠"라고 언급하는 등 고서에 일월오성의 연주현상을 언급한 것들이 보인다. 이에 대해 심규철은 육십갑자로 환산한 결과, 일월여합벽日月如合璧 오성여연주五星如連珠의 天文 상황은

---

440) 萬民英, 앞의 책, p.11 참조.
441) 沈揆喆(2002), '命理學의 淵源과 理論體系에 관한 硏究', 한국정신문화연구원 박사학위논문, p.131. "이에 대해 沈揆喆은 황제 즉위년인 2696년 동지월 동지일 동지점 북방 자궁에서 시작된데 연유한다고 한다.".
442) 萬民英(2008),『三命通會』, 中央圖書館藏本, 育林出版社印行, p.10 참조.

중국 황제의 즉위년인 기원전 2696년의 동지점 연월일시가 甲子年, 甲子月, 甲子日, 甲子時에 해당한다고 하였다.[443] 이와 같이 육십갑자 간지력의 역원은 태양계의 日·月·오성이 북방자궁에서 일직선 현상을 이루는 "일월여합벽 오성여연주 日月如合璧 五星如連珠"라는 天文현상에 의거하여 출발하여 오늘날까지 이어지고 있는 것이다.

5. 육십갑자의 순환적循環的 의의

간지력에서 年·月·日·時는 60이라는 주기로 순환하여 최초의 甲子로 되돌아가며 한 번도 어긋나거나 순서의 오차 없이 현재까지 지속되고 있고 향후로도 지속적인 순환이 예상되는 역법이다. 年과 日은 각각 60년과 60일을 주기로 육십갑자를 순환하여 그대로 간지력에 정해져 있다.

月은 "갑기지년병작수甲己之年丙作首, 을경지세무위두乙庚之歲戊爲頭, 병신필정심경기丙辛必定尋庚起, 정임임위순행류丁壬壬位順行流, 약언무계하방발경갑인지상호추구若言戊癸何方發更甲寅之上好追求."[444]라 하여, 甲己년은 丙寅으로 기월起月하고, 乙庚년은 戊寅으로 기월하고, 丙辛년은 庚寅으로 기월하고, 丁壬년은 壬寅으로 기월하고, 戊癸년은 甲寅으로 기월한다. 즉 월간은 년간과 육합하여 이루어지는 오행을 생하는 오행을 간두로 하여 寅月부터 시작한다. 예를 들어 甲年이면 甲己合土하여 土를 생하는 오행인 丙寅月로 시작하는 것이다. 이렇게 月은 年과 상생하는 순환성 내지 법칙성이 있다. 이렇

---

443) 沈揆喆(2002), 앞의 논문, p.126 참조.

444) 徐子平, 오청식 역, 『淵海子平』, 대유학당, 2008, p.74 참조.

게 月은 기월시점부터 60개월이 지나면 어긋남이 없이 최초의 기월간지로 되돌아온다. 그러므로 甲年과 己年은 5년 차이를 두고 같이 묶여 동일 천간으로 기월하는 것이다.

월지는 절節을 기준으로 절입일節入日이 기준이 되므로 입춘立春·경칩驚蟄·청명淸明·입하立夏·망종芒種·소서小暑·입추立秋·백로白露·한로寒露·입동立冬·대설大雪·소한小寒은 매월의 개시일이 된다. 천문에서 두표頭標는 11월의 혼에 子를 가리키고, 12월의 혼에 丑을 가리키며, 정월의 혼에는 寅을 가리키는 식으로 1년에 십이진十二辰을 일주한다.[445]

육십갑자 월주 조견표를 보면 다음과 같다.

【육십갑자 월주 조견표】

년월	1월	2월	3월	4월	5월	6월	7월	8월	9월	10월	11월	12월
甲己	丙寅	丁卯	戊辰	己巳	庚午	辛未	壬申	癸酉	甲戌	乙亥	丙子	丁丑
乙庚	戊寅	己卯	庚辰	辛巳	壬午	癸未	甲申	乙酉	丙戌	丁亥	戊子	己丑
丙辛	庚寅	辛卯	壬辰	癸巳	甲午	乙未	丙申	丁酉	戊戌	己亥	庚子	辛丑
丁壬	壬寅	癸卯	甲辰	乙巳	丙午	丁未	戊申	己酉	庚戌	辛亥	壬子	癸丑
戊癸	甲寅	乙卯	丙辰	丁巳	戊午	己未	庚申	辛酉	壬戌	癸亥	甲子	乙丑

시간時間은 지구의 자전과 공전과의 관계에서 일어나는 기상의 변화를 나타내는 것으로 일간日干을 기준으로 한다. 시時는 2시간 단위로 육십갑자

---

445) 劉安著, 安吉煥 역, 『淮南子(上)』, 명문당, 2001, p.170 참조. "北斗之神, 十一月始建於子, 月徙一辰".

를 순환하는 것으로 고대에는 하루의 낮과 밤을 십이시진十二時辰으로 나누어 시간을 구분하였다.(子時의 시작점에 대해서는 이견이 있다.) 아래 표는 고대에 십이시진으로 구분하여 부르던 명칭이다.

【십이시진十二時辰 고대명칭】

십이지신	子	丑	寅	卯	辰	巳	午	未	申	酉	戌	亥
명칭	夜半 야반	鷄鳴 계명	平旦 평단	日出 일출	食時 식시	偶中 우중	日中 일중	日昳 일질	哺時 포시	日入 일입	黃昏 황혼	人定 인정

　십이시진의 명칭을 살펴보면 시간의 경과에 따른 천문天文의 변화와 생물의 특징을 나타낸 것임을 알 수 있다. 특히 태양과 관련한 명칭이 많이 보인다.

　기시하는 방법에 대해 시간은 갑기환생갑甲己還生甲 을경병작초乙庚丙作初 병신종무기丙辛從戊起 정임경자거丁壬庚子居 무계하방발戊癸何方發 임자시진도壬子是眞途라고 하였다. 즉 시간은 甲己日은 甲으로 시작하고, 乙庚日은 丙으로 시작하고, 丙辛日은 戊로 시작하고, 丁壬日은 庚으로 시작하고, 戊癸日은 壬으로 시작된다. 時의 시두천간은 일간이 합화되어 생기는 오행을 극하는 오행이 時의 간두로 시작된다.

　다음은 육십갑자 시주 조견표이다.

【육십갑자 시주 조견표】

	子時	丑時	寅時	卯時	辰時	巳時	午時	未時	申時	酉時	戌時	亥時
甲己	甲子	乙丑	丙寅	丁卯	戊辰	己巳	庚午	辛未	壬申	癸酉	甲戌	乙亥
乙庚	丙子	丁丑	戊寅	己卯	庚辰	辛巳	壬午	癸未	甲申	乙酉	丙戌	丁亥
丙辛	戊子	己丑	庚寅	辛卯	壬辰	癸巳	甲午	乙未	丙申	丁酉	戊戌	己亥
丁壬	庚子	辛丑	壬寅	癸卯	甲辰	乙巳	丙午	丁未	戊申	己酉	庚戌	辛亥
戊癸	壬子	癸丑	甲寅	乙卯	丙辰	丁巳	戊午	己未	庚申	辛酉	壬戌	癸亥

6. 육십갑자의 역수적曆數的 의의

육십갑자는 십간십이지로 상배相配로 이루어져 있다. 육십갑자에 나타나는 수는 천간수 10, 지지수 12, 천간지지의 상교로 이루어진 60이다. 무릇 모든 수는 1, 2, 3, 4, 5, 6, 7, 8, 9, 10이라는 기본수로 이루어지며, 그중 1, 2, 3, 4, 5는 기본이 되는 수로 생수이고 6, 7, 8, 9, 10은 생수에 중앙수(하도의 중앙수) 5를 얻어 이루어진 수로 성수다.

『주역周易』「계사전繫辭傳」에 "천일지이천삼지사천오지육천칠지팔천구지십天一地二天三地四天五地六天七地八天九地十"이라 하였으니 천수는 5개(1, 3, 5, 7, 9)로 그 합은 25요, 지수도 5개(2, 4, 6, 8, 10)로 그 합은 30이며, 천수와 지수를 합하면 55로 천지지수가 되고, 이는 상합과 상교로 만물의 생성변화와 조화를 이루는 수이자 동시에 하도의 수와도 같다.

1, 3, 5, 7, 9는 양수이고 2, 4, 6, 8, 10은 음수이다. 양수 중 1과 3은 양중

양수이고, 5는 중앙수로 양중체수이고, 7과 9는 양중음수이고, 2와 4는 음중양수이고, 6과 8은 음중음수이고, 10은 중앙수로 음중체수이다. 1은 태극수요, 2는 음수의 처음이요, 3은 양수의 처음이다.

사상수는 음수의 처음수인 2와 양수의 처음수인 3을 기본으로 산출한다. 사상수로 보면 건괘는 3개의 양효로 되어 있어 양효를 기본수 3으로 볼 때 9가 되므로 건괘는 수리상 9라는 태양수가 되며, 곤괘는 3개의 음효로 되어 있어 음효를 기본수 2로 볼 때 6이 되므로 곤괘는 수리상 6이라는 태음수가 된다. 또한 리괘는 2개의 양효와 1개의 음효로 되어 있어 수리상 8로 소음수가 되며, 감괘는 1개의 양효에 2개의 음효로 되어 있어 수리상 7로 소양수가 된다. 태양수, 태음수, 소양수, 소음수를 각각 완성의 수로 만들려면, 즉 춘하추동, 생장수장, 원형이정의 4단계를 거치면(4를 승하면) 태양수는 36이 되고, 태음수는 24가 되고, 소양수는 28이 되고, 소음수는 32가 된다.

六十甲子에서 60이라는 수는 태양수 36과 태음수 24를 합한 수이며, 소양수 28과 소음수 32를 합한 수로 이루어지므로 60은 천지운행의 기본수이자 천지조화의 수가 된다.

또 六十甲子를 구성하는 10천간과 12지지는 日月이 운행함에 따라 조석주야朝夕晝夜가 생기며 춘하추동春夏秋冬이 생겨 한서풍우寒暑風雨의 변화를 일으키는 것과 같은 변화의 성질이나 형태를 표시한 것으로, 60은 10간 12지를 음양오행으로 분별한 5와 6의 상교로 나온 30에 음양 상대의 원리에 따라 30을 더하여 60이 된다.

10干에서 온 5는 天, 陽, 用이고, 12지에서 온 6은 地, 陰, 體가 되어 5와 6의 상교는 천지, 음양, 체용의 상교로 변화를 초래하는 것이며, 5와 6이 다시 만나려면 천간은 6회를 순환하고 지지는 5회를 순환하여야 하므로 천지, 음양, 체용의 상봉은 60시진, 60일, 60개월, 60년이 걸리게 된다. 또한 천지,

음양, 체용이 합화된 60이라는 수가 주역괘의 육효六爻가 변하는 과정인 6회의 변화과정을 거치면 360.58이라는 1년 수가 완성된다. 60이라는 수는 1개월 30일의 음양양면에 해당하는 수이며 동시에 日月의 중간도수 360과 동류의 수다.

결국 육십갑자六十甲子는 수리적으로도 日月의 운행에 따라 조석주야와 춘하추동의 변화를 담고 있는 천문, 즉 우주의 원리를 표상한 하도河圖의 원리와 상통하는 역수적 의의를 내포한 것이다.

7. 육십갑자의 사주구성 원리[446]

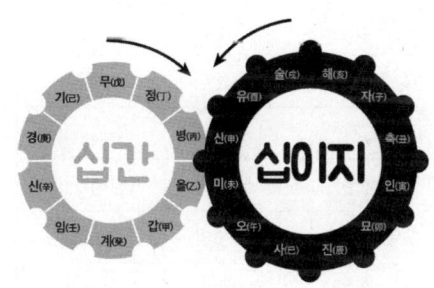

육십갑자는 음양오행을 내포한 천간지지가 상합相合한 것으로 음양오행이 생장수장生長收藏하는 순환과정을 내포하고 있다. 음양과 오행은 육십갑자의 순환과정에서 천간에 표출되거나 또는 지지로 축장되는 등 六十甲子는 음양오행의 순환체계로서 생장수장 순환의 동태성을 내포한 것이다. 즉, 간지 그 자체는 음양오행을 띤 단세포에 해당하지만 시간이 내포된 육십갑자는 음양오행을 내포한 유기체로서 시간과 공간을 동태적으로 순환하는 생장수장의 변화과정을 나타낸다.

---

446) 명리학 정론(2012), 김기승, 창해, pp.71-80 참조.

그렇다면 육십갑자로 사주팔자를 구성하기 위해서는 개인의 출생생년월일시에 육십갑자를 배열하여야 하며, 이때 방법과 규칙에 따라야 한다.

사주四柱는 연월일시의 네 기둥을 말하는 것인데 태어난 해의 간지를 연주年柱라 한다. 사주의 네 기둥에는 사계四季의 근根, 묘苗, 화花, 실實의 뿌리 = 조상, 싹 = 부모 형제, 꽃 = 자신과 배우자, 열매 = 자식의 근본이 있고 거기에 따른 왕旺·쇠衰·강强·약弱, 생生·극剋·제制·화化의 원리에 의해 그 뿌리[根]가 잘 내렸는가? 싹[苗]은 잘 자라는가? 꽃[花]은 아름답게 필 것인가? 열매[實]는 어느 정도의 결실結實이 되는가를 판단하게 된다.

【사계四季와 근묘화실根苗花實】

四柱	時柱	日柱	月柱	年柱
根苗花實	실(實)	화(花)	묘(苗)	근(根)
육친(六親)	子息	自身, 配偶者	父母, 兄弟	祖上
년령(年齡)	61세 이후	41-60세	21-40세	1-20세
격(格)	(정격)貞格	(이격)利格	(형격)亨格	(원격)元格
前,後,生	(후세)後世	(현세)現世	(금세)今世	(전생)前生
계절(季節)	동(冬)	추(秋)	하(夏)	춘(春)

1) 연주年柱 정립법

연주年柱는 태어난 해의 간지를 말하는 것으로 육십갑자의 하나이다. 1958년에 태어났으면 그해의 육십갑자는 戊戌이 되며 2001년에 태어났으면 辛巳가 된다. 그러나 꼭 연주를 세울 때는 음력 새해 1월 1일을 기준으로 하지 않고 입춘立春 절기節氣를 사용한다. 예를 들어 음력 1990년 1월 3일에 태어난 사람은 90년의 연주가 庚午가 되어야 하나 입춘이 1월 9일 11시14분에 들어오므로 그 입춘일, 입춘 시간 이전은 전년前年도인 己巳年으로 정해야 한다

또한 어떤 해에는 음력으로 해가 바뀌지 않은 12월에 입춘이 들기도 하므로 입춘이 지났다면 새해의 연주를 사용하면 되는 것이다. 예를 들어 음력 1987년 12월 18일은 87년의 연간지 丁卯, 12월의 월간지 癸丑, 일간지 庚寅으로 구성되어야 하나 이미 1987년 12월 17일 23시 43분에 1988년 정월의 입춘절이 시작되었으므로 87년이지만 88년의 연주인 戊辰이 되고 월은 甲寅이 되며 일주日柱는 똑같이 庚寅이 된다.

2) 월주月柱 정립법

월주月柱를 정하는 것은 연주를 세우고 난 후 태어난 해의 월간지月干支를 구성하는 것으로 만세력萬歲曆을 찾아 기록하면 된다. 월지月支는 월령月令이라고 하는데, 그만큼 사주 내에서 월주가 작용하는 비중이 크다고 볼 수 있다.

월주를 세우는 데도 절기를 사용한다. 1990년 음력 2월 3일이라면 날짜로는 2월에 들어왔지만 경칩驚蟄이 2월 10일이므로 그 이전인 1월의 戊寅 월주月柱를 쓴다. 또 연간을 통해 월간月干을 알 수 있다. 이미 월지는 정해지므로 월간을 쉽게 알 수 있다면 많은 도움이 된다. 그 방법은 천간합을 알면 된다.

甲己合-土이며 土를 生하는 丙火가 1월의 천간으로 丙寅月 부터 시작

乙庚合-金이며 金을 生하는 戊土가 1월의 천간으로 戊寅月 부터 시작

丙辛合-水이며 水를 生하는 庚金이 1월의 천간으로 庚寅月 부터 시작

丁壬合-木이며 木을 生하는 壬水가 1월의 천간으로 壬寅月 부터 시작

戊癸合-火이며 火를 生하는 甲木이 1월의 천간으로 甲寅月 부터 시작

이렇게 월간의 시작을 알고 육십갑자를 순행해 대입하면 甲己年일 때 丙寅, 丁卯, 戊辰으로 3월이 戊辰月인 것을 알 수 있다.

【월주 정립】

월(月)	年干 / 節入	甲,己 年	乙,庚 年	丙,辛 年	丁,壬 年	戊,癸 年
1月	입춘(立春)	丙寅	戊寅	庚寅	壬寅	甲寅
2月	경칩(驚蟄)	丁卯	己卯	辛卯	癸卯	乙卯
3月	청명(淸明)	戊辰	庚辰	壬辰	甲辰	丙辰
4月	입하(立夏)	己巳	辛巳	癸巳	乙巳	丁巳
5月	망종(芒種)	庚午	壬午	甲午	丙午	戊午
6月	소서(小暑)	辛未	癸未	乙未	丁未	己未
7月	입추(立秋)	壬申	甲申	丙申	戊申	庚申
8月	백로(白露)	癸酉	乙酉	丁酉	己酉	辛酉
9月	한로(寒露)	甲戌	丙戌	戊戌	庚戌	壬戌
10月	입동(立冬)	乙亥	丁亥	己亥	辛亥	癸亥
11月	대설(大雪)	丙子	戊子	庚子	壬子	甲子
12月	소한(小寒)	丁丑	己丑	辛丑	癸丑	乙丑

3) 일주日柱 정립법

출생일을 정하는 법은 누구나 만세력을 보면 간단히 정할 수 있다. 출생한 날의 일진日辰이 그 사람의 일주日柱가 된다. 일주도 육십갑자 중의 하나이며 자신과 배우자의 배속配屬으로, 이 일주를 중심으로 사주 내 간지와 대운 및 세운의 간지를 대입하여, 간지에 배합된 음양과 오행의 상관관계로 나타나는 작용으로 운명을 해석 및 추론하게 된다.

4) 시주時柱 정립법

시주時柱는 태어난 시간으로 정하게 되는데 두 시간마다 육십갑자가 배속되어 시작은 子時, 丑時, 寅時, 卯時, 辰時, 巳時, 午時, 未時, 申時, 酉時, 戌時, 亥時로 하루가 끝나며 매일같이 반복되어 정해진다. 이처럼 고정되어 있는 시지時支에 짝이 되는 천간은 출생한 날의 일간에 따라서 정해진다. 그 이치는 천간 합에서 탄생되는 오행을 극하는 오행 중 양간이 출생 당일 첫 子時의 시時 천간이 된다.

【시간지조견표時干支早見表】

甲己일 (合-土) 은 甲子시부터

乙庚일 (合-金) 은 丙子시부터

丙辛일 (合-水) 은 戊子시부터

丁壬일 (合-木) 은 庚子시부터

戊癸일 (合-火) 은 壬子시부터

참고할 것은 시주를 설정하는 방법 중에서 子時의 적용이다. 2000년 5월 1일 밤 11시 30분부터 2일 새벽 1시 30분까지는 하루가 시작되는 子時다. 그러나 12시 이전의 자시와 이후의 자시는 날짜가 넘어가므로 일주가 바뀌게 된다는 것이다. 즉 1일 밤 11시 30분부터는 2일 乙丑일의 시작이 되는 丙子時가 되는 것으로 보아 하루가 끝나는 밤11시 30분 이후는 다음날 일주를 적용하여 乙丑일 丙子시로 계산하며, 이를 정시법正時法이라고 한다.

【자시의 정시법 사주구성의 예】

1일 오전 00시 30분생(예)

時 日 月 年
戊 辛 辛 庚
子 卯 巳 辰

甲乙丙丁戊己庚(대운)
戌亥子丑寅卯辰

1일 오후 23시 30분생(예)

時 日 月 年
庚 壬 辛 庚
子 辰 巳 辰

甲乙丙丁戊己庚(대운)
戌亥子丑寅卯辰

> 참고

야자시설은 삼명통회에서 최초로 주장하였다. 즉 子時는 1일 밤 11시30분부터 2일 새벽 1시 30분까지인 것으로, 子時는 하나인데 일(日)은 두 날이 차지하게 되니 시간을 다르게 사용하는 예이다. 즉, 양력 2000년 5월 1일 새벽 0시 30분에 태어난 사람의 일주가 辛卯라면 戊子時가 된다. 그러나 같은 날 1일 밤 23시 30분에 태어난 사람은 일주는 같은 辛卯日이지만 밤 11시 30분 이후는 다음날(2일)의 庚子시로 시주를 세우는 것을 말하며 이것을 야자시라고 한다. 이럴 경우 1일 새벽 0시30분에 태어난 사람은 辛卯일 戊子時를(조자시), 1일 밤11시30분에 출생한 사람은 辛卯日 庚子時(야자시)로 사용하는 것을 야자시법이라 한다.

【조자시 사주구성의 예】	【야자시 사주구성의 예】
1일 오전 00시 30분생(여)	1일 오후 23시 30분생(여)
時 日 月 年 戊 辛 辛 庚 子 卯 巳 辰	時 日 月 年 庚 辛 辛 庚 子 卯 巳 辰

이 두 가지 이론이 전승되어 왔다. 그러므로 학자마다 채택하여 사용하는 기준이 다른데 무엇이 옳다고 확정 할 수는 없으나, 근래 들어 정시법을 사용하는 경우가 대부분이다.

이와 같이 출생연월일시에 육십갑자를 배치하여 사주와 대운을 구성하고, 선천적인 부귀빈천富貴貧賤과 다가오는 대운과 세운의 간지 음양오행 작용에 따라 길흉화복吉凶禍福의 운명을 논하게 된다.

제3장

음양오행과 간지의 배합의 원리

1. 음양오행과 십간십이지 배합의 연관성

중국 고대 문헌을 살펴보면 처음 오행관념은 음양 관념만큼 크게 영향을 미쳤던 것은 아니다. 뒤에 상생相生, 상극相剋이라는 관념이 부가되면서 오행 관념이 온전한 사상형태를 갖추게 되었다. 현존하는 문헌의 자료 중에서 오행관념을 보여주고 있는 가장 오래된 것은 『상서尙書』이다. 그 이후 전국시대의 『좌전左傳』이나 『국어國語』에서도 오행에 관해 언급한 자료들을 찾을 수 있다. 이 책들에서의 오행은 생활자재로서의 오행을 말했다면, 이후 전국시대의 추연鄒衍에 의해 상생, 상극 개념이 부가되면서 일반적으로 말해지고 있는 오행의 관념이 형성되었다. 『사기』에는 그가 음양의 소식을 깊이 관찰하였고 오덕종시의 운행에 관해 논술하였다고 하였다. 위호선은 그의 논문 「중국 고대 음양오행설의 전개와 그 사상적 특성」에서 오덕종시설五德終始說을 다음과 같이 설명하였다.[447]

---

447) 위호선, "중국 고대 음양오행설의 전개와 그 사상적 특징", 1994, p.37 참조.

우주에는 다섯 가지 상이한 성질의 자연적인 힘이 있다. 이 다섯가지 힘은 일정한 순서에 의해서 끊임없이 순환적인 운행을 한다고 생각하고, 이중의 어떤 한 힘이 운행, 작용하여 인간에 이르게 되면, 그것은 인간이 의거해야 하는 행위의 덕이 되고 동시에 그 새로운 덕과 상응하는 왕조가 구왕조를 대신하여 흥기하는 것이다. 이것이 바로 추연의 역사관이며, 그는 이것이 역사가 변화 발전하는 법칙이라고 인식하였다. 추연은 왕조의 교체는 자연의 변화와 같은 순리적 변화가 아니라 인사와 관계되는 인위적인 조작에 의한 변화로 보고 오덕의 전이는 각각 그 서로 이기지 못하는 바의 순서에 따른다고 보고 오행상승五行上勝 운동의 순서에 입각하여 土-木-金-火-水의 순서에 따라 전이, 순환한다고 보았다.

이러한 음양오행은 여러 가지 뜻이 내포되어 있는데 그것은 다음과 같다.

첫째, 음양과 오행은 상징적 부호의 성질을 갖고 있다. 상징적 부호라는 음양과 오행이 단지 그것이 갖고 있는 문자적 의미만이 있는 것이 아니라 다양하게 내포된 의미를 가지고 있다.

둘째, 음양과 오행은 하나의 분류범주로 볼 수 있다. 음양은 상대적 성질, 기능, 현상 등에 의해 이루어지는 양대 범주이다. 오행은 우주의 유기적인 조직구조라는 특성을 가지고 있기도 하다. 즉, 고대인은 인간을 포함한 우주를 하나의 커다란 생명체로 인식했다.

셋째, 우주의 창생, 변화의 원리라는 의미를 함유하고 있다. 음양은 우주의 근원인 도道나 원기元氣가 상반相反, 상성相成하는 운동원리와 같으며, 오행 또한 음양의 운동을 다양한 방법으로 세분화 시킨 것으로 역시 상반相反, 상성相成, 즉 상생相生, 상승相勝의 운동원리를 갖고 있다.

넷째, 음양오행은 기氣를 의미한다. 음양과 오행은 각각 음기陰氣와 양기 陽氣 그리고 목기木氣, 화기火氣, 토기土氣, 금기金氣, 수기水氣를 의미한다. 음양오행의 기는 현상을 떠나서는 존재할 수 없는 현상을 있게 하는 어떤 실체의 작용, 혹은 원인을 의미하는 것이라 할 수 있다.

그리고 십간은 계절이나 방향 등의 오행과 음양의 속성으로 연결되어 있다. 예를 들면 십간의 甲과 乙은 오행에서 木이며, 오계 중에서 춘春이며, 오방으로는 동東에 해당한다. 甲, 丙, 戊, 庚, 壬이 양간陽干이고 乙, 丁, 己, 辛, 癸가 음간陰干에 해당하므로 甲과 乙이 모두 木이지만 甲木은 陽木이 되고 乙木은 陰木이 된다.

십이지의 음양오행도 십간과 마찬가지로 각 月에 대응시켜 음양오행으로 배분할 수 있다. 십이지는 木火土金水의 오행으로 배속할 수 있고, 각 오행들은 1년 동안 각각 72일에 해당한다. 寅과 卯는 오행에서 木에 속하며 방위로는 동東이고, 1년 중 72일 동안 木의 기간이다. 巳와 午는 오행에서 火에 속하며 방위로는 남南이고 1년 중 72일 동안 火의 기간이다. 申과 酉는 金에 속하며 방위로는 서西이며 1년 중 72일 동안 金의 기간이다. 子와 亥는 水에 속하며 방위로는 북北이고 1년 중 72일 동안 水의 기간이다. 마지막으로 辰, 戌, 丑, 未는 土에 속하며 방위로는 중앙에 해당하고 1년 중 72일 동안 土의 기간이다.

십간과 십이지를 배합한 것을 간지배합干支配合이라 한다. 앞에서 십간은 日을 표시하는 부호로 만들어져 사용되었다고 했다. 日은 태양을 나타내는 문자이다. 태양은 음양에서 陽이고 陽은 天이다. 십이지는 월을 표시하는 부호로 사용되었다. 月은 달을 나타내는 문자이다. 태양이 陽이고 천天을 상징한다면, 달은 陰으로 地를 나타낸다. 마찬가지 이유로 십간은 上이며 십이지는 下이다. 이 십간과 십이지를 순서에 따라 차례로 배합하면, 자연적으로 십간은 첫 글자인 甲으로 시작을 하고, 십이지는 첫 글자인 子로 시작을 하여 서로 제일 앞에 나오는 甲子로 간지의 배합을 시작한다. 그리하여 제일 마지막인 癸亥까지 60개가 되어 甲子가 일주하게 된다.

그런데 십간은 10개이므로 60갑자가 일주하는 데 각각 6회씩 반복을 하게 되고, 십이지는 12개이므로 갑자가 일주하는 데 각각 5회씩 반복을 한다. 이 60갑자를 6회 반복하면 360이 된다. 일년은 365일인데 일반적으로 옛날 사람들은 360이라는 숫자만을 언급했고 5일은 잘 언급하지 않았다. 이러한 십간과 십이지를 오육배합五六配合하여 갑자를 이루는 것은 고대역법의 한 계산법이다.[448]

실제로 지구가 태양을 한바퀴 도는 데 필요한 시간은 365일 5시간 48분 46초 걸린다. 이 갑자를 사용하여 年, 月, 日을 기록하는 방법은 오래된 방법인데 갑골문을 통해서 은대에 이미 사용되고 있음이 밝혀져 있다. 은대에는 농업이 중시되었으므로, 당시는 당연히 천문역법이 대단히 중시되었다. 특히 농업에 필요한 정확한 시간관념의 파악이 중요한 문제였다.

2. 천간지지와 음양오행의 배속

천간과 지지의 합성어인 간지干支는 어원적으로 볼 때 나무의 가지와 줄기라는 뜻을 가지고 있다. 「통감외기通鑑外紀」 「사물기원事物紀原」 「협기변방서協紀辨方書」 등의 문헌에 의하면, 간지는 천황씨가 만들었다고 하며, 황제

---

448) 윤창렬, "간지와 운기에 관한 연구", 경희대학교, 박사학위논문, 1987, pp.21-22 참조.

시대에 대요씨가 황제의 명命을 받아 비로소 천간과 지지를 배합하여 육십갑자를 만들었다고 전해지고 있다.

중국 고대시대인 은대에 간지가 보편적으로 사용되고 있었다는 것이 갑골문 등에 의해 밝혀졌기 때문에, 은대 이전부터 간지가 사용되었음을 미루어 짐작할 수 있다. 다만 은대에는 간지가 날짜의 표기에만 사용되었고, 年에 표기에 간지를 사용하게 된 것은 B.C. 2세기경의 한대漢代부터였을 것으로 추론된다. 문헌상 기록에 의하면 B.C. 104년에 만들어진 「삼통력三統曆」이란 책력에서 연대에 간지를 표기한 것이 처음으로 나타나는데, 이는 간지가 음양오행陰陽五行의 원리가 구체화된 법칙이 활용되는 도구이며, 年月日時의 적기성週期性을 표현한 것이다.

오행설은 음양설과 별도로 출발했으나, 추연鄒衍과 제齊나라 직하음양가稷下陰陽家들에 의해 이미 보편화되어 있는 음양설과 결합되면서 활성화되기 시작했으며, 이후 여불위의 『여씨춘추呂氏春秋』에 의해 일차 정리되었다.[449] 특히 추연은 음양과 오행을 결합하였고, 오행 상극相剋에 의한 오덕종시설五德終始說을 만들었으며, 이는 이후 왕조변천의 이론적 근거로 활용되었다.[450]

추연의 뒤를 이어 음양오행설을 발전시킨 사람은 서한西漢의 재상宰相 동중서董仲舒이다.[451] 추연이 제창한 상승설相勝說은 오덕五德의 순환循環에 따른 역사歷史를 설명한 것임에 반해, 동중서는 이웃해 있는 오행끼리는 상생하고, 건너 있는 것끼리는 상승한다는 생과 극의 법측개념法則槪念의 바탕을 이루었다.[452]

---

449) 朴王用(1997), 「五行學說에 對한 硏究」, 慶熙大學校 박사학위논문, pp.30~31 참조.
450) 앞의 논문, p.30 참조.
451) 앞의 논문, p.32 참조.
452) 鍾肇鵬編(2005), 『春秋繁露校釋』, 河北人民出版社, p.833. "比相生而間相勝也".

동중서에 의해 세밀해지고 체계화된 음양오행설은 다시 유향劉向, 유흠劉歆 부자父子에 의해 완성된다.[453] 유향은 『곡량춘추穀梁春秋』를 지어 화복禍福을 점쳤으며, 아들 유흠은 오행상생에 입각한 오덕종시설五德終始說을 창안하고 『오행전五行傳』을 지어 한대의 음양오행설을 완성하였다.[454] 이러한 오행설은 음양설과 결합되어 고대부터 현대에 이르기까지 한의학韓醫學, 명리학命理學 등 동양학東洋學의 각 분야에 기본 이론체계로 활용되어 왔다.

1) 십간十干의 음양오행 배속

甲丙戊庚壬은 陽이고, 乙丁己辛癸는 陰이다. 즉 십간의 甲과 乙은 오행 중에 木에 해당하며, 甲이 陽, 乙이 陰이 된다. 십간의 丙과 丁은 오행으로는 火에 속하며, 丙이 陽, 丁이 陰이 된다. 십간의 戊와 己는 오행에서 土에 해당하며, 戊가 陽, 己가 陰이 된다. 십간의 庚과 辛은 오행에서 金에 해당하며, 庚은 陽, 辛은 陰이 된다. 십간의 壬과 癸는 오행에서 水에 해당하고, 壬은 陽, 癸는 陰이 된다.

『황제내경黃帝內經』「영추靈樞」[455]의 〈근결편根結篇〉에서 "陰은 짝수, 陽은 홀수"[456]라고 말한 것에 근거하여 십간을 홀수와 짝수의 순서에 따라 음양으로 구별할 수 있다. 즉 甲·丙·戊·庚·壬은 숫자로는 1·3·5·7·9로 홀수가 되고, 乙·丁·己·辛·癸는 숫자로는 2·4·6·8·10로 짝수

---

453) 梁啓超(1993), 「陰陽五行說의 歷史」, 『음양오행설의 연구』, 신지서원, p.51 참조.
454) 朴王用(1997), 앞의 논문, p.32 참조.
455) 저자 미상의 漢代에 나온 醫書, 鍼灸를 논함. 원서의 이름은 『黃帝內經』으로 「素問」이부, 「靈樞」가 2부로 구성되어 있다.
456) "陰道偶 陽道奇".

가 된다. 여기서 홀수[기수奇數]는 陽이 되며 짝수[우수偶數]는 陰이 된다. 이것은 『주역周易』「계사전繫辭傳」에서 말한 天一地二天三地四天五地六天七地八天九地十과 내용이 일치한다.[457]

『연해자평평주淵海子平評註』에서는 "甲乙은 오행에서 木에 속하며, 방위는 東이다. 丙丁은 오행에서 火에 속하며, 火의 방위는 南이다. 戊己는 오행에서 土에 속하며 방위로는 중앙이다. 庚辛은 오행에서 金에 속하며, 방위는 西이다. 壬癸는 오행에서 水에 속하며, 방위는 北이다"[458]라고 하였다.

대요大撓가 말하길 동방東方에 태호太昊라는 신神이 있다. 진방震方에 있어 봄을 다스리고 仁과 風의 氣가 합하여 만물萬物이 발생하므로 木이 있게 되었다. 그러므로 甲·乙·寅·卯는 같은 것이다. 南方에는 신농神農이라는 임금이 있고, 離方에 있어 균형을 잡아주고, 여름을 지배한다. 더위를 生하여 萬物이 이곳에서 가지런하게 됨으로써 火가 된다. 그러므로 丙·丁·巳·午가 같은 것이다. 西方에는 소호少昊라는 神이 있다. 태방兌方에 앉아 법규를 만들어 가을을 맡아 다스리며, 숙살肅殺의 정기精氣를 生하여 萬物은 가을에 이르러 거두어지기 때문에 金이 있다. 庚·辛·申·酉가 같은 것이다. 北方에는 전顓이라는 神이 있다. 감방坎方에 앉아 권세를 쥐고 겨울을 다스린다. 응결시키고 엄한 氣를 生하여 萬物이 겨울에 이르면 엎드려 숨어있기 때문에 水가 있다. 그러므로 壬·癸·亥·子가 같은 것이다. 中央에는 황제黃帝의 神이 있다. 곤방坤方에 앉아 승繩을 잡고 中央 土를 맡아 다스린다. 木·火·金·水가 모두 土가 없으면 不可하다. 그러므로 戊己가 중앙에 있고 辰·戌·丑·未는 사방에 배치

---

457) 尹錫烈, 「干支와 운기에 관한 연구」, 慶熙大學校 大學院 박사학위논문, p.10 참조.
458) 徐升, 『淵海子平評註』, 武陵出版有限公司, p.21 참조.

시켰다.[459)]

『연해자평평주淵海子平評註』에서는 십간十干을 계절이나 방향 등 오행과 음양의 속성으로 통일하고 있다. 십간의 甲과 乙은 오행에서 木이며, 오계五季 중 春이며, 오방五方으로는 東에 해당한다. 십간의 丙과 丁은 오행의 火에 속하며, 오계 중 하夏이며, 오방으로는 南에 해당한다. 십간의 庚과 辛은 오행의 金에 속하며, 오계 중 秋이며, 오방으로는 西에 해당한다. 십간의 壬과 癸는 오행의 水이며 오계 중 冬이고, 방위로는 北에 해당한다. 십간의 戊와 己는 五行의 土이고, 오계 중 계하季夏이며, 오방으로는 중앙에 해당한다. 그리고 오행의 수는 5개이며 십간의 수는 10개이므로 십간을 오행에 분속시킬 때, 매 일행一行마다 2개의 십간이 배속되어야만 숫자가 일치한다. 앞에서 甲·丙·戊·庚·壬이 양간陽干이고, 乙·丁·己·辛·癸가 음간陰干에 해당하므로 甲과 乙이 모두 木이지만, 甲은 陽木, 乙은 陰木이 된다고 했다. 마찬가지로 丙과 丁은 모두 火이지만, 丙은 陽火, 丁은 陰火이다. 庚과 辛은 모두 金이지만, 庚은 陽金, 辛은 陰金이 된다. 壬과 癸는 모두 水에 속하며, 壬은 陽水, 癸는 陰水가 된다. 그리고 戊와 己는 모두 土에 속하며, 戊는 陽土, 己는 陰土가 된다.

2) 십이지의 음양오행 배속

십이지는 지구가 공전하는 주기에 나타나는 계절성과 달이 1년에 대략

---

459) 徐升, 앞의 책, 2004, pp.21-33 참조.

12번 공전한다는 사실, 목성의 공전주기가 대략 12년에 해당한다는 점 등의 의미가 반영되어 천문책력의 중요지표로 사용되어 왔다. 특히 북두칠성의 두강이 가리키는 방향의 변화에 따라 1년 12달을 일으키는 지표로 사용되었는데, 이를 월건月建이라고 한다.

두강은 북두칠성의 일곱 개 별들 중 첫 번째, 다섯 번째, 일곱 번째의 별을 칭하는 말이며, 이때 제1성을 괴성魁星, 제5성을 충성衝星, 제7성을 표성杓星이라 한다. 이 두강이 음력 正月에는 寅, 2월에는 卯, 3월에는 辰, 4월에는 巳, 5월에는 午, 6월에는 未, 7월에는 申, 8월에는 酉, 9월에는 戌, 10월에는 亥, 11월에는 子, 12월에는 丑을 각각 가리키니, 이를 월건이라 부른다.

춘하추동 사시의 변화에 따른 천간의 음양오행은 만물이 생화生化하는 동방 木에서 시작하는 반면, 십이지지는 천문좌표와 밀접한 관계가 있기 때문에, 이른바 한겨울 동지冬至에 일양一陽이 생하여 천기天氣가 비롯되는 북방에서 子가 시작된다. 우선 지지의 음양을 살펴보면, 子·丑·寅·卯·辰·巳·午·未·申·酉·戌·亥의 십이지지는 1부터 12까지의 수에 배합되는데, 1·3·5·7·9·11은 양수陽數이고, 2·4·6·8·10·12는 음수陰數이므로, 子는 1, 寅은 3, 辰은 5, 午는 7, 申은 9, 戌은 11로 陽의 기운을 띠고, 丑은 2, 卯는 4, 巳는 6, 酉는 10, 亥는 12로 陰의 기운을 띤다.

지지는 1년 12달과 밀접한 관계가 있다. 이것은 亥月, 子月, 丑月은 음력 10월 11월, 12월의 겨울에 해당하고, 寅月, 卯月, 辰月은 음력 1월, 2월, 3월의 봄에 해당하며, 巳月, 午月, 未月월은 음력 4월, 5월, 6월의 여름에 해당하고, 申月, 酉月, 戌月은 음력 7월, 8월, 9월의 가을에 해당한다. 이렇게 1년 12달을 4계절에 배당하고 오행五行을 배속시키면, 겨울의 水, 봄의 木, 여름의 火, 가을의 金만 있게 되고 土가 빠진다. 土는 水·火·木·金 사시四時의 기운을 조절하여 계절을 변화시키는 주체가 되기 때문에 각 계절의 끝에 해당하여, 겨울의 끝인 丑과 봄의 끝인 辰, 여름의 끝인 未, 가을의 끝인 戌에 배속하고 있다.

1년은 대략 365일이지만, 360일 상수로 하면 봄·여름·가을·겨울의 사계절은 각각 90일씩 나뉘어 차지하게 된다. 그런데 土는 각 계절의 끝에 해당되기 때문에, 각 계절의 봄에 시작인 입춘立春 전 18일, 여름의 시작인 입하立夏 전 18일, 가을의 시작인 입추立秋 전 18일, 겨울의 시작인 입동立冬 전 18일을 용사하는 시기로 삼았다. 이렇게 각 계절 90일에서 土의 계절 18일씩을 빼면 사계절은 각각 72일이 된다. 그리고 土가 용사하는 18일의 사계절을 모두 더하면 72일이 되는 것이다. 즉, 木·火·土·金·水 오행五行이 작용하는 기간은 모두 72일씩 동일하게 된다.[460]

또한 십이지는 계절과 각 月에 대입시킬 수 있고, 음양과 오행으로 대입시킬 수 있다. 亥와 子는 방위로는 북방이며, 겨울의 맹孟·중仲에 해당하고, 한수寒水의 기氣가 생하는 시기로 오행 중 水에 속한다. 巳와 午는 방위로는 남방이며, 여름의 맹·중(孟·仲)에 해당하고, 뜨거운 火의 기가 생하는 시기로 오행 중 火에 속한다. 寅과 卯는 방위로는 동방이며, 봄의 맹·중에 해당하고, 풍목風木의 기가 생하는 시기로 오행 중 木에 속한다. 申과 酉는 방위로는 서방에 해당하며, 가을의 맹·중에 해당하고, 조금燥金의 기가 생하는 시기로 오행 중 金에 해당한다. 辰은 三月 계춘季春이 되고, 未는 六月 계하季夏가 되며, 戌은 九月 계추季秋이고, 丑은 十二月 계동季冬이 되는데, 이것은 중앙中央의 土氣에 해당하는 시기로 오행에서 土에 속한다.

지지기월地支紀月의 기원은 매우 오래되어 하夏나라 때는 寅으로 세수歲首를 삼았고, 은殷나라 때는 丑으로 세수를 삼았으며, 주周나라 때는 子로써

---

460) 金碩鎭, 『대산주역강의1』, p.119; 이은성(1985), 『曆法의 原理分析』, 정음사, 2005, pp.130~131 참조.

세수를 삼았다. 두병斗柄이 이 子丑寅의 방향을 가리킬 때는 모두 세수[461]로 사용하였으며, 하은주 삼대에 걸쳐 인정人正[462], 지정地正[463], 천정天正[464]의 삼정三正을 때에 따라 바꿔 쓴 것이다. 그 후 진대秦代에서는 亥로써 正月을 삼았다가, 한무제漢武帝 태초원년太初元年에 태초력太初曆을 만들고 寅月로써 세수를 삼았는데, 이것이 지금까지 사용되고 있다.[465]

3. 토土의 배속과 지장간支藏干의 관계

지장간이란 사주 지지 속에 암장되어 있는 천간들을 말하는 것이다. 지장간이 문헌에 처음 나타난 것은 서승徐升의 『연해자평淵海子平』으로, 이후 현재까지 자평학의 핵심 이론으로 사용되고 있다. 또한 지장간의 다른 명칭으로 '지지장간地支藏干' 또는 '암간暗干'이라고도 하지만 보통 지장간이라 한다. 이에 대한 이론 생성의 정확한 기록은 없지만 서승이 만든 이론이라고 보기는 힘들다.

지장간이 처음으로 등장한 서승의 『연해자평淵海子平』은 서자평의 이론을 체계화 시킨 것이므로 추측해 보건데 서자평이 지장간 이론을 체계화 시켰을 가능성은 높다. 그러나 서자평이 존재하기 이전부터 사주를 풀이할 때

---

461) "天開於子 地闢於丑 人生於寅".
462) 人正 : 夏正 · 寅正.
463) 地正 : 商正 · 丑正.
464) 天正 : 周正 · 子正.
465) 이은성, 『曆法의 原理分析』, 정음사, 1985, p.13 참조.

지지 속에 암장된 천간이 사용되었다는 내용들이 발견되기 때문에 서승의 이론으로 볼 수는 없다.

> 辰 중에 乙이 있는 것은 木과 土가 그 속에 이루어진 것으로 寅, 卯, 辰 중의 土는 木의 생왕을 따르며, 丑戌 속에 辛을 간직한 것은 곧 金과 土가 그 속에 이루어진 것으로 申, 酉, 戌 중에 土는 金의 생왕을 따르며, 貴神[丑]이 癸를 얻은 것은 水와 土가 그 속에 이루어진 것으로 亥, 子, 丑중의 土는 水의 생왕을 따르며, 未가 丁을 간직한 것은 火, 土가 그 속에 이루어진 것으로 巳, 午, 未 속의 土는 火의 생왕을 따르는 것이다.[466]

위 내용을 보면 지장간이 서자평 시대 이전부터 지지 속에 암장된 천간이 명조 해석에 사용되었음을 알 수 있다. 辰 중에는 乙木이 암장되고, 戌 중에는 辛金이 암장되고, 丑 중에는 癸水가 암장되었으며, 未 중에는 丁火가 있다는 것으로 辰, 戌, 丑, 未 속에 암장된 천간의 기운을 설명하는 것이다. 이것이 곧 이허중(李虛中: ?-813)이 귀곡자鬼谷子 유문을 편찬한 『이허중명서李虛中命書』의 내용이다.

이와 같이 명리학이 생성된 초기부터 지지 속에 암장된 천간을 활용했으며 서자평이 기존 이론을 체계화하여 지장간으로 정립하였다고 볼 수 있다. 이런 지장간은 두 가지로 구분하고 있는데, 인원용사지장간人元用事地藏干과 월률용사지장간月律分野地藏干라는 것이다. 전자는 사주의 지지중 월지月支를 제외한 년지年支, 일지日支, 시지時支 속에 있는 천간을 지칭하는데 이것을 지

---

466) 李虛中著, 김혜정 외 2인 공역, 『李虛中命書』, 한국학술정보, 2012, pp.255-256 참조.

장간이라 부른다. 후자는 지지 4개 중 월지에 암장된 천간들에 일수를 분배시킨 것을 지칭하는 것인데 이것을 '월령月令'⁴⁶⁷)이라 말한다. 이런 월률분야지장간은 월지의 지장간만 말하는 것으로 절기節氣를 기준으로 1년 12개월 365일의 기후에 따라 변하는 천간의 기운을 확인할 수 있는 이론으로 인원용사와 함께 지장간이라 한다.

1) 인원용사지장간人元用事地藏干

인원용사지장간人元用事地藏干은 지지 속에 1~3개의 천간이 암장되어 있고 이는 일정한 규칙이나 방식을 가지고 있지는 않다. 이것은 사주지지 4개 중 월지를 제외한 연지, 일지, 시지 속의 암장된 천간을 보는 것으로 월률분야지장간의 내용과는 다르다고 할 수 있다.

인원용사지장간을 살펴보면 지지 子水 속에는 癸水가 있고, 丑土 속에는 癸水, 辛金, 己土가 있고, 寅木 속에는 戊土, 丙火, 甲木이 있고, 卯木 속에는 乙木이 있고, 辰土 속에는 乙木, 癸水, 戊土가 있고, 巳火 속에는 戊土, 庚金, 丙火가 있고, 午火 속에는 己土, 丁火가 있고, 未土 속에는 丁火, 乙木, 己土가 있고, 申金 속에는 戊土, 壬水, 庚金이 있고, 酉金 속에는 辛金만이 있고, 戌土 속에는 辛金, 丁火, 戊土가 있고, 亥水 속에는 甲木, 壬水가 있는데 이는 『연해자평淵海子平』의 지장간에서 설명을 찾아 볼 수 있다.

子에는 癸水만이 있으며, 丑에는 癸水, 辛金, 己土가 있으며, 寅에는 甲木과

---

467) 月令은 1년 열두 달 동안의 기후와 그 달의 정령을 말하는 것이다.

丙火, 戊土가 있으며, 卯에는 乙木만이 있고, 辰에는 乙木, 戊土, 癸水가 있으며, 巳에는 庚金, 丙火, 戊土가 있고, 午에는 丁火, 己土가 있고, 未에는 乙木, 己土, 丁火가 있고, 申에는 庚金, 壬水, 戊土가 있고, 酉에는 辛金만이 있으며, 戌에는 辛金과 丁火, 戊土가 있고, 亥에는 壬水, 甲木이 있다.[468]

위 내용은 12지지마다 암장되어 배속된 천간을 논하고 있다. 이는 1개의 천간부터 3개의 천간을 암장한다는 것이다. 그리고 기후氣候의 조건과는 무관하게 각 지지에 암장된 천간만을 설명하고 있는 것을 알 수 있다. 인원용사지장간의 활용을 보면 일간과 사주 천간들의 강强, 약弱 그리고 지장간의 암합暗合 작용을 통한 일간의 작용 등을 간명할 수 있는 이론이다. 이에 인원용사지장간을 표로 만들면 다음과 같다.

【인원용사지장간】

지지	子	丑	寅	卯	辰	巳	午	未	申	酉	戌	亥
지장간	癸	癸辛己	戊丙甲	乙	乙癸戊	戊庚丙	己丁	丁乙己	戊壬庚	辛	辛丁戊	甲壬

12지지를 3가지로 구분할 수 있는데 寅, 申, 巳, 亥를 4생지라 하고 子, 午, 卯, 酉를 4왕지, 그리고 辰, 戌, 丑, 未를 4묘지 또는 4고지라 한다. 이러한 것은 계절적 의미로 분류할 수 있다. 즉, 4생지는 각 계절의 시작이고, 4왕지는 각 계절의 가장 왕성한 시기이며, 4묘지는 각 계절을 마무리하는 시

---

468) 徐升 編著, 『增補淵海子平』, 臺北: 進源文化事業有限公司, 2015, p.49 참조. "子宮癸水在其中丑癸辛金己土同寅宮甲木兼丙戊卯宮乙木獨相逢辰藏乙戊三分癸巳中庚金丙戊叢午宮丁火幷己土未宮乙己丁共宗申位庚金壬水戊宮辛字獨豐隆戌宮辛金及丁戊亥藏壬甲是眞踪"

기인 것이다. 4생지의 지장간에는 전부 陽干만이 있어 生氣가 넘치고, 4왕지는 자신의 本氣을 가지고 있어 가장 순수한 기운인데 午火만이 己土를 암장하고 있으며, 4묘지의 양간인 辰과 戌은 지장간의 본기만 陽干이고 나머지 2개는 모두 陰干이다. 그것은 묘(고)지는 저장과 보관을 주도하는 것이니 陰이 저장되는 경우이며 未와 丑는 전부 陰干으로만 암장되어 있기 때문이다.

2) 월률분야지장간月律分野地藏干

월률분야지장간月律分野地藏干은 1년(12개월)을 하나의 연결고리로 하여 각 월마다 절입일日 이후부터 여기餘氣, 중기中氣, 정기正氣로 나누어 천간을 정하고 1개월을 30일로 하여 배정된 천간에 날짜를 지정하여 각 천간이 사령司令[469]하는 시기를 판단한다.

十二地支 중에는 三個 혹은 一, 二個의 天干을 所藏하고 있는 바, 이를 地藏干이라고 한다. 예컨대 子水地支中에는 癸水가 들어있고 壬水가 있으며 丑支 가운데는 癸水와 辛金과 己土가 있어서 己土는 丑土의 正氣이고 癸水는 子支의 餘氣이며 辛金은 그 中氣라는 것이다.[470]

『명리정종命理正宗』에 월률분야지장간에 대한 설명이 나오는데, 여기서

---

469) 司令은 사계기후를 지배하는 氣이다. 1년은 四季로 나누어져 있는데, 봄에는 春氣오행의 기는 木氣이고, 여름에는 夏氣오행의 기는 火氣가 지배하고, 가을에는 秋氣오행의 기는 金氣이고, 겨울에는 冬氣오행의 기는 水氣를 관장한다. 이를 계절의 사령이라고 한다.

470) 沈載烈編著, 『命理正宗精解』, 서울: 明文堂, 2004, p.356 참조.

인원용사지장간과의 차이는 각 월에 해당하는 지지의 지장간에 사령하는 기운을 배정한다는 것이다. 월률분야지장간의 이론은 또한 두 가지로 나눌 수 있다. 첫 번째는 12지지 각각의 지지를 여기餘氣, 중기中氣, 정기正氣로 지장간를 배정하여 기후의 조건으로 지장간으로 알아 볼 수 있다는 것이다. 예를 들어보면 子 속에는 여기 壬水와 정기 癸水가 있으며 丑月에는 여기 癸水와 중기 辛金, 정기 己土가 있다. 이렇듯 각 지지 속에는 월률분야지장간이 둘에서 셋까지 암장되어 있는데 그 암장된 지장간의 순서를 여기, 중기, 정기로 설명하는 이론이다.

두 번째는 12지지 속에 암장된 지장간에 날짜를 붙여 각각의 지장간이 사령하는 기간을 확인할 수 있다는 것으로, 이는 첫 번째 이론과 동시에 사용되어 각 월에 암장된 지장간들이 몇 일간을 사령하는지를 알아보는 것이다. 이 두 가지를 합하여 월률분야지장간이라 한다. 『연해자평淵海子平』에 나오는 월률분야지장간에 대한 설명을 보면 다음과 같다.

> 寅月의 初氣인 餘氣는 戊土가 七日간 留하고, 寅木의 本來의 性品은 陽木이니 本氣인 正氣陽木이 十六日間을 主管하며, 甲木正氣와 戊土餘氣와의 於間에 兩者를 消通하는 丙火가 있으니 이것을 中氣라고 한다.[471]

이는 월지의 지장간을 여기, 중기, 정기로 나누고 있는데 그 기운이 사령하는 지장간에 날짜를 지정해 설명한 내용이다. 寅月을 보면 여기는 戊土로 7일간 기운이 강한 것이고 전월인 丑月의 정기인 己土가 陽支인 寅月로 오면서 戊土로 된 것이며, 寅月의 본기인 甲木의 기운이 16일 동안 강하게 작

---

471) 沈載烈講述, 『淵海子平精解』, 서울 : 明文堂, 1993, p.95 참조.

용하는데 오행의 음양에 의해 陽木인 甲木이 정기가 된다. 그리고 戊土 여기와 甲木 정기의 가운데 甲木과 戊土를 소통시켜주는 丙火가 중기가 된다. 월률분야지장간은 月支의 지장간만을 설명하는데 어떤 사주가 어떤 월에 태어났는지를 알아보는 것으로 각 月의 기후 조건을 지장간에서 날짜를 배정하여 태어난 지장간[天干]을 결정하는 것이다. 사령司令이 결정되면 사주 운명에 큰 영향을 끼친다고 판단한다.

> 『주서周書』 중에 「시훈時訓」이라는 편명이 있는데, 이것은 1년의 시후를 서술함에 있어서 달[月]을 단위로 하지 않고 24氣를 단위로 삼은 것이 특징이다. 기를 단위로 삼은 것은 측후상의 발전으로부터 비롯된 것으로 보인다. 여기에서 시후를 나타내는 동, 식물에 대한 서술을 보면 「시훈」이 확실히 「夏小正하소정」을 계승하였음을 알 수 있다.[472]

위 내용에서 기후의 조건을 月 단위가 아닌 24절기로 나눈 것을 보면 우리 생활 전반을 통해서 기후를 연구하고 발전시킨 것이라 할 수 있다. 또한 이러한 것은 명리학에서도 월지에 계절을 적용하여 사주 감명에 중요한 요소로 작용하였음을 볼 수 있는 것이다. 그러한 월지月支가 바로 월률분야지장간이다. 예를 들어보면 甲木일간이 丑月인 한겨울에 태어났다면 火를 필요로 한다는 것이고 또한 甲木일간이 午月인 한여름에 태어났다면 水가 필요하게 된다는 이치이다. 비록 월률분야지장간의 시원始原에 대한 직접적인 자료는 찾지 못하였지만 고대로부터 기후나 계절이 생활 속에 중요하게 작용하여 명리학적으로 활용했을 가능성이 높다는 것을 알 수 있다.

---

472) 김근 역주, 『呂氏春秋』, 民音社, 1993, p.29 참조.

현대 명리학에서 사용되는 월률분야지장간을 살펴보면 각 지지 속에 암장된 지장간에 氣와 日수를 부여하는 방식으로 되어 있다.[473]

子月은 대설大雪부터 10일 동안 壬水가 사령하고 11일부터 그 다음 달 소한小寒 전까지 20일간 癸水가 사령한다.

丑月은 소한부터 9일 동안 癸水가 사령하고 그 다음 10일부터 3일간 辛金이 사령하고 13일부터 그 다음 달 입춘立春 전까지 18일 동안은 己土가 사령한다.

寅月은 입춘부터 7일 동안 戊土가 사령하고 그 다음 7일간 丙火가 사령하고 그 다음 달 경칩驚蟄 전까지 16일간 甲木이 사령한다.

卯月은 경칩부터 10일 동안 甲木이 사령하고 11일부터 그 다음 달 청명淸明 전까지 20일 동안은 乙木이 사령한다.

辰月은 청명부터 9일 동안 乙木이 사령하고 10일부터 3일 동안은 癸水가 사령하고 그 다음 달 입하立夏 전까지 18일 동안은 戊土가 사령한다.

巳月은 입하부터 7일 동안 戊土가 사령하고 그 다음 7일간 庚金이 사령하고 그 다음 달 망종亡種 전까지 丙火가 16일 동안 사령한다.

午月은 망종부터 10일 동안은 丙火가 사령하고 11일부터 9일 동안은 己土가 사령하고 그 다음 달 소서小暑전까지 11일간 丁火가 사령한다.

未月에는 소서부터 9일 동안은 丁火가 사령하고 10일부터 3일 동안은 乙木이 사령하고 그 다음 달 입추立秋 전까지 18일간 己土가 사령한다.

申月에는 입추立秋부터 7일 동안은 戊土가 사령하고 그 다음 7일 동안은 壬水가 사령하고 그 다음 달 백로白露 전까지 16일 동안은 庚金이 사령한다.

酉月에는 백로부터 10일 동안은 庚金이 사령하고 그 다음 달 한로寒露 전

---

473) 朴在玩, 『正傳命理要綱』, 서울: 신지평, 1997, p.63 참조.

까지 20일 동안은 辛金이 사령한다.

戌月에는 한로부터 9일 동안은 辛金이 사령하고 10일부터 3일 동안은 丁火가 사령하고 그 다음 달 입동立冬 전까지 18일간 戊土가 사령한다.

亥月에는 대설大雪부터 7일 동안은 戊土가 사령하고 그 다음 7일 동안은 甲木이 사령하고 그 다음 달 소한小寒 전까지 16일간 壬水가 사령한다.[474]

이렇듯 지장간 속에 있는 천간들에 사령하는 날짜를 정해 그 기간은 해당 천간의 氣가 아주 강하게 작용한다는 것을 표시하고 있다. 월률분야지장간은 단지 월지에 국한하여 사용이 되고 있으며 나머지 年, 日, 時支는 인원용사지장간의 개념으로 생각하면 된다. 정리하면 아래 표와 같다.

【월률분야지장간】

月	節氣	餘氣	中氣	正氣
寅	입춘	戊土 7일간 司令	丙火 7일간 司令	甲木 16일간 司令
卯	경칩	甲木 10일간 司令	乙木 20일간 司令	
辰	청명	乙木 9일간 司令	癸水 3일간 司令	戊土 18일간 司令
巳	입하	戊土 7일간 司令	庚金 7일간 司令	丙火 16일간 司令
午	망종	丙火 10일간 司令	己土 9일간 司令	丁火 11일간 司令
未	소서	丁火 9일간 司令	乙木 3일간 司令	己土 18일간 司令
申	입추	戊土 7일간 司令	壬水 7일간 司令	庚金 16일간 司令
酉	백로	庚金 10일간 司令	辛金 20일간 司令	
戌	한로	辛金 9일간 司令	丁火 3일간 司令	戊土 18일간 司令
亥	입동	戊土 7일간 司令	甲木 7일간 司令	壬水 16일간 司令
子	대설	壬水 10일간 司令	癸水 20일간 司令	
丑	소한	癸水 9일간 司令	辛金 3일간 司令	己土 18일간 司令

---

474) 양원석, 『命理學槪論』, 서울 : 백민역학연구원, 2002, pp.134-135 참조.

위에 정리된 표는 월률분야지장간의 내용을 기준으로 하고 있는데 여기서도 알 수 있지만 명리학에서는 月이 시작하는 것을 절입일을 기준으로 한다. 이렇게 명리학에서는 月의 기운이 바뀌려면 절입일에 따른다는 것을 알 수 있다.

월률분야지장간은 하나의 지지 속에 여기, 중기, 정기에 해당하는 2~3개 천간이 들어 있다. 이것은 寅木 중에는 戊土, 丙火, 甲木이 암장되어 있다는 것을 보면 알 수가 있고 또한 여기서 戊土는 여기餘氣가 되고, 丙火는 중기中氣, 甲木은 정기(正氣 : 本氣)라고 한다. 여기서 기氣라는 의미를 보면 여기餘氣는 지나간 달의 정기正氣가 이번 달로 오면서 남은 기氣가 있기 때문에 여기餘氣라 하는 것이고, 중기中氣는 다음 계절의 기운氣運 또는 이전 계절의 기운을 간직하고 있다 해서 중기中氣라 하고, 정기正氣는 해당 지지의 본기本氣로 지지 자체의 기운을 가지고 있으므로 정기正氣라 부른다.

월률분야지장간에서 날짜별로 사령하는 기운들을 정리하면 **여기餘氣**는 寅, 申, 巳, 亥月에서는 7日을 司令하고 子, 午, 卯, 酉月은 10日을 司令하고 辰, 戌, 丑, 未月은 9日을 사령한다. 중기中氣는 寅, 申, 巳, 亥月은 7日을 司令하고 子, 卯, 酉月은 中氣가 없으며 午月만 9日이 있는데 그것은 陽에서 陰으로 바뀌는 시기이기 때문이고 辰, 戌, 丑, 未월은 3日간 司令한다. 정기正氣는 寅, 申, 巳, 亥月은 16日을 司令하고 子, 卯, 酉月은 20日을 司令하고 午月만 11日을 사령하며 辰, 戌, 丑, 未月은 18日을 사령한다.[475] 그리고 여기, 중기, 정기를 다르게 설명하고 있는 것도 볼 수 있는데 그것은 다음과 같다.

---

475) 朴在玩, 『正傳命理要綱』, 서울: 신지평, 1997, p.62 참조.

藏干은 餘氣, 中氣, 正氣로 삼분된다. 餘氣는 앞 순위의 支의 오행과 동일한 干을 취하여 支의 절기는 변했으나 아직도 앞 절기의 支의 영향 하에 있는 것을 나타내고, 中氣는 여기부터 正氣에 이르는 중간의 氣로써 그 지가 三合하여 五行化하는 干을 취한 것이고, 正氣는 그 支가 지닌 오행과 동일한 干을 취했다.[476]

이것은 여기와 정기를 설명하는 것은 위 내용과 같으나 중기 부분에서는 차이가 나고 있다. 다시 말하면, 三合으로 化하는 오행의 干을 취한 것이다. 즉, 지지의 삼합을 말하는 것으로 寅午戌合 火局, 申子辰合 水局, 巳酉丑合 金局, 亥卯未合 木局을 말하는 것이다. 위 내용으로 지장간 중기를 설명하면 寅木 중의 중기는 丙火인데 丙火는 삼합에서 寅午戌 삼합의 첫 자이므로 火局으로 化하는 오행에 해당되어 중기로 취한다는 것이고 戌土의 중기는 丁火인데 戌土는 寅午戌 삼합 火局의 끝자로 化하는 오행을 따라 중기로 취한다.

이런 지장간 이론과 밀접하게 관계를 이루고 있는 두 가지 이론이 있는데, 첫 번째는 三合이고 두 번째는 12운성運星이다. 먼저 三合은 지지가 3글자씩 짝을 지어 합을 하면 하나의 오행으로 化한다는 것으로, 예를 들면 寅午戌 3개의 지지를 전부 火로 본다. 寅午戌 3개의 지지가 火로 化하게 되는 것을 살펴보면 寅午戌 지지의 지장간을 보면 알 수 있는데 寅木 속에는 丙火가 있고 午火 속에는 丁火가 있고 戌土 속에도 丁火가 있어 火로 삼합을 이룬다. 또한 亥卯未 삼합 木局을 보면 亥水 안에는 甲木이 있고 卯木은 乙木 未土 안에도 乙木이 있어 木으로 삼합을 이룬다. 그리고 申子辰 삼합 水

---

476) 百靈觀, 『四柱精說』, 서울: 明文堂, 1983, p.77 참조.

局을 살펴보면 申金 안에는 壬水가 있고 子水는 癸水, 辰土 안에도 癸水가 있어 水로 삼합을 이룬다. 巳酉丑 삼합 金局을 살펴보면 巳火 안에는 庚金이 있고 酉金은 辛金, 丑土 안에도 辛金이 있어 金으로 삼합을 이룬다는 것인데 자세히 살펴보면 지장간에 같은 오행의 기운들이 모여 삼합을 이루고 있다.

> 寅午戌은 火의 체상이고, 亥卯未는 木의 체상이고, 申子辰은 水의 체상이고, 巳酉丑은 金의 체상인데 이것은 진실한 체상이 아니라 마침내 오행五行의 생生, 왕旺, 고庫의 자리이며 土가 곧 네 가지 일에 나아가 그 체상을 이루는 것이다.[477]

위 내용은 『이허중명서李虛中命書』에 나오는 것으로 3개의 지지가 합하여 化하는 오행을 체體로 보고 지지는 용用이라는 뜻으로 해석할 수 있다. 이것은 지지의 한 글자씩은 그 본래 오행으로서 용으로 쓰이지만 세 지지가 모여 삼합을 이루면 용이 아닌 체로 본다. 이러한 각 지지는 생生하는 것과 왕旺하는 것, 고庫하는 것이 있음을 설명하고 있고 삼합의 마지막 고지庫地가 나머지 지지의 陰천간을 암장하는데 辰, 戌, 丑, 未의 중기를 보면 지지의 음천간이라는 뜻으로 체상體狀이 완성된다. 이러한 삼합三合론은 명리학의 기본 이론으로 그 생성 원리가 지장간과 깊은 관계가 있음을 알 수 있다.

위에서 얘기한 바와 같이 삼합은 지장간支藏干 속의 동일 오행이 모여서 合을 하고, 그 합의 구성을 보면 삼합의 시작을 生이라 하며 양간이 존재하고, 삼합이 가장 왕성한 것을 旺이라 하며 음간이 있으며, 삼합이 마무리 된

---

[477] 李虛中著, 김정혜 외 2인 공역, 『李虛中命書』, 파주: 한국학술정보, 2012, p.93 참조. "寅午戌火體亥卯未木體申子辰水體巳酉丑金體斯非眞體乃五行生旺庫之地土則從四事成之".

다고 하여 묘墓 · 고庫라고 하며 음간이 있다. 삼합표를 알기 쉽게 정리하면 다음과 같다.

【삼합표】

三合	亥卯未	寅午戌	巳酉丑	申子辰
局	木局	火局	金局	水局
地藏干	亥中甲 卯中乙 未中乙	寅中丙 午中丁 戌中丁	巳中庚 酉中辛 丑中辛	申中壬 子中癸 辰中癸

다음으로 두 번째 이론은 12운성이라고 하는데, 12지지에 10천간의 각 기운을 12단계로 나누어 천간의 기운을 생성부터 소멸되는 단계를 설명하는 이론이다. 이에 대해 『연해자평정해淵海子平精解』에 기록된 내용을 보면 다음과 같다.

> 십간十干이 십이지지十二地支를 상봉相逢함에 있어 지지地支의 오기(五氣:五行)가 십간十干을 보좌해 주면 생기生氣를 얻는 것이며 설극洩剋해 오면 사절死絶이 되는 것이다. 예컨대 甲木이 亥水와 만나면 亥水는 木을 조생助生해 주는 바 장생長生이라 한다. 곧 장생은 만물萬物이 발생함을 뜻하는 것으로 사람이 부모父母의 정혈精血을 받은 後 十月이 되어 출생하는 것과 같다.[478]

위 내용은 장생長生에 관한 설명으로 12운성의 12단계 중 장생이라는 단

---

478) 沈載烈 講述, 『淵海子平精解』, 서울: 明文堂, 1993, p.47 참조.

계이다. 나머지 11단계의 순서를 보면 목욕沐浴, 관대冠帶, 건록建祿, 제왕帝旺, 쇠衰, 병病, 사死, 묘墓, 절絶, 태胎, 양養의 순서대로 10천간의 기운의 흐름이 진행된다.

이와 같은 지장간의 활용은 지지를 동動하게 하는 작용으로 합合, 형刑, 충沖, 파破, 해害가 있고, 이런 작용을 통해 지지 속의 지장간을 움직이거나 멈추게 하는 등의 변화가 드러나 각 개인들의 삶에 있어 길吉, 흉凶, 화禍, 복福에 영향을 주게 된다는 원리다.

4. 천간의 음양오행과 성정

천간天干이란 간지상干支上에 위치한 십간을 말한다. 간지는 60조六十組가 있는데 이것을 육십간지화갑자표六十干支花甲子表 또는 육십간지표六十干支表라고 한다. 천天은 상上에 위치하고 지地는 하下에 위치하는데, 십간과 십이지를 육십조에 배합하므로 간지의 상위上位에 있는 천간을 말한다. 십간은 甲·乙·丙·丁·戊·己·庚·辛·壬·癸이고 십이지는 子·丑·寅·卯·辰·巳·午·未·申·酉·戌·亥이다. 『연해자평』에서는 십간은 하늘에서 내려주신 것이라고 하는데, 십간을 원으로 펼쳐 하늘 모양을 본뜨고, 십이지를 방으로 펼쳐 땅의 모양을 본뜨니, 비로소 간干으로 천天을 삼고 지支로는 지地를 삼아서 천간과 지지를 밝힌 것이라고 하였다.

은연 중에 간사함이 생기고 요괴가 출현하여 황제시대에 치우신이 어지럽게 난리를 피웠다. 당시에 황제가 백성의 고통을 매우 근심하시어 탁록涿

鹿의 벌판에서 치우와 전쟁을 하니 흐르는 피가 백리나 되었지만 항복시킬 수 없었다. (이때에 황제가 비로소 방패, 창, 칼 같은 병기를 제작하였다.) 황제가 이에 목욕재계沐浴齋戒하고 단檀을 쌓아 천신에 제사하고 방구方丘에서 지기地祇에 예를 다하니 하늘에서 십간(十干:甲·乙·丙·丁·戊·己·庚·辛·壬·癸) 과 십이지(十二支:子·丑·寅·卯·辰·巳·午·未·申·酉·戌·亥)를 내려주셨 다. 황제가 십간을 원으로 펼쳐 하늘 모양을 본뜨고, 십이지를 방으로 펼쳐 땅의 모양을 본뜨니, 비로소 간干으로 천天을 삼고 지支로는 지地를 삼아서 천간과 지지를 밝히자 제후들이 우러러 복종하여 치우를 죽이고 사방으로 시신을 찢어서 버린 뒤에야 능히 다스릴 수 있었다. 그 후에 대요씨가 후세 사람을 위하여 근심하며 말씀하시기를 '아! 황제께서는 성인임에도 불구하고 오히려 그 악살을 다스릴 수 없었는데, 만에 하나라도 후세 사람이 재앙을 만나고 고통을 당하면 장차 어찌하겠는가?'라고 하시며 드디어 십간과 십이지를 안배하여 육십갑자를 완성하였다고 한다.[479)]

천간은 하늘에 있고 기가 있고, 양기陽氣이고 동적動的이다. 천간은 형形이 없는 것이며, 반대로 지지는 눈에 보이는 형形이고 질質이다. 사람은 형도 있고, 오행을 두루 다 갖추었고, 무형無形의 기도 충만하므로 만물의 영장이라고 할 수 있다. 사주명식四柱命式에 연·월·일·시의 4간四干의 4자를 총합하여 천간이라고 한다. 하늘에 대한 일은 천간을 쓰고, 땅에 대한 일들은 지지를 쓰니 음양이 구별되기 때문에 간지의 이름이 있는 것이다. 간지

---

479) 徐升編著,『淵海子平』:"竊以奸詐生,妖怪出,黃帝時有蚩尤神擾亂,當是之時,黃帝甚憂民之苦,遂戰蚩尤於涿鹿之野(涿鹿郡名),流血百里,不能治之(時帝始制十戈刀劍之器),黃帝於是齊戒,築壇祀天,方丘禮地天乃降十干(卽甲乙丙丁戊己庚辛壬癸),十二支(卽子丑寅卯辰巳午未申酉戌亥),帝乃將十干圓布象天形,十二支方布象地形,始以干爲天支爲地,合光仰職門放之,然後乃能治也(此十干十二支之所出也),自後有大撓氏,爲後人憂之曰,嗟呼,黃帝乃聖人,尙不能治其惡煞,萬一後世見災被苦,將何奈乎,遂將十干十二支分配成六十甲子云."

는 오행을 따라 세운 것이고 甲乙로부터 시작하여 해[日]에 이름을 정한 것을 간干이라 하고, 子丑으로부터 시작하여 달[月]에 이름 정한 것을 지支라고 한다. 오행이란 음양의 하나이니, 오행을 버리고 또 다시 별개의 음양을 찾을 수는 없다.

천간은 甲·乙·丙·丁·戊·己·庚·辛·壬·癸의 10천간天干이 있는데, 甲·丙·戊·庚·壬은 陽이고, 乙·丁·己·辛·癸는 陰이다. 지지는 子·丑·寅·卯·辰·巳·午·未·申·酉·戌·亥이고 子·寅·辰·午·申·戌은 陽이고, 丑·卯·巳·未·酉·亥는 陰이다.

간지는 오행을 따라 세운 것이니, 옛날에 헌원씨軒轅氏가 나라를 다스릴때에 대요씨大撓氏가 만든 것이다. 채옹이 쓴 『월령장구』에 말하기를 '대요씨가 오행의 성정을 채취해서, 북두칠성의 조짐이 세워지는 것을 점친 것이다. 처음에 甲乙로 시작해서 해[日]에 이름을 붙인 것을 간이라 하고, 子丑으로 시작해서 달[月]에 이름 붙인 것을 지支라고 한다.'고 했다. 하늘에 대한 일은 일日을 쓰고, 땅에 대한 일들은 辰을 쓰니 음양이 구별되기 때문에 간지의 이름이 있는 것이다. 『태극해의』에 말하기를 '오행은 하나의 음양이니, 오행을 버리고 별도로 음양을 찾을 수 없다. 마치 甲과 乙은 木에 속하지만 甲은 陽이고 乙은 陰이며, 丙과 丁은 火에 속하지만 丙은 陽이고 丁은 陰인 것처럼 굳이 음양을 다시 말하지 않아도 음양은 그 속에 있다. 그러나 오행이란 질質이 땅에 구비되고 기氣가 하늘에 유행하는 것이다.'라고 하였다.[480]

---

480) 蕭吉, 『五行大義』: "支干者, 因五行而立之, 昔軒轅之時, 大撓之所制也. 蔡邕月令章句云, 大撓採五行之情, 占斗機所建也. 始作甲乙以名日,謂之干,作子丑以名月,謂之支.有事於天則用日,有事於地則用辰,陰陽之別也.故有支干名也太極解義曰五行一陰陽也,舍五行無別陰陽. 陽處,如甲乙屬木,甲便是陽,乙便是陰,丙丁屬火,丙便是陽,丁便是陰,不須更設陰陽,而陰陽在其中矣,然五行者,質具於地而氣行於天者也".

간지에도 수가 있다. 간지의 수는 통수通數와 별수別數가 있는데 통수는 천간수가 10이고, 지지수가 12가지가 됨을 말하는데 통합적으로 말해서 통수이고 별수는 천간수·지지수를 개별적으로 말한 것이다. 통수는 하늘과 땅의 큰 수와 부합시킨 것으로 천간의 수는 10이다. 「계사전」에는 하늘의 수가 다섯이고 땅의 수가 다섯이라고 하니, 하늘과 땅의 수가 10을 넘지 않는다. 천간은 10에서 끝나고 10일이 1순一旬이 된다. 지지가 열둘이라는 것은 『예기禮記·계명징稽命徵』에서 열두 가지 정치를 펴니, 높고 낮음이 차례가 있다고 했으며, 『효경원신계』에는 3·3으로 참여하고 행하고, 4·4로 서로 부조한다고 했다. 『춘추·원명표』에는 수가 셋에서 이루어지니 3개월이고, 陽이 아홉에 극에 다다르니 한 계절이 90일이 되며, 지지는 달이니 12달이 한 해가 된다고 했다. 『오행대의』에는 "수가 셋에서 이루어져서 3개월에 합치되고 陽이 아홉에서 극에 달하니 한 계절이 90일이다."[481]고 했다. 3은 삼재를 말하고, 셋은 물건이 나오는 상수常數가 되니 셋이 셋을 낳으면 아홉이 되고 합해서 열둘이 된다.

【지지의 별수】

		陽始					陰始				
子	丑	寅	卯	辰	巳	午	未	申	酉	戌	亥
9	8	7	6	5	4	9	8	7	6	5	4

지지의 별수는 12인데 子는 9, 丑은 8, 寅은 7, 卯는 6, 辰은 5, 巳는 4, 午

---

481) 『五行大義』天本: "數成於三,故合於三,三月陽極於九, 故一時九十日也".

는 9, 未는 8, 申은 7, 酉는 6, 戌은 5, 亥는 4이다. 子·午의 수는 9인데, 陽은 子에서 일어나 午에서 마치고, 陰은 午에서 일어나 子에서 마친다. 寅은 陽의 시작이고 申은 陰의 시작이다. 일어나는 곳부터 왼쪽으로 세어서 상대되는 것이 시작되는 곳에까지 도달하면 수를 정한다. 그러므로 陽은 子에서 申까지가 9이고 陰도 午에서 寅까지가 9가 된다. 丑·未수는 8이다. 丑·未는 상충이 되며 丑부터 申까지 세면 8이고, 未부터 寅까지가 8이니 丑·未의 수가 8이 된다. 寅·申의 수는 7이다. 寅과 申은 상충이 되며, 寅부터 申까지 세면 7이고 申부터 寅까지가 7이니 寅·申의 수가 7이 된다. 卯·酉의 수는 6인데, 卯부터 申까지 세면 6이고 酉부터 寅까지가 6이니, 卯·酉의 수가 6이 된다. 辰·戌의 수는 5인데, 辰·戌은 상충이 되며 辰부터 申까지 세면 5, 戌부터 寅까지가 5이니, 辰·戌의 수는 5가 된다. 巳·亥의 수는 4인데, 巳·亥가 상충이 되며, 巳부터 申까지 세면 4이고, 寅까지 4이니 巳·亥의 수는 4이다. 양수는 9에서 극極이 되고 子·午는 경도經道가 되기 때문에 陽의 극한 수를 취한 것이다. 丑未로 내려가면서, 위의 수에서 각각 하나씩 덜어서 8부터 4까지 이른 것이다.[482] 천간의 수는 甲은 9, 乙은 8, 丙은 7, 丁은 6, 戊는 5, 己는 9, 庚은 8, 辛은 7, 壬은 6, 癸는 5이다.

【천간의 별수】

甲	乙	丙	丁	戊	己	庚	辛	壬	癸
9	8	7	6	5	9	8	7	6	5

---

482) 소길 지음, 김수길, 윤상철 共역, 『오행대의』, 대유학당, 2008, pp.53-59 참조.

甲·己의 수는 9인데, 甲과 己의 수가 9인 것은 甲은 甲子에서 처음 일어나니 子를 따라서 9이며, 己·甲은 짝이 되니 9이다. 乙·庚의 수는 8인데, 乙은 乙丑에서 처음 일어나니 丑을 따라서 8이고, 乙·庚은 짝이 되니 庚도 8이 된다. 丙·辛의 수는 7인데, 丙은 丙寅에서 처음 일어나서 寅을 따라 7이고 辛·丙이 짝이 되니 丙도 7이 된다. 丁·壬의 수는 6인데 丁은 丁卯에서 처음 일어나고, 卯를 따라 6이고 丁·壬은 짝이니 같이 6이다. 戊·癸는 5인데, 戊는 戊辰에서 처음 일어나고 辰을 따르니 5이고, 癸·戊는 짝이니 같이 5가 된다. 지지는 열두 개가 있어서 상충되는 것과 수가 같기 때문에 9부터 4까지는 여섯 가지이고, 천간은 10개이므로 짝이 되는 것과 수가 같아서 9에서 5까지는 다섯 가지다. 지는 땅의 수를 따르니 음수인 짝수 4에서 끝나고, 간은 하늘을 따르니 양수인 5에서 끝난다. 5는 5기五氣에서 그치고 4는 사시에서 끝나며 9가 양수의 끝이라서, 아무리 많은 수라도 9 전에 끝난다.

천간에는 甲·乙·丙·丁·戊·己·庚·辛·壬·癸의 10간이 있다. 甲·丙·戊·庚·壬은 陽이고 乙·丁·己·辛·癸는 陰이다. 『적천수천미』에서는 丙이 陽의 」'이 있어 陽 중의 陽이고, 癸는 陰의 정기를 잡고 있어 陰 중의 陰이며, 5陽은 기氣에 종하고 세勢에는 종하지 않으며 5陰은 세를 종하니 인정과 의리가 없다고 하였다.

甲·丙·戊·庚·壬은 모두 陽이나 丙만이 홀로 陽의 정精을 잡고 있으므로 陽 중의 陽이라 하고, 乙·丁·己·辛·癸는 모두 陰이나 癸만이 홀로 陰의 정기를 잡고 있으므로 陰 중의 陰이라 한다. 丙은 순양의 火이니 만물이 이를 경유하지 않고는 발생할 수가 없고 이를 얻고서야 수렴할 수 있기 때문이다. 癸는 순음의 水이므로 만물이 이로 말미암지 않고는 살 수가 없고, 이를 얻고나서야 무성할 수 있기 때문이다. 陽이 극하면 陰을 생하므로 丙辛이 합해 水가 되며 陰이 극하면 陽을 생하므로 戊癸가 합하여 火하여 양음을 상제시켜서 생생의 묘함이 연결되는 것이다. … 5陽은 기氣에는 종하지만 세勢에는 종하지 아니하고 5陰은 세를 종하니 정의精義가 없다.[483]

甲은 목기木氣이고, 생육만물의 주제가 되며, 계절은 봄이고, 온난溫暖이며, 십간의 우두머리이다. 하늘에서는 바람이고 우레雨雷와 용龍이며, 땅에선 수목이고 양목陽木이며 강목剛木이며, 동량지목棟梁之木이고 사목死木이다. 甲木의 성성性은 곡직曲直이고, 질質은 강하고, 색은 청색靑色이고 맛은 신맛이 나고, 소리는 탁하고, 모양은 방方하고 장長하다. 이와 같이 甲木은 순양목純陽木으로 삼천參天의 기세를 가진 웅장한 수목樹木이다.

甲木은 하늘로 치솟는 목이므로, 껍질을 벗기 위해서는 火가 필요하다. 춘목春木은 金을 허용하지 않으며, 추목秋木은 土를 허용하지 않는다. 화세火勢가 치열하면 용(辰土)을 타고, 수세水勢가 범람하면 호랑이(寅木)를 걸터앉으면 지윤천화地潤天和하여 곧게 천년을 서 있을 것이다.[484]

甲木은 십간의 우두머리로 사시를 주재하고 만물을 생육하며, 하늘에서는 우레와 용이요, 땅에서는 마루와 대들보가 되니, 陽木의 녹이 인에 이르니 인은 흙을 떠난 나무라, 뿌리가 끊어지고 가지가 잘렸으니 죽은 나무이다.

---

483) 任鐵樵 增註, 『滴天髓闡微』: "五陽皆陽丙爲最, 五陰皆陰癸爲至, 丙乃純陽之火, 萬物莫不由此而發, 得此而斂, 癸乃純陰之水, 萬物莫不由此而生, 得此而茂, 陽極則陰生故丙辛化, 水陰極則陽生, 故戊癸化火陰陽相濟, 萬物有生生之妙...五陽從氣不從勢, 五陰從勢無精義."

484) 任鐵樵 增註, 『滴天髓闡微』: "甲木參天, 脫胎要火, 春不容金, 秋不容土, 火熾乘龍, 水宕騎虎, 地潤天和, 植立千古."

죽은 나무는 강하여 도끼를 휘둘러 찍고 다듬으니, 마침내 기물로 된다.[485]

乙木은 목기木氣이고 陰木이다. 木氣는 생기라서 만물을 생하고 멈추지 않게 돕는다. 잎이 무성하고 뿌리는 깊으나 유목柔木이라 金을 몹시 두려워하며 가을이 되면 잎이 시들어 떨어진다. 방향은 동쪽이며, 색은 청색靑色이고 맛은 신맛이 나며, 소리는 탁하고, 형이상학적으로는 바람이고 우레다. 형이하학적으로는 양류목, 초근목, 넝쿨이 되고, 활목活木이고 생목生木이라 살아있어서 항상 움직인다. 乙木은 습목濕木이라서 태양의 열을 좋아하고 일광이 잘 비추면 잎이 무성하고 동량지재棟梁之材가 될 수 있다. 성격은 남에게 간섭받는 것을 싫어하며, 무슨 일을 하는 데 있어서 밀고나가는 끈기가 있다. 외적으로는 약해보이나 내적으로 강하며, 사람을 사귐에 있어서 온화하고 부드럽다. 乙木도 甲木과 같이 만물을 생육生育하고 생생부지生生不止한다. 하늘에선 바람이고 땅에서는 수목樹木이다. 陰木이고 생목生木이고 활목活木, 습목濕木, 초근목草根木이고 넝쿨이다. 살아 있어서 항상 움직이니 바람이 일고 있다. 가지가 무성하고 뿌리가 깊은 활목은 부드러워서 金을 두려워한다. 가을을 두려워해서 가을이 오면 잎과 가지가 떨어진다. 음지陰地의 나무라서 태양의 열을 좋아하고 해가 잘 비추면 가지와 잎이 무성해진다. 보기에는 연약해 보이나 밀고 나가는 힘이 있으며, 내적으로 강하고, 온화하고 부드럽다. 甲과 寅을 보면 좋다.

乙木은 甲을 따른 후에도 만물을 발육하며 무럭무럭 자라게 하고, 하늘에서는 바람이고 땅에서는 나무이고 陰木이다. 녹祿이 묘에 이르면 수목樹木

---

485) 萬民英, 『三命通會』論天干陰陽生死 : "甲木乃十干之首, 主宰四時, 生育萬物, 在天爲雷爲龍, 在地爲梁爲棟, 謂之陽木, 其祿到寅, 寅爲離土之木, 其根已斷, 其枝已絶, 謂之死木死木者, 剛木也, 須仗斧斤斲削, 方成其器."

이 되니 뿌리는 깊고 가지는 무성하여 살아있는 나무이다. 살아있는 나무는 부드러워 陽金의 극에 잘릴까봐 걱정한다. 가을에는 잎이 말라 떨어지는데, 윤활한 흙이 많으면 뿌리를 키울 수 있고, 활수活水를 이용하면 가지와 잎이 생긴다. 활수는 癸水이다. 즉 하늘에서는 우로雨露이고 땅에서는 샘의 원천이고 땅을 습윤하게 하여 己土가 된다. 己土는 밭에 좋은 가색의 土이고 녹祿이 午에 이르면 午는 6陽이 소진되고 1陰이 다시 시작되므로 벼꽃이 午시에 피기 시작하며 乙木도 오지午地에 생한다.[486]

乙木은 비록 부드러우나 未를 극하고 丑을 해부할 수 있다. 丁火를 품고 丙을 안으면 酉를 걸터앉고 申을 타고 앉을 수 있으며 허虛한 습지에 있으면 오를 타더라도 근심스럽고 甲木이 함께 얽혀주면 봄과 가을이 모두 좋다. 乙木은 甲木과 동질이니 甲의 생기에 이어진다.[487]

丙火는 순양성純陽性으로 강렬한 火이고 양화陽火이다. 하늘에서는 태양太陽이고, 땅에서는 국가國家, 정신精神, 뇌전雷電, 광선光線, 자외선紫外線, 방사선放射線, 적외선赤外線 등에 해당된다. 강화剛火이므로 庚金을 다스려서, 기계機械, 기구器具 등의 재료를 만든다. 성품은 태양이고 밝음이라 거짓이 없고 만인에게 평등하다. 고문에서도 丙은 빛나는 것이고, 여름이라고 했다.

---

486) 萬民英, 『三命通會』論天干陰陽生死: "乙木繼甲之後, 發育萬物, 生生不已, 在天爲風, 在地爲樹, 謂之陰木. 其祿到卯, 卯爲樹木, 根深枝茂, 謂之活木, 活木者, 柔木也, 懼陽金斫伐爲患, 畏秋至木落凋零, 欲潤土而培其根荄利活水者, 癸水也, 卽天之雨露, 地之泉源, 潤土者, 己土也. 如耕耨之土, 成稼穡之功, 己祿在午, 午乃六陽消盡, 一陰復生, 故稻花開於午時. 乙木生於午也".

487) 任鐵樵增註, 『滴天髓闡微』: "乙木雖柔, 刲羊解牛, 懷丁抱丙, 跨鳳乘猴, 虛溼之地, 騎馬亦憂, 藤蘿繫甲, 可春可秋, 乙木者, 甲之質, 而承甲之生氣也.

丙火는 중천하여 육합을 고루 비추고, 하늘에서는 태양이고 전기이다. 땅에서는 노치이고 陽火이다. 녹祿인 巳火에 이르면, 사화는 노치지화爐冶之火, 사화死火이고 강한 불이다. 죽은 나무를 좋아하며 불을 피우면 생기가 발생한다. 金은 나쁘고, 土가 가리면 그 빛을 잃는다.[488]

丙火는 사납고 맹렬하며 서리와 눈을 업신여길 수 있다. 능히 庚金을 제련할 수 있으나 辛金을 만나면 도리어 겁을 내고, 土가 많으면 자애慈愛롭고 水가 날뛰어도 충절을 나타내며 만약 寅·午·戌 지지에 甲木이 오면 반드시 분멸을 당하게 된다.(어느 책에는 인오술이 작극했는데 갑이 오면 성멸한다고 되어 있다.)[489]

丁火는 태음太陰이고, 하늘에서는 별·달이고, 외음내양外陰內陽으로서 만물지정萬物之精이고 문명지상文明之象이다. 땅에서는 등화燈火, 신탄薪炭의 火이고 활화活火이다. 陽火처럼 강렬强烈하지 않으므로 유화柔火라 한다. 丁이란 장정壯丁의 강함이다. 성격은 겉은 약해보이나 내적으로는 강하여 항상 무無에서 유有를 창조하는 사람이다. 고문에서 丁火는 부드럽고, 여름이며, 남쪽이고, 적색이라고 말한다.

丁火는 병을 따르고 만물지정萬物之精이고 문명지상文明之象이다. 하늘에선 별이고 땅에서는 등불이며 陰火이다. 녹祿이 午에 도달하면 六陰의 수首가

---

488) 萬民英,『三命通會』論天干陰陽生死: "丙火麗乎中天, 普照六合, 在天爲日爲電, 在地爲爐爲冶, 謂之陽火. 其祿在巳, 巳爲爐冶之火, 謂之死火.死火者, 剛火也, 喜死木發生其焰, 惡金土掩其光."

489) 任鐵樵 增註,『滴天髓闡微』: "丙火猛烈, 欺霜侮雪, 能煆庚金, 逢辛反怯. 土衆成慈,水猖顯節, 虎馬犬鄉, 甲木若來, 必當焚滅(一本作虎馬犬鄉甲來成滅)."

된다. 안에는 乙木이 있어 능히 丁火를 생한다. 乙은 활목活木이고 丁은 활화活火이고 부드러워서, 乙은 丁을 생하는 것을 좋아하며 음생음陰生陰이 된다. 세인들이 채유菜油나 마유麻油를 사용하여 등촉을 켜는 의미이다. 무릇 기름이란 乙木을 살찌운다. 유시酉時에 이르면 사음사권四陰司權이 되어 등불과 별은 휘황찬란해지니 丁은 酉를 생하는 것이다. 인지寅地에 도달하면 삼양三陽은 합하고 陰火는 물러난다. 해가 동쪽에서 솟아오르면 별빛은 감추어지고 등불은 사라진다. 경經에 말하길 火는 밝으면 사라지는 것이 옳은 이치다. 또 말하길 丁火화는 陰이고 부드럽다고 했다.[490]

丁火는 유중하여 내성이 밝고 지혜로우며, 乙을 만나면 효도하고, 壬을 합하면 충정忠情이 있다. 왕하여도 맹렬하지 않고 쇠하여도 곤궁에 이르지 않으며, 만약 적모[甲]가 있으면 가을과 겨울 모두 좋다.[491]

戊土는 형이상학적形而上學的인 면에서는 중성자中性子이고 중화中和이며 조절신調節神이고, 자력磁力이며 구심점求心點이며, 무霧와 황사현상黃紗現想이 된다. 土는 중궁中宮에 있다. 시기로는 과도기이다. 형이하학적形而下學的으로는 산山이고, 안岸이며, 산야山野, 황야荒野, 제방堤防, 흙 등이다. 戊土는 중심의 자리에 있어서 주위에 사람들이 항상 모인다. 고문에서도 戊土는 중정하고 견고하며, 중궁에 있다고 적고 있다.

---

490) 萬民英, 『三命通會』論天干陰陽生死: "丁火繼丙之後, 爲萬物之精, 文明之象, 在天爲列星, 在地爲燈火, 謂之陰火. 其祿到午, 乃六陰之首, 內有乙木, 能生丁火. 乙爲活木, 丁爲活火活火者, 柔火也, 丁喜乙木而生, 乃陰生陰也. 如世人用菜油麻油爲燈燭之義, 夫油乃乙木之膏也至於酉時, 四陰司權, 燈火則能煇煌, 列星則能燦爛, 故丁生於酉, 至於寅地, 三陽當合陽火而生, 陰火而退, 如日東升, 列星隱耀, 燈雖有焰, 不顯其光, 故丁生於酉, 而死於寅也經云, 火明則滅, 正謂此也. 又曰丁火陰柔."

491) 任鐵樵 壇註, 『滴天髓闡微』: "丁火柔中, 內性昭融, 抱乙而孝, 合壬而忠, 旺而不烈, 衰而不窮, 如有嫡母, 可秋可冬."

戊土는 홍몽洪蒙을 아직 판별 못하여 수 중에 하나를 포함하고 있다. 천지는 이미 나뉘고 만물이 두껍게 중앙에 모였다가 사유四維로 흩어졌다. 하늘에서는 안개이고 땅에서는 산이고 陽土이다. 녹祿이 巳에 이르면, 巳는 노치지화爐冶之火이므로 제련해 기물을 만들고, 소리가 나며, 성질은 아주 강해 접근하기 어렵다. 陽火와 상생을 좋아하고, 陰金에 기를 뺏길까봐 두려워한다. 陽火는 丙火이다. 丙火는 寅을 생한다. 寅은 간艮에 속하고 간은 산山이다. 산은 강토이니 즉 戊土이고 丙火에 의지하여 생을 받는다. 유酉지에 도달하면 酉는 태兌에 속하고, 金은 戊土의 기를 도적질하니 金이 성하면 土가 허해지는데 자식이 왕旺하면 어머니가 약해지는 것과 같다. 또 金에 깨져서 돌이 부서지니 오래 살 수 있겠는가? 戊土는 寅에서 생하고 酉에서는 죽는다. 경에 말하길 土가 허하면 붕괴되는 것이 바른 이치이며 또 말하길 戊土가 깊고 두터우면 성의 담벼락 같은 상이라고 하였다.[492]

戊土는 견고하고 후중하며 이미 중도를 지키고 있다. 정正하며, 정靜하면 닫아 안으로 감추고, 동動하면 열어져 만물의 명을 맡는다. 水가 윤택하면 만물을 생 하고 火로써 조열하면 만물이 병들고, 만약 간곤(인신)에 있으면 충沖을 꺼리고 정靜하기 원한다.[493]

---

492) 萬民英,『三命通會』論天干陰陽生死 : "戊土洪蒙未判, 抱一守中, 天地旣分, 厚載萬物, 聚於中央, 散於四維,在天爲霧, 在地爲山, 謂之陽土, 其祿在巳爲爐冶之火, 煅煉成器, 叩之有聲, 其性剛猛, 難以觸犯. 喜陽火相生, 畏陰金盜氣, 陽火者, 丙火也, 丙生於寅, 寅屬艮, 艮爲山, 山爲剛土, 卽戊土也, 賴丙火而生焉. 至於酉地, 酉屬兌金, 耗盜戊土之氣, 乃金盛土虛, 母衰子旺, 又金擊石碎, 豈能延壽, 故戊土生於寅而死於酉. 經云, 土虛則崩, 正此謂也. 又曰, 戊土深厚其象如城牆."

493) 任鐵樵 增註,『滴天髓闡微』: "戊土固重, 旣中且正, 靜翕動闢, 萬物司命. 水潤物生, 火燥物病, 若在艮坤, 怡沖宜靜."

己土는 형이상학적으로 원기元氣이며, 형이하학적으로는 진토眞土, 유토柔土, 전답田畓의 土이므로 초목草木을 배양하고 오곡五穀을 발육發育育한다. 木·火·金·水의 중간에 있으므로 중정中正이라 하며, 성품은 부드럽다.

己土는 戊土다음이다. 하늘에서는 원기元氣이고 땅에서는 진토眞土이다. 맑은 기는 상승하여 천지와 충화沖和하여 탁기濁氣는 내려와 모여서 만물을 생하며 陰土라 한다. 천지인天地人삼재三才는 土가 없으면 결실이 불가하니 건곤乾坤중 한쪽이 중매를 한다면 음양을 잃어버려 어찌 배우자가 있으리오, 사행四行이 없으므로 사시四時에 의존하여 왕성해지니 진토眞土이다. 丁火의 생을 기뻐하고 陽火가 조燥하게 함을 꺼린다. 녹祿이 午에 이르면, 午중 丁火가 己土를 생한다. 乙木에 도적맞았던 기는 유지酉地에 이르면 丁火를 생하고, 생을 받는다. 寅에 이르면 木火가 가권을 잡아 己土를 단련시켜 자석磁石을 만든다. 반면에 중화의 기를 잃어버렸으니 어찌 손해를 보지 않겠는가? 己土는 酉에서 생하고 寅에서 죽는다. 수遂에 말하길 火가 조燥하니 흙은 갈라지는 것이 정한 이치이며 또 말하길, 己土가 넓고 두꺼우면 밭 경계의 상이라고 하였다.[494]

己土는 비습卑濕하고 중정中正을 축장蓄藏한다. 木이 왕성旺盛한 것을 염려하지 않고, 水의 광란狂亂을 두려워하지 않는다. 火가 적으면 火는 어두워지고, 金이 많으면 金은 광채가 난다. 만약 사물이 왕성하면 생조할 것은

---

494) 萬民英, 『三命通會』論天干陰陽生死: "己土繼戊之後, 乃天之元氣, 地之眞土. 淸氣上升, 沖和天地, 濁氣下降, 聚生萬物, 謂之陰土. 天地人三才, 皆不可缺此土, 如乾坤中一媒妁, 陽陰失此, 豈能配偶. 故於四行無不在, 於四時則寄旺焉, 乃眞土也. 喜丁火而生, 畏陽火而煉. 其祿到午, 午中丁火, 能生己土, 被乙木盜其栽培之氣. 至於酉地, 丁火而生, 丁火旣生, 己土亦能生也至寅用事, 木火司權煅煉己土, 遂成磁石. 反失中和之氣, 豈有不損之理, 故己土生於酉, 而死於寅. 遂云, 火燥土裂, 正此謂也. 又曰, 己土廣厚, 其象如田疇."

생조하고, 방조幇助할 것은 방조하는 것이 필요하다.[495]

庚金은 형이상학적으로 금기金氣, 백기白氣, 하늘에서는 풍상風箱이며, 땅에서는 무쇠, 병혁兵革, 변혁變革, 완금장철頑金丈鐵이다. 오곡백과는 가을에 결실을 맺고 金의 계절에 만물이 성숙하므로 결실을 의미한다. 庚金의 성품은 천지숙살天地肅殺의 권세를 잡고, 의리가 있고 맺고 끊는 것이 분명하다.

庚金은 천지의 숙살지권肅殺之權을 쥐고 있다. 주로 인간의 병혁兵革의 변화다. 하늘에서는 풍상風霜이며 땅에서는 금철이고 陽金이다. 녹祿이 申에 이르면 申은 강금剛金이라 戊土의 생을 좋아하고, 약한 癸水는 꺼린다. 巳는 장생이라 巳 중의 戊土가 능히 庚金을 생한다. 陽은 陽을 생하는데, 巳는 노치지화爐冶之火라 庚金을 제련하여 종과 솥 등 기물을 만들고 소리나게 한다. 만일 다시 水·土를 만나면 가라앉고 매장되어 소리가 안 난다. 소위 金은 사실은 소리가 없는 것이다. 자지子地에 이르면 수왕의 고향이고 金은 한寒하고 水는 냉冷하니 자子가 왕해지고 모母는 쇠약해져 배가 가라앉고 약해져 우환이 되고 어찌 다시 살 수 있겠는가? 庚金은 巳에서 생하고 水에서 사死한다. 경에 말하길 金이 물밑으로 갈아 앉는 것은 정한 이치이다. 또 말하길 庚金은 완둔頑鈍하니 화를 득하면 극제로 성기되어 金의 기물이 완성된다고 하였다.[496]

---

495) 任鐵樵 增註, 『滴天髓闡微』: "己土卑濕, 中正蓄藏, 不愁木盛, 不畏水狂, 火少火晦, 金多金光, 若要物旺, 宜助宜幇."
496) 萬民英, 『三命通會』, 論天干陰陽生死: "庚金掌天地肅殺之權, 主人間兵革之變, 在天爲風霜, 在地爲金鐵, 謂之陽金, 其祿到申, 申乃剛金, 喜戊土而生, 畏癸水而溺, 長生於巳, 巳中戊土能生庚金, 乃陽生陽也, 巳爲爐冶之火, 煅煉庚金, 遂成鍾鼎之器, 叩之有聲, 若遇水土沉埋, 則無聲也, 所謂金實無聲, 至於子地, 水旺之鄕, 金寒水冷, 子旺母衰, 亦遭沉溺之患, 豈能復生, 故庚金生於巳, 而死於子, 經云, 金沉水底, 正謂此也, 又曰, 庚金頑鈍, 得火制而成器."

庚金은 살을 대동하였으므로 강건剛健함이 가장 앞선다. 水를 얻으면 맑아지고 火를 얻으면 예리해지며, 土가 윤택하면 생하고 건조하면 약해진다. 甲 형兄을 능히 이길 수 있지만, 乙 누이[妹]에게는 정성을 다한다.[497]

辛金은 숙살강금肅殺剛金이나 기세氣勢가 변하여 청량淸凉의 기가 된다. 형이상학적으로는 陰金의 결정체로서 태음지정太陰之精이 되며, 형이하학적으로는 유금柔金이고, 금은주옥金銀珠玉이며, 제련된 金, 연금鍊金, 비철금속非鐵金屬 등에 해당한다. 辛金은 온순하고 부드러운 성품이고, 겉은 약해보이지만 속은 곧고 또 굳다.

辛金은 庚후에 이어지며, 5金의 수首이고 팔석지원八石之元이다. 하늘에선 달이고 태음지정太陰之精이다. 땅에서는 金인데 金은 산의 돌과 쇠이며 陰金이다. 녹祿이 酉에 이르면 酉중 己土가 능히 辛金을 생한다. 陰은 陰을 생하니 유금柔金이며 태음지정太陰之精이다. 중추에 도달하면 金水는 서로 머물러 회합하여 빛을 머금는다. 둥근 원의 희미하고 깨끗한 빛이다. 소자邵子의 말에 의하면 8월 15일부터 완섬䥸䥗한 빛이 시작되어 子에 장생이 되어 감수坎水라고 한다. 감坎중 일양이 金에 속하고 二陰이 土에 속하므로 능히 토생금土生金한다. 子는 습은 모태母胎이다. 아직 체體로 나타나지 않았는데, 득자得子하면 물은 흩어지고 출렁거린다. 모래가 쓸려나가고 사방에 색이 나타나는데 수제금군水濟金輝에 비길만한 색과 빛이 휘황찬란하다. 巳에 도달하면 巳는 노치지화爐冶之火인데 辛金은 제련이 완성되어 죽은 기물이니 역시 巳 중 戊土에 매몰된 형국이다. 형의 변화가 불가능하니 어찌 능히

---

497) 任鐵樵 增註, 『滴天髓闡微』. "庚金帶煞, 剛健爲最, 得水而淸, 得火而銳, 土潤則生, 土乾則脆, 能贏甲兄, 輸于乙妹".

부활할 수 있겠는가? 辛金은 子에서 생하고 巳에서 죽는 것이다. 경에 말하길 土 중의 金은 매몰되는 것이 정한 이치이다. 또 말하길 辛金은 습윤하고 완둔頑鈍하여 견강堅剛한 물건이 아니라고 하였다.[498]

辛金은 연약軟弱하며, 온유하면 청해진다. 土의 중첩重疊을 꺼리고 水가 가득함을 좋아한다. 능히 사직社稷을 부조扶助하고 생령生靈을 구원한다. 열이 있으면 어미인 土를 좋아하고, 한寒하면 丁火를 기뻐한다.[499]

壬水는 형이상학적으로는 수기水氣이고 정精이며, 동절冬節이고 밤, 구름, 눈, 얼음 등이다. 만물의 종주宗主이고 진화進化의 근본이고, 생명의 근원이다. 형이하학적으로는 해수海水, 호수湖水, 연못, 횡류橫流, 강수剛水, 사수死水, 정지수停止水 등이다. 壬水의 성품은 창안력이 있고, 인내심과 지혜도 있다.

壬水는 陽土와 제방의 협조를 좋아하고, 陰木에게 기氣를 도적맞을까봐 걱정하며 두려워한다. 하늘에선 구름이고 땅에서는 연못이며 제방의 물이다. 녹이 亥에 있고 亥는 늪이나 연못이고 머물러 있는 물이라 사수死水라 한다. 사수死水는 강수剛水다. 庚金에 의지하여 산다. 庚의 녹禄 신申에 이르면 능히 壬水를 생하며, 오행을 회전 시키고 기를 양육한다. 卯에 이르면 수목에 꽃과 잎으로 수목이 되고, 목왕木旺이라 능히 土를 극하는데, 土가

---

498) 萬民英, 『三命通會』論天干陰陽生死: "辛金繼庚之後, 爲五金之首, 八石之元, 在天爲月, 月乃太陰之精, 在地爲金, 金乃山石之礦, 謂之陰金. 其祿到酉, 酉中己土, 能生辛金, 乃陰生陰也, 謂之柔金, 爲太陰之精至於中秋,金水相停, 會合含光, 圓融皎潔, 邵子有云, 八月十五翫月是也. 長生於子, 子乃坎水之垣, 坎中一陽屬金, 外有二陰屬土, 土能生金, 子隱母胎, 未顯其體, 得子水藻滉, 海去浮砂, 方能出色, 此乃水濟金輝, 色光明瑩. 至於巳地, 巳爲爐冶之火, 將辛金煆成死器, 亦被巳中戊土埋沒其形, 不能變化, 豈得復生, 故辛金生於子而死於巳也 經云, 土重金埋, 正謂此也. 又曰, 辛金濕潤, 非頑鈍堅剛之物."
499) 任鐵樵 增註, 『滴天髓闡微』: "辛金軟弱, 溫潤而淸, 畏土之疊, 樂水之盈, 能扶社稷, 能救生靈, 熱則喜母, 寒則喜丁."

허해지면 붕괴되므로 제방언덕은 무너진다. 壬水가 도로로 새어 나오니 들의 사방에 산만하게 흘러 막을 수 없고, 또 陰木의 기를 도둑맞았으니 다시 올라 살 수 있겠는가? 고로 壬水는 申에서 생하고 卯에서 사死한다. 경에 이르길 물이 횡류하면 사死하는 것이 바른 이치이다. 또 말하길 壬水는 크게 쓸어버린다고 했다.[500]

壬水는 강에 통하여 능히 금기金氣를 설기洩氣시키고, 강강한 중의 덕德이 있으며 두루 흘러 막힘이 없다. 癸水가 투출하고 통근通根하였으면 하늘을 충하고 땅을 분주하게 만든다. 화化하면 유정有情하고 종從하면 함께 나란히 선다.[501]

癸水는 형이상학적으로는 음수陰水, 약수弱水, 유수柔水, 이슬이며, 형이하학적으로는 생수生水, 활수活水, 종수從水, 천川, 천수泉水에 해당되며 정지된 물이 아니고 항상 흐르는 물이다. 癸水의 성품은 준법정신이 뛰어나고 통솔력도 뛰어난 사람이나 장長이 되기보다는 참모 격에 더 잘 어울린다.

癸水는 壬水 후에 온다. 천간天干에선 일주一週의 음양의 기이며 마지막이나 반대로 시작으로 이어진다. 그러므로 水라 하며 청탁清濁으로 나눈다. 사방에 산재해 있고, 토의 공조로 윤하潤下하며, 자비롭게 생하여 만물에게 덕을 베푼다. 하늘에선 우로雨露이고 땅에서는 천맥泉脈이고 陰水이다. 녹

---

500) 萬民英,『三命通會』,論天干陰陽生死:"壬水 喜陽土而爲堤岸之助, 畏陰木而爲盜氣之憂, 在天爲雲, 在地爲澤, 謂之隂水其祿在亥, 亥爲池沼存留之水, 謂之死水,死水者, 剛水也, 賴庚金而生, 庚祿到申, 能生壬水, 乃五行轉養之氣至於卯地, 卯爲花葉樹木, 木旺於卯,則能剋土, 土虛則崩, 故堤岸崩頹, 而壬水走泄, 散漫四野, 流而不返, 又被陰木盜氣, 豈得存活, 故壬水生於申而死於卯也, 經云, 死水橫流, 正謂此也, 又曰, 壬水浩蕩, 有原之水".

501) 任鐵樵, 增註,『滴天髓闡微』:"壬水通河,能洩金氣,剛中之德,周流不滯,通根透癸,沖天奔地,化則有情,從則相齊".

祿인 子에 이르면, 子는 陰이 극하여 陽이 생기는 곳이라서 辛은 살고, 庚은 죽는 담장이다. 癸水는 활수活水이고, 활수는 유수柔水라 陰金의 생을 좋아 하고 陽金이 막는 것은 두려워한다. 陰木으로 행하려는 욕구가 있어 뿌리 가 陰土와 소통疎通을 한다. 陰土는 지맥과 능히 유창流暢한다. 2월건月建卯 에 수목이 열매를 맺을 꽃을 피운다. 목왕木旺이라 土는 허해져서 癸水는 방 득하고 통달通達한다. 신지申地에 도달하면 삼음三陰이 일을 하여 가권司權 은 불가하고 천지가 불교不交하여 만물이 불통不通된다. 申 중 곤토坤土가 庚 金을 두으로 둘러싸고 있어서 癸水는 흐르는 것이 불가능하고, 연못에 갇 혀 몰락하고 소위 시설도 없는 까닭에 다시 올라 물物을 생할 수 있겠는가? 그러므로 癸水는 卯에서 생하고 申에 죽는다. 경에 말하길 水는 서쪽으로 흐르지 않음이 바른 이치이다. 또 말하길 癸水는 우로雨露이고 음택陰澤을 적신다고 했다.[502]

癸水는 지극히 약弱하나 천진天津에 도달하여 용辰을 만나고 운전하면 그 신 을 변화시키는 공이 있다. 火土를 염려하지 않으며 庚辛에 상관없이 戊土 와 합슴하면 火를 나타내고 이때의 화상化象은 참된 것이다.[503]

천간은 하늘을 이름하는 것이며 오행의 부호를 표시하는 것이다. 십간은 甲에서 癸까지 10이 되어 十干이라고 하는 것이며 甲에서 시작함은 계절이

---

502) 萬民英,「三命通會」論天干陰陽生死: "癸水 繼壬之後乃天干一週陰陽之氣, 成於終而反於始之漸, 故其爲水, 淸濁以 分, 散諸四方, 有潤下助土之功, 滋生萬物之德. 在天爲雨露, 在地爲泉脈, 謂之陰水, 其祿到子, 子乃陰極陽生之地, 辛生 庚死之垣. 癸爲活水, 活水者, 柔水也, 喜陰金而生, 畏陽金而帶, 欲陰木行其根, 則能踈通陰土, 陰土旣通, 於地脈則能流 暢. 二月建卯, 爲花果樹木, 木旺土虛, 癸水方得通達, 至於申地, 三陰用事, 否卦司權, 天地不交, 萬物不通. 申中坤土與庚 金遠成團曖, 使癸水不能流暢, 困於池沼, 無所施設, 豈再生物, 故癸水生於卯而死於申, 經云, 水不西流, 正謂此也. 又 曰, 癸水雨露, 陰澤之潤也."
503) 任鐵樵 增註,「滴天髓闡微」: "癸水至弱, 達于天津, 得龍而運, 功化斯神, 不愁火土, 不論庚辛, 合戊見火, 化象斯眞."

봄이기 때문이고, 십간의 성정은 모두 다르다.

5. 천간의 합 · 충과 음양오행

합合이란 화목하다, 합거合去하다, 끌려가다는 뜻을 가지고 있으며 상합相合은 서로 만나거나 서로 합한다는 뜻으로, 응용되고 있고 陽이 陽을 만나면 2양二陽이 서로 경쟁하여 극剋이 된다. 陰과 陰이 만나니 극剋이 부족하고 陰이 陽을 만나 합하니 남녀가 서로 합해 부부의 도를 이룬 것과 같다. 음양과 오행의 속성이 다른 두 종류의 간지가 서로 통하고 결합하여 다른 물질을 생산하거나 간지의 속성이 변하거나 서로 묶이는 상태가 되는 경우도 있다. 그리고 편음과 편양은 丙이 된다. 평상시에 사용하는 오행을 정오행正五行이라고 한다면, 합하여 변화된 오행을 화기오행化氣五行이라 한다. 그리고 합에는 천간합天干合과 삼합三合, 육합六合, 방합方合등의 지지합地支合이 있고, 상태에 따라 명합明合, 암합暗合, 근합近合, 원합遠合, 쟁합爭合, 투합妬合, 진합眞合, 가합假合등이 있다.

상합相合이란 우주대자연의 섭리에 따라 음양화합陰陽和合의 이치에 의하여 합이 성립이 되고 있다. 陽과 陽, 陰과 陰은 절대로 짝이 될 수 없으며, 또한 음양지기가 다르다고 해서 무조건 합이 되는 것이 아니고 서로가 각기 짝이 있다. 육친 면으로 부부 유정지합有情之合이라고 하는데, 음양이 다르면서 합이 되는 것은, 남자와 여자가 서로가 정반대이면서도 부부로서 일심동체가 되는 것과 같은 원리이다. 천간합天干合은 육합六合이라고도 하는데, 이는 甲 · 丙 · 戊 · 庚 · 壬 다섯 개의 양간陽干과 여섯 번째 음간陰干이 이루어 내는 합으로, 陰과 陽이 부부가 되어 화합하고 일체가 되는 것과 같다. 천간합天干合은 갑기합甲己合, 을경합乙庚合, 병신합丙辛合, 정임합丁壬合, 무계합戊癸合이 있다.

동쪽의 甲乙木은 서방의 庚辛金의 극이 두려워, 甲은 陽에 속하여 형이 되고, 乙은 陰에 속하여 여동생이라 甲 형이 乙 여동생을 출가시키니 金가네 庚의 처가 되니, 음양이 화합하여 양쪽이 상하지 않고 을경합乙庚合이 되었다. 乙은 비록 庚의 처로 살다가 봄이 와서 목왕木旺이라, 金이 갇히게 되어 金의 극이 두렵지 않아, 甲을 따라 본가로 돌아왔다. 모면하지 못해 金의 자식을 임신하여 본가로 돌아와 해산을 했다. 나무 색은 푸르고 金은 백색이라 봄이 되어 수림이 돌아오자 푸른 잎에 흰 꽃이 열렸다. 남방의 丙丁火가 북방의 壬癸水의 극이 두려워, 丙은 陽이라 형이고 丁은 陰이라 여동생이다. 형인 丙이 동생인 丁火를 북방의 水가에 시집보내니 壬의 처가 되었다. 여름이 되자 火가 왕해지고 水가 갇히자 水의 극이 두렵지 않아, 丁은 丙을 따라서 집으로 돌아왔다. 모면하지 못해 丙의 자식을 임신해 집으로 돌아와 해산을 했다. 水는 흑색이고 火는 적색이라 소만 이후에 뽕나무 열매가 검붉은색으로 익었다. 중앙의 己土는 동방의 甲乙木의 극을 두려워하여, 戊 형이 己 여동생을 甲木에게 시집보내 甲의 처가 되어, 甲己合이 되었다. 유월의 흙은 왕하고 木은 갇혀서 木의 극이 두렵지 않아, 己는 戊를 따라 土가로 돌아왔다. 모면하지 못해 甲의 자식을 임신해 집으로 돌아와 해산하였다. 土색은 황색이고 木은 청색이라 유월의 참외는 안은 노랗고 껍질은 푸르다.[504)]

---

504) 萬民英, 『三命通會』, 論十幹合: "東方甲乙木,畏西方庚辛金剋,甲屬陽爲兄,乙屬陰爲妹,甲兄遂將乙妹嫁金家與庚爲妻,庶得陰陽和合,兩不相傷,所以乙與庚合,乙雖嫁與庚爲妻,春來木旺金囚,不畏金剋,乙遂歸本家就甲,究竟不免在金家懷胎,

합화合化의 의미는 십간의 음양이 서로 배합하여 이루어진다. 하도의 수數에서 1·2·3·4·5는 6·7·8·9·10과 짝을 이루니 선천의 원리이며 오행이 있기 전에 음양과 노소가 생긴다. 그리고 그 후에 오행이 생기고 土가 먼저 생기는데 만물은 土에서 자라므로 土가 먼저 존재하는 것이다. 따라서 甲己가 서로 합하여 土로 변화하고, 土는 金을 생하므로 乙과 庚이 金으로 변화하며, 金은 水를 생하므로 丙과 辛이 합하여 水로 변화하고, 水는 木을 생하므로 丁과 壬이 木으로 변화하는 것이며, 木은 火를 생하므로 戊와 癸가 火로 변화하는 것이다. 오행은 자연의 이치와 같아 土로부터 상생의 순서가 시작되는 것이니 이것이 십간十干 합화合化의 의미다.

합화合和의 의미는 십간의 음양이 서로 배합하여 이루어진다. 하도의 수數는 1·2·3·4·5를 6·7·8·9·10에 배합한 선천의 도이다. 따라서 태음의 水에서 시작하여 층기의 土에서 마치니 오행의 기로써 생성의 순서를 말한 것이니 무릇 오행이 있기 전에 반드시 먼저 음양과 노소가 있고, 그 뒤에 층기가 생기게 되어 土로서 끝맺는 것이며 이미 오행이 있게 되면 만물이 다시 土에서 생기며, 水·火·木·金 역시 질에 의존하므로 土는 선도하는 것이다. 따라서 甲己가 상합하여 土로 변화하는 것이 첫 번째이고, 土는 金을 생하므로 乙·庚이 金으로 변화하는 것이 그 다음이며, 金은 水를 생하므로 丙·辛이 변화하여 水가 되는 것이 또한 그 다음이고, 水는 木을 생하므로 丁·壬이 木으로 변화하는 것이 그 다음이며, 木은 火를 생하므

歸木家産,木色靑,金色白,是以春來園林木,靑葉開白花,南方丙丁火,畏北方壬癸水剋,丙屬陽爲兄,丁屬陰爲妹,丙兄遂將丁妹,嫁水家與壬爲妻,夏來火旺水囚,不畏水剋,丁遂歸火家就丙,然不免在水家懷胎,歸火家産,水色黑,火色赤,小滿後桑椹熟,當有赤中央戊己土,畏東方甲乙木剋,戊屬陽爲兄,己屬陰爲妹,戊兄遂將己妹,稼木家與甲爲妻,所以甲與己合,己雖嫁與甲爲妻,六月土旺木囚,不畏木剋,己遂歸土家就戊,然不免在甲家懷胎,歸戊家産,土色黃,木色靑,所以六月甜瓜雖熟,內黃皮靑…".

로 戊·癸가 火로 변화하는 것이 그 다음이다. 오행은 이처럼 순환하며 土를 선두로 하여 상생의 순서가 시작되는 것이니 자연의 이치가 이와 같다. 이것이 십간十干 합화의 의미이다.505)

합합하면서도 합을 이루지 못하는 경우가 있는데 끼어드는 바에 막히는 경우가 있고, 또한 떨어진 위치가 너무 먼 경우이다. 합해서 해로움이 없어지는 경우도 있는데 예를 들면, 甲이 卯月에 태어나 월·시에 辛 관이 나란히 투출한 경우에는 년간의 丙이 월간의 辛과 합하게 되면 시간의 정관 辛金만 남기게 되어 관성이 가벼워진다. 또는 월간에 辛 정관, 시간에 庚 편관이 투출했을 경우, 년간의 丙이 월간의 辛 정관과 합하면 하나의 살煞만을 남기게 되어 살과 인刃이 본래의 격을 이루어 해로움이 없어진다. 또 합하는데 합으로 논하지 않는 경우는 일간의 합인데 5양간이 정재正財를 보거나 5음간이 정관正官을 보면 모두 합을 이루는데 나의 관과 합하는 것이다. 쟁합爭合과 투합妬合은 두 천간이 두 천간과 합하는 경우인데 한 남편이 두 처를 취하거나 한 여자가 두 남편과는 짝을 이루지 못한다는 것이다.

甲己合은 중정지합中正之合이라고도 하는데 이유는 甲木이 동량지목棟梁之木이고 무근지목無根之木으로 전답 중앙에 우뚝 솟아 있고, 전답을 따라 좌우되기 때문이다. 사주 중 甲己合이 있으면 신용이 있고, 자신의 분수를 지키고 이해심이 많아서 남과 타협을 잘 하며, 그 情이 항구恒久한 사람이다.

---

505) 沈孝瞻, 『子平眞詮』: "合化之義, 以十干陰陽, 相配而成, 河圖之數以一二三四五, 配六七八九十, 先天之道也, 故始於太陰之水, 而終於沖氣之土, 以氣而語其生之序也, 蓋末有五行之先, 必先有陰陽老少, 而後沖氣生, 故而土終之. 既有五行, 則萬物又生於土, 而水火木金, 亦寄質焉, 故以土先之, 是以甲己相合之始, 則化爲土, 土則生金故, 乙庚化金次之, 金生水故, 丙辛化水, 又次之, 水生木故, 丁壬化木, 又次之, 木生火故, 戊癸化火, 又次之, 而五行徧焉, 先之以土, 相生之序, 自然如此, 此十干合化之義也".

甲己를 왜 중정지합이라 하는가? 甲은 양목陽木이니 그 성질이 인자하며, 자리는 십간十干의 처음에 위치한다. 己는 陰土이니 진정鎭靜하고 순박淳朴하며 독실篤實하여 만물을 생하는 덕德이 있다. 그러므로 갑기합甲己合이 중정지합中正之合이 된다. 갑기합을 대하면 사람이 중대重大함을 숭상하고 관후寬厚하며 공평하고 바르다. 가령 살殺을 대하고 오행이 무기하면 매우 진노嗔怒하기를 좋아하고 성질이 강직하여 굽히지 않는다.[506]

乙庚合은 인의지합仁義之合이라고도 하는데 乙木은 인정人情이고, 庚金은 의리義理로서 인정과 의리가 만나 합이 되었기 때문이다. 사주 중에 乙庚合이 있는 사람은 성격이 강하고 용감하며, 인정과 의리가 두텁다.

乙庚은 왜 인의지합이라고 하는가? 乙은 陰木이고 그 성질은 인자하나 크게 유柔하다. 庚은 陽金이니 견강堅剛하여 급히지 않는다. 즉 강유상제剛柔相濟한다. 인의仁義가 겸한 바탕이므로 주로 사람이 과감果敢하고 절제를 지켜서 부드러운 아첨에 미혹되지 않는다. 교제함에 오직 인자하게 하고 진퇴함에 오직 의롭게 한다. 오행이 생왕하면 골격과 용모가 청수하다. 만약 사절死絶이고 살성을 대하면 버럭 화를 내고 만용蠻勇을 좋아하며 용모가 보잘 것 없다.[507]

丙辛合은 위제지합威制之合이라고도 하는데, 丙火는 군주이고 辛金은 예

---

506) 萬民英, 『三命通會』, 論十干合: "甲與己何名爲中正之合, 甲陽木也, 其性仁, 位處十干之首, 己陰土也, 鎭靜淳篤有生物之德, 故甲己爲中正之合, 帶此合, 主人尊崇重大寬厚平直, 如帶煞而五行無氣則, 多嗔好怒性梗不屈".

507) 萬民英, 『三命通會』, 論十干合: "乙與庚何名爲仁義之合, 乙陰木也, 其性仁而太柔, 庚陽金也, 堅剛不屈則剛柔相濟, 仁義兼資故主人果敢有守, 不惑柔佞, 周旋唯仁, 進退唯義, 五行生旺則骨秀形淸, 若死絶帶煞則使氣好勇, 體貌不揚".

쁜 여자이라 군주의 영슈으로 강제로 합하였고, 丙火는 강열지화剛烈之火이고 辛金은 연약한 여자로서 강제로 합하였기 때문이다. 사주 중에 丙辛合이 있으면 위엄은 있으나 냉정하고 편굴偏屈한 면이 있다.

丙辛은 왜 위제지합이라고 하는가? 丙은 陽火이니 밝게 빛나 스스로 성대한 것이다. 辛은 陰金이니 칼날을 이겨내고 살기殺氣를 좋아한다. 그러므로 병신합丙辛合이 위제지합威制之合이 된다. 병신합丙辛合이 되면 사람의 의표儀表가 위엄 있고 엄숙하여 다른 사람들이 매우 무서워한다. 혹독하고 뇌물을 지나치게 좋아한다. 만약 살성을 대하거나 혹은 오행이 사절死絶이면 은혜를 베풀지 않고 의롭지 않으며 무정無情한 사람이다. 여자가 병신합丙辛合을 얻고 천중天中, 대모大耗, 함지咸池살과 함께 있으면, 용모는 아름다우나 목소리가 비천卑賤하고, 요염하고 음란하다.[508]

丁壬合은 인수지합仁壽之合, 음란지합淫亂之合이라고도 하는데 정화丁火는 장정壯丁이 되어 기가 강한 여자이고, 壬水는 신기腎氣가 강한 남자로써 합이 되였기 때문이다. 사주 중에 丁壬合이 있으면 감정적이고 호색하여 부부가 오래가지 못하는 경우가 있다.

丁壬은 왜 음란지합이라 하는가? 壬은 순음純陰의 水이니 삼광三光이 비치지 않는다. 丁은 장음藏陰의 火이니 스스로 어둡고 밝지 않으므로, 정임합丁壬合은 음란지합淫亂之合이 된다. 정임합丁壬合이 되면 주로 사람이 눈치

---

[508] 萬民英,『三命通會』論十干合: "丙與辛何名爲威制之合, 丙陽火也, 輝赫自盛, 辛陰金也, 剋刃喜煞, 故丙辛爲威制之合, 主人儀表威肅, 人多畏懼, 酷毒, 好賄喜淫, 若帶煞或五行死絶則寡恩少義, 無情之人, 婦人得之, 與天中, 大耗, 咸也相並者, 貌美聲卑, 夭冶而淫."

는 빠르지만 정신이 연약하며 정이 많고 쉽게 감동되어 고결高潔함을 섬기지 않고 하류下流를 익히며 의지가 없다. 환락에 빠지고 색에 빠져 자기 것은 인색하고 남의 것은 탐욕 한다. 만약 오행이 사절死絶이거나 혹은 살성殺星을 대하고 함지, 대모, 천중살을 보면 스스로 패망하며 음란하고 추잡한 가풍家風이 있다. 소인을 매우 가까이 하고 군자를 업신여기며 매우 탐욕스러워 만족할 줄 모르고 멋대로 행동하며 반드시 이긴 뒤에 그만 둔다. 여자는 음사陰邪하고 간특奸慝하여 쉽게 도발挑發하고 쉽게 유혹되니 모욕을 많이 초래한다. 혹은 나이 들어 젊은 남자와 혼인하거나 혹은 어린나이에 늙은 남자와 혼인한다. 혹은 먼저는 비천하나 나중에 좋아지며 혹은 먼저는 좋으나 나중에 비천하게 된다.[509]

戊癸合은 무정지합無情之合이라고도 하는데 戊土는 노양老陽으로서 늙었고, 癸는 소음少陰의 水로서 어린 여자이니, 늙은 남자와 어린 여자가 합이 되어서 정이 없다는 것이다. 사수 중에 戊癸合이 있으면 용모는 아름다우나 인정이 없으며, 풍파가 많고, 미남, 미녀와 인연이 있게 된다. 戊土와 癸水가 합하면 어리든 나이 들든 무정하다. 戊癸는 왜 무정지합無情之合이라 하는가? 戊는 陽土이니 늙고 추한 남자이다. 癸는 음수陰水이고 늙은 여자이다. 노양老陽과 소음少陰이므로 비록 합하여도 무정無情하다. 戊癸합을 만나면 사람이 아름답거나 혹은 추하다. 가령 戊土가 癸水를 얻으면, 즉 아름다운 미녀를 얻는 것이므로 남자는 어린 여자한테 장가들고 여자는 미남한테 시집간다. 만약 癸水가 戊土를 얻으면 형과 용모가 고풍스럽고 소박하다.

---

509) 萬民英, 『三命通會』 論十干合 : "丁與壬何名爲淫亂之合, 壬者, 純陰之水, 三光不照, 丁者, 藏陰之火, 自昧不明, 故丁壬爲淫慝之合. 主人眼明神嬌, 多情易動, 不事高潔, 習下無去, 枕歡溺色, 於我則吝, 於彼則貪, 若五行死絶或帶煞, 見咸池, 大耗, 天中自敗, 有淫泆家風之醜, 親厚小人, 侮慢君子, 貪婪妄作必勝而後已, 婦人淫邪奸慝, 易挑易誘, 多招玷辱, 或年高而嫁少夫, 或年幼而配老夫, 或先賤而後良, 或先良而後賤".

늙고 속기가 있으니 남자는 늙은 부인을 얻고 여자는 늙은 남자한테 출가한다.[510]

天干 沖은 일명 상충相沖이라고도 하는데 상충이란 서로가 충을 한다는 뜻으로서 충돌, 파괴, 불목不睦, 이산, 발동, 충전充電, 분발, 개척, 가속, 공격 등으로 응용이 되고 있다. 충이란 성질이 상반되는 오행끼리 충돌하여 발생하는 현상으로서 서로 대립하는 오행끼리 부딪쳐 변화하는 작용을 말한다. 충의 구성을 보면 방위적으로는 甲庚과 乙辛은 동서로, 丙壬과 丁癸는 남북으로 정반대이고, 음양의 관계로는 陰과 陽이 대립되어 충이 이루어지고 있다. 그리고 충에 있어서도 유정有情과 무정無情의 충이 있는데, 유정지충有情之沖이란 충을 함으로서 좋아지는 관계이고, 무정지충無情之沖이란 충을 함으로써 나빠지는 관계를 말하는 것이다. 상충은 칠충七沖이라고도 하는데 甲木에서 庚金까지가 일곱째가 되며, 金이 木을 극하는 형태이다. 乙木에서 일곱 번째 천간인 辛金과 충이 되고, 丙火는 壬水와 충이 되고, 丁에서 癸까지 일곱 번째가 충이 되고 있기 때문이다. 이것은 일방으로 충을 하는 것이 아니라 세력이 강한 것이 약한 것을 충하여 제거 시킬 수도 있어서 상충이라고 한다. 그러나 戊己 土는 중성자로 사방을 조절하는 조절신이며 중화中和와 균형의 기본이므로 충이 되지 않는다.

천간은 甲庚이 충沖하고, 乙辛이 상충하고, 丙壬이 상충하고, 丁癸가 상충하는데, 동서가 서로 마주보고 남북이 서로 마주보는 까닭이다. 丙·庚과

---

510) 萬民英, 『三命通會』論十干合: "戊與癸何名爲無情之合, 戊, 陽土也, 是老醜之夫, 癸, 陰水也, 是婆娑之婦, 老陽而少陰, 雖合而無情, 主人或好或醜, 如戊得癸則嬌媚, 姿美得所, 男子娶少婦, 婦人嫁美夫, 若癸得戊則形容古樸, 老相俗塵, 男子娶老妻, 婦人嫁老夫".

丁·辛이 함께 나타났으면 극으로 논하고 충으로 논하지 않는데, 남·서南西가 서로 마주보지 않기 때문이다. 戊己에는 충이 없는데 중앙에 거주하며 서로 마주보는 것이 없는 까닭이다. 변하지 않는 이치로 논하자면 甲辛은 甲乙을 충할 수 있고 壬癸는 丙丁을 충할 수 있는데, 甲乙이 득지득세하였으면 또한 庚辛을 충할 수 있고, 丙丁이 득시득세하였으면 또한 壬癸를 충할 수 있다. 마땅히 지지를 참작하여 살펴보아야 하는 법이다. … 총괄하건데, 단지 천간만이 서로 충하면 쉽게 화해시키고 쉽게 극제하나, 지지에 충을 돕는 것이 다시 있으면 화해와 극제가 함께 서배되어야 한다.[511]

천간상극天干相剋은 간干이 간干을 극剋하는 것이다. 극에는 무정無情의 극과 유정有情의 극이 있는데, 陰과 陰이 극을 하거나 陽과 陽이 극을 하면 무정의 극이고, 陽과 陰이 극을 하거나 陰과 陽이 극을 하면 유정의 극이다. 극을 하는 쪽이 주로 이기기는 하나 서로가 힘이 소모됨으로써 서로가 상한다. 사주에서는 극하면 흉한 것이고 주로 상하는데 명命의 희신喜神이 되면 오히려 길한 것이 되고, 기신忌神이 되면 흉凶이 완전히 발동하게 된다. 극의 길흉吉凶은 사주 안에서 거리가 가까우면 그 힘이 강하게 나타나고, 거리가 멀면 그 힘이 약화된다. 천간이 서로 상극하면 천간이 자리하고 있는 지지에 따라서 세력의 균형을 측정하는데, 같은 오행의 지지 위에 있으면 그 힘이 매우 강해진다. 예를 들면 甲木이 寅위에 있거나, 庚金이 申金 위에 있어 같은 세력의 힘을 받고 있는 것을 의미하는데, 즉 12운성의 건록建祿에 해당하면 세력이 강하고, 목욕沐浴, 병病, 사절死絶 등에 자리하면 약하다. 천

---

511) 陣素庵著,『命理約言』: "天干甲庚相衝,乙辛相衝,壬丙相衝,癸丁相衝,蓋東與西,南與北相對也,丙庚丁辛相見以剋論不以衝論,蓋南與西不相對也,戊己無衝,蓋居中無對也,以恒理論之,庚辛能衝甲乙,壬癸能衝丙丁,然甲乙得時得勢,亦能沖庚辛,丙丁得時得勢,亦能衝壬癸,法當參看地支.. 總之,止是天神相衝,易和易制,更有地支黨助,則和與制俱費舒配矣."

간상극은 월령月令과 시령時令의 기세를 얻은 것이 강하고 상극相剋하는 같은 천간이 있으면 힘이 커진다. 예를 들면 갑경충甲庚沖이 중복이 되면 금극목金剋木으로 극을 하더라도 적을 방어防禦하게 되며, 각자 천간에서 월지에 임하여 시령時令을 얻고, 月의 세력을 얻으면 극을 받아도 적을 방어할 능력이 있다. 극이 혼합混合되면 가까이 있는 극론剋論을 취한다. 통관신通關神이 되는 것은 음양을 불문하고 극의 중간에 있는 것이 좋다. 명중 상호극相互剋은 각자가 자리한 곳과 억량에 의하여 정한다. 천간의 극은 기본적으로는 양간陽干의 극은 강하고 음간陰干의 극은 약하다.

6. 지지의 음양오행과 성정

십이지는 간지에 조직組織한 십이지신十二支神에 의하여 된 것이다. 子·寅·辰·午·申·戌은 陽, 丑·卯·巳·未·酉·亥는 陰인데 이것을 십간과 상호交互로 배합한 것을 간지干支라 하고 아래에 위치한 것을 지지地支라 한다. 지地는 질적質的의 의미로서 천天의 기적氣的인 것과는 상대적인 성질을 가진다.

이러한 오행이 있는데 무엇 때문에 또한 십간십이지가 있는가? 대개 음양이 있고 오행이 생기기 때문에 오행 가운데 각각 음양이 있는 것이니 즉 木을 통해 설명한다면 甲乙은 木의 음양陰陽이다. 甲이란 乙의 기氣이며, 乙이란 甲의 질質이다. 하늘에 생기가 되어 만물에 유행하는 것이 甲이며, 땅에서 만물이 되어 생기를 받는 것이 乙이다. 또한 그것을 세분하면, 생기가 흩어져 분포된 것은 甲 중의 甲이며, 생기가 응결하여 이루어진 것은 甲 중의 乙이다. 만물의 가엽이 있게 된 것은 乙 중의 甲이며, 모든 초목의 다양한 가지와 잎은 乙 중의 乙이다. 甲이 되면 乙의 기가 이미 갖추어지고, 乙이 되면 甲의 질이 견고해진다. 이처럼 甲乙에는 木의 음양이 갖추어져 있다.[512]

방위는 동서남북과 중앙을 구사하고, 계절은 춘하추동을 표시하고 각각 음양오행에 소속한다. 또 1월에서 12월에 이르는 매달의 호칭이 되며, 천간과 지지를 배합하여 60개가 되는데, 그중에도 지지는 일정하게 변하지 않는다. 사주 명식에 있어서, 년지年支 · 월지月支 · 일지日支 · 시지時支의 4자四者를 총합總合하여 지지라 한다. 사주명식의 지지는 매우 중요하다. 천에서는 기를 받고, 지지 중에서 생을 받고 있는 지장간地藏干에서의 근根의 유무로 세력의 후박厚薄을 정한다.

陽의 지지地支는 동적動的이며 또한 강강하여, 재앙災殃과 상서祥瑞로움이 빠르게 나타나고, 陰의 지지地支는 정적이고 또 전일하여 비태否泰가 매번 해를 걸러 나타난다.[513]

子水는 수기水氣로서 음수陰水, 생수生水, 활수活水, 천수泉水, 한류寒流, 빙설氷雪등 한냉지수寒冷之水이다. 일양지생一陽之生이고 성질은 외양내음外陽內

---

512) 沈孝瞻,『子平眞詮』:"有是五行,何以又有十干十二支乎,蓋有陰陽因生五行,而五行之中,各有陰陽,即以木論甲乙者,木之陰陽也,甲者,乙之氣,乙者,甲之質,在天爲生氣,而流行於萬物者,甲也在地爲萬物,而承茲生氣者,乙也又細分之,生氣之散布者,甲之甲,而生氣之凝成者,甲之乙,萬物之所以有枝葉者,乙之甲,而萬木之枝枝葉葉者,乙之乙也,方其爲甲,而乙之氣已備, 及其爲乙,而甲之質乃堅,有是甲乙,而木之陰陽具矣.

513) 任鐵樵 增註,『滴天髓闡微』:"陽支動且强, 速達顯災祥, 陰支靜且專, 否泰每經年.

陰이고, 수리數理는 1이고, 방위는 정북正北이고, 색은 흑색黑色이며, 유하지성 流下之性이다. 십이지의 우두머리首이고, 인체로는 신장腎臟이다. 동물은 쥐이 고, 달은 11월이며 절기는 동지이고, 하루 중에는 자정이다. 성격은 남과 잘 어울리고, 지혜가 뛰어나며 머리가 영리하다.

子는 검은 못[墨池]이다. 방향은 정북正北이며 水에 속한다. 색은 검은 상이 라서 검은 연못의 상이다. 무릇 자년생子年生자는 시時에 癸亥를 봄을 기뻐 한다. 水가 대해大海로 간 것이니 두 마리 물고기가 물에서 헤엄치니 문장이 뛰어난 인사이다.[514]

子는 낳는 것 자孶이니, 양기가 이미 움직임에 만물이 새끼 낳고 싹트는 것 이다. 『삼례의종』에는 양기가 이름에 새끼 낳고 길러서 커가는 것이'라고 했고, 『백호통』에는 子에서 장성한다. 子란 부지런한 것이다. 율려 중에서 황종에 해당한다고 했다.[515]

丑土는 토기土氣이고 음보陰土, 한냉지토寒冷之土, 동토凍土, 습투잡十등 이 며, 이양지기二陽之氣이고, 방향은 동북간방東北間方이며, 수리는 10이고, 색은 황색이고, 동물로는 소이며, 월로는 12월이고 절기는 대한이며, 시간은 1시 부터 3시까지이다. 인체는 두장肚腸이며, 성격은 우직하고 근면성실하다.

丑은 버드나무 언덕이다. 丑 중에는 물도 있고 土도 있고 金도 있는 언덕이

---

514) 萬民英, 『三命通會』十二支分配地理: "子爲墨池, 子在正北方, 屬水, 色象墨, 故有墨池之象, 凡命逢子年生者, 時喜見 癸亥, 謂之水歸大海, 又謂之雙魚遊墨, 必爲文章士矣".

515) 蕭吉『五行大義』: "子者, 孶也陽氣既動, 萬物孶萌, 三禮義宗云, 陽氣至, 孶養生, 壯於子, 白虎通云, 子者, 孶也, 律中黃鐘".

다. 물이 정지하는 곳이라 버드나무 언덕이라고 한다.『시경』에 말하길 버드나무 색은 황금 싹이다. 丑생인生人이 己未를 보면 달의 조명이 버드나무에 비춰서 극상격上格이다.[516]

丑은 끈 뉴紐이고, 뉴는 연결하는 것이니, 계속 싹터서 연달아 자라는 것이다. 그러므로 子에서 싹터서 丑에서 어금니같이 맺혀지는 것이다.『삼례의종』에 말하기를 시작하고 마치는 때에 있기 때문에, 매듭짓는 것으로 이름을 했다고 했다.[517]

寅木은 목기木氣이고 양목陽木, 강목剛木, 조목燥木, 사목死木, 동량지목棟梁之木이며, 수리는 3이고, 방향은 동북간방東北間方이며 색은 청색靑色이다. 삼양지기三陽之氣이고, 인화물질引火物質, 폭발물이다. 시간은 3시부터 5시까지이고, 계절은 초춘初春이며, 달은 정월이고, 절기는 입춘立春이고, 동물로는 호랑이다. 인체로는 비지臂脂[518]에 속하며, 타고난 성격은 인자하고, 인내심이 있으며, 포부가 크고 또한 인정이 많다.

寅은 넓은 골짜기이고, 간방艮方인 산이고, 무토戊土의 장생長生지이다. 당연히 인궁寅宮에는 호랑이가 있는데 寅생인生人무진시戊辰時 생生이다. 호소虎嘯가 골짜기에 바람을 일으키고 위엄이 만리萬里까지 떨게 한다.[519]

---

516) 萬民英,『三命通會』十二支分配地理 : "丑爲柳岸, 丑中有水有土有金, 岸者土也, 所以止水也, 故謂柳岸, 詩曰柳色黃金嫩是也丑人時見己未, 乃月照柳梢, 極爲上格.".

517) 蕭吉『五行大義』: "丑者,紐也, 紐者,繫也, 續萌而繫長也, 故曰孶萌於子, 紐牙於丑, 三禮義宗云, 言居終始之際, 故以紐結爲名.".

518) 팔과 손가락

519) 萬民英,『三命通會』十二支分配地理 : "寅爲廣谷, 寅乃艮方, 艮爲山, 戊土長生於是, 而廣谷之義著矣, 然寅宮有虎, 寅

寅은 옮기는 것[移]이며 또한 이끄는 것[引]이다. 물건의 싹이 점차 몸 밖으로 토해져서, 이끌리고 펴져 땅으로 옮겨 나오는 것이다. 『회남자』에 寅은 지렁이螾가 살아나서 움직이는 것이라고 했다. 『삼례의종』에 말하길 寅은 이끄는 것[引]이니 사열하고 세우는 뜻[肆建]이라고 했다.[520]

卯木은 목기木氣로서 음목陰木, 생목生木, 활목活木, 초근목草根木에 속하며, 4양지기四陽之氣에 속하며, 수리는 8이다. 자연으로는 뇌풍雷風이고, 인체는 수족手足이며, 성격은 인정 많고 양순하나 이상이 적다.

卯는 아름다운 수림樹林이고 乙木에 속한다. 정동正東에 거居하며 시時는 중춘仲春이다. 색은 숲처럼 청색靑色이다. 그래서 아름다운 숲이라 했다. 묘년卯年, 기미시己未時 생인 토끼가 월궁月宮에 들어간 상이라 주로 대귀大貴하다.[521]

묘卯는 덮는 것이니, 물건이 나서 커져 땅을 덮는 것이다. 『회남자』에 卯는 무성한 것茂이니, 무성해지는 것이라고 했으며 『삼례의종』에는 卯는 무성한 것이니, 양기가 여기에 이르면, 물건이 나고 커서 무성해지는 것이라고 했고, 『백호통』에서 卯에서 무성해지니, 卯란 무성한 것이다. 율려 중에서 협종에 속한다고 했다.[522]

生人而時戊辰者, 謂之虎嘯而谷風生, 威震萬里".

520) 蕭吉,『五行大義』: "寅者,移也, 亦雲引也, 物牙稍吐, 引而申之, 移出於地也. 淮南子云, 寅, 螾動生. 三禮義宗云,寅者, 引也,肆建之義也."

521) 萬民英,『三命通會』十二支分配地理: "卯爲瓊林, 卯係乙木, 居位正東, 於時爲仲春, 萬物生焉, 色若琅玕之靑, 故曰瓊林, 卯年遇己未時者, 是爲兔入月宮之象, 主大貴."

522) 蕭吉,『五行大義』: "卯者, 冒也, 物生長大, 覆冒於地也. 淮南子云,卯, 茂也, 茂然也. 三禮義宗云, 卯, 茂也, 陽氣至此

辰土는 토기土氣인데 양토陽土, 사토死土, 습토濕土, 가색지토稼穡之土, 왕토旺土이며 제방堤防, 산山, 안岸등 이다. 오양지기五陽之氣이며, 방향은 동남간방東南間方이며 계절로는 청명淸明이고, 달은 3월이다. 동물로는 용龍이고, 성격은 이상은 높으나 중화를 잃으면 몽중득금夢中得金이 될 수도 있다.

辰은 초택草澤이다.『좌전』에 말하길 심산의 큰못이라 했다. 용과 뱀이 산다는 말이다. 부택夫澤이란 물에 종鍾이 있는 곳이다. 辰은 동쪽 다음에 있는 水의 고庫라서 초택草澤이라 한다. 辰이 壬・戌・癸・亥에 도달하면 용귀대해격龍歸大海格이 된다.[523]

辰은 진동하는 것이니, 빠르게 진동해서 옛 몸체를 벗어나는 것이다.『삼례의종』에 말하기를 진월辰月이 되면 물건이 모두 움직이고 자라난다고 했다.[524]

巳火는 화기火氣로서, 양화陽火, 왕화旺火, 사화死火, 강화剛火, 강렬지화强烈之火, 노치지화爐冶之火, 적외선赤外線, 방사선放射線, 자외선紫外線, 광선光線이 되며, 육양지기六陽之氣로서 陽의 극極이 된다. 방위는 동남간방東南間方이고 계절은 초하初夏, 색은 적색赤色이고 수리는 2이다. 절기는 입하立夏이고 4월이다. 그리고 동물로는 뱀이고 인체는 치아齒牙이고, 풍습風濕이다. 시간은 9시부터 11시까지이고 성격은 바꾸자는 심리가 농후하다.

物生滋茂, 盛於卯, 卯者, 茂也, 律中夾鍾".

523) 萬民英,『三命通會』十二支分配地理 :"辰爲草澤左傳曰, 深山大澤, 龍蛇生焉, 夫澤, 水所鍾也, 辰在東方之次爲水庫, 故爲草澤, 辰逢壬戌癸亥, 卽謂之龍歸大海格.".

524) 蕭吉,『五行大義』:"辰者, 震也, 震動奮迅, 去其故體也, 三禮義宗云, 此月之時, 物盡震動而長.".

巳는 큰 역참[大驛]이다. 대참大驛이란 사람과 연기가 모여 있고 도로가 통달通達한 지역이다. 巳 중에 丙火 · 戊土가 있어 상을 이룬다. 또한 巳에는 오마午馬가 있어서 대참大驛이라 한다. 사생巳生은 진시辰時를 득得함을 기뻐하는데 사화청룡(蛇化靑龍: 뱀이 변하여 청룡이 된 것)으로 천리용구千里龍駒격이 된다.525)

巳는 그치는 것이니, 옛 몸체를 씻어내어 여기에서 마치게 되는 것이다. 『삼례의종』에서 巳는 일어나는 것[起]이니 물건이 이때에 이르러서 모두 자라기를 마치고 일어나는 것이라고 했다.526)

午火는 화기火氣인데 음화陰火, 생화生火, 활화活火, 등촉지화燈燭之火이다. 일음지기一陰之氣이며, 방위는 정남正南이고, 계절은 중하仲夏이다. 시간은 11시부터 오후 1시까지이고, 수리는 7이며, 색은 홍색紅色이고, 절기는 망종芒種이며, 달은 5월이며 때는 정오이고, 동물로는 말이며, 인체는 심장心臟과 복통이며, 성격은 아집이 강하고 외강내유外剛內柔하다.

午는 봉후烽堠이고 정남正南쪽이며 火土에 속한다. 색이 적황赤黃색이라 이름이 봉후烽堠이다. 또한 午는 말이고 봉후烽堠는 싸움터에 속한 마 · 병 · 화馬兵火가 있는 곳이다. 오생인午生人이 진辰時를 보면 진용眞龍이 나오니 무릇 말은 공허하나 말이 변하여 용구龍駒가 되었다.527)

---

525) 萬民英, 『三命通會』十二支分配地理: "巳爲大驛大驛者, 人煙奏集, 道路通達之地巳中有丙火戊土, 是其象也, 又巳前有午馬, 故曰大驛巳生喜得辰時, 蛇化靑龍, 於格爲千里龍駒".

526) 蕭吉, 『五行大義』: "巳者,巳也, 故體洗去, 於是巳竟也, 三禮義宗云, 巳, 起也, 物至此時, 皆畢盡而起".

527) 萬民英, 『三命通會』十二支分配地理: "午爲烽堠, 午正位於南, 屬火土, 其色赤黃, 名之曰烽堠者此也, 又午爲馬, 烽堠乃戎馬兵火之處所也, 午生人, 時利見辰, 眞龍出則凡馬空矣, 謂之馬化龍駒".

午는 짝 지워 지는 것 仵이며, 또한 꽃받침이 붙는 것이다. 5월에 만물이 성대해져서 가지와 꽃받침이 짝으로 펴지는 것이라고 했고, 『회남자』에는 午는 어지러운 것이다 했으며, 『삼례의종』에는 午는 길어지고 커지는 뜻이니 물건들이 모두 길어지고 크는 것이라고 했다.528)

未土는 토기土氣인데 음토陰土, 왕토旺土, 조토燥土이고, 이음지기二陰之氣이며, 삼복염천지기三伏炎天之氣이고, 수리는 10이며 색은 황색黃色이며, 방향은 서남간방西南間方이다. 계절은 만하晚夏이며, 시간은 오후 1시부터 3시까지이고, 절기는 소서小暑이고 6월이며, 동물로는 염소이고, 인체로는 비脾와 뇌가 된다. 성격은 양순하나 정복력이 강하다.

未는 화원花園이라 한다. 화원은 未에 속하고 卯에 속하지 않음은 왜인가? 卯는 목왕이고 스스로 수림을 이루었으며 未는 목고木庫이며 사람이 담과 벽을 만들어 백화를 보호한다. 이를 백화라 말한다. 백화는 未 중의 잡기가 있어 미년未年에 접어들어 쌍雙으로 날아들면 격이 최고로 오묘하다. 辛未가 戊戌을 만나면 양간兩幹은 잡기가 아니다.529)

未는 어두운 것[昧]이다. 陰의 기운이 이미 자라남에, 만물이 점차 쇠퇴해져서 몸체를 어둡게 덮으므로 未에서 어둡게 덮힌다고 했고, 『회남자』에서 未는 맛味이라고 했으며, 『삼례의종』에서는 물건이 때를 만나 성숙해지므

---

528) 蕭吉, 『五行大義』: "午者, 仵也, 亦雲萼也, 仲夏之月, 萬物盛大, 枝柯萼布於午, 淮南子云, 午者忤也, 三禮義宗云, 仵, 長也大也, 明物皆長大也."

529) 萬民英, 『三命通會』, 十二支分配地理: "未爲花園. 花園屬之未, 不屬之卯, 何也, 卯乃木旺, 自成林麓, 未乃木庫, 如人築牆垣, 以護百花也, 以百花言, 未中有雜氣耳, 未年入雙飛格最妙, 如辛未見戊戌, 兩干不雜是也."

로 모두 각자의 기운과 맛이 있다고 했다.[530]

申金은 금기金氣이고 백기白氣, 양금陽金, 강금剛金, 완금장철頑金丈鐵, 사금死金이 된다. 삼음지기三陰之氣이고, 수리는 9이고, 색은 백색白色이고, 숙살지권肅殺之權이 있으며, 방향은 서남간방西南間方이고, 계절은 초추初秋이고, 시간은 오후 3시부터 5시까지이다. 절기로는 입추立秋이고 7월이다. 동물로는 원숭이이고, 인체로는 해병咳病에 속한다. 성격은 꿈과 이상이 뛰어나고 머리가 영리하다.

申은 도시라 이름하고 곤坤은 땅이며 형체는 무강無疆하다. 도시가 아니어도 부족한 것으로 비유한 것이니 申은 곤이고 제왕이 거주하는 곳이다. 신궁申宮은 임수를 생하고, 또 간산艮山을 대하니 물은 산을 돌고 돈다. 무릇 명이 사랑하는 것은 신년 해시이니 천지가 교태交泰한다.[531]

申은 펼 신伸과 같다. 펼 신伸은 끌어당기는 것이며 크는 것이니 쇠퇴하고 늙은 것을 촉진시켜 더욱 노쇠하게 하는 것이고, 『회남자』에서는 申이란 신음하는 것이라고 했고, 『삼례의종』에서는 申은 몸이니, 만물이 모두 몸체를 이루는 것이라고 했다.[532]

---

530) 蕭吉, 『五行大義』: "末者, 昧也, 陰氣已長, 萬物稍衰, 體蘩昧也, 故曰, 蘩昧於未, 淮南子云, 未, 昧也, 三禮義宗云, 時物向成, 皆有氣味".

531) 萬民英, 『三命通會』 十二支分配地理: "申爲名都, 坤爲地, 其體無疆, 非名都不足以喻之, 申坤也, 都者,帝王所居, 申宮壬水生, 又與艮山對, 是水遶山環也, 凡命愛申年亥時, 乃天地交泰".

532) 蕭吉, 『五行大義』: "申者, 伸, 伸猶引也, 長也, 衰老引長, 淮南子云, 申, 呻也, 三禮義宗云, 申者, 身也, 物皆身體成就也".

酉金은 금기金氣이고, 금金 · 은銀 · 주옥金銀珠玉, 음금陰金, 생금生金, 침針, 비철금속非鐵金屬, 유금柔金이다. 사음지기四陰之氣이며, 방위는 정서正西이고, 수리는 4이다. 색은 백색白色이고 백기白氣이며, 성질은 조燥하며, 결실의 의미가 있다. 계절은 중추仲秋 백로이며, 월은 8월이고, 시간은 오후 5시부터 7시이고, 동물은 닭이며, 인체는 폐肺와 간肝이다. 성격은 마음이 청백하고 깨끗하고 아름답다.

酉는 절의 종鍾이고 서방 金에 속하고, 戌亥 근처에 위치하는데, 戌亥는 천문이고 종이며 金에 속한다. 절의 종이 울리니 천문에까지 음향이 퍼진다. 또한 酉는 정서에 거주한다. 절寺은 즉 서방불계西方佛界이다. 酉는 寅을 보면 길하고, 종은 계곡에 메아리가 울려 퍼진다.[533]

酉는 늙은 것이며 또한 익었다는 것이니 만물이 극도로 늙어서 성숙했다는 것이라고 했으며, 『회남자』에서는 酉는 배부른 것이라고 했고, 『삼례의종』에서는 酉는 앓는 것이니, 앓아서 피로한 유륜猶倫의 뜻이다. 이때는 만물이 모두 축소되어서 작아진다고 했다.[534]

戌土는 토기土氣이고 양토陽土, 왕토旺土, 사토死土, 강토剛土이며, 제방堤防, 산山, 안岸이 된다. 오음지기五陰之氣이고. 방위로는 서북간방西北間方이 되며, 계절로는 만추晩秋이고, 시간은 오후 7시부터 9시까지이고, 수리는 5가 된

---

533) 萬民英, 『三命通會』 十二支分配地理: "酉爲寺鐘, 酉屬金, 位近戌亥, 戌亥者, 天門也, 鐘, 金屬也, 寺鐘高鳴則聲徹天門, 又酉居正西, 寺則西方佛界也. 酉見寅吉, 謂之鐘鳴谷應".

534) 蕭吉, 『五行大義』: "酉者, 老也, 亦雲熟也. 萬物老極而成熟也. 淮南子云, 酉, 飽也. 三禮義宗云, 酉, 猶也, 猶倫之義也, 此時物皆縮小而成也".

다. 색은 황색黃色이며, 절기로는 한로寒露이고 9월이다. 동물로는 개가 되고, 인체로는 배와 폐肺가 되고. 성격은 상대를 잘 믿으며 세월이 가도 변함이 없다.

戌은 타버린 벌판이다. 술월戌月은 구추九秋에 있어 초목은 모두 말라버리고 농사짓던 밭과 집은 다 타버렸다. 또한 戌은 土에 속해서 타버린 벌판이라 칭했다. 그것은 戌이 진지辰地, 즉 귀인의 자리에 임하지 않았기 때문이다. 戌이 卯에 도달해 살려고 하니 별호를 말하길, 봄이 오자 타버린 흔적이라고 했다.[535]

戌은 멸하는 것이며 죽이는 것이다. 음력 9월에 전부 죽이니 만물이 모두 멸하게 되는 것이라고 했고, 『삼례의종』에는 이때는 만물이 쇠멸하는 것이라고 했으며 『회남자』에서도 戌은 멸하는 것이라고 했다.[536]

亥水는 수기水氣이고, 양수陽水, 해수海水, 호수湖水, 정지수停止水, 강수剛水, 사수死水, 횡류橫流, 난류暖流가 된다. 육음지기六陰之氣이며, 陰의 극極이고, 방향은 서북간방西北間方이고, 수리는 6이다. 계절은 초동初冬이고, 시간은 오후 9시부터 11시, 동물은 돼지이고 인체는 두頭와 간肝이다. 성격은 지혜가 뛰어나고 인정이 많다.

亥는 현하懸河이다. 천하의 물은 흘러가면 다시 돌아 올 수 없으니 현하懸河

---

535) 萬民英,『三命通會』十二支分配地理: "戌爲燒原, 戌月在九秋, 草木盡萎, 田家㸑燒而耕, 又戌屬土, 是以名稱燒原, 故戌與辰地, 皆貴人所不臨也. 戌生逢卯, 號曰春入燒痕."

536) 蕭吉,『五行大義』: "戌者, 滅也, 殺也, 九月殺極, 物皆滅也, 三禮義宗云, 此時物衰滅也, 淮南子云, 戌者滅也"

라 한다. 亥는 즉 천문天門이고 또한 水에 속한다. 현하가 아닌 상象은 무엇인가? 해년건생亥年建生이다. 일시日時에 寅·辰 2자가 있어 水가 뇌문雷門에 막힌 것이다.[537]

『회남자』에는 亥는 핵核이며 문을 잠그는 애閡이다. 10월에 만물이 닫히고 숨는다고 했다. 『삼례의종三禮義宗』에는 亥는 탄핵彈劾하는 것이니 음기가 탄핵하여 만물을 죽이는 것이라고 했다.[538]

7. 육임학六壬學에서의 간지와 음양오행

육임학六壬學은 간지干支에 음양오행陰陽五行을 배속하고 생극제화 작용을 기준으로 하여 길흉을 점치는 미래예측학의 한 분야로 근본 이론체계는 음양오행설에 기인한다. 천天은 陽이고, 지地는 陰이므로 천시天時를 나타내는 월장月將, 즉 태양의 도수度數를 현시(現時 ; 지기地機)에 가하여 陰과 陽으로 구분한다. 월장 가시로 사과四課를 정하고, 사과는 태양·태음·소양·소음 사상을 말하는데 이것으로 삼전三傳을 발용표출發用表出함으로 천인지天人地 삼재三才로 우주宇宙의 본중말운동本中末運動을 나타내는 모든 기미를 알고자 하는 학문이다.[539]

---

537) 萬民英, 『三命通會』 十二支分配地理 : "亥爲懸河, 天河之水, 奔流不回, 故曰懸河, 亥卽天門, 又屬水, 非有懸河之象乎. 亥年建生, 日時見寅辰二字, 是乃水拱雷門".
538) 蕭吉, 『五行大義』: "淮南子云亥者,核也閡也十月閉藏,萬物皆入核閡. 三禮義宗云亥劾也, 言陰氣劾殺萬物也".
539) 張泰相, 『육임정의』, 명문당, 2002, p.5 참조.

천지반표의 조식은 지반표地盤表의 지반에서, 점시占時를 정한 뒤 점시 위에 정단하는 시점의 월장[540]을 올려 십이지를 나열하면 천지반표가 완성되고 이를 월장가시라고 한다. 천지반표의 천반지에는 12천장을 붙이는데 천장天將[541]은 천반 십이지에 각각 붙여 어떤 일의 구체적인 뜻을 알 수 있게 한다.

시간성에 공간성을 일응一應시킨 천지반에 의해 사과가 이뤄지는데, 사과는 태양, 태음, 소양, 소음 사상의 표리를 나타낸다. 사과 중에서 상하 극하는 것을 취해 발용시켜 삼전을 취하는데, 육임학에서는 삼전조식의 원리가 음양오행설의 생극에 있고 이 가운데 극을 우선한다. 사과에서 극을 초전으로 쓰는 것은, 극이 곧 동을 뜻하기 때문으로 극은 모든 만물을 동하게 할 뿐만 아니라, 만물 생멸生滅의 발단이 된다.[542] 또 삼전을 발용 · 표출하는 것은 天 · 地 · 人 삼재로 우주의 본중말本中末 운동을 나타내는 모든 기미를 알고자 함이다. 그 다음에 천장을 배치시켜 천하 만물의 동정을 파악하고 예지하게 되는데, 이로써 인사의 길흉화복 · 궁통 · 선악 등 모든 것을 알 수 있다. 즉 사과삼전四課三傳은 점자가 겪고 있는 전체적 상황과 속마음 상태를 판단할 수 있는 통체이며 실상인 것이다.[543]

---

540) 그 月에 해당하는 하늘의 대표적 기운. 김영배, 『六壬講義錄 1』, 육임나라, 2005, p.329 참조.

541) 問者의 목적사의 구체적인 일을 판단하는 중심이 되는 것으로 12천장이 있는데 四課三傳의 각 부위마다 붙어 이 천장이 탄 天盤五行과 日干과의 관계에서 길흉에 따라 천장이 의미하는 事象이 발현된다. 김영배, 『六壬講義錄 1』, p.332 참조.

542) 이우산, 『육임입문1』, 대유학당, 2006, p.72 참조; 金太均 · 金相洌, 『六壬神斷極秘傳』, 甲乙堂, 2001, p.106 참조.

543) 김소자, 「六壬學에서의 家宅吉凶에 관한 硏究」, 동방대학원 석사학위논문, 2006, p.4 참조.

1) 사과四課의 조식

지반은 십이지의 기본자리를 정하는 것으로 일정불변의 고정된 자리를 의미하며, 땅을 상징하여 변하지 않고 정해져 있는 것으로 지반을 표시하면 다음과 같다. 천반은 지반의 어느 지지이건 해당하는 점시에 월장을 가하여 순행하는 것을 말한다. 예를 들어, 월장이 해장이고, 점시하는 때가 申時라면 다음과 같이 조성된다.

【지반표】　　　【천반표-亥將申】

巳	午	未	申
辰	지반표		酉
卯			戌
寅	丑	子	亥

신巳	유午	술未	해申
미辰	지반표		자酉
오卯			축戌
사寅	진丑	묘子	인亥

제1과 일간은 본인이고 점자이며 신궁身宮이다. 그날 일간의 기궁544)를 지반에서 찾아 천지반 상하를 사과삼전표 제1과 자리에 그대로 옮겨 놓으면 제1과가 된다. 기궁은 甲은 寅, 乙은 辰, 丙은 巳, 丁은 未, 戊는 巳, 己는 未, 庚은 申, 辛은 戌, 壬은 亥, 癸는 丑으로 한다.545)

제2과는 상대를 보는 것이다. 제1과 기궁상지寄宮上支를 지반에서 찾아 천

---

544) 김영배, 『六壬講義錄 1』, p.325 참조.

545) 「甲課寅兮乙課辰, 丙戊課巳不須論, 丁己在未庚申上, 辛戌壬亥是其真, 癸課原來醜宮坐, 分明不用四正神", 郭御靑, 『大六壬大全』, 武陵出版有限公司, 1995, p.9 참조.

지반 상하를 그대로 옮겨 놓으면 제2과 일간의 음신이 된다.

제3과 일지 상신은 점자의 상대·목적물·모망사가 되며 가택과 사회성을 보는 곳이다. 그날의 일지를 지반에서 찾고 천지반 상하를 그대로 사과 삼전표 제3과 자리에 옮겨 놓으면 제3과가 된다.

제4과는 3과 즉 상대의 조력처로 상대를 숨어서 돕는 역할을 한다. 일지의 음신이 되며 묘지나 배우자를 보는 곳이다. 제3과 상신, 즉 일지상신을 지반에서 찾아 천지반 상하를 그대로 옮기면 제4과가 된다.[546]

2) 삼전三傳의 이해

삼전三傳은 초전初傳·중전中傳·말전末傳을 말하며 문점사항의 진행과정을 나타낸다. 사과四課가 현재 상태라면 삼전은 앞으로의 진행 상태를 나타내며, 비록 사과가 흉하더라도 삼전이 길하면 과전이 길하다고 본다. 삼전 중 진행사항의 뿌리와 발단이 되는 초전은 용신用神·발용發用이라고도 하며 팔문 중 발단문에 해당한다. 중전은 일의 중간 과정을 나타내므로 이역문移易文이라 하며, 말전은 모든 일이 귀결되는 곳이므로 귀결문歸結文이라고 한다.[547]

甲子日 자장子將 묘시과卯時課의 4과3전四科三傳을 표시해 보면 다음과 같다.

---

546) 張泰相, 『육임정의』, p.27 참조.; 김소자, 「六壬學에서의 家宅吉凶에 관한 硏究」, p.4 참조.

547) 이을로, 『CD로 완성하는 육임대전』, 동학사, 2006, p.139 참조.; 李在南, 『六壬正斷』, 明文堂, 2003, pp. 67-68 참조.

```
┌─────────┐  ┌─────────────┐  ┌─────────────────┐
│         │  │             │  │ 寅 卯 辰 巳     │
│ 午      │  │ 午 酉 申 亥 │  │ 丑           午 │
│ 卯      │  │             │  │ 子           未 │
│ 子      │  │ 酉 子 亥 申 │  │ 亥 戌 酉 申     │
└─────────┘  └─────────────┘  └─────────────────┘
```

이와 같이 육임학에서는 사과와 삼전에 음양과 오행의 생극제화를 활용해서 길흉의 기미를 알 수 있다.

8. 운기학運氣學에서의 간지와 음양오행

운기학은 우주의 모든 만물의 변화가 기화氣化의 끊임없는 운행에 기인한다는 인식에서부터 발생되었고 여기서 기화란 자연계에서 말하는 기후변화를 말한다. 이렇게 자연계에 나타나는 기후변화에, 규칙을 연구하고 기후변화가 자연계의 사물과 인체에 미치는 영향을 연구하는 학문이 오운육기학이다.

오운五運 육기六氣에서 오운은 木·火·土·金·水이며, 육기는 풍風·화火·서暑·습濕·조燥·한寒을 말한다. 즉, 오운이란 한 해를 5등분하여 교차하는 하늘[天]의 운행으로, 봄·여름·늦여름·가을·겨울에 해당하며, 그 성질은 木·火·土·金·水의 오행이다. 오행이 한 계절씩 순환하는데, 매년 바뀌지 않고 木·火·土·金·水의 상생의 순서로 진행되는 것을 주운主運이라 하고, 해가 바뀜에 따라 오행의 선두가 바뀌는 것을 객운客運이

라 한다. 육기란 한 해를 6등분하여 교차하는 땅[地]의 기운으로, 곧 풍風·
화火·서暑·습濕·조燥·한寒의 6가지 기후 변화로서, 각각 木·君火·相
火·土·金·水의 오행에 해당되어 한 계절씩 순환한다. 이때 매년 바뀌지
않고 木·君火·土·相火·金·水의 순서로 진행되는 것을 주기主氣라 하
고, 해가 바뀜에 따라 오행의 선두가 바뀌는 것을 객기客氣라고 한다. 이러
한 오운육기에 쓰이는 간지와 오행의 관계를 살펴보고자 한다.

1) 오운五運론

오행이 자연 자체의 속성에 나타나는 법칙과 상을 말하는 것이라 한다
면, 오운은 오행의 속성을 가진 자연물 자체가 실현하는 자율변화현상의 법
칙을 말하는 것이라 할 수 있다. 오행법칙이 자율적으로 변화하는 것이 운
이므로, 운도 木운·火운·土운·金운·水운의 5가지가 있다.

1년의 기후는 봄·여름·가을·겨울의 사시四時가 순환운동을 통하여 계
속 변화하고 있다. 이 사계절을 오행의 속성으로 보면, 봄은 木에 속하고[春
屬木], 여름은 火에 속하며[夏屬火], 가을은 金에 속하고[秋屬金], 겨울은 水에
속하는데[冬屬水], 1년 사계절의 기후변화가 쉬지 않고 순환하는 것은 실질적
으로 木·火·土·金·水의 오행五行이 순환운동을 계속하는 것이다. 따라
서 오운은 실제상으로 자연계 중 계절기후의 변화를 나타내고 있다.

◎ **십간十干의 변화變化운**

오운을 나타내는 부호로는 천간을 사용하고 있는데, 매년 60갑자의 년간
을 활용하여 5가지의 상이한 기상변화를 나타내고 있다. 십간의 오행분속은

甲乙木, 丙丁火, 戊己土, 庚辛金, 壬癸水이나, 오운의 변화는 이와 달리 甲己化土, 乙庚化金, 丙辛化水, 丁壬化木, 戊癸化火에 입각하여 변화하고 있다. 천간의 오운은 오행상에 있어서 십간의 오행 분속과 배합이 다른 이유는 다음과 같다. 오행이 오원질五元質의 기본법칙으로서 방위와 장소 및 물 자체의 속성을 나타내는 것이라고 한다면, 오운이란 우주가 자율운동을 하는 변화현상으로서의 법칙이므로 방위와 같은 고정적인 상을 규정할 수 없기 때문이다.[548] 이에 대하여 『소문素問』「오운행대론五雲行大論」에서는 다음과 같이 말하고 있다.

> 土運은 甲과 己의 해를 주관하고, 金運은 乙과 庚의 해를 주관하며, 水運은 丙과 辛이 해를 주관하고, 木運은 丁과 壬의 해를 주관하며, 火運은 戊와 癸의 해를 주관한다.[549]

甲己土운, 乙庚金운, 丙辛水운, 丁壬木운, 戊癸火운의 순서를 보면 여전히 土生金, 金生水, 水生木, 木生火, 火生土로서 오행 상생의 순서에 따라서 순환됨을 알 수 있다.

◎ **오음건운五音建運과 태소상생太少相生**

오음건운과 태소상생이란 궁상각징우宮商角徵羽의 오음에 오운五運을 배합하고 태소를 나누어 기화氣化의 차이를 계산하는 방법을 말한다. 오음이란

---

548) 任應秋, 李宰碩 역, 『운기학설』, 동문선, 2003, pp.80-81 참조; 尹太鉉, 『周易과 五行 硏究』, 식물추장, 2002, p.489 참조.

549) "土主甲己, 金主乙庚, 水主丙辛, 木主丁壬, 火主戊癸", 洪元植, 『黃帝內經素問』, 傳統文化硏究會, 2003, p.381 참조.

오행의 성음聲音으로, 궁宮은 土音, 상商은 금음金音이 되며, 각角은 木音, 징徵은 火音이 되며, 우羽는 水音이 된다. 그리고 오운에는 양년陽年과 음년陰年이 있으므로 양년, 즉 태과년太過年에는 '太'자를 더하고, 음년, 즉 불급년不及年에는 '少'자를 더하며, 평기년平氣年에는 '正'자를 더하여 기화의 차이를 구별한다. 또한 십간이 오운으로 변화하는 이치가 각 해의 첫째 달 월건 寅의 위치로부터 발생한 것이라고 해석하고 있다. 이에 『소문운기론오素文運氣論奧』 「논오음건운」에서 아래과 같이 설명하고 있다.

> 丙은 火의 陽으로서 甲과 己의 해 첫 달에 세워지는데, 정월의 월건은 丙寅이며, 丙火는 土를 낳기 때문에 甲과 己는 土운이 된다. 戊는 土의 陽으로서 乙과 庚의 해 첫 달에 세워지는데, 정월의 월건은 戊寅이고, 戊土는 金을 낳기 때문에 乙과 庚은 金운이 된다. 庚은 金의 陽으로서 丙과 辛의 해 첫 달에 세워지는데, 정월의 월건은 庚寅이며, 庚金은 水를 낳기 때문에 丙과 辛은 水운이 된다. 甲은 木의 陽으로서 戊와 癸의 해 첫 달에 세워지는데, 정월의 월건은 甲寅이며, 甲木은 火를 낳기 때문에 戊와 癸는 火운이 된다. 壬은 水의 陽으로서 丁과 壬이 해 첫 달에 세워지는데, 정월의 월건은 壬寅이며, 壬水는 木을 낳기 때문에 丁과 壬은 木운이 된다.[550]

자연계는 기운氣運의 성쇠다소盛衰多少에 의하여 운동이 생기고, 이러한 운동에 의하여 모든 변화가 이루어지고 있다. 이러한 변화의 모습을 오운에서는 십간과 오음의 태소를 기본으로 활용하고 있다. 십간에는 음양의 구별

---

550) "丙者火之陽, 建於甲己歲之首, 正月建丙寅, 丙火生土, 故甲己爲土運. 戊者土之陽, 建於乙庚歲之首, 正月建戊寅. 戊土生金, 故乙庚爲金運. 庚者金之陽, 建於丙辛歲之首, 正月建庚寅, 庚金生水, 故丙辛爲水運 甲者木之陽, 建於戊癸歲之首, 正月建甲寅, 甲木生火, 故戊癸爲火運. 壬者水之陽, 建於丁壬歲之首, 正月建壬寅, 壬水生木, 故丁壬爲木運."

이 있으므로, 오음으로 오운을 세울 때에도 역시 음양의 구별이 있어야 한다. 즉 십간의 甲丙戊庚壬은 양에 속하고 乙丁己辛癸는 음에 속하는데, 양간에는 太자를 쓰고, 음간에는 少자를 써서 음양을 구별한다.

甲己土는 궁음이 되는데, 陽土인 甲은 태궁에, 陰土인 己는 소궁에 배속한다. 乙庚金은 상음이 되는데, 陽金인 庚은 태상에, 陰金인 乙은 소상에 배속한다. 丙辛水는 우음이 되는데, 陽水인 丙은 태우에, 陰水인 辛은 소우에 배속한다. 丁壬木은 각음이 되는데, 陽木인 壬은 태각에, 陰木인 丁은 소각에 배속한다. 戊癸火는 징음이 되는데, 陽火인 戊는 태징에, 陰火인 癸는 소징에 배속한다. 오운은 오행 상생의 순서를 따르며, 오음도 오운에 바탕을 두어 배속되어 있다. 그러므로 오음도 당연히 오행 상생의 순서를 따라 생하게 된다. 오운의 태소상생이란, 예컨대 甲은 陽土이고, 乙은 陰金으로 土生金의 관계가 성립되는 것인데, 또한 陽土生陰金이 되어 오음에 있어서는 태궁생소상이 된다. 이처럼 태소상생은 운기의 음양변화를 구체적으로 나타내는 표현이다. 여기서 太는 태과한 운이고, 少는 부족한 운을 말하는데, 주운主運에서 뿐만 아니라 중운中運, 객운客運에서도 역시 태소상생의 의미로 사용된다.[551]

【오음건운표五音建運表】

十干	甲	乙	丙	丁	戊	己	庚	辛	壬	癸
五行	陽木	陰木	陽火	陰火	陽土	陰土	陽金	陰金	陽水	陰水
五運	陽土	陰金	陽水	陰木	陽火	陰土	陽金	陰水	陽木	陰火
五音	太宮	少商	太羽	少角	太徵	少宮	太商	少商	太角	少徵

---

551) 任應秋, 앞의 책, p.92 참조.

◎ 오운의 삼오분기三五分紀

오행의 변화를 보면 중간적인 작용을 하는 평기와 힘이 지나치게 강한 태과와 힘이 약한 불급 등 3가지로 구분됨을 알 수 있다. 이처럼 오행은 각각 힘의 강약에 따라 3가지로 나누어지므로, 결국은 15가지의 변화를 일으키게 된다. 이러한 원리는 오운에도 적용되는데, 이를 오운의 삼오분기 또는 십오분기라고 한다. 이러한 오운의 태과·불급·평기의 상태에 따라 각각 고유의 명칭을 붙인 것을 기운이라 한다.

『소문素問』「오상정대론五常政大論」에는 이러한 원리가 상세히 기술되어 있는데, 그 각각의 명칭을 보면 "木은 부화, 火는 승명, 土는 비화, 金은 심평, 水는 정순이라 하며 평기를 말한다. 木은 위화, 火는 복명, 土는 비감, 金은 종혁, 水는 학류라 하니, 이는 불급을 말한다. 木은 발생, 火는 혁희, 土는 돈부, 金은 견성, 水는 유연이라 하며 태과를 말한다"552)라 하고 있다.

평기는 태과도 불급도 아닌 기운을 표현하는 말이고 불급은 힘이 있지만 아직 그 시기가 상조하여서 역량을 발휘 할 수 없거나 혹은 어떠한 외적 장애 때문에 힘을 발휘할 수 없는 것을 통칭하는 것이다. 태과는 기가 너무 강하기 때문에 생화작용이 지나쳐 발전에 오히려 장애를 초래하는 경우를 말한다.

---

552) "木曰敷和, 火曰升明, 土曰備化, 金曰審平, 水曰靜順. 帝曰, 其不及奈何. 岐伯曰, 此謂平氣. 木曰委和, 火曰伏明, 土曰卑監, 金曰從革, 水曰涸流. 帝曰, 太過何謂. 岐伯曰, 木曰發生, 火曰赫曦, 土曰敦阜, 金曰堅成, 水曰流衍."

【삼오분기표三五分紀表】

	木	火	土	金	水
평기	부화[正角]	승명[正徵]	비화[正宮]	심평[正商]	정순[正羽]
불급지기	위화[少角]	복명[少徵]	비감[少宮]	종혁[少商]	학류[少羽]
태과지기	발생[太角]	혁희[太徵]	돈부[太宮]	건성[太商]	유연[太羽]

◎ 대운大運

평대운平大運은 매년마다 그 해의 기후변화를 총괄적으로 주관하는 것을 말하며, 십간통운十干通運이 곧 대운을 결정하는 방법이 된다. 즉 천간에 甲己가 든 해에는 土운이 대운이 되고, 乙庚이 든 해에는 金운이 대운이 되며, 丙辛이 든 해에는 水운이 대운이 되고, 丁壬이 든 해에는 木운이 대운이 되며, 戊癸기 든 해에는 火운이 대운이 된다.[553] 따라서 어떤 해의 년간만 알면 그해의 대운을 파악할 수 있다.

대운은 한 해 동안의 기후 및 물화物化의 특징, 발병규율 등의 정황을 모두 표시하므로 세운歲運이라고도 한다. 따라서 어떤 해의 대운만 알면 오행 특성과 생극관계에 근거하여 당년 기후 변화에서부터 인간에게 미치는 영향까지 대략적인 판단을 할 수가 있다.

◎ 객운客運

객은 주와 상대되는 말로 객운은 1년의 오계五季, 즉 춘春·하夏·장하長

---

553) "甲己之歲土運通之, 乙庚之歲金運通之, 丙辛之歲水運通之, 丁壬之歲木運通之, 戊癸之歲火運通之", 「天元紀大論」, 앞의 책, p.378 참조.

夏·추秋·동冬 등 오계절 중의 특수한 기후 변화를 말한다. 다시 말해서 매년의 오보五步는 각각 하나의 주운과 객운이 동시에 작용하는데, 주운은 매년 불변하지만 객운은 10년을 주기로 변하여 오고가는 손님과 같으므로 객운이라 부른다. 매년의 객운도 역시 木운·火운·土운·金운·水운의 오종으로 나뉘며, 지배하는 기간과 교사시각交司時刻은 주운과 같다. 객운에 있어 각운의 특징은 대운, 주운에서와 마찬가지로 오행의 특성과 일치한다.

수운과 객운은 음양간에 의하여 기운起運을 하고, 태소상생과 오행의 순서에 따라 오보가 옮겨가는 것은 서로가 같다. 하지만 다른 점은 주운은 매년 각에서 시작하여 우에서 끝나지만, 객운은 반드시 그 해의 대운으로 초운을 삼고 오행의 순서와 태소상생에 의하여 10년 주기로 해마다 다르며, 10년을 일주한 다음 다시 본래의 자리로 돌아온다.

2) 육기六氣론

◎ 육기의 개념

오운이 하늘에서 작용하는 무형의 기운으로 생을 주관하고, 육기는 지기로서 오운이 지구에서 현실화되어 작용하는 구체적인 기운이며 성成을 주관하고 있다. 따라서 우주의 모든 변화는 오운과 육기의 승부작용勝負作用에 의해서 이루어진다고 할 수 있고, 이러한 천지운동은 바로 간지변화의 운동으로 나타난다.

육기는 풍風·한寒·서暑·습濕·조燥·화火의 간칭簡稱이다. 육기 중에서 서기暑氣와 화기火氣는 기본적으로 같은 기운이지만 그 작용과 역할이 다르므로, 서기와 화기를 각각 군화君火와 상화相火로 달리 표현한다. 이 6종의 기후 변화는 기본적으로 1년 사계 음양의 소장消長 및 진퇴進退의 변화로부터 파생되고, 따라서 육기는 일반적인 변화와 특수적인 변화를 나타낸다.[554] 매년의 육기는 보통 주기와 객기로 구분하는데, 주기로는 육기의 일반적 변화[육화지상;六化之常]를 파악하고 객기로는 육기의 특수한 변화[육화지변;六化之變]를 파악한다. 또한 객기와 주기가 서로 합하는 것을 객주가임客主加臨이라 하는데, 이를 통해 기후의 복잡한 변화를 자세하게 알 수가 있다.

◎ **십이지화기**十二支化氣

천간의 오행과 그 개념이 변화됨으로써 오운이라는 새로운 개념의 운동이 생기는 것과 마찬가지로 지지인 육기도 그 기본개념이 변화함으로써 새로운 개념의 변화를 일으키는데, 이를 일반적으로 십이지화기라고 부른다. 즉 子午年에는 소음군화지기少陰君火之氣가, 丑未年에는 태음습토지기太陰濕土之氣가, 寅申年에는 소양상화지기少陽相火之氣가, 卯酉年에는 양명조금지기陽明燥金之氣가, 辰戌年에는 태양한수지기太陽寒水之氣가, 巳亥年에는 궐음풍목지기厥陰風木之氣가 지배를 한다는 뜻이다.[555]

이는 지지에 육기와 삼음삼양을 배합함으로서 기년의 지지에 근거하여 기후의 변화와 인체에 관한 영향을 연구하는 표준이 된다. 십이지에 육기와 삼음삼양을 배합하여 도표로 나타내면 다음과 같다.[556]

---

554) 任應秋, 앞의 책, p.118 참조.

555) "子午之歲 上見少陰, 丑未之歲 上見太陰, 寅申之歲 上見少陽, 卯酉之歲 上見陽明, 辰戌之歲 上見太陽, 巳亥之歲 上見厥陰, 少陰所謂標也 厥陰所謂終也, 厥陰之上 風氣主之, 少陰之上 熱氣主之, 太陰之上 濕氣主之, 少陽之上 相火主之, 陽明之上 燥氣主之, 太陽之上 寒氣主之", 「五運行大論」, "子午之上 少陰主之, 丑未之上 太陰主之, 寅申之上 少陰主之, 卯酉之上 陽明主之, 辰戌之上 太陽主之, 巳亥之上 厥陰主之",「天元紀大論」, 앞의 책, p.378 참조.

556) 任應秋, 앞의 책, p.122 참조.

【십이지배육기표+二支配六氣表】

地支	子午	丑未	寅申	卯酉	辰戌	巳亥
三陰三陽	少陰	太陰	少陽	陽明	太陽	厥陰
六 氣	君火	濕土	相火	燥金	寒水	風木

◎ 삼음 삼양

『황제내경』「소문」〈음양합론〉에서 음양의 본질은 합하고 나누어질 수 있어, 합하면 일음일양이 되고 나누어지면 삼음삼양으로 될 수 있다고 하였다. 이는 陰과 陽 자체가 함유하고 있는 음기와 양기의 크기에 따라 각각 셋으로 나누어지며, 陰의 셋이 삼음이 되고 陽의 셋이 삼양이 됨을 설명한 말이다.

삼음 중에서 궐음厥陰이 음기가 가장 적고, 그 다음은 소음이며, 태음은 음기가 가장 왕성하므로, 「소문」〈음양유론〉에서는 궐음을 일음, 소음을 이음, 태음을 삼음이라 호칭하였다. 陽도 마찬가지로 삼양 중에서 소양이 양기가 가장 적고, 양명陽明이 그 다음이며, 태양은 양기가 가장 왕성하므로, 「음양유론」에서는 소양을 일양, 양명을 이양, 태양을 삼양이라 호칭하였다.[557]

삼음삼양의 음양기는 각각 차이가 있기 때문에, 이로써 기후氣候 · 물후物候 · 병후病候를 표현할 때도 차이가 있다. 기후에 있어 궐음은 풍風과 온溫

---

[557] 이는 素問의 「天元紀大論」에서 말한 "陰陽之氣 各有多少 故曰三陰三陽也"의 내용과 부합한다.

을, 소음은 열熱을, 소양은 火를 대표하고, 태음은 습濕을, 양명은 조燥와 양凉을, 태양은 한寒을 대표한다. 물후에 있어 궐음은 木과 생生을, 소음과 소양은 火와 장長을, 태음은 土와 화化를, 양명은 金과 수收를, 태양은 水와 장藏을 대표한다. 병후에 있어 궐음은 간肝을, 소음과 소양은 심心을, 태음은 비脾를, 양명은 폐肺를, 태양은 신腎을 대표한다.

제4장

동서양 12지지와 12사인의 비교

1. 지지地支의 합작용의 비교

점성학과 연관지어 행성의 속성을 간단하게 정의한다는 것은 어려운 일이고 12궁위sign 역시 명확한 개념 정의가 어려운 것이지만, 기나긴 세월 동안 점성가들이 밤하늘의 수 많은 별들을 관찰하며 네 가지 원소element와 세 가지 특질의 패러다임을 연역적으로 적용하여 12개 영역으로 구분하는 전통을 확립히였다.[558] 그 덕에 적어도 12궁위에 대해서는 도식적으로 그 속성을 비교 분석하는 것이 가능하게 되었다.

12궁위의 경우 네 종류의 원소와 세 종류의 특질이 일정하게 교차하며 각 궁위의 속성을 정의하기 때문에, 그 특성간 비교와 상호관계가 비교적 분명하게 이루어 질 수 있는 편이다. 그러한 12궁위에 비하여 점성학에서 알고 있는 행성들은 땅에 훨씬 가까운 곳에 위치하기 때문에, 그 속성에서 분화와 교환, 혼합 등이 몇 단계 더 이루어진 상태다.

---

558) 김고은. "육합의 구조에 의거한 점성학적 상징의 의미 관련성에 대한 고찰". 정신과학 제11집 천문편. 서울 : 열매 출판사. 2005

【점성학의 4원소와 12궁위】

원소(Triplicity)	12궁위(sign)		
불(Fiery sign)	백양궁(Aries)	사자궁(Leo)	인마궁(Sagittarius)
땅(Earth sign)	마갈궁(Capricorn)	금우궁(Taurus)	처녀궁(Virgo)
바람(Airy sign)	천칭궁(Libra)	수병궁(Aquarius)	쌍자궁(Gemini)
물(Watery sign)	거해궁(Cancer)	천갈궁(Scorpio)	쌍어궁(Pieces)

예측컨데 행성의 속성이란 것은, 12궁위 만큼이나 순수하지 않고 더욱 복잡한 편이다. 이는 명리학의 기본이 되는 십간십이지의 개념 정의에 기반이 되는 오행을 음양으로 구분하여 천간의 속성을 세우고, 그 열두 가지 지지의 속성의 결과물인 지장간이라는 개념으로 표현하고 그 지지의 속성을 지정한 일련의 과정과 유사한 점이 있다. 가령 지지 중 寅이 30일 지장간은 戊 - 7일, 丙 - 7일, 甲 - 16일이 서로 일정한 규칙하에 섞여있는 개념인 깃이나. 이러한 속성상의 분화, 교환, 혼합 등의 과정을 거친 행성인 만큼, 그 복잡한 속성을 판단하기 위해서 분화되기 전 기반체계가 되는 12궁위의 성격을 파악하는 것이 우선이라 할 수 있다.

12궁위에서 일곱 개의 행성이 각각 지배권을 얻는 구조는, 원형으로 배열된 12궁위의 바탕 위에서 도식적으로 표현되고 있으며 태양과 달을 제외한 다른 다섯 행성은 각각 두 가지 궁위를 지배하는데, 기하학적으로 그 두 가지 궁위를 잇는 선은 하나의 직선축에 직각의 각도를 이루며 도식적으로 평행 배열을 보여주고 있다.

이 축은 수병국과 마갈궁 사이 간극과 그와 대상이 되는 사자궁과 거해궁 사이의 간극을 연결하는 선분인데, 이 구조는 명리학에서 언급하는 육합 이론과 일치한다. 천문天門으로 만들고 해석하는 해궁亥宮과 술궁戌宮은 각각 서양점성학의 12궁위에서 처음과 끝을 상징하는 쌍어궁과 백양궁의 위치이다.

서양점성학에서는 출생 천궁도 차트를 12궁으로 나누고 12, 11, 10번째 하우스는 동쪽, 봄, 남성, 유소년기를 나타내며 오리엔탈 쿼터라고 본다. 9, 8, 7번째의 하우스는 남쪽, 여름, 여성, 청년기를 의미하며 옥시덴탈 쿼터로 본다. 6, 5, 4번째 하우스는 서쪽, 가을, 남성, 성년기를 나타내고 오리엔탈 쿼터로 본다. 3, 2, 1번째 하우스는 북쪽, 겨울, 여성, 노년기를 나타내고 옥시덴탈 쿼터로 본다.

【하우스의 쿼터별 영역】

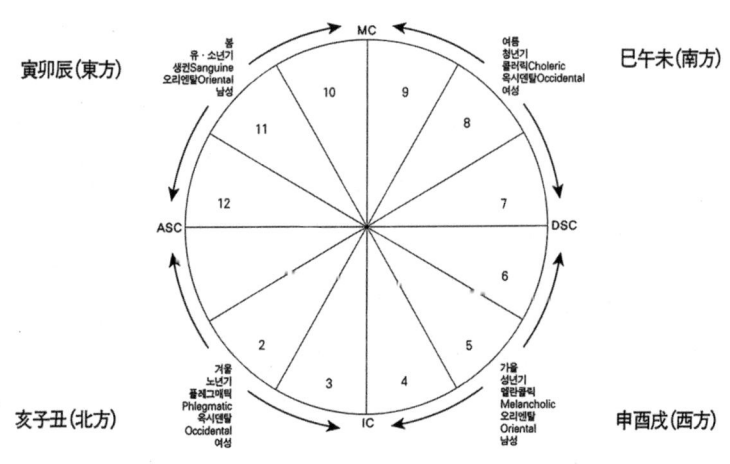

타케다 코오겐(武田考玄 2007)에 의하면 태양의 빛이 지구에 똑바로 비치는 정조점正照点은 북위 23.5도의 북회귀선과 남위 23.5도의 남회귀선의 사이를 이동하며 하지 때는 북회귀선, 동지 때는 남회귀선, 춘분과 추분 때는 적도

를 정조正照하게 된다. 이 북회귀선과 남회귀선을 왕복하는 기간이 1년이 되고 이를 도식적으로 12개월에 균등분한 것이다. 결국 지합支合이란 태양이 정조하는 위치가 동일한 위도에 있는 월지 상호 간의 관계라고 말할 수 있다. 간합과 마찬가지로 두 지지가 나란히 있고 일정의 조건이 구비되면 장간이 속하는 오행으로 통일되게 된다.

【태양 정조점의 지구상 위치도】

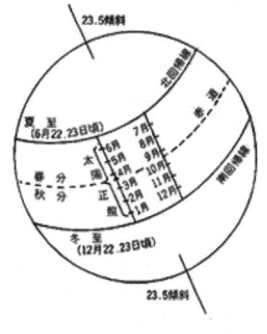

【남·북회귀선 왕복도】

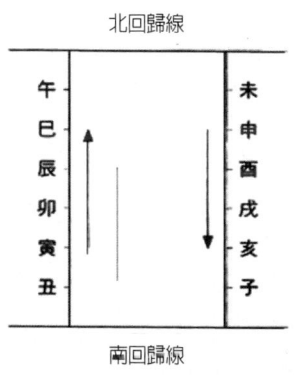

출처 : 다케다코오겐, 2007:p.54

지합支合에 대한 견해는 지구가 우주의 중심에 있으며 태양과 위성이 움직이고 있다고 천동설을 믿는 시대부터의 것이기는 하지만, 아래 그림과 같이 현대의 지동설에 의한 위성의 궤도 위치순 또는 그 위성의 이름과 속하는 오행이 보기 좋게 일치한다. 이는 고대 중국인의 뛰어난 영지英知이다.

【지합의 변하는 오행과 태양계 배치와의 일치도】

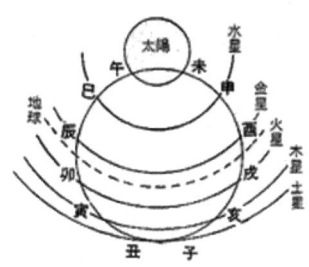

출처 : 다케다코오겐, 2007:p.55

【12지지와 12궁위 동치표】

12지지	술戌	유酉	신申	미未	오午	사巳	진辰	묘卯	인寅	축丑	자子	해亥
12궁위	백양궁	금우궁	쌍자궁	거해궁	사자궁	처녀궁	천칭궁	천갈궁	인마궁	마갈궁	수병궁	쌍어궁

또한 천문학적으로 12궁위는 점성학적으로 특정 지역의 위도와 경도를 기준으로 측량학적인 틀에 맞춰서 재배열되어야 하는데, 이때 점성학에서 사용되는 측량학적인 틀이 12하우스house이다. 점성학에서 12하우스의 특성과 구조에 대해 말할 때 그 속의 작은 범주를 구분하는 기본적인 관점들 중 하나로서, 1~6번은 처음부터 '나(I)'가 주체가 되는 것을 대표하는데 비해, 7~12번은 그 '나'가 자신 외의 타인을 중요하게 인식하기 시작한 뒤에 '우리(We)'가 그 존재 양상의 주체가 된다는 방식을 들 수 있다. 명리학에서는 지지의 육합六合을 화합, 결합, 화목, 배합을 얘기하며, 그에 따라 오행이 변한다고 본다. 그렇지만 왜 오행이 변하는지에 대해서는 정확하게 설명을

하지 못하고 피상적인 설명을 나열해 왔을 뿐이다. 명리학에서 육합은 다음과 같다.

- 子丑 합合 – 土로 변한다.
- 寅亥 합合 – 木으로 변한다.
- 卯戌 합合 – 火로 변한다.
- 辰酉 합合 – 金으로 변한다.
- 巳申 합合 – 水로 변한다.
- 午未 합合 – 太陽, 太陰이다.

이의 서양점성술에서의 원리는 다음과 같다.

- 子丑궁의 지배궁Rullership은 土星이고
- 寅亥궁의 지배궁Rullership은 木星이고
- 卯戌궁의 지배궁Rullership은 火星이고
- 辰酉궁의 지배궁Rullership은 金星이고
- 巳申궁의 지배궁Rullership은 水性이고
- 午궁의 지배궁Rullership은 太陽이고
- 未궁의 지배궁Rullership은 太陰이다.

이것을 그림으로 나타내면 아래 그림과 같다.

【그림사인과 행성의 지배관계】

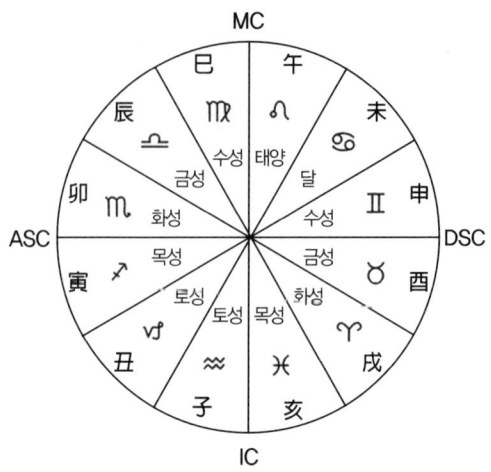

출처 : 이용준, 2004, p.12

그러나 유의할 점은 서양 점성술은 계절에 따른 12궁을 각 달의 별자리로 파악하고, 12궁에 부합되는 동양의 명리학의 12지지도 월을 의미하는 월지만이 서양 점성술이 표현하는 것과 같다고 본다. 하지만 명리학에서는 별자리 위치를 60갑자로 표시하다보니 월지뿐만 아니라 년지, 일지, 시지에서도 육합을 따지는데 원래 서양점성술에서는 근거가 없기 때문에 세밀한 검증이 필요하리라 본다.

1) 행성과 합충의 비교

서양점성학에서는 각각의 12사인Sign을 지배하는 다섯 개의 주인 행성이 배정된다. 행성은 아래 표와 같다.

【12사인과 행성】

12사인	황도12궁(地支宮)	행성	트리플리시티(원소)	낮과 밤(음양)
양자리	戌	화성	불	낮(양)
황소자리	酉	금성	흙	밤(음)
쌍둥이자리	申	수성	공기	낮(양)
게자리	未	달	물	밤(음)
사자자리	午	태양	불	낮(낮)
처녀자리	巳	수성	흙	밤(음)
천칭자리	辰	금성	공기	낮(양)
전갈자리	卯	화성	물	밤(음)
사수자리	寅	목성	불	낮(양)
염소자리	丑	토성	흙	밤(음)
물병자리	子	토성	공기	낮(양)
물고기자리	亥	목성	물	밤(음)

출처 : 이용준, 2004, p.15

예를 들어 보면, 위의 표에서 물병자리 子와 염소자리 丑의 별자리는 토성이 주인이다. 그러므로 子와 丑의 별자리는 토성의 지배를 받는다고 알 수 있다. 그래서 子와 丑은 합하여 土의 오행이 된다고 하게 될 것이다. 이런 현상을 명리학에서는 여섯 종류의 합, 육합六合이라고 설명한 것이다. 또한 서양점성학에서는 천궁도에서 행성끼리 180도의 각도를 이루는 것[559]을 말하며 흉하다고 본다.

---

559) 어포지션 Opposition 이라고 하며, 메이저 아스펙트 Major aspect 에 속한다.

2) 삼합과 트라인 Trine

행성과 합충을 명리학에서는 지지의 삼합국三合局을 같은 오행끼리의 결합으로 본다.

- 申子辰－水局
- 巳酉丑－金局
- 亥卯未－木局
- 寅午戌－火局

서양점성학에서는 고대에서 언급한 4원소 가운데 같은 원소끼리 상통하고 결합하는 성질을 가진 12사인 상호 관계를 설명하며 12사인의 각도가 120도를 이루는 세 사인의 결합을 말한다.

【4원소에 따른 12사인과 12지지】

서양원소	서양정성학 12사인			동양오행	사주명리학 12지지		
불	백양궁	사자궁	인마궁	火	戌	午	寅
땅	마갈궁	금우궁	처녀궁	金	丑	酉	巳
바람	천칭궁	수병궁	쌍자궁	水	辰	子	申
물	거해궁	천갈궁	쌍어궁	木	未	卯	亥

서양점성학 원소 가운데 불은 동양의 오행에서는 火로, 흙은 오행에서는 金으로, 공기는 오행에서는 水로, 물은 오행에서는 木이 된다. 조화 좌상의 대표격인 120도 삼각trine[560]과 60도 육각sextile[561]의 경우, 앞에서 제시한 동질감으로 인한 편안함을 표현하는 가장 적합한 구조라고 할 수 있다.[562]

3) 방합과 쿼터Quarter

명리학에서는 지지의 방합을 봄, 여름, 가을, 겨울의 사계절을 대표하는 기운으로 같은 계절의 기운끼리 통하는 현상을 가리킨다.

- 寅卯辰 – 木方 – 봄
- 巳午未 – 火方 – 여름
- 申酉戌 – 金方 – 가을
- 亥子丑 – 水方 – 겨울

서양점성학에서는 출생 천궁 차트를 12궁으로 나누고 12, 11, 10번째 하우스르 동쪽, 봄, 남성, 유소년기를 보며 오리엔탈 쿼터라고 한다. 9, 8, 7번째의 하우스는 남쪽, 여름, 여성, 청년기를 말하며 옥시덴탈 쿼터라 한다. 6, 5, 4번째 하우스는 서쪽, 가을, 남성, 성년기로 보며 오리엔탈 쿼터라 한다.

---

560) 행성간의 각도가 120도를 이루어 세 개의 행성이 삼각을 이루는 메이저 아스펙트.
561) 행성간의 각도가 60도를 이루어 행성들이 육각을 이루는 메이저 아스펙트.
562) 김고은, "육합의 구조에 의거한 점성학적 상징의 의미 관련성에 대한 고찰", 정신과학 제11집 천문편, 서울 : 열매 출판사, 2005.

3, 2, 1번째 하우스는 북쪽, 겨울, 여성, 노년기로 보며 옥시덴탈 쿼터라 한다.

【황도 12궁과 12지지의 배치도】

巳宮	午宮	未宮	申宮
辰宮			酉宮
卯宮			戌宮
寅宮	丑宮	子宮	亥宮

출처 : 박영창 "서양점성학과 사주학". 정신과학 제11집, 천문편.

위 그림에서 각각의 궁은 30도 12궁을 모두 합하면 360도가 된다. 마주 보는 궁과 궁은 180도의 각도를 이루고 있고, 자궁子宮과 오궁午宮은 180도의 각도를 이룬다. 자궁子宮과 묘궁卯宮은 90도의 각도를 이루고, 자궁子宮과 유궁酉宮은 90도의 각도를 이룬다. 그리고 자궁子宮과 진궁辰宮은 120도의 각도를 이루고, 자궁子宮과 신궁申宮 역시 120도의 각도를 이루고 있다.

2. 지지의 형·충·파·해 작용의 비교

1) 형충파해론과 성궁론

서양점성학과 명리학은 천간을 보는 이론도 밀접하게 연관되어 있다. 그러나 천간의 연관보다는 지지의 연관성이 더욱 크다. 사주학에서 애용하는 지지의 형충파해회합 이론이 서양의 점성학과 밀접한 관련이 있음을 알 수 있는데 명리학이 천문학과 점성학에서 출발했다는 또 다른 증거는 명리학의 지지회합형충파해地支會合刑沖破害와 서양점성학의 성궁론星宮論의 공통점을 보면 알 수가 있다.

현재까지 명리학 서적에서는 지지의 회합형충파해의 원리의 연원을 정확하게 설명하지 못하고 있는데, 명리학의 지지 회합형충 이론은 근원을 보면 서양의 점성학으로부터 큰 영향을 받았으며, 서양점성학에 그 연원을 두고 있는 것이다.[563]

2) 지지의 충沖

명리학에서 충沖이란 서로 상반되는 성질의 오행끼리 충돌하여 발생하는 것으로 동과 서, 남과 북 등 서로 대립하는 오행끼리 부딪쳐서 변화하는 작용을 말한다. 따라서 합과는 서로 상대되는 개념이고, 상극相剋보다는 더

---

[563] 박영창. "서양점성학과 사주학". 정신과학 제11집 천문편. 서울 : 열매출판사. 2005.

욱 적극적이고 구체적인 역할을 한다고 보고 있다. 그러므로 충은 충돌, 해산, 분리, 파괴, 살상 등 부정적인 작용과 더불어 새로운 움직임 즉 발동, 충전, 분발, 개척, 가속, 공격 등과 또 다른 생산의 역할 등을 담당하기도 하기에 무조건 흉작용으로 해석해서는 안된다. 명리학에서 충은 아래의 여섯 가지인데 이들은 모두 180도로 마주보고 있는 지지들이다.

- 子午 충沖
- 丑未 충沖
- 寅申 충沖
- 卯酉 충沖
- 辰戌 충沖
- 巳亥 충沖

【아스펙트의 종류】

구분	아스펙트명	각도	길흉의 구분
메이져 아스펙트	섹스타일 Sextile	60	길
	트라인 Trine	120	길
	스퀘어 Square	90	흉
	어포지션 Opposition	180	흉
	컨정션 Conjunction	0	때에 따라 다름
마이너 아스펙트	세미섹스타일 Semisextile	30	
	퀸타일 Quintile	72	
	트레데사일 Tredecile	108	
	바이퀸타일 Biquintile	144	
	퀸컨크스 Quincunx	150	

서양점성학의 천궁도에서 행성끼리 180도의 각도를 이루는 것을 어포지션Opposition이라고 하며, 메이저 아스펙트Major aspect에 속하고 있다. 차트에서 두 개의 별이 가장 먼 지점에서 마주보고 있는 것으로 서로 대립한다는 의미가 있어 흉하다고 본다.

　180도의 충冲이라는 관계가 그 객체나 대상 둘 다에게 결코 편하지 않은 관계 내지는 상황이라는 것은 명백하다. 0도 합合의 경우 그 인식의 심도라는 점에서 충과는 정반대의 양상을 보인다. 어떤 개체와 대상이 0도로 일치 혹은 중첩하고 있을 때, 그 개체는 자신과 대상을 동일시한다.[564]

　이와 같이 명리학의 충冲은 서양점성학의 어포지션Opposition에서 유래되었음을 알 수 있다. 아스펙트의 종류는 위의 표와 같으며, 삼합은 120도인 트라인Trine의 원리, 지지의 충冲은 180도인 어포지션Opposition 그리고 형刑과 파破는 90도인 스퀘어Square의 원리와 유사하다.

3) 지지의 형刑

　명리학에서 형刑이란 형벌과 같은 것으로 사회질서를 유지하기 위한 각종 규범이나 제재조치와 같은 작용을 하고 있다. 즉 새로운 목적을 달성하기 위해서 어느 정도의 희생을 감수하더라도 잘못된 것을 도려내는 수술의 역할과, 가정이나 조직사회 등의 단합을 해치는 것과 같이 삼합三合을 손상하는 작용도 한다. 명리학에서 형刑의 종류는 아래와 같다.

---

564) 김고은. "육합의 구조에 의거한 점성학적 상징의 의미 관련성에 대한 고찰". 정신과학 제11집 천문편. 서울 : 열매 출판사. 2005.

■ 子卯 형刑

■ 丑戌未 형刑

■ 寅巳申 형刑

서양점성학에서는 천궁도상 90도의 각도를 이루는 행성관계를 스퀘어 Square라고 말하며 흉하다고 보고 있고, 또한 부정적인 어감을 현실화시키는 진정한 부조화 좌상은 바로 90도 형刑이라 할 수 있다고 하여 좋지 않은 아스펙트로 보았다.[565] 이와 같이 명리학에서의 형刑 역시 서양점성술에서 유래한 것을 알 수 있으며, 충沖과 같이 흉한 아스펙트로 보듯이 역시 명리학에서도 안 좋게 보는 것을 알 수 있다.

4) 지지의 파破

명리학에서 파破는 잘못된 것을 정리하고, 다듬고, 분리하고, 파괴한다는 뜻으로, 파破는 중간에 계획을 수정하거나 진로를 바꾸는 것으로 볼 수 있다. 작용력의 강약은 파破만 가지고 보면 형刑, 충沖, 해害보다는 약하나, 형충해刑沖害가 같이 작용하면 그 영향력은 엄청나게 커진다.

■ 子酉 파破

■ 丑辰 파破

■ 寅亥 파破

---

565) 김고은. 앞의 책.

- 卯午 파破
- 巳申 파破
- 未戌 파破

서양점성학에서는 90도의 각도를 이루는 행성관계의 스퀘어Square를 말하며 흉하다고 보고 있고, 명리학에서도 역시 형과 같이 안 좋게 해석됨을 알 수 있다.

5) 지지의 해害

명리학에서 해害란 없어야 할 방해물이 중간에 끼어 이간질하거나 모리배처럼 투서로써 쌍방의 단합을 방해하고 피해를 주는 것으로서, 지지의 육합六合을 깨뜨리는 것이다. 따라서 해란 육합의 상충되는 지지로서 가까운 사람과의 질투, 암해, 모략, 공격, 투쟁, 소송 등을 주관한다고 본다. 해害의 종류는 다음과 같다.

- 子未 해害
- 丑午 해害
- 寅巳 해害
- 卯辰 해害
- 申亥 해害
- 酉戌 해害

서양점성학에서 유래된 육합六合은 각 궁Sign의 지배궁이 같은 것끼리 길하다고 해석하였다고 전술한 바 있다.

- 子丑궁의 지배궁Rullership은 土星이고
- 寅亥궁의 지배궁Rullership은 木星이고
- 卯戌궁의 지배궁Rullership은 火星이고
- 辰酉궁의 지배궁Rullership은 金星이고
- 巳申궁의 지배궁Rullership은 水性이고
- 午궁의 지배궁Rullership은 太陽이고
- 未궁의 지배궁Rullership은 太陰이다.

명리학에서는 해를 육합六合을 방해하는 요소로 본다. 육합하려는 두 개의 행성 가운데 한 개를 충沖하는 제3의 행성이 있다면, 충沖하는 제3의 행성은 합습을 방해하는 작용을 한다. 子와 丑이 합하려고 하는데 未가 있으면 丑을 충沖하여 丑으로 하여금 子와 합할 겨를이 없게 만든다. 이럴 경우에 子와 未는 부조화의 관계를 이룬다. 이와 같이 사주명리학의 해도 서양점성학에서 중시하는 지배궁Rullership이 같은 궁Sign을 방해하는 궁을 나쁜 것으로 보았기에, 이에 영향받은 사주명리학에서도 육합을 방해하는 해害를 나쁜 의미로 해석한 것을 볼 수 있다.

3. 서양점성학과 명리학의 기타 유사성

1) 방합의 생왕고와 앵글Angle

서양점성학에서는 출생차트를 12부분으로 나누어 각각 인생의 전반적인 문제들을 나타내도록 한 것을 하우스라고 한다. 이런 12개의 하우스는 위치에 의해서 어떤 것은 강하고 또한 어떤 것은 약하다. 이것은 ASC[566]와 각각의 하우스인 쿠스프Cusp[567]가 이루는 각도 때문이다. 특히 앵글Angle이라고 하는 1, 10, 7, 4 번째 하우스는 ASC를 기준으로 90도로 나누어지는데 이는 명리학에서 말하는 12지지의 왕지에 해당한다. 이들은 또한 ASC와 각각 30도와 60도를 이루는 2번째 하우스나 3번째 하우스보다도 세력이 훨씬 강하다. 이중 30도 각도가 작은 2번째 하우스의 세력이 가장 약하고, 강한 하우스에서 약한 하우스까지의 힘의 우열은 다음과 같다.

1 〉10 〉7 〉4 〉11 〉5 〉9 〉3 〉2 〉8 〉6 〉12

12하우스를 영향력의 정도에 따라 구분하면 다음과 같다.

---

566) 서양점성학 차트의 정동쪽으로 자신의 템플.
567) 하우스와 하우스, 사인과 사인의 경계.

【12하우스 영향력과 12지지의 생왕고生旺庫】

하우스	계절	구분	지지	생왕고
12	봄	Cadent	丑	고지庫地
11	봄	Succedent	寅	생지生地
10	봄	Angle	卯	왕지旺地
9	여름	Cadent	辰	고지庫地
8	여름	Succedent	巳	생지生地
7	여름	Angle	午	왕지旺地
6	가을	Cadent	未	고지庫地
5	가을	Succedent	申	생지生地
4	가을	Angle	酉	왕지旺地
3	겨울	Cadent	戌	고지庫地
2	겨울	Succedent	亥	생지生地
1	겨울	Angle	子	왕지旺地

2) 대운, 세운과 디렉션Direction

대운大運은 사주의 출생한 월주月柱에서부터 시작하고, 대운의 간지 기둥이 인생 운로運路의 10년을 지배하고 관장하고 있는데, 이런 이유는, 명리학의 근간根幹이 인간 자체를 우주宇宙의 한 일원一員으로 생각하고 우주운동에 따라서 변화를 관측하는 것이기 때문이고, 또한 만물이 춘하추동 사계절의 기후변화에 의해서 성盛하고 쇠衰하기 때문이다.

지구가 태양계太陽系 속에 있게 되고, 달月은 지구를 중심으로 돌고 있는

한 위성이 되니 이 셋은 한 단위체로 함께 운동을 하고 있는데, 태양과 지구가 종적으로 관계지어 있다면, 달과 지구는 횡적으로 관계되어 상호 종횡縱橫 인력引力관계를 유지하면서 순환 궤도의 질서를 잘 지켜나가고 있다. 이런 일련의 과정을 통해서 달과 지구의 인력관계로 사시 사계절의 변화와 함께 만물의 생리작용生理作用이 이루어지고 있다. 즉 기후의 변화가 태양에도 있음은 맞지만, 지구가 태양을 1년에 1회 공전하는 동안 많은 변화 현상을 일으키는 달의 작용이 만물에 더욱 밀접하면서도 크게 영향을 미치고 있기 때문에 후천적인 변화를 파악하는 대운은 월령月令을 기준하여 각 사람의 자전 궤도를 삼는다. 그리고 대운의 한 간지가 인생 운로의 10년을 담당하는 이유는, 인간이 우주회전을 완료하는 데는 120년이 소요된다고 한다.[568] 이 120년을 1년으로 축소하여 보면 1년은 12개월로 나누어 볼 수 있게 되는데 120년을 12로 나누면 10년이 되고, 이 10년이 곧 한 달처럼 비유하는 데서 비롯한 것이다. 이런 결과로 대운의 한 기둥이 인간운명의 10년을 지배하는 역할을 담당한다.

일부 사람들은 사주기둥에다가 후천적으로 돌아오는 대운의 기둥을 합하여 오주五柱라 부르고도 하는데, 원래 명리학에서 오주五柱라는 말은 없고, 사주를 추명하는 데 있어 대운이 갖는 비중이 중요하다는 것을 역설적으로 표현한 것이다. 이처럼 대운이란 것은 사주가 가지고 있는 장소와 환경을 파악할 수 있는 기준이고, 일정한 기간(10년 동안) 사주를 관리하는 관리자와 같은 역할을 하므로 대운의 흐름을 해석한다는 것은 10년간의 길흉을 파악한다는 의미다.

서양점성학에서는 차트, 즉 인생의 흐름을 읽는 모든 방법을 통칭하여

---

568) 양원석, 『명리학개론』, 서울 : 대유학당, 2002.

디렉션Direction이라고 한다. 디렉션은 크게 행성의 움직임에 기인하는 프라이머리 디렉션Primary Direction과 세컨더리 프로그래션Secondary Progression, 매일 실제적인 플래닛의 움직임에 기초하는 트랜짓Transit, 그리고 솔라 리턴Solar Return과 루나 리턴Lunar Return 등이 있다.[569]

여기서 프라이머리 디렉션과 세컨더리 프로그래션은 명리학의 대운大運이고, 솔라 리턴은 그해 생일부터 다음해 생일까지 1년 간의 운을 보는 것으로 세운歲運이며, 루나 리턴은 한달 간의 운을 살피는 것으로 월운月運에 해당하며 트랜짓은 하루의 움직임을 보는 것으로 일운日運에 해당하며, 이런 결과로 보아 명리학에서 운의 개념이 만들어진 것은 아마도 서양점성학에서 유래된 것으로 추정할 수 있다.

3) 춘분과 추분의 절기를 기준

현대 산업 · 정보화사회를 살아가는 사람들에게 24절기節氣라는 것은 잘 알지 못하는 단어다. 그저 방송을 통해서나 달력에 표시된 글자를 통해서 입춘立春이나 경칩驚蟄 등을 듣게 되는데, 왠지 모르게 고전적이고 현실적으로는 별로 활용 가치가 없는 것으로 여기곤 한다. 그러나 24절기에 대한 발생 연원을 제대로 알면 그 과학성과 활용성에 대하여 놀랄 수밖에 없게 된다. 우리와 같은 농경민족農耕民族에게 있어서는 더 나은 풍성한 수확을 확보하는 차원에서 한난조습寒暖燥濕한 계절의 변화를 정확히 파악하는 것이 다른 무엇보다도 가장 중요한 일이었음은 분명하다.

---

569) 이현덕, 『정통 점성술』, 서울 : 좋은 글방, 2005

문제는 달의 변화에 따라 이루어지는 음력陰曆과 태양太陽을 기준으로 한 양력陽曆에 의한 계절판단은 1년에 약 11일의 차이가 발생한다는 점이다. 달이 새롭게 시작되는 음력 초하루를 1개월의 시작으로 하고, 윤년閏年을 부가하면 달력의 날수와 기후간의 차이는 10일에서 20일 정도가 나지만, 이것 역시 자연의 변화를 상대로 하는 농경에는 수확에 커다란 지장을 주었다.

그런데 수많은 관찰과 탐구를 통하여 계절의 변화와 일치하면서 몇 년이 지나도 틀리지 않는 기준을 찾은 것이 1년 중 밤낮의 길이가 같은 날과 낮이 가장 긴 날, 가장 짧은 날인 춘분春分과 추분秋分, 하지夏至와 동지冬至 등인 것이다. 이와 같이 계절季節과 기후氣候가 일치하는 기준점을 근간으로 날을 나누어 정한 것이 24절기다. 처음 24절기의 구분은 동지를 기점으로 해서 1년을 24등분하여 15일마다 한 절기를 두고 그 시점의 계절에 맞추어서 명칭했는데, 이후에는 춘분을 기점으로 하여 지구에서 태양이 보이는 궤도인 황도黃道 360도를 24등분하여 태양이 15도씩 황도 위를 움직이는 그 위치에 해당하는 날을 24절기로 정하였다.

우리나라와 중국은 처음엔 1년의 시작점을 동지로 정했었으나 후대의 중국 한漢나라 시대부터 입춘立春을 연초年初로 정했다. 즉 1년이 시작된다는 것은 태양이 새롭게 시작된 것이며, 농경사회에서는 농사의 시작과 봄의 시작을 의미하기 때문이다. 이는 현재 사용하고 있는 서력西曆과는 많은 차이를 보이고 있다. 양력에서는 년의 시작인 1월 1일은 단지 약속일 뿐이지 아무런 의미가 없는데, 명리학에서 연월일시年月日時를 정할 때 절기節氣를 기준으로 적용했다는 점은 과학성과 합리성이 있음을 증명한다. 서양의 12사인에서도 2,000년 전에는 이 춘분점이 양자리에 위치하고 있었다. 지금은 비록 세차운동으로 약간의 위치 이동이 있지만, 아직도 서양에서는 춘분점을 양자리의 원점으로 생각하여 양의 머리 모양을 한 'Y'자로 표시한다.

4) 역법曆法의 기준은 태양력

　동양에서 예전부터 적용해 오던 음력陰曆의 역법曆法은 오늘날 우리가 현실적으로 사용하고 있는 태양력에 비하여 매우 복잡하다.[570] 명리학이 음력을 기반으로 한 만세력을 역법曆法으로 활용하고 있지만, 실제 활용할 시에는 서양점성술과 같이 태양력太陽曆을 기준으로 한다. 명리학에서 역법을 정할 때 중요한 것은 입춘立春을 비롯한 24절기節氣이다. 이러한 절기는 동양의 음력상 나타난 문제점을 보완하였으며 태양을 기준으로 한 절기인 만큼, 절기를 기준으로 하여 월月을 나누고 또 그 월지를 추명에 있어 가장 중요한 요소로 보는 명리학은 그 근간이 양력陽曆임을 알 수 있다. 명리학이 태양력을 사용하기 때문에 절기와 절기 사이를 생월生月의 경계로 삼는다.

　더 정확하게는 달의 삭망朔望주기와 계절의 변화 주기週期를 다 고려하여 만든 역易인 '태음태양력'을 사용한다.[571] 따라서 자미두수 등 음력을 사용하는 다수의 동양 점성학의 오류인 윤달 문제가 없게 된다. 음력을 사용하면 달의 경계가 음력 1일에서 30일로 끊어지나 윤달이 있는 해에는 같은 달이 두 번 있게 된다. 명리학은 윤달이 드는 해라 할지라도 절기로 달의 경계를 삼고, 태어난 날의 일진으로 사주가 구성되기 때문에 윤달과 원래의 달이 같은 사주로 해석되는 오류를 차단할 수 있게 되었다.

---

570) 김동석, 『고전 천문역법 정해』, 서울 : 한국학술정보, 2010.
571) 김동석, 앞의 책.

5) 격국용신과 LOG Lord of Geniture : 출생시 항성의 위치

LOG는 전문 점성가들은 알무텐(Almuten : 차트를 지배하는 행성)이라고 한다. 출생차트에서 가장 강한 행성이 무엇인지를 찾아서 네이티브(태어난 사람)에게 평생 동안 자신의 성격, 인생, 수명 등에 가장 강력한 영향력을 행사한다고 보고 있다.

반면 명리학의 생명은 격국格局에 있다 할 수 있다. 격국이란 사주 주인의 사회성과 일간의 대외적인 활동무대를 나타내는 것으로서, 사주의 짜임새요 틀이며 인생에 있어서 부귀와 빈천을 판단할 수 있는 운의 근간이 되는 그릇에 비유할 수 있다.

인격人格이나 품격品格이란 표현에서 보듯이 격국은 각 사람들에 대한 그릇과 폭을 나타내며 사주를 대표하는 것과도 같으니, 격국의 성패成敗는 곧 그 사주의 질량質量과 고저高低를 판단하는 중요한 요소가 되며, 직업적 성향과 성격적인 부분에 까지 많은 영향을 미치게 되므로 사주를 추명하는 데 있어 중요한 부분이며, 이러한 격국을 모르고서는 운명을 정확하게 판단할 수 없다.

용신用神이란 것은 사주 쓰임새의 핵심이며, 길흉화복을 결정하는 작용의 주체이다. 사주의 주인에 해당하는 일주日主를 도와주고 때로는 억제하며, 일주의 위임을 받은 관리자로서 격국과 운로를 주관하고 운용하는 역할을 한다. 이런 고로 사주팔자 중에서 가장 필요한 것이며 일주를 위해 제일 중요한 일을 하는 것이 용신이다. 그렇기 때문에 사주를 판단하는 과정 중에서 용신을 가려내고 또한 용신의 길흉을 파악하는 일은 대단히 중요하다. 명리학의 격국과 용신의 의미같이 서양점성학의 LOG역시 인간의 운명을 추명하는 데 있어서 중요한 역할을 한다는 점에서 공통점이 있다.

4. 서양점성학과 명리학의 차이점

서양점성학과 명리학은 별자리와 행성의 위치변화로 인간 운명에 영향을 미친다는 논리를 통하여 각기 그 이론을 각기 다른 장소에서 발전시켜 왔으나, 다음과 같은 면에서 근원적인 차이점이 있다.

1) 시간적용과 각도의 차이

첫째, 서양점성학은 정확한 시간을 기준으로 하고 있지만, 명리학에서는 60갑자의 부호화된 시간체계를 기준으로 하고 있고, 하루를 24시간으로 나누어 2시간마다 사주가 달라지고 있어 출생시간을 인식하는 방법부터 차이가 있다. 서양점성학에서는 1도 단위로 행성의 변화를 측정하기 때문에 약 4분 단위로 같은 운명이 될 수 있고 명리학보다 더 세분하여 사람의 운명을 구분할 수 있다.

둘째, 각도를 해석하는 부분에서 서양점성술은 실제 변화하는 행성의 상대적 각도를 기준으로 하는 반면, 명리학은 각 지지가 30도씩 12개로 나뉘어져 있기에 30도 미만은 측정하기 어렵다.

2) 직접과 간접의 차이

서양천문학은 지정된 별자리가 있고, 출생시점이 어떤 별자리에 해당되는지 현재 위치한 별자리의 직접적인 관계를 본다. 또한 천체가 운행되는 동안 인생의 여정이 어떤 별자리를 지나가는지에 따라 운명을 예측한다는 것도 대상에 집중하는 것이다.

사주명리학은 인간이 출생할 당시 오행성의 기운을 받은 상태를 육십갑자로 치환하여 사주팔자로 표출시켜 음양오행의 강약 및 격국구성, 형충회합 등의 관계를 간접적으로 분석한다. 10년간의 대운도 육십갑자로 표출시켜 놓은 대운 간지에 의하여 간접적으로 운명을 예측하고 있다.

서양점성학과 명리학은 그 근본적인 원리에는 유사한 부분이 많음을 유추할 수 있다. 그러나 방법론적, 해석학적, 세부적으로 보면 많은 차이가 있다. 서양점성학은 전통을 고수하기 위해 행성과 별자리의 관찰에 의한 실측적인 면이 남아 있고, 명리학은 서양점성학에서 영향을 많이 받아 공통점이 있지만, 동양의 전통적인 음양오행사상을 바탕으로 사주팔자라는 글자로 해석을 하게 되면서 구체적인 임상자료를 확률적 경험적으로 축적하여 독자적인 발전을 이뤄왔다.

결국 원점은 별과 행성이다. 그러나 그와 같이 다르게 발전되어 온 이유는 문화적 차이에서 찾아 볼 수 있다. 부분을 보는 서양은 사물 자체에 주의를 기울이기에 어떠한 관심 문제나 사건 등의 원인을 그 대상에서 직접 찾는 정서적 문화이고, 전체를 보는 동양은 전체 맥락에 주의를 기울이기에 어떠한 관심이나 사건 등을 그 대상이 아닌 그와 관계된 전체에서 원인을 찾는 정서적 문화를 가지고 있기 때문이다.[572]

---

572). 김기승, 『과학명리』, 다산글방, 2016, pp.40-46 참조

■ 주요 참고문헌

〈원서 및 번역서〉

『語類』

『管子』

『老子』

『論語』

『墨子』

『文集』

『文選』

『孟子』

『白虎通義』

『尙書』

『荀子』

『書經』

『孫子兵法』

『詩經』

『史記』

『語類』

『禮記』

『易傳』

『周易』

『莊子』

『左傳』

『春秋』

『漢書』

『洪範傳』

『黃帝內經講義』

京房, 『京氏易傳』

董仲舒, 『春秋繁露』

蕭吉, 『五行大義』

萬民英, 『三命通會』

鄺芷人, 『陰陽五行及其體系』, 문진출판자(民國81).

班固 著, 吳則虞 點校, 『白虎通疏證』, 北京: 中華書局出版.

司馬遷, 丁範鎭外譯, 『史記列傳』.

徐升 編著, 『增補淵海子平』, 臺北: 進源文化事業有限公司.

昭擁 『皇極經世書』.

沈孝瞻, 『子平眞詮』.

呂不韋, 『呂氏春秋』.

劉安, 『淮南子』.

劉溫舒, 『素問入式運氣論奧』, 國立中央圖書館, 影印本.

劉熙撰, 『釋名』, 國立中央圖書館, 影印本.

任鐵樵, 『滴天髓闡微』.

任應秋, 李宰碩譯, 『운기학설』, 동문선.

韋千里編, 『精選命理約言』, 瑞成書局.

鄭玄, 『周易集解』.

鄭玄, 『禮記正義』.

郭璞, 『玉照神應眞經』.

陣素庵, 『命理約言』.

鍾肇鵬編, 『春秋繁露校釋』, 河北人民出版社.

許愼撰, 段玉裁注, 『說文解字注』, 浙江古籍出版社.

〈단행본〉

권영걸, 『색색가지 세상』, 한국색채학회, 2001.

김고은, "육합의 구조에 의거한 점성학적 상징의 의미 관련성에 대한 고찰", 서울 : 열매출판사, 2005.

김근 역주, 『呂氏春秋』, 民音社, 1991.

김기승, 『명리학정론』, 창해, 2009.

김기승, 『과학명리』, 다산글방, 2016.

김기승, 『격국용신 정해』, 다산글방. 2013

김문기, 『한국의 부작』, 보림사, 1987.

김배성, 『사주심리와 인간경영』, 창해, 2006.

金碩鎭, 『대산주역강의1』, 한길사, 1999.

金能根, 『儒敎의 天思想』, 숭실대출판부, 1988.

김동석, 『고전 천문역법 정해』, 한국학술정보, 2009.

김승혜, 『유교의 뿌리를 찾아서』, 지식의 풍경, 2001.

김영식, 『주희의 자연철학』, 예문서원, 2005.

김정혜 외, 『李虛中命書』, 이담북스, 2012.

김창민 외 譯, 『黃帝內經講義』, 도서출판 정담, 1999.

南基顯 譯, 『春秋繁露』, 자유문고, 2005.

南基顯 譯, 『春秋公羊傳』, 자유문고, 2005.
류웨이화 외, 곽신환 역, 『직하철학』, 철학과현실사, 1995.
馮友蘭, 鄭仁在譯, 『中國哲學史』, 형설출판사, 1990.
마르셀 그라네, 유병태 역, 『중국사유』, 한길사, 2012.
문희태, 『고전역학』, 개정판, 서울대학교출판부, 2006.
文璇奎 譯, 『春秋左氏傳』, 明文堂, 1993.
박영순, 이영순, 『색채와 디자인』, 교문사, 2012.
박영원, 『청예논총』, 청주대학교 예술문화연구소, 1997.
박영창, 『정신과학-천문편』「서양점성학과 사주학」, 열매출판사, 2005.
朴在玩, 『正傳命理要綱』, 신지평, 1997.
박치완, 김성수 외, 『상상력과 문화콘텐츠』「대지와 디지털 보헤미안의 상상력 – 바슐라르의 대지 이미지를 중심으로」, 한국외국어대학교 출판부, 2013.
百靈觀, 『四柱精說』, 서울:明文堂, 2002.
벤자민 슈월츠, 나성 옮김, 『중국 고대사상의 세계』, 살림, 2004.
배리 파커, 『초이론을 찾아서』, 전파과학사, 1998.
謝松齡, 김홍경·신하령 공역, 『음양오행이란 무엇인가』, 연암출판사, 1995.
송종인·박치완, 『상상력과 문화콘텐츠』「바슐라르와 물의 심상들-『물과 꿈』1~3장을 중심으로」, 한국외국어대학교 출판부, 2013.
신창용, 『자평학강의』, 들녘, 2013.
沈載烈 編著, 『命理正宗精解』, 明文堂, 1997.
아사노 유이치, 김성배 역, 『한 권으로 읽는 제자백가』, 천지인, 2012.
양계초, 『음양오행설의 연구』「음양오행설의 역사」, 신지서원, 1993.
양원석, 『명리학개론』, 서울 : 대유학당, 2002.
우실하, 『최초의 태극 관념은 음양태극이 아니라 삼태극/삼원태극이었다』, 동양사회사상학회, 2003.
유소홍, 송인창 외역, 『오행, 그 신비를 벗긴다』, 국학자료원, 2008.
柳仁熙, 『朱子哲學과 中國哲學』, 범학사, 1980.
尹太鉉, 『周易과 五行硏究』, 식물추장, 2006.
유택화, 노승현 옮김, 『중국 고대 정치사상』, 예문서원, 1994.
李基東, 정용선 역, 『동양 삼국의 주자학』, 성균관대출판부, 2003.
이석명, 『회남자 1』, 소망출판, 2010.
이성범, 김용정 옮김, FritjofCapra 원저, 『現代物理學과 東洋思想』, 범양사출부부, 1991.
이성환, 김기현, 『주역의 과학과 道』, 정신세계사, 2002.
이승환, 『유교담론의 지형학』, 푸른숲, 2004.
이어령, 『월간디자인 3월호』「한국음식 한국문화」, 1989.
이우산, 『육임입문 1』, 대유학당, 2015.
이은성, 『曆法의 原理分析』, 정음사, 1985.

이을로, 『CD로 완성하는 육임대전』, 동학사, 2006.
이지훈, 『예술과 연금술』, 창비, 2004.
李澤厚, 鄭炳碩역, 『中國古代思想史論』, 한길사, 2005.
이현덕, 『정통 점성술』, 서울:좋은글방, 2005.
왕대유, 임동석 역, 『용봉문화원류』, 동문선, 2002.
張泰相, 『육임정의』, 명문당, 2010.
정한균, 『董仲舒天學』, 서울:법인문화사, 2003.
조헌영, 윤구병 주해, 학원사, 2007.
조셉 니담, 이석호 외 역, 『중국의 과학과 문명(Ⅱ)』, 을유문화사, 1986.
주백곤, 김학권 외 2명 역, 『역학철학사』, 소명출판, 2012.
陳鼓應, 최진석외 역, 『주역, 유가사상인가 도가사상인가』, 예문서원, 1996.
陳煒湛저, 李圭甲외 譯, 『甲骨文導論』, 學古房, 2002.
赤塚忠 외, 조성을 옮김, 『중국사상개론』, 이론과 실천, 1987.
戴德 朴英淑 譯, 大戴禮, 자유문고, 1996.
최준곤, 『양자역학 2판』, 범한서적주식회사, 2010.
최승언, 『천문학의 이해』, 서울대학교 출판문화원, 2012.
최진범 외 5인 공저, 『지구라는 행성』, 이지북, 2009.
크레인, W. C.(1980). 서봉연 역, 『발달의 이론』, 중앙적성출판사, 2000.
풍우, 김갑수 譯, 『東洋의 自然과 人間理解』, 논형, 2008.
풍우란, 『중국철학사신편』 제2책, 인민출판사, 1934.
홍명희, 『상상력과 가스통 바슐라르』, 살림, 2005.
하용득, 『한국의 전통색과 색채심리』, 명지출판사, 1989.
한국문화상징사전편찬위원회, 『한국문화상징사전』, 동아출판사, 1995.
한동석, 『宇宙變化의 原理』, 대원출판사, 2001.
黑田源次, 全敬進, 『氣의 철학』, 원광대학교출판국, 1987.
ArthurBeiser, 『현대물리학』, 희중당, 1996.
Gaston Bachelard, 정영란 역, 『공기와 꿈』, 민음사, 1993.
Levinson, D. J., 김애순 역. 『남자가 겪는 인생의 사계절』, 이화여자대학교 출판부, 2003.
Stephen Hawking, 『시간의역사』 대광서림출판사, 1992.

〈논문〉

강성인, 「『회남자』의 음양오행 사상과 명리학의 연관성 고찰」, 한국도교문화학회, 2014.
구선정, 「빌 비올라의 작품에서 나타나는 물 · 불 · 공기 · 흙」, 숙명여자대학교 석사학위 논문
김광혜. 「궁중음식의 색채이미지 분석에 관한 연구」, 한성대 석사학위논문.
김동민, 「董仲舒春秋學의 天人感應論에 대한 考察」, 東洋哲學硏究會, 2004.

김만태, 「한국 사주명리의 활용양상과 인식체계」, 안동대 박사논문.
金星芝, 「董仲舒의 陽中心思想으로의 轉換에 대한 考察」, 慶熙大博士學位論文.
김소자, 「六壬學에서의 家宅吉凶에 관한 硏究」, 동방대학원 석사학위논문.
金容燮, 「淮南子」 哲學體系의 硏究」, 慶北大學校博士學位論文.
金榮睦, 「陰陽五行思想의 存在論的考察」, 忠南大學校碩士學位論文.
김인락, 「동양의학의 생사론 연구」, 경희대학교 대학원 박사학위 논문.
김재원, 「전통 오방색에 관한 연구」, 한국교원대석사학위논문.
박동인, 「철학연구」 84집 「추연의 오행상승설과 상생설의 구조와 함의」, 철학연구회, 2009.
박성우, 「陰陽五行의 成立과 展開에 관한 硏究」, 湖西大碩士學位論文.
朴王用, 「五行學說에 對한 硏究」, 慶熙大學校 박사학위논문.
변문홍, 「인문학연구 제34권 제3호」 「董仲舒內向의 哲學硏究」, 2007.
蘇在鶴, 「五行과 十干十二支 成立에 관한 硏究」, 東方大學院大學校 박사학위논문, 2007.
宋在國, 「先秦易學의 人間理解에 關한 硏究」, 忠南大學校博士學位論文.
宋柏龍, 「易論의 思惟體系와 앎의 世界」, 周易硏究제2輯, 韓國周易學會, 1997.
서진희, 「董仲舒의 미학사상 연구 : 天人感應論의 構成을 中心으로」, 서강대학교 석사학위논문, 1996.
沈揆喆, 「命理學의 淵源과 理論體系에 관한硏究」, 한국정신문화연구원, 박사학위논문, 2015.
안현정, 「한국 미술에 나타난 전통색채 연구 : 고분벽화와 단청을 중심으로」, 홍익대 석사학위논문, 2004.
楊在鶴, 「書經洪範思想의 考察」, 忠南大大學院 석사학위논문, 1986.
우서혜, 「한국적 색채에 관한 연구」, 이화여자대학교 대학원 석사학위논문, 2000.
유장림, 「오행학설의 기원과 형성」, 중앙대학교 유학연구소, 1995.
尹暢烈, 「十干과 十二支에 對한 考察」, 大田大學校韓醫學硏究所, 論文集 8, 1996.
윤창렬, 「간지와 운기에 관한 연구」, 경희대학교. 박사학위논문, 1987.
이연승, 「동중서의 천인감응설에 관하여」, 종교문화연구 제2호, 2000.
李容俊, 「四柱學의 歷史와 格局用神論의 變遷過程硏究」, 경기대학교, 석사학위논문, 2005.
위호선, 「중국 고대 음양오행설의 전개와 그 사상적 특징」, 嶺南大大學院 석사학위논문, 2004.
鄭然美, 「徐子平 '珞琭子 三命消息賦注' 의 命理學史的硏究」, 원광대학교, 석사학위논문, 2004.
장우춘, 「董仲舒의 災異論」, 서강대학교 석사학위논문, 2008.
정하용, 「卦氣易學과 命理學의 源流에 관한 연구」, 공주대 박사논문, 2013.
曺圭文, 「十干十二支의 命理的 이해」, 원광대학교 석사학위논문, 2001.
조영실, 「음양오행설을 통한 한국적 색채미감 연구, 오방색을 중심으로」, 홍익대 석사학위논문, 2007.
최영진, 「易學思想의 哲學的探究」, 성균관대학교대학원 동양철학과 박사학위 논문, 1989.
하재춘, 「동양철학과 현대물리학의 연관성 고찰」, 경기대학교 문화예술대학원 동양철학과 석사논문, 2013.
홍혜림, 「한국화에 내재된 오방색의 정신적 미의식에 관한 고찰」, 원광대 석사학위논문, 2004.

〈외국문헌〉

謝松齡, 『天人象:陰陽五行學說史導論』, 山東文藝出版社, 1991.

서복관, 『中國人性論史』 「음양오행설과 관련 문헌의 연구」, 臺灣商務印書館, 1969.

徐復觀, 『中國人性論史』 「先秦篇」, 臺灣·상무인서관, 민국79년.

徐復觀, 『兩漢思想史 券2』, 臺灣·學生書局, 1974.

王夢鷗, 『鄒衍遺說考』, 臺灣·常務印書館, 1966.

劉康德 主編, 『淮南子鑒賞辭典』, 上海:上海辭書出版社, 2002.

劉文典, 『淮南洪烈集解』, 北京: 中華書局出版, 1989.

殷南根, 『五行新論』, 沈陽:遼寧教育出版社, 1993.

A. J. Buras, J. Ellis M. K. Gaillard, D. V. Nanopoulos(1978년). Aspects of the grandunification of strong, weak and electromagnetic interactions.《NuclearPhysicsB》135(1).

Diogenes Laertios(fl. ca. 3c), Lives and Opinions of Eminent Philosophers, I. 24.

Kleppner, D., R. J. Kolenkow, R. J.(1973년).《AnIntroductiontMechanics》. McGraw-Hill. ISBN 0-07-035048-5

F.Gliozzi, J.Scherk, D.Olive(1976.11.22). Supergravity and the spinordualmodel. 『PhysicsLettersB』 65(3).

Ploutarchos(ca. 46-120), Isis et Osiris 34; H. Diels and W. Kranz, Die Fragmente der Vorsokratiker, 1964, A 11.

Scherk, J., John H.Schwarz (1974.10.25). Dual models for non-hadrons. 『NuclearPhysicsB』81.

W.K.C. Guthrie(1962), A History of Greek Philosophy, vol. 1, p.68.

Wolfgang Weischet, Wilfried Endlicher, 김종규 · 이준호 譯, 『일반기후학개론』, 시그마프레스.

〈기타〉

『두산백과사전』(http://t.co/ESTdlile)·공전속도(orbitalvelocity)

『위키백과사전』

■ 단어색인

《문헌》

『갑골문도론』 270

『과학명리』 89, 281, 417

『관자』 62-64, 131, 155, 191, 252, 259~260

『경씨역전』 102-104

『고전역학』 35

『고전천문역법정해』 414

『공기와 꿈』 73

『남자가 겪는 인생의 사계절』 130, 139

『노자』 56, 225

『논어』 139, 141, 194-195

『대산주역강의 1』 290, 298, 325

『동양의 자연과 인간이해』 223, 229

『동중서천학』 212

『명리학정론』 278

『묵자』 195, 199, 330

『문집』 44

『문선』 182

『맹자』 187-189, 192-193, 196, 224

『명리약언』 365

『명리정종정해』 330

『명리학개론』 411

『백호통의』 185, 214

『백호통소증』 256

『사기』 62, 110, 183, 187-188, 192, 200-201, 212, 264, 266, 270-273, 281, 284-285

『삼명통회』 160, 264-265, 268-269, 300, 303, 346-356, 358, 361-364, 368-377

『상서』 83, 164, 168-169, 251-254, 257, 259, 316

『색색가지 세상』 114

『사주정설』 336

『상상력과 가스통 바슐라르』 72

『서경』 54-55, 154, 188, 223

석명』 287-288, 294-295, 297

『세문해자주』 284, 292

『소문입식운기론오』 292, 294

『손자병법』 153-154

『순자』 193-194

『시경』 22-23, 188, 191-192, 281

『양자역학 2판』 40

『양한사상사 券2』 241-242

『어류』 18, 20, 45-46

『여씨춘추』 55, 183-184, 203, 232-233, 252, 267, 269, 298, 320, 332

『예기』 150-151, 155, 251-252, 254, 342

『예기정의』 172

『역법의 원리분석』 325-326

『역전』 233

『오행대의』 79, 83, 87, 104, 152, 156-157, 179, 185-186, 254, 268-269, 288-289, 295-296, 341-342, 368-377

『오행 그 신비를 벗긴다』 185, 202

『오행신론』 258

『우주변화의원리』 129

『운기학설』 285-286, 383

『유교담론의 지형학』 195

『유교의 뿌리를 찾아서』 193, 202

『유교의 천사상』 227

『육임정의』 377, 380

『음양오행이란 무엇인가』 205

『음양오행설의 연구』 22, 246, 321

『음양오행급기체계』 57

『이허중명서』 327, 337
『자평진전』 151-152, 161, 360, 367
『자평학강의』 278
『장자』 57, 147, 157, 225
『좌전』 181-182, 316, 371
『적천수천미』 345, 347-350, 352-356, 367
『정전명리요강』 333, 335
『정통점성술』 412
『주역』 24, 58, 83, 147-148, 163-164, 169, 171, 173-174, 176-177, 188, 229, 307
『주역과 오행연구』 147, 383
『주역의 과학과 도』 17
『주역집해』 165
『주희의 자연철학』 21
『중국고대사상의 세계(중국고대사상론)』 218, 236
『중국인성론사』 148, 150
『중국철학사』 227
『중국철학사신편』 155
『증보연해자평』 329
『지구라는 행성』 101
『직하철학』 198
『천문학의 이해』 100
『천인상음양오행학설사 도론』 149
『추연유설고』 181
『춘추』 188, 190, 207-208, 213, 237, 243
『춘추공양전』 211
『춘추번로』 55, 59, 64, 152-153, 205, 207, 219, 233-234
『춘추번로교석』 320
『춘추좌씨전』 23, 211, 258, 266
『한국의 부작』 115
『한서』 110, 208-209, 238, 260, 281, 285-286, 292, 303
『현대물리학』 40

『황극경세서』 299
『황제내경강의』 156, 158, 234
『홍범전』 52
『회남자』 23, 55, 130-131, 155, 233, 244, 302
『회남자감상사전』 248
『회남홍열집해』 244

《ㄱ》

가색 55, 138, 347, 371
간지역법 107
갑골문 270, 272, 274-275, 277, 319-320
강성인 249
강입자충돌기 29-30
고전역학 35
관자 62-63, 131, 155, 191, 252, 259
광자 27, 29, 31
곡직 55, 83, 134-345
공전 89, 91-93, 95, 99-101, 305, 323, 324, 411
공허 75
구궁 165-166, 168-169, 176, 178
구선정 73
궐음풍목지기 389
괘기역학 102
근묘화실 310
근일점 92-93
글루온 25, 27, 29, 42, 44-45
금석학 275
금성 398-399
괘상 58
경도 106, 343, 396
경씨역전 102-104
계의 169

계하 107, 131, 153, 252-255, 323, 325
기궁상지 379
김고은 392, 401, 405-406
김광해(김광혜) 125
김기승 89, 278, 281, 309, 417
김동민 209, 219
김동석 414
김성지 211
김소자 378, 380
김영식 21
김영목 214
김용섭 210
김인락 142
김석진 290, 298, 325
김홍경 22, 205, 246

《ㄴ》

나가오카모형 76
남기현 214-217, 219-222, 227-228, 231, 233-234, 236, 238-241
남회귀선 95-96, 106, 394-395
내부열대 96
노자 44, 56, 148, 159-160, 210, 225
뉴턴 24, 35, 39
닐스 보어 17, 32-35, 40, 41

《ㄷ》

대리 62
대경 62
대립제약 18, 41
디렉션 410, 412

《ㄹ》

렙톤 29, 38, 46
루나리턴 412

《ㅁ》

만민영 264, 265, 266
만유인력 39
망의쟁리 221
명리학 4-7, 249, 278, 309, 321, 327, 332-333, 335, 337, 393, 396-401, 403-417
목성 83-84, 88-90, 248, 302-303, 324, 398-399
무극 45-46, 53, 65, 109-110
무정지합 363
문선규 238
문희태 35

《ㅂ》

막농인 185
박왕용 320, 321
박영창 402-403
박재완 333, 335
백영관 336
백호통 55, 59, 255-257, 273, 368, 370
반고 178, 209, 264-265, 285
벤자민슈월츠 197
변문홍 221, 235
부음포양 149
반물질 28-31
반입자 29, 31, 38
복사 270, 272-273, 275-277

복사기후 96
복성 84
북회귀선 95-97, 106-107, 394-395
불확정성 원리 37, 40
벽사신앙 115

《ㅅ》

사과 377-381
사령 330-335
사마천 188-189, 191-192, 196-197, 212, 264, 266, 270-272, 284
사송령 55, 149, 205
서승 326, 327
사시 23, 50-51, 57-58, 62-64, 128, 131-132, 137, 153-158, 177, 191, 203, 217-218, 226, 234-247, 249, 324, 344, 345, 351, 382, 411
사주 5, 263, 309-311, 313-315, 326-329, 332, 340, 360-363, 365-367, 400, 402-403, 408, 410-411, 414-417
4원소 69-70, 73, 77-78
4유괘 168
4정괘 168
삭망 99-100, 414
삼덕 169
삼정 55, 291, 326
삼태극 109-111
상대성 이론 39
상수역학 102
상보성 32-34
상호호근 18-19, 41
상호전화 18, 20, 41
생수 170, 172-173, 175-177, 251-252, 307, 355, 367

생일설 273
생왕고 409-410
생장수장 105, 300, 301, 308, 309
삼재 215, 264, 342, 351, 377, 378
삼전 377, 378, 379, 380, 381
삼합 336, 337, 338, 357, 400, 405
서경 54, 154, 188, 190, 191, 223
서수획린 243
서진희 226, 233
성선설 219
성수 170, 172-173, 175-177, 204, 251-252, 307
성악설 219
세성기년법 301-302
소길 104, 152, 156, 185, 263, 288, 343
수명론 239
수성 78, 80, 88-90, 115, 181, 248, 398-399
소양상화지기 389
소음군화지기 389
소장평형 18, 19, 41
소립자 25, 27, 38, 47, 76
소양수 167, 308
소음수 167, 308
솔라리턴 412
숙살지기 140
순환운동 59, 382
시경 22-23, 188, 190-192, 281, 369
신창용 278
심규철 303
심재열 330-331, 338
심효첨 151-152, 162, 360, 367
십이수환 279
12궁위 392-394, 396
12사인 398-400, 413

12운성 336, 338, 365
12하우스 396, 409-410
스퀘어 404-407

《ㅇ》

아르케 66
아스펙트 399, 401, 404-406
아리스토텔레스 65-68, 77-78
아인슈타인 33, 35-36, 39
알무텐 415
왕대유 117
왕상휴수사 102-104, 251
야자시 315
양계초 22, 55, 60, 246, 258-259
양명조금지기 389
양원석 334, 411
양성자 17, 25-31, 33, 37-38, 41-42, 44, 46, 49-50, 89
양자역학 17, 33, 35, 37, 39-40, 47-48
앵글 409
어포지션 399, 404-405
여씨춘추 55, 63-64, 130, 155, 183, 203-204, 232-233, 252, 254, 256-257, 267, 269, 298, 320
역일 270, 275-277, 298
역전 23, 58
염상 55, 135
오기 338, 344
오복 169
오비탈 36-37
오색 87, 111-112, 117-118, 122-125, 154
오관 122, 157, 215
오덕종시설 180, 186-189, 191, 194, 205-206, 214, 247, 259-260, 316, 320-321

오방색 111-114, 123-124
오행상승설 182, 184-185, 199
오행휴왕론 102
우실하 110
원일점 92-93
원자 17, 24-30, 32, 33, 36-46, 49-50, 52, 74-77
원형이정 308
유물론 75
유소홍 185, 202
유안 23, 103
유온서 286
윤창렬 319
육기 23, 152, 258, 382, 388-390
육극 169, 225
육십갑자 260, 263-264, 266-270, 275-277, 298-299, 301-307, 309-310, 312-313, 315, 320, 340, 417
육임 377-378, 380-381
육화지변 389
육화지상 389
윤하 55, 141, 355
븐력기년법 301
은허 275
음악양선 236
음형양덕 236, 239
음정양성 236
외부열대 96
위도 84, 92-99, 104-107, 182, 395-396
위호선 316
위제지합 361-362
24절기 332, 412-414
28숙 302
이성환 17
이어령 125

이연승 242

이용준 398-399

이우산 378

이은성 325-326

이을로 380

이택후 236

이항대립 108

이현덕 412

인생주기 126, 128, 131-133, 143

인수지합 362

인의지합 361

임철초 345, 347-350, 352-367

입자물리학 29

《ㅈ》

자전 86, 88, 92, 98-101, 305, 411

자전축 92, 98, 101

장태상 377, 380

장우춘 240

정한균 212

조규문 292

조영실 113

조석현상 100

조자시 315

종혁 55, 139, 386-87

주야평분선 93

주역 17, 24, 32-33, 58, 81, 83, 108, 147-148, 162, 165, 169, 176, 188, 229, 238, 281, 290, 298, 307, 309, 322, 325

중정지합 360-361

전욱력기년법 301

전자 17, 25-31, 33, 35-38, 40-46, 49-50, 76, 159, 327

점근자유성 45

재이설 187, 190-191, 212, 241-242

지구 4, 27, 38-39, 67, 82, 86, 88-89, 91-95, 97-101, 104, 305, 319, 323, 388, 394-395, 410-411, 413

지동설 395

지배궁 397, 408

지장간 88, 326-337, 339, 367, 393

지지기월 291, 325

진성 80, 181, 249

《ㅊ》

천간지지 301, 307, 309, 319

천동설 395

천인감응 158, 206, 210, 212, 229-236, 241-242

천인동류 233-234

천인상응론 184

천인지제 226

천인합일론 227

천지반표 378

초끈이론 40, 45, 47-49, 52-53

최준곤 40

최승언 100

추명설 273, 274

추연 54-56, 59, 61-62, 65, 180-192, 194, 196-200, 202-206, 210, 214, 241, 246-247, 259-260, 316-317, 320

춘추번로 55, 59, 64, 152, 207, 209-213, 215, 217-219, 221-223, 225, 227, 229-231, 233-235, 237, 246, 260

《ㅋ》

쿼터 394, 401-402

쿼크 17, 25, 27, 29, 37-38, 42, 44-46, 50

크레인 135-138, 140

《ㅌ》

탈레스 65-69

태극 26, 32-33, 41, 45, 65, 108-110, 159-160, 308, 341

태극도설 45-46, 109

태백성 86

태양복사열 99, 104

태역 53, 160, 165

태양, 태음, 소양, 소음 159, 161-162, 167, 217, 291, 308, 348, 359, 377-378, 389-391

태양수 89, 167, 308

태양한수지기 389

태일 50-51, 57, 167-168

태음력 291

태음수 167, 308

태음습토지기 389

태초력기년법 301

토성 84, 87-90, 117, 248, 398-399

토화작용 42-43

톰슨모형 76

트랜짓 412

《ㅍ》

파동역학 36

파동함수 36-37

팔괘 27, 33, 102, 163-165, 168, 172

팔정 37

페르미 25, 29, 38

풍우란 155, 246, 258-259

플랑크 36, 47-48

《ㅎ》

하재춘 28

한동석 21, 43, 129, 299

화성 81-82, 89-90, 248, 398-399

황극 169

황도 91-93, 99, 302, 399, 402, 413

황제내경 55, 126-127, 131-132, 155, 234, 255-257, 321, 390

핵 17, 25-30, 36-38, 40-43, 45-46, 50, 76, 86

핵융합 42

현양대책 226, 239

형덕 62, 191

형혹성 82

홍 범 52, 54-55, 59-60, 83, 163, 165, 168-171, 176, 178-179, 251, 258, 260

홍혜림 114

효상 58, 102, 147

황로학 201, 210-211, 213

회남자 23, 55, 63-64, 103-104, 110, 130-131, 155, 233, 244-257, 259-260, 295-296, 302, 370, 373-377

힉스입자 30

철학적 사고와 과학적 원리로 풀어낸 〈과학명리 시리즈〉

음양오행의 역사와 원리

春光 김기승

경기대학교 직업학석사, 직업학박사
국제문화대학원 교육학박사
연세대학교 법학전공 석사
현)국제뇌교육종합대학원대학교 동양학과 교수
국제문화대학원대학교 교수
경기대학교 국제문화대학원 동양학과 겸임교수
현)사단법인 한국작명가협회 이사장
현)오행스쿨 학장
현)과학명리학회 회장
현)한국선천적성평가원장

晛公 이상천

국제뇌교육종합대학원대학교 석사
국제뇌교육종합대학원대학교 동양학최고위과정 교수
음양오행사상 연구가
'계간 작명' 〈음양오행연구〉 필진
사)한국작명가협회 이사
과학명리학회 연구원

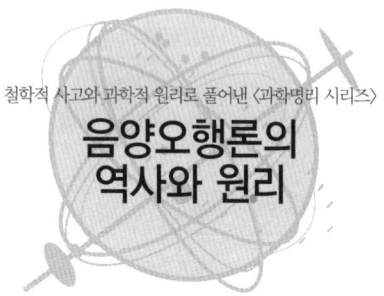

철학적 사고와 과학적 원리로 풀어낸 〈과학명리 시리즈〉
음양오행론의 역사와 원리

초판 1쇄 발행 2017년 9월 1일

지은이 김기승 · 이상천
펴낸이 방성열
펴낸곳 다산글방

출판등록 제313-2003-00328호
주소 서울특별시 마포구 동교로 36
전화 02) 338-3630
팩스 02) 338-3690
E-mail dasangulbangl@paran.com

ⓒ 김기승 · 이상천, 2017, Printed in Korea

이 책은 저작권법에 따라 보호받는 저작물이므로 무단전재와 무단복제를 금하며,
이 책 내용의 일부 또는 전부를 이용하려면 반드시 저작권자와 다산글방의 서면동의를 받아야 합니다.

ISBN 979-11-6078-041-3 03150

이 도서의 국립중앙도서관 출판예정도서목록(CIP)은 서지정보유통지원시스템 홈페이지(http://seoji.nl.go.kr)와 국가자료공동목록시스템(http://www.nl.go.kr/kolisnet)에서 이용하실 수 있습니다. (CIP제어번호 : CIP2017021089)

잘못 만들어진 책은 구입하신 서점에서 교환해 드립니다.
책값은 뒤표지에 표시되어 있습니다.